# 世界近现代史研究

## *Studies of Modern World History*

### 第十九辑

南开大学世界近现代史研究中心

THE RESEARCH CENTER FOR
THE HISTORY OF MODERN WORLD
NANKAI UNIVERSITY

社会科学文献出版社

SOCIAL SCIENCES ACADEMIC PRESS (CHINA)

# 《世界近现代史研究》编委会

# 目 录

## "第一届跨国史研究青年学者论坛"论文选登

## 拉丁美洲史专论

# 地区国别史

# 史学史料

# 博士生论坛

# 书　评

# CONTENTS

## Selected Papers from the "First Forum for Young Scholars in Transnational History Studies"

## Monograph on Latin American History

# History by Area and Country

# Historiography and Historical Materials

# Doctoral Candidate Forum

# Book Reviews

# "第一届跨国史研究青年学者论坛"
# 论文选登

**编者按：**

2021 年 10 月 15～17 日，由南开大学、北京大学、东北师范大学、复旦大学、华东师范大学、上海大学、首都师范大学、天津师范大学的世界史中心主办，南开大学世界近现代史研究中心、南开大学历史学院承办的"第一届跨国史研究青年学者论坛"在天津召开。八校世界史中心宣布成立"跨国史研究青年学者论坛"，来自国内外多所高校、科研机构的百余位学者参加了此次论坛。跨国史研究具有突破传统民族国家、区域国别的叙事框架，将以往被忽视的边缘群体与地带纳入研究范围的特点，对史学研究的深入发展具有重要意义。本集刊选登几位青年学者的参会论文，以飨读者。

# 费边社会主义与查尔斯·比尔德经济史观的形成

宋晓东

**内容提要：** 查尔斯·比尔德（Charles Beard, 1874 – 1948）是 20 世纪美国最著名和最重要的历史学家之一。作为进步主义史学的代表人物，他的经济史观不仅对美国史学的发展有着深远的影响，对当时的美国社会和进步主义运动也产生了广泛的影响。比尔德的经济史观萌发于他早年在英国留学期间，当时英国流行的社会主义思潮对他产生了很大影响，从而形成了具有鲜明特色的历史观和学术思想。

**关键词：** 查尔斯·比尔德　经济史观　费边社会主义　唯物史观

19 世纪末 20 世纪初，美国史学完成了专业化和职业化，开始由传统的叙述性史学转变为现代的分析性史学。已经专业化的新一代历史学家，"对力量的重视大于对人物的关心。他们要科学不要伦理，要真实不要戏剧，要分析不要记述。任何事情都不归之于上帝，也很少归之于机遇，而必须承认的偶然性多半怪罪史学家之无能而不是历史难以预测"。[①] 美国历史学的专业化和当时的进步主义运动几乎是在同一时期发生的，到 19 世纪 90 年代，美国已经进入工业社会，急剧的社会变动和严重的社会问题，激发了人们的变革热情，要求改革的进步主义运动席卷全国。美国的许多历史学家通过自己的史学研究来鼓吹进步主义思想，进步主义史学也由此成为美

---

① 〔美〕亨利·S. 康马杰：《美国精神》，南木等译，光明日报出版社，1988，第 424 页。

国史学独立后的第一个主要流派。在这些进步主义史学家之中，查尔斯·比尔德是最具有代表性的一位，他曾长期执教于哥伦比亚大学，还担任过美国历史协会主席和美国政治学学会主席。相比于特纳、帕林顿等当时其他的主要历史学家，他不仅著述最多，影响范围最大，而且他的经济史观最集中和鲜明地体现了进步主义史学的核心思想，进步主义史学也因此往往被称为"比尔德学派"或者"特纳—比尔德学派"。对于比尔德经济史观的理论来源，一直众说纷纭，比尔德虽然在早期著作中强调经济因素在历史中的决定性作用，他也承认受到马克思主义的影响，但却拒绝承认自己属于马克思主义学派。本文试图通过研究比尔德早年留学英国牛津大学期间，英国社会主义思潮对他的影响，以及他早期的学术著作，来探查其经济史观的思想来源及形成过程。[①]

## 一　费边社会主义与唯物史观

1874 年，比尔德出生于美国印第安纳州一个富裕的中产阶级上层家庭，优裕的家庭条件为他以后的学术研究打下了坚实的物质基础。1898 年比尔德从美国印第安纳州德堡大学（DePauw University）毕业后，又赴英国牛津大学留学。在英国留学期间是比尔德学术思想走向成熟的关键阶段，当时英国流行的各种社会思潮和学术思想对比尔德产生了很大的影响，在英国的这段时间里，比尔德出版了自己的第一部学术著作《产业革命》，比尔德的经济史观和社会改革理想开始初具形态。

19 世纪末的英国，乃至整个资本主义世界，正处于一场大变革的前夕。19 世纪末期（1871～1900）是资本主义向垄断阶段过渡的时期，这个时期，

---

① 国内研究比尔德经济史观形成的文章还比较少，目前主要有王晴佳教授所著的《查尔斯·比尔德经济史观的形成及其影响》（《史学史研究》1985 年第 1 期）一文，该文对比尔德在英国的学习经历虽有论及，但十分简略，也没有注意到比尔德与英国社会主义思潮之间的联系。国外的相关研究，目前能收集到的资料主要是理查德·霍夫斯塔特（Richard Hofstadter）的代表作之一《进步主义历史学家：特纳、比尔德、帕林顿》（The Progressive Historians: Turner, Beard, Parrington），该书分别对特纳、比尔德、帕林顿的生平、思想做了重要分析，对研究比尔德经济史观的形成有着重要的参考价值。另外就是比尔德在英国留学期间出版的第一部学术著作《产业革命》（Industrial Revolution），该书为研究比尔德的早期经历和思想提供了重要的参考。

科学、技术的飞速发展引起了第二次工业革命，它促进了工业的高速发展，而工业的高速发展又促进了资本和生产的集中，从而导致了垄断组织的产生，垄断组织的产生进一步推动了资本主义列强的殖民扩张，因之出现了瓜分世界的狂潮，世界上的主要资本主义国家相继进入了帝国主义阶段。随着资本主义工业的迅猛发展及自由竞争向垄断的过渡，资本主义的固有矛盾被进一步激化。社会财富虽然急剧增长，工人阶级的生活状况却日趋恶化，他们的不满与日俱增，社会矛盾日益尖锐。这一时期，一度低落的工人运动重新高涨起来，社会主义思潮在工人群众中间得到了广泛的传播，各主要资本主义国家几乎都成立了工人阶级政党和工会组织，从而形成了强大的社会压力。在国际上，资本主义列强的竞争日趋白热化，生存竞争成为这个时代的主题，一战的阴云已经隐隐出现于天际。

作为产业革命的发源地和资本主义发展最早的国家，英国在19世纪末期仍然是实力最强大的老牌资本主义国家，当然资本主义制度的固有矛盾在英国也暴露得最为充分。英国工人阶级很早就组织起来开展独立的政治斗争和经济斗争，19世纪上半叶，他们曾掀起了规模宏大的宪章运动，19世纪70年代后，随着经济危机的日益加剧，一度低落的工人运动重新高涨起来。这一时期英国工人阶级的队伍不仅更加壮大，而且越来越多的知识分子被英国的劳工运动所吸引，这些知识分子不仅希望能通过自己的努力以改善工人阶级的生存状况，还希望和工人阶级联合起来，共谋英国经济政治制度的某种形式的社会主义改造。19世纪80年代，社会民主联盟、社会主义联盟、费边社、苏格兰工党等具有社会主义倾向的组织相继建立。在学术界，对支撑资本主义制度的意识形态理论，特别是古典政治经济学，也进行了批判和修正。到19世纪70年代，以李嘉图为代表的古典政治经济学的权威就已经消失了。对之进行攻击的有马克思主义者、基督教社会主义者、新自由主义者、受孔德哲学思想影响的实证主义者以及德国的历史学派等。他们虽然观点各异，但都强调从历史的视角和社会学的视角对政治经济学这门学科进行修正和重构，反对从永恒、不变的抽象人性来看待人类社会的发展和资本主义制度，以声援社会改革或社会革命。这些思潮汇合在一起，使得英国在19世纪后期掀起了历史和社会研究的热潮，特别是从历史的角度对政治经济学和社会学进行研究。其中，影响最大的当数马克思主义学说。

马克思从19世纪40年代就开始了政治经济学的研究，在《黑格尔法哲学批判》《德意志意识形态》《〈政治经济学批判〉序言》等一系列著作和文章中，他系统地阐述了自己的唯物史观，指出物质资料的生产是人们全部历史活动的基础，生产力和生产关系的矛盾引起历史上不同所有制形式的更替，这种矛盾是一切历史冲突的根源，它表现为各阶级之间的冲突，表现为思想斗争、政治斗争等等。马克思的唯物史观正确地说明了人类社会发展的客观规律，是社会历史观的伟大革命。在《资本论》这部分析和批判资本主义生产方式的巨著中，马克思没有仅仅以抽象的概念推演来分析资本主义的生产方式，而是借助于人类社会经济发展史来说明资本主义生产关系的产生与嬗变。在该书中，马克思系统而详尽地研究了英国的经济史，特别是产业革命以后的经济发展史，因为资本主义"生产方式的典型地点是英国"①。从某种意义上讲，《资本论》不仅是一部关于政治经济学批判的巨著，也是一部经济史著作，正如恩格斯在《资本论》序言中说的那样，马克思的"全部理论是他毕生研究英国的经济史和经济状况的结果"②。扎实的历史研究为马克思唯物史观的建立奠定了坚实的科学基础。

马克思的学说对英国的社会思潮和知识分子产生了广泛且深远的影响。费边社会主义者、著名作家萧伯纳对马克思的学说进行过专门的学习和研究，并深受影响。在1885年5月的一次社会活动中，日后成为保守党首相的阿瑟·贝尔福甚至也发表论文，对马克思的才智进行了颂扬。③ 马克思在英国社会和学术界的影响由此可见一斑。不过，由于英国独特的国情，马克思主义在英国的社会主义运动和社会主义思潮中，并未占据主导地位。

悠久的议会制和法治传统，自由主义长时间的浸染，广大国民对个人自由的热爱，使得英国的社会主义运动走出了一条具有自身民族特色的道路。在英国，社会主义思想的历史几乎与自由主义一样悠久，宽松自由的政治环境使得社会主义有着优良的发育土壤，从托马斯·莫尔的乌托邦到欧文的合作社会主义，几乎各类社会主义派别都可以著书立说，宣传自己的理论，构思未来的理想社会。在19世纪的英国，有着多种多样的社会主义派别，这些派别在民众当中都能获得或大或小的支持。不过，在19世纪后期，当工人在政治上组织起来以后，费边社会主义逐渐成为工人运动的

---

① 《马克思恩格斯全集》（第44卷），人民出版社，2001，第8页。
② 《马克思恩格斯全集》（第44卷），人民出版社，2001，第35页。
③ 〔英〕玛格丽特·柯尔：《费边社史》，杜小敬等译，商务印书馆，1984，第11页。

指导思想。

费边社成立于 1884 年，主要由一些很有才能的知识分子组成，人员不多，但能量很强。费边社主张建设一个民主的、渐进的、和平的和现实的社会主义。费边社思想的主要特点之一是它的折中之道，从不轻易追随一家之见，而是听取几家的观点，然后根据自己的思想路线加以改善和发展。费边主义最具有代表性的著作是 1889 年出版的《费边论文集》（*Fabian Essays in Socialism*）①。该书由萧伯纳、悉尼·韦伯、安妮·贝赞特、威廉·克拉克等费边社的 7 位主要成员共同写作而成，费边社书记皮斯在他所著的《费边社史》一书中曾这样评价这本书：

> 《费边论文集》以人人都懂的通俗语言为社会主义作了说明。它所主张的社会主义并不以德国哲学家的玄想为依据，而是以我们日常在周围可见的社会进化为依据。它接受有声望的英国教授所讲授的经济学，它在我们现行的政治和社会制度的地基上建立社会主义的大厦；它证明社会主义不过是社会发展的下一阶段，由于十八世纪产业革命所带来的变化，这一阶段是必然要到来的。②

费边社会主义思想的理论基础是社会有机体论和进化论，并大量吸收了马克思主义的观点，在《费边论文集》中，从萧伯纳的《社会主义的经济基础》到韦伯的《社会主义的历史基础》，再到克拉克的《社会主义的工业基础》，到处都可以发现马克思唯物史观的痕迹。特别是马克思的社会分析法和经济分析法，尤其为费边社的学者们所推崇。《费边论文集》的几位作者在书中还借用了马克思搜集整理的大量数据性资料，萧伯纳在《向社会主义过渡》一文中指出，马克思"抓着了包含着英国的飞跃的繁荣的真正历史的官方报告书，并把私有财产判决为大规模的掠夺、谋杀和强迫性的娼妓制度；判决为灾害、瘟疫和饥荒；判决为战争、谋杀和暴亡。从一个为人们所称赞的制度里，很难想象会滋生出这样的一些东西来。很多批评家都说这种对私有财产的攻击是不公平的，可是没有一个人敢假装说这

---

① 该书 1958 年由生活·读书·新知三联书店翻译出版，书名为《费边论丛》。不同的文章和著作对此书名称的翻译不尽相同，本文将此书的书名统一翻译为《费边论文集》。

② 〔英〕G. D. H. 柯尔：《社会主义思想史》（第三卷上册），何瑞丰译，商务印书馆，1981，第 121 页。

些控诉不是真实的。这些事实不仅被承认了，而且根据这些事实还制定过立法"①。20 世纪中期费边社的主要领导人、著名学者 G. D. H. 柯尔指出，萧伯纳、韦伯等费边主义者对历史的解释同马克思的解释一样，也是从经济观点出发，而且也同样强调经济权力集中的趋势："托拉斯和联合企业正在迅速发展；小规模生产者已经过时；资本主义集中的必然后果是，生产资料、分配资料和交换资料的社会化，这也就是说，资本家在不知不觉之间已经为向人民共有制过渡创造了条件。"② 费边社资深成员和学者玛格丽特·柯尔，在她所著的《费边社史》一书中也认为，对于马克思，韦伯、克拉克等人都接受了历史唯物主义的那一半，即经济（"生产力"）决定着社会的政治条件。克拉克完全按照马克思的方式（虽然未用马克思主义的术语）解释制造业的发展以及随后托拉斯的组成；韦伯则认为 19 世纪的经济发展直接导致社会主义。③ 不过，马克思关于阶级斗争、社会革命和无产阶级专政的学说却遭到了费边主义者的全盘否定。他们认为垄断资本主义的出现使得走向公有制的道路更加方便，因而也就为社会主义铺平了道路。早期费边社会主义思想的主要特征就是主张改良、反对革命，希望通过宣传教育，将费边社的社会主义理论"渗透"进英国的各个阶级、阶层和党派中，利用英国现有的民主制度，实现从资本主义制度向社会主义制度的和平转变。

1889 年《费边论文集》的出版获得了空前的成功，其受到的欢迎程度甚至让费边社的成员也感到十分意外，"首批 1000 册在一月内就销售完了；一年之内就销售了 25000 册再版的和便宜的版本，并且出现了美国版本和其他译本。突然间，社会主义成了热门的畅销货"。④《费边论文集》的成功使得费边社和费边社会主义声名鹊起，费边社也迎来了成立以后的第一个蓬勃发展期。这一时期，费边社的思想在英国的知识分子中间，特别是在英国的大学里，有着很大的影响力，其中也包括 1898 年来到牛津大学留学的青年比尔德。

---

① 〔英〕萧伯纳主编《费边论丛》，袁绩藩等译，生活·读书·新知三联书店，1958，第 248 页。
② 〔英〕G. D. H. 柯尔：《社会主义思想史》（第三卷上册），第 122 页。
③ 〔英〕玛格丽特·柯尔：《费边社史》，第 32 页。
④ 〔英〕玛格丽特·柯尔：《费边社史》，第 29 页。

## 二 《产业革命》与比尔德的经济史观

比尔德在德堡大学学习期间，就接触到了马克思的著作，如《资本论》《共产党宣言》等。19世纪末的经济危机和美国工人阶级的罢工斗争也引起了比尔德的注意，他在大学一年级结束的时候，到芝加哥参观和游览，这是一座典型的工业城市，当地工人阶级所遭受到的残酷压迫和反抗斗争，使他产生了深深的同情。当回到学校后，他就成为一名思想激进的学生，在学院组织的辩论中，坚持工人应该享有组织起来的权利，并要求开征联邦收入所得税。在英国留学期间，比尔德仍然十分热心社会活动，特别是对英国的工厂制度和工人生活状况保持着浓厚的兴趣。相同的旨趣，使比尔德和英国的许多社会主义者建立了密切的交往，其中就有独立工党的领导人，也就是后来工党的第一任主席基尔·哈迪。

留学期间，比尔德与另一位美国人沃尔特·弗鲁曼一起筹建了一所面向工人阶级的"拉斯金学院"，目的就是为工人阶级培养未来的政治家和国务活动家。约翰·拉斯金是19世纪英国著名的人文学者，同时也是一位真诚的基督教社会主义者，在19世纪后期的英国社会上有着广泛的影响。拉斯金批评马尔萨斯、李嘉图等人的经济学说，认为他们忽视了人本身，因而造成了英国工厂制度的严酷。拉斯金在《致后来人》（*Unto This Last*）中写道："生命之外别无财富，生命，包括去爱、去快乐、去敬慕的全部力量。哪个国家培养的高尚、快乐的人最多，哪个国家就最富有；一个人在充分发挥自身能力的同时，不论通过自身还是通过自己的财产，对别人的帮助越多，就越富有。"[1] 拉斯金的理论激起了比尔德的共鸣，对其一生都产生了深刻的影响。拉斯金学院于1899年正式开办，比尔德亲自上了第一课，还担任这所学院的秘书。学院每年招收三四十名优秀的产业工人，讲授政治经济学、进化论、工业史和社会学的基本知识。拉斯金学院在当时的英国产生了相当大的影响，这也使得比尔德对产业发展的历史及现状的兴趣更加浓厚。作为学院的秘书，他经常深入工业区，频繁地参加工人集

---

[1]  Richard Hofstadter, *The Progressive Historians: Turner, Beard, Parrington*, New York: Knopf, 1968, p. 172.

会，有时候一周要在集会上发表 5~6 次演讲，受到工人们的热烈欢迎，以至在 1902 年当他准备回美国的时候，基尔·哈迪等工党领袖已经将他看作了未来的工党领导人。

作为一名致力于历史学和政治学研究的学者，比尔德对资本主义制度的批评并未仅仅停留在道德层面上，他还需要一套科学的理论来支撑自己的观点。在当时英国的各种社会主义派别中，对比尔德影响最大的是费边社，比尔德基本上承袭了费边社会主义的历史观和政治思想。1901 年，比尔德出版了他的第一部著作《产业革命》，这本书以"1760 年的英格兰"开始，通过"机械革命和它的经济影响""旧秩序的瓦解"等五章的内容，论述了自 1760 年以来英国产业革命的历史及所产生的社会问题，他希望该书能使读者对产业革命有个简明的了解，从而认识到现代社会经济问题的历史根源。在该书中，比尔德的经济史观初具轮廓，马克思的唯物史观和费边社会主义，则是这一观点萌发的基础。

在比尔德一生诸多的巨著中，这本写作于青年时期的著作并不那么引人注目，书中的一些观点，现在看来也颇有问题。但《产业革命》作为一部历史著作，其价值仍然是不容忽视的。首先，比尔德用他的观察和研究，揭示了 19 世纪和 20 世纪之交那个时代的政治经济状况，揭示了那个时代相当一部分知识分子的所思所想。其次，从这本书里我们可以比较清晰地了解到比尔德经济史观的起源和内容，进而对以后美国进步主义史学的发展能够有一个更加清晰和全面的了解。比尔德书中的很多观点，熟悉《资本论》和《费边论文集》的读者都不会感到陌生，比尔德在书中很多地方都是照搬和直接引用了《费边论文集》中萧伯纳、韦伯、贝赞特等人的论述和观点。从某种程度上甚至可以说，《产业革命》一书就是以经济史专著的形式进一步阐释了费边社会主义的观点。在关于资本主义的产生和发展的历史叙述中，比尔德则和萧伯纳等人一样，在很大程度上照搬了马克思在《资本论》中的观点和论述。

比尔德在该书第一章的开篇就指出，产业革命中的许多发明和创造，根本性地改变了我们的生产和分配方式，使社会的所有经济运行都发生了革命性的变化，人们被迫迅速进入了一种新的社会关系之中。人类虽然有征服自然的力量，但是却没有能力去征服和控制这种新的社会环境。由于生产方式的改变，旧的经济秩序和生活基础被一扫而空，并陷入一片混乱。

对于大多数人来说，产业革命带来的并不是幸福，而是灾难。"人变成了机器——一架生产物品的机器，一种可以被买卖的机器。他的性格，他去爱、去快乐、去钦佩的能力，他逃离痛苦、悲伤、悲惨处境，奔向自由的渴望，所有这一切，都在商品生产面前变成了次要的。"①

马克思早在《1844年经济学哲学手稿》的"异化劳动和私有财产"一节里，就对此进行过精辟的分析："工人生产的财富越多，他的生产的影响和规模越大，他就越贫穷。工人创造的商品越多，他就越变成廉价的商品。物的世界的增值同人的世界的贬值成正比。劳动生产的不仅是商品，它还生产作为商品的劳动自身和工人，而且是按它一般生产商品的比例生产的。"②

比尔德在书中指出，之所以出现这种情况，并不仅仅是新的机械发明的结果，也是因为这个社会没有在新的基础上得到重新建构。产业革命导致了工厂制度和资本主义的兴起，社会逐渐分裂成了两大阶级，雇主和雇工，将他们联系起来的只是"金钱纽带"。资本的重要性超过了劳动力的重要性，它使各个阶层的工人都依赖资本家，它引入了一个闻所未闻的竞争的时代。不过，资本家之间日趋激烈的竞争导致的则是资本主义制度的自我摧毁。

与另外一本出版于1884年的关于产业革命的名著——阿诺德·汤因比的《英格兰十八世纪产业革命讲演录》相比，汤因比的思想是新自由主义的，而比尔德则具有明显的社会主义倾向。汤因比的著作主要是关于第一次产业革命和自由资本主义时期的历史，比尔德的著作虽然也回溯了第一次产业革命的历史，但其价值则更多在于对第二次产业革命和垄断资本主义时期历史和特征的描述。汤因比虽然对自由竞争的资本主义制度的种种弊端提出了批评，提出要修正自由放任的经济政策，但他依然努力向大家说明，在当时的社会环境下，工人的物质条件不仅能够而且事实上也得到了改善，虽然工人阶级经历了产业革命初期的种种苦难，但依然会有一个光明的未来，而在改善工人阶级条件的原因里，最重要的就是自由贸易。③但是20多年后，在比尔德看来，很多产业里的竞争体制已经实现了它的

---

① Charles Beard, *The Industrial Revolution*, London: George Allen & Unwin Ltd., 1921, p.3.
② 《马克思恩格斯选集》（第1卷），人民出版社，2012，第51页。
③ Arnold Toynbee, *The Industrial Revolution*, Boston: Beacon Press, 1968, p.117.

自我摧毁。在比尔德看来，资本主义由自由竞争走向垄断，既是一个必然的过程，也是一种进步，资本之间的联合，不仅可以避免无序竞争带来的混乱和社会财富的浪费，也为更高级的社会组织和产业组织形式准备了条件。

"对于由托拉斯的发展所展示的产业组织的未来，现在有许多奇怪，甚至有时候是怪诞的预言，但是就像以知识取代先例，以组织取代混乱和无政府状态标志着人类的发展方向一样，毫无疑问，托拉斯只不过是指明了通向更高级产业形式的道路，在这种更高级的产业组织里，人民，而不是少数资本家，将收获利益。在这里，我们看到了这个世纪初流行的自由竞争体制走向了自我灭亡，建立在完全不同原则上的另一种秩序已经发展了起来。"①

比尔德和费边社会主义者一样，赞同马克思在《资本论》中对垄断资本主义的分析，相信资本的集中和垄断为向社会主义过渡准备好了条件。包括汤因比在内的许多新自由主义者，虽然提出要限制分配领域的自由竞争，但仍然肯定了在生产领域内自由竞争的作用。对于新自由主义者为了修正资本主义制度弊病所提倡的"节制和节俭"，比尔德一针见血地指出："布思先生对伦敦和朗特里先生对约克的调查，明确证实了节制与节俭这种受人喜爱的灵丹妙药的谬误，它们受到鼓吹，是因为这些方法对那些占有土地和财富的统治者的霸权是没有什么威胁的。"比尔德赞同约翰·密尔的看法，"竞争不是导致工业社会充满罪恶和不公的最深层次原因，而是劳动屈服于资本，生产资料的所有者占有了绝大部分的劳动成果"。② 在关于产业民主的论述中，比尔德指出："个人所得要服从于整个社会的福利。关于自治和国有化的问题现在仍在进行之中，对生活资料进行公共管理的趋势是很明显的。"③ 在集体主义的道路上，比尔德显然要比许多新自由主义者走得更远。

不过应该注意的是，虽然比尔德的观点和马克思主义学说有诸多相似之处，其本人却并不是一个马克思主义者，在他的学术生涯中，也一再否认自己的经济史观来源于马克思学说。作为一名历史学家，他虽然也注意

---

① Charles Beard, *The Industrial Revolution*, p. 52.

② Charles Beard, *The Industrial Revolution*, p. XVII.

③ Charles Beard, *The Industrial Revolution*, p. 80.

到了社会中不同利益集团之间的斗争，但他的经济分析方法并不是以阶级斗争为出发点，他也不认同无产阶级革命。之所以出现这种情况，一方面和比尔德自身的性格与家庭环境有关，另一方面就是比尔德受到了这一时期多种社会思潮的影响。

美国历史学家霍夫斯塔特在关于比尔德的传记里指出："当我们追寻比尔德的一生时，我们要时刻记住，不管是从道德层面还是从物质层面，他的社会批评，都是一个有产阶级中的一员所做出的社会批评。"① 富裕的经济条件，贵格派基督徒的家庭背景，限制了比尔德的激进主义程度，事实上，虽然他对工人阶级充满了同情，但在思想上，他不仅没有完全接受马克思主义理论，甚至和费边社会主义也有一定的距离。就像霍夫斯塔特指出的，在比尔德的思想深处，一直存在很深的不确定性，他既有着强烈的道德激情，又追求着超然的科学性知识，在二者的张力之间摇摆。就像对待各种社会主义思想流派，他可以在一定程度上接受马克思和费边社的理论，在学术研究和写作中运用这些理论，但在内心深处，他欣赏和敬仰的是拉斯金和他的基督教社会主义。因此，在比尔德晚年，其思想转向了唯心主义和相对主义，强调观念和个人在历史中的作用，这种转变并非无迹可寻。

比尔德通过对产业革命历史的研究，看到了由产业革命引起的社会巨变，看到了旧秩序的瓦解，看到了资本主义制度的种种问题和工人阶级所遭受的苦难，也认识到了目前的社会失调是"生产的社会化与产品的个人占有以及产品的个人交换之间矛盾"②的结果，希望建立一种新的社会制度来替代资本主义制度，但是他并不赞同马克思的无产阶级革命理论，而是更倾向于费边社会主义者的理论。费边主义者认为，资本主义垄断企业的出现和发展，已经为向社会主义的过渡铺平了道路，依靠英国现有的民主制度，就可以逐渐实现生产资料的公有制。英美两国比较相近的国情和比尔德自身的家庭背景，使他毫无疑问地更倾向于费边主义者的理论。费边社会主义的一个重要特征就是它的民主主义，认为和经济影响并列而且同等重要的是"在过去一百年中，把欧洲社会导向社会主义的那个主流，乃

---

① Richard Hofstadter, *The Progressive Historians：Turner，Beard，Parrington*, p. 168.

② Charles Beard, *The Industrial Revolution*, p. XVII.

是不可抗拒的民主主义的发展"①。韦伯在《社会主义的历史基础》一文中指出，社会主义者现在所宣扬的理论，"乃是民主主义和工业革命不可避免的结果"。②而在英国，早就出现了社会主义性质的改革。比尔德完全认同了费边主义者的理论，认为工人阶级的解放必须通过政治民主和产业民主来获得，在英国，以建立民主制度为目标的政治革命已经基本实现了。"在过去一百年的时间里，见证了英国政治一场静悄悄的革命，其结果就是将权力交到了人民的手里。"③下一步，就是如何通过产业民主来建立一个合理的产业制度，但这并不是一件容易的事情。相对于工厂立法、工联主义，比尔德更看重合作运动的发展，因为"和工联主义不同，合作运动的成长根源于对以谋利为基础的竞争体制的正义性、可欲性的否定。工会承认私人资本、竞争和谋利的体制，试图靠提高生活标准来保护工人免受现有产业体制的伤害。合作运动在理论上寻求消灭利润，将工人从对资本家和中间商的依附状态中解放出来"④。

和费边主义者一样，年轻的比尔德对未来的合作型社会和人类的前景充满了信心，拥有非常乐观的情绪，在书中，他引用了贝赞特夫人在《费边论文集》中的一段话："人性不会倒下，建立于其上的信仰就是建立在磐石之上的信仰。在健康和快乐的条件下，人性将会上升到现在难以想象的高度，诗人和理想主义者所讴歌的最精致的乌托邦，与我们的孩子们所拥有的美好生活相比，也不过是暗淡和破碎的亮光。我们所需要的是勇气、审慎和信仰，最重要的是信仰，它敢于相信正义和爱并非不可能，未来人们可以实现超出人们想象的一切。"⑤

比尔德的这种乐观情绪直到多年后依然给人留下深刻的印象。美国历史学者托马斯·本德在评论比尔德夫妇的史学成就时曾写道："《美国文明的兴起》一书充满着坦率的信仰和承诺，这一点实在使人们感到惊讶。今天几乎没有一个知识分子会如此完全轻易相信进步、相信技术和相信社会民主必然会胜利。在比尔德夫妇笔下，集体主义和分配上的平等已经迷人

① 〔英〕萧伯纳主编《费边论丛》，第85页。
② 〔英〕萧伯纳主编《费边论丛》，第83、85页。
③ Charles Beard, *The Industrial Revolution*, p. 79.
④ Charles Beard, *The Industrial Revolution*, pp. 79, 83.
⑤ Charles Beard, *The Industrial Revolution*, p. 80.

地赫然耸现在地平线上。这本书最后一段认为美国人是相信进步没有止境的，而最后一句话则暗示了新时代已经破晓。"①

和比尔德相反，他在牛津大学的导师弗里德里克·约克·鲍威尔，对于英国民主制的未来却表现得忧心忡忡。鲍威尔是牛津大学现代史的钦定讲座教授，声望很高。在学术上，他是一位严格的实证主义者，在政治思想上，鲍威尔倾向于保守党，对于民主制度不抱好感。但他本人充满了社会责任感，崇尚自由和政治独立，对于比尔德的改革理想给予了热情的支持。鲍威尔对美国人没有太好的印象，却给予了比尔德高度评价，认为比尔德是自己认识的最好的美国人。因此，虽然政见不同，但当比尔德提出要求后，鲍威尔仍欣然为《产业革命》一书做了一篇长长的序言。在序言里，一开始鲍威尔就对已经拥有了选举权的工人阶级提出了警告，警告他们"民主不是天生的制度"，"如果民主不能发挥它的作用，那么它将会，而且一定会像那些已经消失的政治手段和权宜之计一样消失。如果一个国家在民主制度下还不如它在寡头统治之下更健康、更强大、更明智、更快乐、更幸福的话，那么民主制就将失败，其他的一些政体方案将会付诸实验，无论人们是否乐意"。②帝国主义列强之间的竞争使得鲍威尔忧心忡忡，他在序言里向国民提出了警告："我们正参与的贸易竞争，是一场激烈的'生存斗争'，我们只有拥有了更强大的体力和智力，才能生存下来。"③优胜劣汰的社会达尔文思想在这篇序言里可以说体现得淋漓尽致，这也是我国读者应该注意的地方。

比尔德《产业革命》从出版到现在，已经过去 100 多年了。科技的发展在许多方面已经远远超越了比尔德当年的展望（当然那些具有空想的部分除外），经济发展的规模和全球化的程度也远远超过了他当年的想象，当年曾流行的各种社会思潮也经历了各种的实践和运用，但是比尔德所盼望的那种健康社会却依然未能实现，甚至产生了更多的问题，人类在通往美好社会的道路上依然任重道远。

---

① 〔美〕托马斯·本德：《美国新史学今昔》，《现代外国哲学社会科学文摘》1986 年第 4 期。
② Charles Beard, *The Industrial Revolution*, p. Ⅷ.
③ Charles Beard, *The Industrial Revolution*, p. Ⅹ.

## 三  比尔德与美国的进步主义史学

1902 年，比尔德几经犹豫后，最终谢绝了英国工党领袖们的挽留，选择回到美国完成自己的学业。1904 年，他获得了哥伦比亚大学的博士学位（学位论文为《英国治安法官机构的产生和发展》），并留校任教。在哥伦比亚大学任教期间，比尔德结识了鲁滨逊、塞利格曼等进步主义史学家，他的学术思想也走向成熟，出版了许多影响一时的学术著作，包括最有影响力的代表作之一《美国宪法的经济观》，他也成为当时美国进步主义史学和进步主义运动在学术界的代表人物。

正是因为在英国留学的经历，比尔德在后来美国的进步主义史学家中，不管其思想还是实践，都具有更鲜明的社会主义色彩和批判精神。在《美国宪法的经济观》这本书中，比尔德明确地提出了自己的经济史观：

> 历史的经济解释的整个学说是建立在这样一种观念上的，那就是：一般说来，社会的进化是社会内部互相竞争的利益集团——一方面拥护变革，另一方面则反对变革——的结果。根据这个假说，我们在开始本书的研究时，首先必须探讨在宪法实施以前美国究竟存在哪些阶级和社会集团；哪些阶级基于它们的财产的性质，希望推翻旧的制度，从而可以获致直接的利益，哪些阶级希望维持既存法律秩序，从而可以获致更大的利益。[1]

历史学家霍夫斯塔特曾总结，"进步主义史学家的轴心观念就是经济和政治冲突"，[2]比尔德的经济史观可以说是对这种观念最恰当的阐释。比尔德对当时资本主义制度出现的种种弊端给予了毫不留情的批评，著名历史学家康马杰在他的名著《美国精神》中，称赞"他是 20 世纪这个复杂社会中被松了绑的伏尔泰，伏尔泰的机智、讽刺和哲学他都有一些，还有类似伏尔泰的热情"[3]。

---

① 〔美〕查尔斯·比尔德：《美国宪法的经济观》，何希齐译，商务印书馆，1989，第 24 页。
② Richard Hofstadter, *The Progressive Historians: Turner, Beard, Parrington*, p. 437.
③ 〔美〕亨利·S. 康马杰：《美国精神》，第 442 页。

　　比尔德是一个多才多艺而又多产的学者。他一生撰写著作 42 部，与他人合著 35 部，编著 7 部，在 70 份杂志上发表论文 360 多篇，书评 200 多篇，为别人的著作作序 23 篇。这些论著内容十分广泛，遍及欧洲史、英国史、美国史、宪法、政府与政治、外交、经济、工运、思想、文化、哲学等各个领域。康马杰称赞他"无处不在，也似乎无所不知"，作为一名进步主义学者，"他无疑是影响最大的人"。①比尔德的书写得通俗易懂，把学术性和通俗性紧密地结合在一起，因而，拥有许多读者。据统计，比尔德的著作总发行量在 1100 万册以上，其影响力可见一斑。关于 20 世纪上半叶比尔德对史学界的影响，霍夫斯塔特曾这样总结道，在那个时期"美国所有的历史论著似乎都跟着比尔德的调子起舞"②。

　　20 世纪 30 年代后，比尔德对自己早年的史学观点有所反思，在历史的因果关系上更多地强调多元论，强调史学的相对主义特点，1933 年比尔德在出任美国历史协会主席时发表的演说中指出："对任何较大领域的历史事实的选择和编排——无论是本国的还是世界的、种族的或阶级的——都受到选择者和编排者头脑中理论观点毫不留情的控制。"③ 1935 年，他在《美国历史评论》上发表了一篇题为《那高贵的梦》的文章，文中他阐述了自己的相对主义史学观点，对兰克的史学理论进行了系统的批驳，指出历史学家在书写历史的时候是无法摆脱主观因素影响的，兰克本人就没能做到公正地书写历史，在谈到自己的经济史观时，比尔德坦率地承认："经济解释，也仅仅只是一种看法，并非绝对的历史事实。"④ 事实上，比尔德的相对主义史学思想并非否认历史实在的客观性，强调的只是这种客观实在无法为人所完全知晓和再现，并且离开了人的主观认识，便无从谈及历史写作。比尔德的经济史观与他的相对主义史学思想其实并不矛盾，他也没有放弃自己的经济史观，只是不再把经济史观作为历史的唯一解释了。1935 年比尔德为《美国宪法的经济观》写的再版序言中，再次强调："在社会的巨大转变中，例如在制成和通过宪法所引起的剧变中，经济的力量可说是

　　①〔美〕亨利·S. 康马杰：《美国精神》，第 442、444 页。

　　② Richard Hofstadter, *The Progressive Historians：Turner，Beard，Parrington*, p. 299.

　　③〔美〕亨利·S. 康马杰：《美国精神》，第 443 页。

　　④ Charles Beard, "That Noble Dream," *The American Historical Review*, Vol. 41, No. 1, 1935, pp. 74 – 87.

原始的或基本的力量，而且比其它力量更足以解释事实。""谁要在历史上或者公共问题的讨论中，撇开经济的压力，谁就陷于致命的危险，那就是以神秘的理论代替真实，搅乱问题而不是清理问题。"①

对于一些保守主义史学家攻击他的经济史观源于马克思主义学说，他虽然予以否认，但却坦然承认自己对马克思主义学说的浓厚兴趣。在文章《那高贵的梦》里，比尔德公开表达了自己对马克思那渊博的知识和深刻的思想的敬意，并提醒那些敌视马克思的人，马克思不仅仅是一位革命家，还是一位知识渊博的学者。"一个人不管多么不喜欢马克思，他都不能否认马克思渊博的知识和大无畏的献身精神。他不仅像每一个写作历史的人那样去解释历史，而且他还帮助创造了历史。"②

比尔德的进步主义思想不仅表现在学术著作之中，而且还亲身付诸实践。在1935年给史学同事们的一封信中，他写道："历史学家应当在政治上和社会上开辟更为美好的未来，为全国全民做出贡献。"从他早年参加英国工人运动开始，他就从未避开过公共事务，在政治经济舞台上不停地活动。"他那敏锐的头脑、不知疲倦的精力把他投入到他那一代人所有主要的政治运动之中。他那强烈的个性给新世纪第一个25年全部改革运动打上自己的烙印。"③ 当1934年《论坛》杂志的记者要求几位著名学者描绘一下他们心目中美国的前景时，比尔德给出了一个直截了当的回答："那是一个劳工的共和国。"④ 由此可以看出，青年时期的进步理想依然萦绕在比尔德的心中。

（作者简介：宋晓东，北京大学历史学博士，天水师范学院历史系教授）

---

① 〔美〕查尔斯·比尔德：《美国宪法的经济观》，第6、10页。
② Charles Beard, "That Noble Dream," *The American Historical Review*, Vol. 41, No. 1, 1935, pp. 74 – 87.
③ 〔美〕亨利·S. 康马杰：《美国精神》，第443页。
④ Clyde W. Barrow, "Building a Workers Republic: Charles A. Beard's Critique of Liberalism in the 1930s," *Polity*, Vol. 30, No. 1, 1997, pp. 29 – 56.

# "南北朝正闰问题"与近代日本
# "皇国史观"的构建<sup>*</sup>

瞿 亮

**内容提要：**日本南北两朝皇统迭立引发的正统归属问题，到了近代已超越传统史学正统论的范畴，它与明治维新的合法性和尊皇倒幕的合理性达成契合。通过对教科书的修订，南北朝忠臣、奸贼人物形象的再塑造以及学术界、教育界和政界的正闰论争，"南朝正统论"成为主流。违背了实证主义和客观精神的"南朝正统论"与天皇制意识形态绑定在一起，不仅阻碍了近代日本史学的进步，而且对政党政治的衰弱和皇国史观的强化产生了深远影响。

**关键词：**近代日本 "南北朝正闰" 皇国史观 天皇制

众所周知，皇国史观是以天皇为中心构建的历史书写与评论体系，它以"皇国思想"来解释日本整个"国史"的发展历程，虽然在前近代已具雏形，但它是在近代得以扩张并主导日本人历史观的。① 在近代皇国史观的强化过程中，记纪神话的"天孙降临"传说、《神皇正统记》的皇统即正统

---

\* 本文是国家社科基金 2017 年度青年项目"日本江户时代的史学变革研究"（17CSS002）的阶段性研究成果。

① 关于皇国史观的论述较多，大致可分为三类。第一类是从整个历史发展脉络总体分析，马克思主义学者井上清在《历史学研究》第 122 号中对平泉澄、德富苏峰、西田直二郎等战前皇国史学家进行了梳理，批判他们"高唱大日本皇国就是神国，是把科学主义鳞片从历史学中剥离开来的最显着罪犯"，而永元庆二的《皇国史观》则分析了各种分支和发展脉络。第二类是追溯皇国史观的渊源及在前近代的萌芽形态，如刘岳兵的（转下页注）

思想从理念的角度凸显了天皇尊位，而"南朝正统论"则从历史的角度固化了对人物和事件的评判，塑造了"万世一系"的虚像和"忠君爱国"的道德模型。日本的南北朝是各贵族与武士分别拥立不同天皇而形成的两大政权，虽然在历史事实上拥立北朝的足利幕府凭借强大武力完成了统一，但是尊皇论者始终将后醍醐天皇及其继任者为首的南朝视为正统。因此，"南北朝正闰问题"成为南北朝以来史学家们论争的焦点。受以《资治通鉴纲目》为代表的中国正统论体系的影响，前近代的南北朝问题主要依据德性与民心展开论争。① 但到了近代，"南北朝正闰问题"已超越了史学范围，转变为以构建皇国思想和忠君爱国理念为核心的政治问题。

明治初年，通过尊王倒幕建立起来的维新政府及主流史学界鉴于名实两方面的考量采取了默认南北两统的姿态，但随着《大日本帝国宪法》颁布和对外战争的加剧，"南北朝正闰问题"逐渐成为强化天皇制意识形态的手段。1910 年"南北朝正闰论"引发了日本人在全日本小学学校国定教科书中对这段历史书写和评论的重大论争，"南朝正统论"逐渐普及历史教育界。而 1911 年幸德秋水在"大逆事件"秘密审判过程中发出了"而今天子难道不是暗杀南朝天子、夺取三种神器的北朝天子之子孙呼"② 的质疑，进一步给明治政权带来了历史合理性上的冲击，激怒了当时的右翼和军国主义者，在野党、执政党和元老则借"南朝正统论"争夺政治资本，尊皇论者则进一步将它上升为与国体密不可分的组成部分。明治后期久米邦武的笔祸事件、中岛久万吉因"足利尊氏论"被迫辞职、冈田启介时期"明征国体"运动普及化、美浓部达吉因"天皇机关说"获罪、津田左右吉入狱受刑等事件都与"南朝正统论"所构建的皇国史观有着密切关系，犬养毅内阁、教育界、史学界也受到南北朝正闰问题的牵连。

中国学者着重比较中国史学中的正统论与日本南北朝正闰论之间的联

---

（接上页注①）《"皇国史观"与宋代儒学的思想纠葛》。第三类是梳理和批判近代以来皇国史观的各种展开形态和在此基础上新衍生出的错误思潮，如周启乾的《怀念永元庆二先生——兼谈他对"皇国"史观、"自由主义史观"的批判》、王希亮的《从皇国史观的回潮到走向政治军事大国——兼析日本战争责任顽疾的症结》、郑毅的《皇室·战争·神道：吉田茂的皇国史观研究》等。

① 司马光所撰《资治通鉴》及朱熹所撰《资治通鉴纲目》确立了以蜀汉为正统的地位，这也同样影响了盛行朱子学的江户时代历史撰述。

② 泷川政次郎「誰も知らない幸德秋水事件の内幕」『特集人物往来』1956 年 10 月号。

系与区别，突出强调了东亚儒家史学思想在日本的变容。[①] 而尾藤正英也同样注意到了儒学名分论在近世日本的变化对"南朝正统论"的影响，强调注入了国学思想和神皇中心思想的后期水户学引发了日本史学中"南北朝正统论"的转向。英国学者玛格瑞特·麦尔在《19世纪日本的历史学与国家》中分析了明治末年的"南北朝正闰问题"，指出明治时代以来的南北朝论争致使日本史学从史料学和史料批判走向退步，体现了近代日本政治体制对历史学的负面影响。[②] 池田智文也指出史学界和政界围绕南北朝正闰问题展开的论争及行动致使近代日本的历史学从实证史学转向皇国史学。[③] 山本四郎、大日方纯夫的论述则跳出历史学的范畴，探究近代的政治文脉和社会运动对其的影响与意义。[④]

总之，中外学界已运用大量史料对各个时段南北朝正闰问题进行了分析，但对于它如何从前近代史学正统论转变为近代皇国史观和国家意识形态的重要组成部分的论述，尚比较罕见。前近代史学上的南北朝正闰之争如何到明治时代之后成为政治与意识形态问题的？南北朝问题在近代和皇国史观之间存在哪些具体的联系？被近代皇国史观建构后的南北朝问题是如何体现在历史教科书中并普及给民众的？这些是本文要着重阐述和解决的问题。

## 一　皇统分裂和前近代的南北朝正闰之争

日本的皇室内斗和分裂并非只出现在南北朝时期，早在壬申之乱时，大友皇子与大海人皇子的争权夺位就致使皇位传承出现了内部的纷争。平城—嵯峨—淳和—仁明这四代天皇在皇位传承过程中，由于多次出现了兄弟相继的情况，尤其是嵯峨传至仁明时，摄政藤原良房势力强力干涉与介

---

① 王家骅：《儒家的修史观与日本古代的史学》，《日本研究》1998年第3期；乔治忠：《中日传统史学之"正统论"观念的异同》，《求是学刊》2005年第2期。

② Margaret Mehl, *History and the State in Nineteenth Century Japan*, London：Macmillan Press Ltd.，New York：St. Martin's Press Inc.，1998.

③ 池田智文「『南北朝正閏問題』再考——近代『国史学』の思想問題として」『日本史研究』第528号、2006。

④ 山本四郎「『南北朝正閏問題』について」『史林』第56巻第3号；大日方純夫「南北朝正閏問題の時代背景」『歴史評論』第740号、2011。

入，导致皇位传承出现了混乱。而保元、平治之乱的出现，也是由于天皇在传承皇位过程中出现了内争，天皇为了对抗外戚藤原氏退位成为上皇行使院政，作为院政的"治天之君"在很大程度上左右了皇统的继承和政治局势。"年龄稍长则行禅位以院政之意裁制天下，以大权左右宫廷，遂致南北两统势如水火"，[①] 鸟羽上皇、崇德上皇、重仁亲王、后白河天皇之间接二连三的皇位争夺，其中又卷入了摄关藤原氏、源氏、平氏的斗争，最终围绕着皇统与继承的纷争导致了公家权势的式微与平、源两大武家势力的抬头，也成为权力中心从朝廷转向幕府的奠基石。而镰仓幕府建立之后，自土御门天皇后历代继承人的确立都受到幕府的干预，到了后嵯峨天皇即位时，幕府为了排除具有强烈倒幕意志的顺德天皇一系，强行拥立后嵯峨，为南北朝的出现埋下了伏笔。自后嵯峨天皇之后，皇统的迭立日渐常态化，发展成天皇家内部长期分裂的态势。后嵯峨天皇、龟山天皇、后深草天皇纷纷因为争夺皇位退位，其后他们又以上皇的身份干涉朝廷事务。后深草一系的皇族在持明院势力及镰仓幕府的拥立之下，将皇位传承至花园天皇，而龟山天皇一系则在大觉寺僧侣的拥立之下，传承至后醍醐天皇，形成了两统迭立的常势。而这种两统迭立包含了两层意义：第一，两系主统中任何一方都无法确保自身一系的传承，为了保证己方的利益，就尽可能缩短对方一脉天皇的在位时间；第二，两系主要关心下一任皇子及天皇继承人来自己方，为了达到此目的，两系都要向幕府派遣使臣表达诉求，以期获得幕府的支持。[②]

皇统分裂与迭立不仅是公卿和皇室围绕皇位继承权而展开的长期斗争，也是武家和其他庄园主势力竞争经济力量的焦点。当时长期存续的庄园经济利益与皇位继承有着直接关联，后深草天皇一脉背后是持明院僧侣庄园势力，而龟山天皇一脉的背后则是大觉寺庄园系统，两统迭立固定化的背后，实际上是庄园群的对立与利益的固定化。[③] 具体来看，由于后伏见天皇当时只有 13 岁，还没有皇子，持明院系就让后伏见天皇收其弟弟为养子，

---

① 久米邦武『大日本時代史第六巻——南北朝時代史』早稲田大学出版部、1927、13 頁。

② 参见波田永实「国体論の形成 1：南北朝正閏論争から見た南朝正統論の歴史認識」『流経法学』第 2 号、2017、28 頁。

③ 战后日本经济史研究学者从经济史的视角出发，将庄园制归结为南北朝皇统分裂的根本原因，其中以永原庆二的「荘園制解体過程における南北朝内乱期の位置」最具代表。详见『永原慶二著作選集』〈第 3 巻〉『日本中世社会構造の研究』吉川弘文館、2007。

以此来保证皇统延续在其内部。

　　大觉寺系相比持明院系更为复杂，原本大觉寺系的后宇多天皇之后应该由后二条天皇继承，但由于其早逝，致使此时皇位最终归属到持明院系的花园天皇，而这与龟山天皇的意旨相背。当后宇多天皇执意令自己的嫡孙，即后二条天皇年仅九岁的皇子邦良亲王为后继者时，大觉寺系统为了在下一代天皇竞争中取得优势，就拥立了后二条天皇之弟尊治亲王，即后醍醐天皇。但是，大觉寺势力原本只是把后醍醐天皇作为邦良亲王成人之前暂时执政的过渡性"一代之主"，"尊治一期之后，当让与邦良亲王，尊治亲王之子孙，若有贤明之器、济世之才，则可暂为亲王辅于君朝"，① 此时幕府也加入两统迭立的仲裁之中并敦促后醍醐天皇让位给邦良，"邦良亲王元服，即日册立为东宫，邦良者，后二条帝第一子也，正安上皇以先帝早退位为遗念，故欲立其皇子量仁，以东宫密遣使于镰仓请求之，然武臣等不听而止，邦良遂得立"，② "会北条高时亦奏，宜立邦良为皇太子，文保二年三月，遂立为皇太子"。③ 从幕府、大觉寺和持明院三者的角度来看，后醍醐天皇不过是邦良即位之前的过渡君主，而皇太子的继承也转到了遵照幕府意愿的持明院皇统。但是，后醍醐天皇却欲长期执掌政权并排除幕府和持明院对于皇位继承权的长期干预，由于邦良亲王早逝，幕府通过起先制定的"文保御和谈"来干预皇位继承权的计划落空，但持明院为了保证皇统延续至本势力之中，依然向幕府诉求扶持后伏见天皇第三子量仁为皇太子，后醍醐天皇及其公卿势力遂有了排除幕府干预的讨幕主张。因此，在后醍醐天皇时期出现的两统对立，更多是出于将皇位揽入自身、令皇统一元化的现实考量。以恢复天皇执掌实权为目的而建立的建武政权，在后醍醐天皇之后遭遇以足利尊氏为首领的武家的排挤和打压而逃至吉野建立南朝，足利尊氏则拥立光严天皇胞弟丰仁为光明天皇建立北朝，由此日本历史进入南北朝并立的时代。

　　而从上述南北朝分裂的历程来看，两朝相争并非基于道统和民心，而是基于庄园主土地经济利益和权力，皇国史观所强调的"王政复古"大义名分和"尊王倒幕"的道德主义，均没有体现在历史事实中。而自室町时

----

① 后宇多上皇让位状案、竹内理三编『鎌倉遺文 古文書編』第 30 巻、東京堂、1986、321 頁。

② 林春斎『續本朝通鑑』第 11 巻、国書刊行会、1920、3441 頁。

③ 徳川光圀等『大日本史』第 4 巻、列伝 1 義公生誕三百年記念出版、1928、427 頁。

代直至江户时代正保（1645～1651）的 300 余年，除《神皇正统记》强调南朝圣君、忠臣外，大多数史著和史论确立的是"北朝正统论"。足利尊氏等北朝将士在中世武家的军记物语《梅松论》《太平记》中被给予了正面叙述和评价。《梅松论》强调足利尊审时度势与宽厚大度，"今征夷大将军尊氏以三大德行成仁德之主：第一，具勇武之心终结合战不露畏惧之色；第二，怀慈悲天性勿施恶于人宽谅多数怨敌，待臣如子；第三，心怀广大不惜财物平均金银土石、武具马匹赠予下士"。① 这与江户时代的多数史著将足利尊氏视为"叛臣"形成巨大的反差。而《皇代略记》《皇年代略记》《本朝皇胤绍运录》等史籍都是奉北朝为正统，称南朝的天皇为"王"或"亲王"，《兴福寺略年代记》《建长寺年代记》等同时代的佛家典籍中同样以北朝为正主。② 中世《太平记》等史籍所记述的后醍醐天皇和楠木正成、新田义贞等南朝将士也并非圣君、忠臣形象。神田本《太平记》将新田义贞起兵视为悖逆北朝的谋叛，"新田小太郎义贞去三月十一日奉前朝纶旨退避千叶屋称虚病归本国，趁便宜之势集一族计略谋反……刀戈相向于足利殿，伙同舍弟四郎左近大夫，入道十万兵士相京都，畿内四国之乱亦催生安房、下野六国之势态……"③ 近世初期，虽然林罗山个人倾向于南朝，但考虑到修史对于正序纲常、规范人伦的作用，故淡化了南北二朝的对立，甚至默认了北朝为正的书写原则。《本朝通鉴》凡例规定，"南北两立是本朝大变也，是亦非可妄决，正偏故聊寓微意于各篇"，④ 确立了"两帝并立"的基本原则。而林春斋编修《续本朝通鉴》时采取了先叙北朝并记南朝的体裁，虽然也在情感上同情南朝，但在事实上已经将北朝视为正位，"按后醍醐帝延元元年迁幸吉野，自是有南朝南帝之称，然后醍醐无让位之仪，光明帝位尊氏所立，则终醍醐之世，乃帝统之正。况北朝之帝运传至今日……以北朝为正，附记南朝于其间"，⑤ 无论年号还是天皇名都是北朝先行，南朝年号则用小字记录在其后。德川光圀和安积觉等前期水户学者表面上奉南朝为正，实际上则从论赞和其他的著述中贬斥南朝系天皇和公家的为政

---

① 「梅松論」『新校・群書類叢』第 16 卷、内外書籍株式会社、1928、142 頁。
② 山崎藤吉、堀江秀雄共纂『南北朝正闰論纂』铃木幸刊、1911、49～50 頁。
③ 黑川真道校『神田本 太平記』国書刊行会、1907、120 頁。
④ 林罗山、林春斋著、大槻东阳校『本朝通鑑』第 1 卷、博文館、1897、6 頁。
⑤ 林忠、林恕撰『続本朝通鑑』国書刊行会、1919、3801 頁。

错误。《大日本史论赞集》高扬持明院北朝一系的后深草天皇，称其"孝德之至、孝友之笃"①，反而称大觉寺南朝一系的龟山天皇"不耀其材武而孝友仁恕有所不足"②，甚至批判后醍醐天皇到吉野之后的失德失政，"吉野之驾，永无回源之日也，艳妻嬖而赏罚滥，谏臣去而纪纲紊，虽有忠臣义士肝脑涂草野，而莫之能救也"。③ 这也是为武家执政寻求合理合法的名分依据，在尊皇和敬幕之间寻求平衡。而与德川光圀同一时期的儒学家和史学家们，则在辩明"公卿朝廷政治为何会被武家政权取代"以及论证武家政权的正当性问题上，导入了"以德配天、失德失政"的朱子学论理，孟子的"易姓革命论"也成为他们的理论依据。在此基础上形成了理势变换的历史观，④ 他们以皇室偏爱宠妃、重用摄关为理由，论证公家权力转移至武家是历史推进过程中的必然趋势，他们又把武家政权放在按照天皇委属执政的名目之下，在"尊皇敬幕"的旗帜之下起到内政的凝聚和外交的威慑作用。新井白石则以"异朝称本朝天子为天皇或天王，称将军为国王"⑤ 的表述，将"尊皇敬幕"立场发挥到了极限。

　　南朝明君忠臣和北朝奸臣贼主的形象是后期水户学和近世尊皇史观影响下的产物。随着后期水户学兴起，《大日本史》在编纂过程中突出强调了后醍醐天皇及南朝将士的正义性，藤田东湖在《修史始末》中，将"奉南朝为正朔，三神器入京师始归于后小松帝"⑥ 总结为《大日本史》编纂的"三大特笔"之一。1711 年，迹部良显撰《三神器传来考》，再次强调了以南朝为正是水户藩修史的巨大成绩，"是水户光圀卿，尊三种神器，奉南朝天子为正统，除北朝之主朝臣之字，此古今独步之笔法，显我神国之志。自始至终仰皇朝之正统，又解后世之惑，其器量超群，能考见之"。⑦ 此时，水户学的历史叙述和评价已经变为突出君权至上和忠臣无条件服从，也影

①　安积觉等撰、赖山阳抄『大日本史論赞集』大正书院、1916、85 頁。
②　安积觉等撰、赖山阳抄『大日本史論赞集』大正书院、1916、86 頁。
③　安积觉等撰、赖山阳抄『大日本史論赞集』大正书院、1916、92 頁。
④　参见瞿亮《日本传统史学中的兴亡盛衰论》，《外国问题研究》2013 年第 3 期，第 35～40 页。
⑤　新井白石「朝鲜国信书の式の事」『新井白石全集』第 4 卷、国书刊行会、1977、671 頁。
⑥　德川光圀等、建国記念事業協会編『訳注大日本史』第 20 卷、建国記念事業協会、1943、42 頁。
⑦　迹部良显「三神器伝来考」日本学协会編纂『水戸学集成 5—大日本史の研究』国书刊行会、1957、269 頁。

响到了赖山阳《日本外史》对南北朝正闰的评判。赖山阳在《日本外史》中以更夸张的手法歌颂了南朝将士的勤王报国之心，可谓"举一门之肝脑，而竭诸国家之难"①，同时将足利氏及北朝党羽贬斥为"朝贼"，"彼其计夺王家中兴之业，故滥赏侈封，务充其欲，不复计其后，以苟取天下"，②《日本政纪》更明确提出"南则正，北则伪，事南者荣，事北者辱"③。这种尊王斥霸的"南朝正统论"超越了山崎暗斋、新井白石等学者以德配天的朱子学正统观，带有了天皇绝对主义和"国体论"色彩，也为勤王倒幕事业的发展和近代皇国史观的形成打下了基础。

## 二　南朝"明君忠臣"与北朝"贼军"的塑造

近代日本关于南北朝孰为正统的问题实际上牵涉到明治以来日本的国家意识形态和皇国史观的构建，因此，持续了半个世纪的南北朝并立事实，在近代的历史叙述和评论中就很难以真实客观的样貌呈现出来。为了强化天皇政权和长州、萨摩等西南强藩在"王政复古"和"勤王倒幕"中的历史合理性，政府通过对南朝"忠臣"的赠位、创设南朝君臣的祭祀来彰显褒扬南朝君臣的事迹，与此同时还将足利尊等北朝将士刻画为"逆贼"形象。

早在 1867 年，明治政府就下达了奉祀楠木正成的政令，到 1872 年还建立了合祀楠木家族的凑川神社。而从 1880 年到 1881 年，明治政府又接连颁布了《改正教育令》、《小学校教则纲领》和《小学校教员心得》。《小学校教员心得》甚至规定小学教育应当"令学生忠皇室，爱国家"④，忠君爱国被放在诸"人伦大道"之首。而《小学校教则纲领》则直接强调历史课要使学生"养成尊皇爱国之志气"⑤。1882 年元田永孚在编写修身教育的主要教材《幼学纲要》时就秉持这一理念，将包括楠木正成父子在内的许多英雄人物的事迹编入其中，以便从儿童时期起向国民传播和渗透"仁义忠孝"

---

① 赖山阳著、久保天随订『日本外史』博文馆、1909、177 页。
② 赖山阳著、久保天随订『日本外史』博文馆、1909、287 页。
③ 赖山阳『日本政紀』植手通有编『日本思想大系 46』岩波书店、1977、597 页。
④ 小林二郎编『小学校教員心得』小林二郎自刊、1885、3 页。
⑤ 黒羽弥吉编『小学校教則綱領』黒羽弥吉自刊、1881、8～9 页。

的观念。而为遵循"使学生于脑髓中首先感受忠孝之大义"① 的要求，楠木正成父子的勤王事迹便被放在第二章"忠节"的德目之下，书中刻画了"尽忠至诚"的楠木正成父子形象。② 与此同时，天皇制意识形态的政治宣传还从修身、历史教育延伸到唱歌（音乐）、国语、习字等科目。因此，在这些科目的教学中同样也将楠木正成的事迹作为重要题材，在教学过程中潜移默化地将效忠天皇的价值观传递给学生，使学生在耳濡目染中再次接受皇国思想教育的改造和洗脑。如唱歌的教科书中就收录了《樱井诀别》，③ 这部作品极力再现了楠木正成在受命奔赴战场前，抱着必死的决心与其子道别的场景，歌颂了楠木正成为保卫天皇不惜慷慨赴死的忠勇和壮烈，以此来实现"正人心助风化之妙用"④。如此的教育渗透到各都道府县，1899 年有人对冈山县的小学生进行过一次"当作为自身模范之人物"的调查，调查结果显示，楠木正成的出现频率力压后醍醐天皇高居榜首。⑤

1911 年，喜田贞吉在《论国史的教育》中明确强调了崇敬南朝忠臣的意义，"南北朝之际，为了恢复自古以来的天皇亲政，南朝忠臣始终如一尽忠王家，他们被列为我等崇敬的模范，这种思想也逐渐在国民之间确立起来。受到此刺激，勤王志士相继涌现，最终实现了王政复古"，⑥ 并将其视为塑造国民性的重要一环。同年，受到南北朝正闰论争影响而修订的历史教师用书《寻常小学日本历史》中，就明确表明"楠木、新田、北畠、菊池四氏子孙相继专奉勤王，其事迹可成为培养忠君思想涵养的好材，后醍醐天皇御皇子皆英才勇武，奔走于矢石之间，舍身命尽勤王之节，当以之为义勇奉公之鉴"⑦，将彰显南朝"明君忠臣"运用到历史教育中。到 20 世纪 30 年代，学术界进一步将尊崇南朝忠臣与明治维新直接联系起来。早稻田大学博士、大正时期活跃于文坛和思想界的评论家高须芳次郎在《水户

① 『慶応義塾百年史 上巻』慶応義塾、1958、701 頁。

② 元田永孚編『幼学綱要』日本精神文化振興会、1935、23～28 頁。

③ 森山保『文部省編尋常小学唱歌教材解説 第 4 編 尋常 4 学年用』広文堂書店、1913、14～19 頁。

④ 文部省音楽取調掛編『小学唱歌集 初編』文部省、1881～1884。

⑤ 中村格「天皇制教育と太平記：正成・正行像の軌跡」『日本文学』第 3 号、1996、14 頁。

⑥ 喜田貞吉「論国史の教育」『歴史地理』第 16 巻第 6 号、1911 年 12 月。

⑦ 草野甚太郎『尋常小学歴史科教材の研究・巻上』吉川弘文館、1911、285 頁。

学派的尊王论及经论》中，重新诠释了德川光圀的尊王论，强调了其并非敬幕而在于尊皇的意旨，"之所以推崇楠木，不仅是因为其用兵巧妙，腹底充满勇气，其独特的长处在于全心全力侍奉皇室……自古以来虽不乏用兵之士，亦有勇气拔群之人，如正成一般纯忠之士尚少"，[1] 这已经把楠木正成从武家时代以武勇为美德的武士拔升到更高的位置。而平泉澄的弟子、皇国史学者鸟巢通明则强调"吉野时代的史实是需要感激和鼓舞的，它与幕末的一般志士们具有共通性"[2]，他指出"建武中兴正是我国倒幕唯一的经验，深度研究彼等的历史乃是必然……从以往的历史事实中节选出舍身护持国体之人，进而继承他们的遗志"[3]。近代皇国史观的构建者平泉澄认为南朝的忠臣所体现出来的忠君爱国是"日本臣民应具有的本来面貌"[4]，指出"明治维新之大业乃是日本长久谋求实现的大理想，而此先发源于数百年前由后醍醐天皇发端，由楠木正成为首的数多忠烈志士舍身弃家、牺牲一切镇护之事……明治维新志士高举之旗帜正继承了正成的遗志"[5]。被塑造的南朝忠臣形象迅速普及中小学历史教学，自 1904 年至 1945 年，日本先后颁布了五版国定教科书，楠木正成、楠木正行、新田义贞、村上义光等南朝将士的事迹占据了小学教科书的大篇幅内容，以期实现"教化忠君、义勇、廉洁、仁爱诸德目，陶冶国民性"[6]。

　　中央和地方政府不仅通过教科书等文本推崇和彰显南朝君臣的事迹，还通过雕像等"可视化"的形式，强化国民对英雄人物的历史理解与历史记忆。1896 年，在甲午中日战争中取得胜利的明治政府于皇居正门二条桥塑造了披胄骑马的楠木武士雕像，不仅再次强调了维新政权与建武政权在尊皇倒幕理念上的连续性，而且把效忠天皇的模范形象广泛传达给国民。大正时代之后，被彰显和弘扬的南朝君臣进一步增加，广泛建造了纪念碑（见表 1）。

---

[1]　松島栄一「歴史教育の歴史」、家永三郎等編『岩波講座日本歴史』第 22 巻、1963、270 頁。

[2]　鳥巣通明「建武中興の精神と明治維新」『后醍醐天皇奉賛論文集』至文堂、1939、2 頁。

[3]　鳥巣通明「建武中興の精神と明治維新」『后醍醐天皇奉賛論文集』至文堂、1939、2 頁。

[4]　平泉澄『建武中興の本義』至文堂、1939、8 頁。

[5]　平泉澄『建武中興の本義』至文堂、1939、1~2 頁。

[6]　中村格「教材としての太平記―天皇制教育の形成」『日本文学』第 1 号、1982、92~93 頁。

**表 1 南朝"忠臣"关联纪念碑等一览**

| 建造时间 | 被彰显者 | 所在地 | 题字者及身份 |
|---|---|---|---|
| 1922 | 怀良亲王 | 鹿儿岛市 | 松方正义公爵 |
| 1930 | 榆井赖仲 | 高山町 | 东乡吉太郎海军中将 |
| 1931 | 矢上高雄 | 鹿儿岛市 | 平田猛 |
| 1933 | 知览忠世 | 知览町 | 佐多武彦陆军中将正四位 |
| 1935 | 榆井赖仲 | 志布志町 | 菊池武夫男爵 |
| 1937 | 肝付兼重 | 宫崎县高城町 | 荒木贞夫陆军大将 |
| 1939 | 市来时家 | 东市来町 | — |
| 1942 | 涩谷重基 | 入来町 | 大久保利武侯爵 |

资料来源：栗林文夫『南朝「忠臣」の顕彰について—記念碑を素材として』黎明館調査研究報告、2003、73 頁。

上述碑文包含了"传不朽之高义""宣扬忠诚""传万古之芳烈"等极具所谓道德色彩的评述。本尼迪克特强调了可视化对于构建想象共同体的作用，"通过其空洞性、缺乏脉络、在视觉上的容易记忆，以及在每个方向都同样无限的复制性，识别标志遂将人口调查和地图，经线和纬线一起卷入一场不可磨灭的相拥之中"①。安丸良夫在论述近代天皇制之所以受到民众广泛接受时谈到"天皇制国家制定了旨在表现国家统合的各项仪礼……通过人体的表演实现某种象征性意义，进而影响共同体，因此既可以使其象征意义神秘化，如同接受宗教信仰一样地接受它……仪礼的这个性质，不仅使天皇权威的定义可以暧昧而多种，同时也使不同定义取向唯一的中心化变为可能"②。可视化的碑文和祭祀正是这些仪礼中的重要组成部分，它们以更为通俗、直观和参与度高的方式渗透到民众的历史认识之中，固化了对南朝君臣的认知。此时，记述南北朝历史的意义也发生重大转折，著述更加强调"指导现今和未来的国民道德"，历史书籍已经失去了实证批判的作用，成为引导国民道德和行为的指南。到第二次世界大战末期，日本新闻报纸上充斥着鼓吹"楠木公精神"的文字，怀良亲王、肝付兼重等

① 〔美〕本尼迪克特·安德森：《想象的共同体》，吴叡人译，上海人民出版社，2003，第209 页。

② 〔日〕安丸良夫：《近代天皇观的形成》，刘金才、徐涛等译，北京大学出版社，2009，第207～208 页。

南朝其他君臣也被反复当作典范运用于战时的精神总动员，在载满南朝忠君爱国事迹的《鹿儿岛乡土史读本》小册子中，提到"青少年诸位读此书受到乡土先人的忠诚和勇武感染，奋起成为击灭英美的急先锋"①，它完全丧失了理性，而这种错误的历史教育让民众沦为了战争工具。

实际上，确立以天皇为顶点的绝对亲政价值观和国体论，在正面抬高后醍醐天皇和楠木正成等南朝君臣的同时，还必须否定站在其对立面的摄关政治与幕府存在的合理性。井上哲次郎指出，"尊氏自我营私实乃非常不善之举……日本自古皇统一系，此国之柄也，一时皇统二系，乃破坏国体不祥之举也"，② 把足利尊氏贬斥为破坏"万世一系"国体的罪魁祸首。平泉澄评论"藤原的摄关政治与律令制根本的皇政精神不一致之处尤多……（摄关）不过是荣华的藤原氏一门从地方民众身上榨取的政治……伴随藤原政治颓废而抬头的武家政治，虽不类藤原氏一般文弱之弊，但偏于武健，以幕府武断专政为根本，于诸国置守护、地头，推行与皇政精神不一致的霸道政治，私用兵马之权……故从唤起国体的大义名分观念来看，难以容许藤原政治和武家政治"③，通过如此的论述，把后醍醐建武中兴拔高到推翻德川幕府统治的明治维新的历史地位。高须芳次郎也指出"事实上，将军支配天下是破坏大义名分之举，因此必须否定将军政治"④，"三大特笔之一的南朝正统说是水户义公排除世论、抑止史臣反对，极力主张之产物……其势必强力唤起尊皇思想，足利高氏之叛逆思想亦被严格排斥，高氏为推行极端之霸道，而不择手段、横行无道，故必须排斥抨击高氏，令斥霸思想抬头"。⑤ 1939 年，平泉澄在纪念后醍醐天皇六百年祭中编纂《后醍醐天皇奉赞论文集》，在其卷首就对足利政权和北朝做出了定性，"建武中兴失败之原因，并非如以往屡说，不在于后醍醐天皇不明不德，毋庸置疑，其真正原因在于足利高氏之谋叛……中兴之失败概而观之，在于私利私欲、忘却大义正道者充斥上下"。⑥ 1930 年之后，军部逐渐控制政权，天皇专制的意识形态较之前更有所加强，皇国史观者进一步把明治维新以来

① 坊津町郷土誌編纂委員編『坊津町郷土誌』下、坊津町刊、1972、112 頁。
② 山崎藤吉、堀江秀雄共纂『南北朝正閏論纂』鈴木幸刊、1911、469 頁。
③ 平泉澄撰、建武義会編『后醍醐天皇奉赞論文集』至文堂、1939、114 頁。
④ 高須芳次郎『水戸学派の尊皇及び経綸』雄山閣、1936、123～124 頁。
⑤ 高須芳次郎『水戸学派の尊皇及び経綸』雄山閣、1936、125 頁。
⑥ 平泉澄撰、建武義会編『后醍醐天皇奉赞論文集』至文堂、1939、19 頁。

的国体论与南朝的正统位置对应起来，北朝的 "贼军" 形象变得不可动摇。1934 年，中岛久万吉撰写的《足利尊氏论》因为抬高足利幕府而遭到菊池武夫抨击，在舆论和军部压力下被迫辞职。1935 年，《鹿儿岛新闻》的学童版就刊载了 "正成公受后醍醐天皇所召，自河内金刚山起兵，获朝廷允许与贼军足利氏相战多年……迎逢祭典，当慰公之灵"①，明确地要求包括小学生在内的全体社会尊崇南朝忠臣憎恶北朝将士。

近代日本塑造的南朝 "明君、忠臣" 和北朝 "贼军"，并非历史上南北朝将士的本来面貌，与中世、近世大部分时代叙述的南北朝将士形象也有所出入。它延续了幕末时期尊皇的史著以 "南朝正统论" 为基调刻画人物的传统，结合建立近代天皇制的现实政治需要，通过教科书文本、雕像、纪念碑和民间故事，将刻意蕴意褒贬的南北朝人物形象渗透到普通民众的历史认识中，这不仅为近代日本政权的合理、合法性提供了历史依据，也强化了民众的忠君爱国的意识。而作为象征符号而塑造的南北朝人物形象是在近代 "南北朝正闰论争" 的过程中通过历史教科书叙述的转向最终实现的。

## 三　南北朝正闰论争在历史教科书问题上的角逐

塑造明君忠臣形象是近代皇国史观构建的第一步，而更为关键的则是 "南朝正统论" 普及于历史教科书中。在明治初年，学术界和教育界普遍认为，以臣民的身份来书写皇室历史应充分表达敬意，因而在南北两统问题上采取了谨慎的态度。此时有着 "北朝抹杀说"② "南正北闰论"③ "南北两立论"④ 等各种主张，但实际上，在明治国家建立、发展的过程中，"南朝正统论" 始终处于优势，与江户时代的 "南朝正统论" 并无二致。在 "南

---

①　栗林文夫「南朝『忠臣』の顕彰について―記念碑を素材として」『黎明館調査研究報告』2003、61 頁。

②　"北朝抹杀说" 只承认吉野朝廷，对北条高时拥立的光严天皇和足利尊拥立的光明天皇，则称他们为 "院" 或 "亲王"，将北朝军置于 "贼军" 位置。

③　"南正北闰论" 承认南北两朝的存在，以南朝为名分上的 "正位"，以北朝为 "闰位"，在这种思想的影响下，北朝较南朝的地位较低，但在皇统的延续及实际的天皇继任上，北朝占有实际上的优势。

④　"南北两立论" 承认南北两朝并立，遵照北朝而后统一南北两统的事实。

朝正统论"未普及历史教科书之前，学术界和教育界关于历史事实与皇国教育孰轻孰重的问题，尚且存在争论，这也致使"大逆事件"之前"南朝正统论"和皇国思想受到牵制。

明治元老和尊皇学者们无一例外地倡导"南朝正统论"，逐步将"南忠北奸"的表述运用于历史教科书中。明治九年（1876）的元老院旧典类纂《皇位继承编》中的《纂辑御系图》，明治十六年（1883）盐仓具视、山县有朋等编修的《大政纪要》等官厅的文献中，都无一例外地尊崇南朝历代天皇。到明治三十五年（1902），荻野由之、喜田贞吉、三上参次等人成为教科书调查委员会①中的历史学部会员，就在《中等教育日本历史》下卷中，用"天皇"一词称南逃吉野的后醍醐天皇，而对北朝系的光严天皇、光明天皇则称"帝"。当时出现了"高时奉皇太子为帝，称光严帝"②，"尊氏遂奉光严院之弟丰仁亲王，称光明帝"③ 的表述，山县悌三郎所编的《小学校用日本历史》中，相继称光严天皇和光明天皇为"帝"，甚至超越《大日本史》的表述直接称北朝军为"贼军"。

与此同时，也有一批学者站在了南北调和的立场，主张教科书关于南北朝的书写应该遵循事实谨慎处置。喜田贞吉、村田正志认为"神器所在论"并不能决定南北朝孰为正统，他们将后醍醐在吉野所进行的南朝政治活动看作北朝皇脉的另一种延续，称之为"重祚"。"后醍醐天皇与光严天皇之关系，再次引发了问题。此时，光明天皇方承认光严天皇在位。由此，可以看作九十五代后醍醐天皇，九十六代光严天皇，九十七代后醍醐天皇，九十八代光明天皇，后醍醐天皇可视为重祚……"④，在喜田等人看来，奉两帝正闰是"先敬厚而共存之，为稳当之举"⑤。关于光明天皇的即位，当时教师用教科书称"尊氏入京都，奉光严上皇及其弟丰仁亲王，揭御锦而进兵，是已成两朝并立之形势。数几，尊氏更请上皇院宣奉亲王践祚，是

---

① 自明治十九年（1886）颁布小学校令、中学校令、师范学校令和帝国大学令之后，小学校、中学校教科书需要由文部大臣检定，为此，文部省制定了《教科书检定规则》，并设立了各科目的教科书调查委员会，到日俄战争之后各科采用固定教科书。
② 山崎藤吉、堀江秀雄共纂『南北朝正闰論纂』铃木幸刊、1911、19頁。
③ 山崎藤吉、堀江秀雄共纂『南北朝正闰論纂』铃木幸刊、1911、25頁。
④ 『村田正志著作集』第3卷、思文閣出版、1985、140頁。
⑤ 『村田正志著作集』第3卷、思文閣出版、1985、140頁。

为光明天皇"①，这实际上承认了北朝与光严、光明两位天皇的合法地位。为此，喜田贞吉通过将后醍醐天皇也放入北朝一脉来传承皇统的方式，平息当时"南朝正统论"者的质疑。他把后醍醐天皇被足利尊氏流放而后才回到京都这一段称为天皇"巡幸"，并将后醍醐天皇视为北朝一系的上皇，强调了后醍醐天皇将三神器直接传给光明天皇，这样，无论是皇统血脉传承还是神器的所在，北朝都具有了作为正统朝廷的充分合理性依据。而村田正志也指出，"现实的面貌乃是天皇两立，南朝正统论者遮蔽这一现实，一概以南朝为正，称北朝为闰，必然不符合历史事实"，② 突出了历史叙述应当沿袭史实。内田周平和黑板胜美在《日本及日本人》中也表明"历史教育的应用可有取舍，歪曲事实甚不可取……国民教育中的历史教育，若歪曲事实，无中生有，则破坏教育之根本……脱离诚实无法称之为善"③。这对教科书的书写产生了重要影响，到 1902 年，大多数中学历史教科书并没有将北朝方称为"贼军"，对光严、光明两位君主也与南朝君主一样称"天皇"。④ 1903 年，第 1 期国定小学教科书刊发时，也采取了南北朝两立的立场。甚至到 1911 年，时任教科书调查委员会委员的加藤弘之依然顶住"南朝正统论"者的压力，指出"《大日本史》并非奉敕令书写而为私藩所撰……理所当然应将历史上两朝并立的事实原原本本照写下来"⑤。总之，在"大逆事件"爆发之前，教科书历史教育中依然以"两立论"或"调和论"为主流，这也招致了穗积八束、井上哲次郎、三宅米吉等天皇制意识形态倡导者们的强烈反对。这种反对和质疑也起到了积极的作用，在明治初期为了稳妥起见，采取了"两朝并立"的做法，承认了双方并立的共识。

"南朝正统论"者批判"盖无人质疑足利尊氏叛逆，后醍醐天皇为镇尊氏之叛逆，玉体染风雨……尊氏为避贼名而请院宣，立押锦旗，何其狡黠。然尊氏之贼名，千古万古不得拭，光明天皇则为此逆贼所用立也……"⑥ 认为足利尊拥立的光明天皇并非正统君主，指出同时承认南北两天皇并立是

① 山崎藤吉、堀江秀雄共纂『南北朝正闰論纂』铃木幸刊、1911、23 頁。
② 『村田正志著作集』第 1 卷、思文閣出版、1985、50 頁。
③ 「南北朝正闰論の史実と断案」『日本と日本人』第 554 号、1912 年 3 月 15 日。
④ 小山常実「南北朝正閏論の教育史的意義」『日本の教育史学』第 1 号、1987、66 頁。
⑤ 「加藤弘之至山県有朋书翰」山縣有朋関係文書編纂委員会編『山県有朋関係文書』第 2 卷、山川出版社、2006、13～15 頁。
⑥ 山崎藤吉、堀江秀雄共纂『南北朝正闰論纂』铃木幸刊、1911、27 頁。

违背国体之举。当时研究日本中世史的史学者林家晨三郎也认为"后醍醐天皇相比足利尊氏远具谋略……神器授与（北朝方）显得疑问重重"①，按照林家晨三郎的意见，新田义贞等南朝武士依据真神器拥立了新帝，后醍醐天皇保存了真正的神器并坚守于吉野，北朝光明天皇所拥有的神器则为伪器，由此推论出北朝六代君主皆为伪主。"南朝正统论者"还坚持"明德和谈"说，将南朝把神器交由北朝后小松天皇视为"父子之礼"，菊池谦二郎在《皇室与大日本史》中提出"后龟山天皇以神器授受、父子之礼让位于后小松天皇，由此南朝正统传至后小松，即南北合一……乃正大义、明名分之举……京都方由此名实戴天皇之位也"②。然而，神器的真伪及归属尚且存在许多不明之处，到现在也难以进行实证研究和调查，而让位之说事实上是由足利义满凭借强大实力怀柔南朝实现了北朝的统合，由此来看，"神器正统说"不过是"南朝正统论"拥趸者的说辞。

日俄战争前后，天皇制和皇国史观的构建更为迫切。到 1910 年文部省公布的国定小学教科书《寻常小学读本》中就删除了"同时并立两天皇"的表述。③"大逆事件"在思想上的冲击为尊王倒幕的历史合法性提出了质疑，保守势力进一步强化了以南朝为正统的皇国史书写。值得注意的是，在 1902 年的《中学校教授要目》的"国史板块"中关于两统迭立和南北朝对峙的教授顺序为"建武中兴—足利尊氏之反—南北朝—室町幕府"④，依然以"南北朝"来记述这段历史。但到了 1911 年，重新颁布的《中学校教授要目》特别强调历史教科书编写应该"记我国体及民族之美风，发挥国民性，健全思想培养涵养道德观念，叙忠良贤哲之事迹……"⑤，关于这段历史的教授顺序改为"建武中兴—足利尊氏之反—楠木正成、新田义贞的勤王—吉野之朝廷—室町幕府"⑥，增加了南朝忠臣勤王的内容，而且用"吉野朝"替代了"南北朝"。同年 2 月，史学协会编写《南北朝正闰论》，在卷首便做出了以南朝为正统的结论，"彼等维新之鸿业凭何依据树立，除南朝正统论外无以致使满天下志士热血奋涌"，明治初年元老院

---

① 林家晨三郎『南北朝』创元社、1967、80 頁。
② 山崎藤吉、堀江秀雄共纂『南北朝正闰論纂』铃木幸刊、1911、578 頁。
③ 峰间露水「国定教科書における南北朝問題始末」、文学協会、1913、1 頁。
④ 『中学校教授要目 明治三十五年』鍾美堂、1902、37 頁。
⑤ 『中学校教授要目 明治四十四年』教育品研究所編、1911、7 頁。
⑥ 『中学校教授要目 明治四十四年』教育品研究所編、1911、22～23 頁。

举有栖川宫殿下之时有"北朝不正位"之说，岩仓公所选《大政纪要》中亦有"以南朝为正"之言，"大和民族所骄之处，乃戴三千年万世一系之天下，维持金瓯无缺之国体，而天无二日已日趋明白，若承认南北朝并立，则不得不承认两个日本……堂堂教科书明记如此不当内容，决不能容忍南北朝正闰呈现如此怪状"①。在历史教育领域最终南朝正统、皇国中心的忠君主义战胜了事实优先、承认幕府的实证主义。

　　渡边浩分析武家德川幕府权威瓦解的原因时指出，包括德川幕府在内的武家政权是通过强大的实力形象来维持其"御威光"并实行"公仪"政治的，但由于佩里叩关打破了幕府武力强韧不可战胜的格局，与之相应的等级身份制度和认同度也随之减弱并逐渐瓦解，"（中、朝）两国都是在军事上陷入困境的情况下，依然保持促使人们奋起。这与不交一战就接二连三地同意开国、通商的应对态度相比，实在有着鲜明的不同……既然是接受了天命的中华天子或正统文明的体现者，那么不论多少次在力量上败给夷狄，其正统性都是不可动摇的……与之相比，没有超越性的道理支撑的御武威、御威光将军统治，就不具那种坚韧性了"②。与之相反，通过"尊王攘夷"建立起来的近代国家政权，不仅是要在实力上确立国内绝对而统一的领导，而且要在精神上塑造出不唯武力强弱而在道统、法统上具有唯一"奇理斯玛"性质的信仰体系。因此，教科书最终将"南朝正统论"作为唯一的书写，是对"王政复古"史观和"萨长中心史观"的强力补充，也在整个日本通史的层面强化了皇国史意识。③大正中期之后，小学教科书中开始出现"建武新政虽是后醍醐天皇失政，但从大义名分角度来看却是武士的失败"④的表述，这也意味着在小学的历史教育中天皇绝没有"失败"。至此，教育界和学术界通过强化"南朝正统论"将天皇的历史真正置于神圣而不可触犯的位置，通过教科书逐渐普及全体国民。教科书中关于"南北朝正闰问题"的论争及变化，实际上是政治重心转换的结果。

---

① 史协学会编『南北朝正闰論』修文阁、1911、3～4頁。
② 〔日〕渡边浩：《东亚的王权与思想》，区建英译，上海古籍出版社，2016，第37页。
③ 李文明：《日本明治维新史撰与叙述中的史观问题》，《史学理论研究》2019年第1期。
④ 海後宗臣等编『日本教科書大系　近代編』第19卷、講談社、1963、658頁。

## 四 "南朝正统论"与政治重心的转换

明治维新确立了天皇专政体制，而为了从历史上找寻合理合法依据，政治精英们将后醍醐天皇及南朝将士进行的"建武中兴"视为尊皇倒幕的明治维新前奏，与开国进取、文明开化思想一起，构建起明治时代的国家精神底色。但明治政府建立之初，在南北朝正闰问题上具有决定权的宫内省并未明确表明它们的立场。甚至到了1889年，伊藤博文的《皇室典范义解》中也并未明确地对南北朝正闰问题进行定性。究其原因，是宫内省和伊藤博文都关注到了明治维新的思想背景，虽然"北朝正统论"不可被提倡弘扬，但是由于北朝的皇脉延续至明治，正面直接倡导"南朝正统论"多少会给现今的皇室带来名誉上的损伤，过多地强调皇统分裂与争论南北朝孰为正统会削弱"万世一系"思想在近代的统摄力，将近代确立的天皇统治信仰置于质疑的危机中。政党主义和天皇专政两大路线也使南北朝正闰问题呈现对峙局面。

甲午战争前后，时任首相的伊藤博文与时任陆军大臣的山县有朋两位开国元老，也持有不同的路线与主张。当时，伊藤回避天皇亲政，同时又极力保守地推行政党政治，而"北朝正统论"容易与"政党政治"相类比，伊藤最终采取了"南北朝两立论"。而站在伊藤一方的还有东京大学的历史学者们，除了站在重视历史事实的角度主张"南北两立"，其中也有协调皇统的政治性考量。久米邦武指出"南北朝实际上发端于花园天皇让位于后醍醐天皇，而60余州一时如蜂窝般乱……其乱之所以终止也是因为公武尽疲于战……此间犹如文明时代以后的无政府化"①，极力反对日本重蹈南北朝时代覆辙。受兰克影响，东京大学史料编纂科的重野安驿针对塑造出的明君忠臣和贼军逆臣说，站在实证主义的角度指出"忠臣义士也有过错，乱臣贼子也有善处，但依据名教判断，那么恶人一直作恶，善人终究行善，他们的过错和善行都会被摒弃。名教之论已经背离历史的公平本义……故史学应该放弃名教，总持公平，不得掺入臆见妄想"②，提出基

① 久米邦武『大日本時代史・南北朝時代』早稲田大学出版部、1898、1頁。
② 田中章、宮地正人『日本近代思想大系13歴史認識』岩波書店、1991、273～274頁。

于事实主义的"南北朝两立"论。虽然倾向南朝的黑板胜美也指出"那些躲避历史事实的人,毫无根据和原因非要以南朝为正统,还有主张两朝对立、以北朝为正统的人也不明正闰的缘由……都偏失理性,因此,最为必要的就是以历史事实为根据"①。很多学者还肯定了北朝由武家代天皇执掌实权。在民心归顺的大前提下,浮田和民积极地肯定了武家政治,"中古以来,世中若无武家政治则无法大治……蒙古袭来之时,若无武家,日本将置于何境地也?……以南朝为正位,北朝为不正位,今日此论在理论上并不正确",②而《贸易新闻》也采用了同样的立场,用"舆论政治"的概念来为"北朝正统论"辩护,"以世论政治之精神,回顾南北朝之事,这是南朝方主张的公卿政治与足利尊氏所执的武将政治主义的对峙……将当时的武家政治与今日的舆论政治相类比,从尊重舆论政治出发,承认当时的北朝派也应该是正理",③他们对"武家政治"和"舆论政治"予以积极肯定的评价,而且《贸易新闻》同时也将"南朝正统论"者提倡的公卿政治中独裁的成分视为推行"舆论政治"的障碍,因此他们把北朝作为"议会政治"的象征。自1893年政府干预终止《大日本编年史》编纂之后,编纂正史基本上由有官方背景的帝国大学史料编纂所进行,历史学分裂为致力于构建皇国史的"显教"和实证主义的"密教"④,这些"密教"历史学者们的话语权甚微,且受到各类强大主流舆论和势力的压制打击。

而与之相对,"南朝正统论"的支持者们则多具有右翼和军方背景,包括积极推行明治宪法体制的穗积八束,亲山县有朋路线的大岛久直陆军上将、小笠原长生海军大佐等军人和桂太郎的新党保守势力。当时推进"南朝正统论"的是大日本国体拥护团、菊池谦二郎以及《读卖新闻》、《万朝报》和峰吉间信的《教育界》杂志。在"大逆事件"爆发之后,《万朝报》称"不可以实力与正位之重相并,此逆徒之思想……今文部省出台二君两正之说,实乃颠覆忠君思想之根本"。⑤为了不让"大逆事件"之类的所谓逆君犯上举动再次发生,皇国史观和天皇专政拥护者首先想到的是在全体

---

① 友声会编『正闰断案国体之拥护』松风书院、1911、2頁。
② 「南北朝正闰論の断案」『太陽』第17巻第5号、1912年4月1日。
③ 山崎藤吉、堀江秀雄共纂『南北朝正闰論纂』铃木幸刊、1911、432~433頁。
④ 久野收、鹤見俊辅『現代日本の思想——その五つの渦』岩波書店、1956、131~134頁。
⑤ 山崎藤吉、堀江秀雄共纂『南北朝正闰論纂』铃木幸刊、1911、456頁。

国民中彻底贯彻忠君观念，"我国皇位绝对，非一不二，如天无二日，我国除现在之天皇外，同时不得另有别他天皇，若任之发生，则我国国体丧失，一国分为二敌国，又不可破坏建国以来永远无穷贯彻之忠君道德根本"。①村田正志也做出超越了史学论争的评述，"南朝正统论既是史论，又绝非完全立足于史实的纯史学问题，它作为思想问题的倾向性极强。作为思想的南朝正统论并非调查与研究而得出的结果，它从开始起就作为既成的概念起着决定作用，当以辩证、感性的方式诉诸世上……"②"大日本国体拥护团"在其"设立主旨书"中就强调"南北两朝正闰的问题，自水户义公、山崎暗斋以来就根据大义名分论定了南朝为正统，有识者举而从之，国论一致，此精神遂促成复兴之伟业……然而文部省却改变正统大义的意旨，改编小学日本历史，明言不可论南北正闰之轻重……此实乃丧失国民教育标准，紊乱臣民统一的纲纪之举……当废除文部省编纂的小学日本历史，以定人心的归属……"③，直接将批判的矛头对准了文部省，打着"拥护国体"对桂太郎内阁施加影响。

犬养毅作为立宪国民党的众议院议员，为了打倒桂内阁，以匡正和倡导"南朝正统论"为手段向政府提出弹劾案。犬养毅以桂太郎内阁在"南北朝正闰问题"上偏宽松的态度质疑桂内阁，迫使时任文部省大臣的小松原英太郎辞职并要求桂内阁对教科书做出巨大改动。藤泽元造质问三上参次和小松原文相，"南朝正统论"超越"大逆事件"对桂内阁形成巨大威胁，桂太郎在教科书问题和"南朝正统论"上举棋不定的柔弱态势激怒了元老山县有朋，山县有朋召集井上通泰、市村赞次郎、贺古鹤所等15人在国会上极力拥护"南朝正统论"。此时，大日本国体拥护团向全国各地的新闻报社发布600份排斥当时教科书的檄文，1911年2～4月，《日本及日本人》《教育界》《太阳》《读卖新闻》等媒体都针对南北朝正闰问题展开论争。桂内阁在压力之下不得不令小松原辞职，并做出改定教科书的承诺。山县有朋为了保全桂太郎和当时不以政党为基础，超然于政党之外的内阁，将文部省在"南北朝正闰问题"上的失职归咎于学者文人的妄议和庸腐，"如此重大问题……全体文部省中之腐儒者（历史博士）以解读历史为名，

---

①　山崎藤吉、堀江秀雄共纂『南北朝正闰論纂』铃木幸刊、1911、444～445頁。

②　村田正志「南北朝論」『村田正志著作集』第3卷、132頁。

③　友声会編『正闰断案国体之擁護』松風書院、1911、366頁。

作出某种解读陋见，引起如此僻说……苟若天无二日地无二王之说淹没于世，将来我帝国必处昏暗世界"。① 在山县等人的压力下，桂太郎将南北朝问题仰仗于明治天皇的决断，消除了犬养毅等在野人士对内阁的质疑，到2月25日，在重压之下，政府废弃教师教科书中"不得轻易论及正闰轻重"的原则，而儿童教科书中足利尊氏"押立锦旗"②等证明其奸诈欺骗的语句开始向各县知事发布，到2月27日，阁议就明确通过了"南朝正统论"的决议，并将之前倡导"南北朝两立论"的文部省教科书编修组成员喜田贞吉革职。到该年6月，文部省发布的"师范学校教授科目"上就明确规定了将教科书中"南北朝"的表述全部替换为"吉野的朝廷"，以突出南朝的地位。③

北朝血脉系统的明治天皇原本对南北朝问题没有做出明确的表态，此时也在山县有朋和桂太郎等人迫切要求下做出了以南朝为正的决断，原敬也表示"此次所出之事定论之后，将来国论归一"④，"南朝正统论"在明治天皇及重要阁僚的表态下，超越学术之争而成为定论。再度成立的教科书调查委员会明确地把吉田东伍、浮田和民等"北朝论"者排斥在外，加入了更多"南朝正统论"者。1911年7月召开的教科书阁议总会上，委员会提议将足利尊氏在京都进行的一切活动用"贼军的动态"表述，将北朝所拥立的光严、光明两位天皇分别称"量仁亲王""奉仁亲王"，⑤这致使论争的天平最终倾斜到"南朝正统论"。大隈重信为山崎藤吉、堀江秀雄共纂总结性著述《南北朝正闰论纂》作序时，进一步突出"帝位唯一，不容二君，宝祚之隆，天壤无穷……每至南北朝辄正闰必别，顺逆必辨，所以讲明大义名分于平时而防异日之祸也"⑥，"益知国家文教之不可一日忽，而

---

① 二月四日寺内正毅致山县有朋书翰『寺内正毅関係文書』国会图书馆宪政资料室藏、360~383页。

② 足利尊氏拥护被废黜的光严上皇，让他颁布谕旨宣布新田义贞为朝敌，足利尊氏为大将军前往讨逆，到凑川之战前足利尊氏为了鼓舞士气特地搬出光严天皇讨伐朝敌新田的御之锦旗通告全军，宣称奉光严上皇之院宣讨伐朝敌新田义贞，这一举动不仅鼓舞了士气而且获得了讨伐新田的合理性。

③ 山崎藤吉、堀江秀雄共纂『南北朝正闰論纂』铃木幸刊、1911、666页。

④ 原奎一郎编『原敬日記』第4卷、乾元社、1951、207页。

⑤ 「教科用図書調査委員会議決事項」『桂太郎関係文書』国立国会图书馆宪政资料室所藏、32~85页。

⑥ 山崎藤吉、堀江秀雄共纂『南北朝正闰論纂』铃木幸刊、1911、序言、1页。

公议舆论不可须臾缓也"。①"南朝正统论"成为稳定国家舆论和思想的重要工具。

近代日本无论保守派还是推行政党政治的势力，都需要在天皇制的大框架下打着尊皇的旗号争取更多的政治利益。自近世后期"南朝正统论"与近代天皇制融合之后，在原本朱子学正统名分的基础上增添了天皇亲政和臣民无条件服从，犬养毅用"南朝正统论"作为撼动藩阀政治的武器，原本指望其成为推动政党政治的契机，然而借助"南朝正统论"却适得其反。而保守派和尊皇论者则为了巩固超然内阁的地位，强化了"南朝正统论"在思想、教育统合中的作用，并抛弃依据实证主义和历史原则维持南北朝两立的知识分子。最终，包括文部省大臣在内的知识分子因为"南北朝正闰问题"遭受牵连，被排除出主流学术界，理性、实证主义的声音被忠君爱国论淹没。这种政治主导、干涉学术的恶性结果致使牵制非理性皇国史观的力量逐渐式微，近代日本政治的天平倒向尊皇一方。

明治末年的论争也一直持续到大正时代，天皇亲政、忠君主义最终与上杉鹰吉、美浓部达吉的"天皇机关说"对立起来。到1935年，菊池武夫进而攻击美浓部达吉的"天皇机关说"，南朝正统论最忠实的拥趸者菊池武夫也协助冈田内阁发起了"国体明征运动"，公然声明"明确大日本帝国统治大权严存于天皇……此乃我万邦无比国体之本义……政府愈效明征国体之力，以期发扬起精华"②。中岛久万吉所引起的辞职事件以及菊池等人进一步强调的"国体明征"，都突出了天皇的绝对性和臣民义勇奉公的义务。永元庆二总结了"皇国史观"的两个明显的特征，"民众在忠孝一体的伦理构架下，建立起从家到国皆归属于天皇的价值体系，除此之外的一切历史事实均没有价值……作为近代科学的历史学认识被异质化，除了构建天皇制国家和日本帝国主义正当化的意识形态之外，并无他途"，③ 从这个意义上看，在1930年之后的天皇专制以及直到太平洋战争战败一直弥漫于日本朝野的"国体论""皇国史观"的强化过程中，"南朝正统论"发挥了重要作用。到1940年1月，津田左右吉质疑"天皇是神"的著述《神代史的研究》遭到封禁和处置，"南朝正统论"构建起来的政治神话也成为太平洋战

---

① 山崎藤吉、堀江秀雄共纂『南北朝正闰論纂』铃木幸刊、1911、序言、2頁。
② 『現代史資料』第4巻『国家主義運動（1）』みすず書房、1963、398頁。
③ 永原慶二『皇国史観』岩波書店、1983、18～31頁。

争时期日本国民思想进步的最大束缚。

# 结　语

近世后期国学的"神皇优位"和儒学的"尊王攘夷"思想是近代天皇制的基础，但为充分体现出王政复古的维新政权历史合理性与合法性，迫切需要在史学上找出相对应的依据支撑。而自幕末以来史学上的"南朝正统论"则填充了尊皇论的历史空间。丸山真男在《极端国家的逻辑和心理》一文中，谈到明治以来天皇制意识形态与复古历史之间的紧密联系，"明治维新时期，则是将精神上的权威与政治上的权力相结合，结果造成了一种朝着'神武创业之祖绩'的返祖现象……天皇的背后便具备了一种可以上溯远古的传统权威。天皇的存在与这种祖宗的传统不可分割，皇祖皇宗整个形成一体才是内容价值的绝对体现"。① "南朝正统论"既是皇国史观和王政复古史观的有力证明，也是倒幕维新的历史对应。原本南北朝皇室对立二分的历史事实是为了服从明治以来"万世一系""尊皇贱霸"的需要，在明治以来的政治需求中逐渐失去了原本面貌，也超出了史学论争的范围。重新塑造出的南朝"明君忠臣"、北朝"乱臣贼军"形象则通过历史教科书及可视化纪念物的广布，烙印在民众的历史记忆与认识之中。与天皇制意识形态和皇国史观绑定在一起的"南朝正统论"成为统合国民"扶冀皇运"的工具，使近代日本的历史思想产生倒退，也成为右翼法西斯思想滋生的重要依据。

（作者简介：瞿亮，湘潭大学哲学与历史文化学院东亚研究中心研究员）

---

① 〔日〕丸山真男：《现代政治的思想与行动》，陈力卫译，商务印书馆，2018，第20页。

# 晚清女学堂中的日本女教员
## ——以服部繁子为中心

殷 乐

**内容提要**：甲午战败后，中国出现了兴女学思潮。为了解决女学堂师资匮乏的问题，中国于1902年开始聘请日本教员来华任教。同年，日本女教育家服部繁子来到中国，与中国的有识之士一起创办了北京第一所女学堂——豫教女学堂，担任学堂的女经理人，负责学堂具体的教学和管理工作。服部繁子力行良妻贤母主义教育，将日本经验融入了中国的女子教育，推动了晚清时期女学的发展。以服部繁子为代表的日本女教员的在华活动是中日教育交流以及国际妇女运动中的重要组成部分，但从本质上来说，其根本目的是扩大日本在华势力，减少中国排外思想，具有扩张性。

**关键词**：晚清 女子教育 服部繁子 豫教女学堂 良妻贤母主义

## 引 言

晚清时期女学的兴起与近代中国内忧外患的局势密切相关。自鸦片战争以来，中国面临"数千年未有之变局"，传统的教育制度和"女子无才便是德"的女性观显然已不符合富国强兵、应对危局的时代潮流。甲午战败宣告了洋务运动的失败，面对日益严重的民族危机，中国的有识之士提出了"以强敌为师""师法日本"的主张,① 走上了向日本学习的道路,其中建立日本模式的女子教育体系是"东学西渐"的重要内容之一。

在晚清女学创办之初,受到传统思想的束缚,男性不能担任女学堂的教员,这导致女学堂面临师资匮乏的困难。② 在这种情况下,许多日本女教员通过官方和民间两种途径来华任教,在晚清女学的建立和发展中发挥了重要的作用。

北京第一所女学堂豫教女学堂创立于 1905 年 8 月 30 日,③ 总经理是商界名流沈钧,经理人是京师大学堂师范馆总教习服部宇之吉(1867 ~ 1939),女经理人是沈钧的妻子沈贞淑和服部宇之吉的妻子服部繁子(1872 ~ 1952)。④ 作为女经理人和教员,服部繁子对豫教女学堂的发展产生了重要的影响。

国内外学界对服部繁子与豫教女学堂的研究取得了一定的成果。阿部洋在著作中论述了河原操子、户野美知惠、服部繁子、木村芳子四位女教员的活动,提出 1909 年在华日本女教员至少有 23 人。⑤ 加藤恭子研究了日本女教员派遣问题和日本女教员培养机构,整理了服部繁子、河原操子、木村芳子等 94 位日本女教员的基本信息。⑥ 吴民祥考察了清末女学堂的教师群体,分析了聘请外籍女教员以解决师资匮乏问题的经过,提到了在北京豫教女学堂任教的服部繁子。⑦ 孙长亮按照蒙养院、女子小学堂、女子职业学堂的分类分析了日本女教员在华活动的内容和特

---

① 文梯:《严参康有为折稿》,中国史学会主编《戊戌变法》(二),上海人民出版社、上海书店出版社,2000,第 484 ~ 485 页。

② 关于晚清学务部门对女学堂教员身份的规定和女学堂自身的变通处理,可参阅吴民祥《中国教育早期现代化的独特乐章——清末女子学堂教师之考察》,《华东师范大学学报》(教育科学版) 2010 年第 1 期。

③ 〔日〕服部宇之吉编《清末北京志资料》,张宗平、吕永和译,北京燕山出版社,1994,第 207 页。

④ 《北京豫教女学堂章程》,《东方杂志》第 2 卷第 12 期,1905 年,第 343 ~ 344 页。

⑤ 阿部洋『中国の近代教育と明治日本』福村出版株式会社、1990。

⑥ 加藤恭子「20 世紀初頭における日本人女子教員の中国派遣」『ジェンダー研究』18 号,2015;加藤恭子「二〇世紀初頭における、中国への日本の女子教員派遣と『東洋婦人会』:中国の女子学校教育の実施に向けた協力活動について」『自由思想』137 号、2015;加藤恭子「明治末の日本人女子教員中国派遣における淑徳婦人会」『お茶の水史学』60 号、2017。

⑦ 吴民祥:《中国教育早期现代化的独特乐章——清末女子学堂教师之考察》,《华东师范大学学报》(教育科学版) 2010 年第 1 期。

点，以服部繁子和北京豫教女学堂为个案进行研究，介绍了北京豫教女学堂的课程设置、修学年限、授课方法等内容，但对于北京豫教女学堂的成立背景、教育理念、结局与影响的分析稍显薄弱。[①] 更多学者关注的是服部繁子与秋瑾的关系，在研究秋瑾的人际交往和革命活动的过程中涉及了服部繁子，比如易惠莉、郭长海、李亚彬、李芸华等学者的著作和论文均提到服部繁子结识秋瑾、推荐秋瑾赴日留学、在秋瑾牺牲后撰文寄哀思等内容。[②]

总体上来看，日本学界对服部繁子与豫教女学堂的研究较多，但日本学者没有充分利用中国的报纸杂志、文史资料等史料。此外，在服部繁子的个案分析方面，还有进一步深入探讨的空间。

## 一　女学兴起：服部繁子来华背景

甲午战败带来的民族危机让中国的有识之士认识到了改革教育、强国保种的重要性，"兴女学"思想应运而生。1897 年，梁启超在《论女学》一文中提出了女学与强国保种的关系："今之前识之士，忧天下者，则有三大事：曰保国，曰保种，曰保教。国乌乎保？必使其国强，而后能保也。种乌乎保？必使其种进，而后能保也。进诈而为忠，进私而为公，进涣而为群，进愚而为智，进野而为文，此其道也。教男子居其半，教妇人居其半，而男子之半，其导原亦出于妇人，故妇学为保种之权舆也。"[③]"女子无才便是德"等传统观念受到挑战。

日本明治维新的成功让中国人看到了富国强兵的希望，在有识之士的推动下，中国走上了学习日本的道路，其中包括教育改革，创办女学。梁启超认为，"西方全盛之国，莫美若；东方新兴之国，莫日本若。男女平权

---

① 孙長亮「中国女子教育近代化過程における日本女性教習の位置：服部繁子と北京豫教女学堂を事例にして」『教育学研究紀要』62 号、2016；孙长亮：《清季日本女性教习拾遗》，《近代中国妇女史研究》2017 年第 29 期；孙長亮「清末中国における日本女子教育受容の研究」岡山大学博士学位论文、2019。

② 易惠莉：《秋瑾 1905 年入读和退学东京实践女学校之原因》，《杭州师范大学学报》（社会科学版）2014 年第 1 期；郭长海、李亚彬：《秋瑾事迹研究》，东北师范大学出版社，1987；李芸华：《秋瑾传》，北京时代华文书局，2016。

③ 梁启超：《论女学》，《饮冰室合集》第 1 册，中华书局，1989，第 40 页。

之论，大倡于美，而渐行于日本"。① 单士厘、张謇、严修等官员士绅为了更好地开展新式教育，建立女学，赴日考察，留下了《东游丛录》。②

　　仿照日本模式建立近代女子教育体系并非易事。受"男女之辨"的传统思想束缚，女学堂教员只能由女性担任，然而在晚清时期的中国，受过良好教育、能够教授新式科目如音乐、美术、体操、自然科学的女性教员十分稀少。京师大学堂师范馆总教习服部宇之吉在《清国的教育实态》一文中指出，按照当时女学堂对教员的规定，很难找到受过良好教育的中国女性担任教员，数学、历史、地理、科学等科目都找不到教员，虽然有赴日留学的中国女学生，但那时她们还未回国。③ 在这种情况下，聘请日本女教员来华任教成为解决女学堂师资匮乏问题的重要办法。

　　虽然中国非常缺少女教员，但受保守思想的影响，清廷最先聘请的是在京师大学堂任教的日本男教员。1901 年 2 月，北京东文学社的创办人中岛裁之通过教育家吴汝纶见到了李鸿章，向李鸿章进言从日本招聘教员以解决中国教员不足的问题，李鸿章决定聘请 2000 名日本教员。④ 1902 年 2 月，日本《教育时论》杂志发表《对清教育策》一文，提出："清政府近期虽不断在各地开办学校，但缺乏适当的教师和教科书……迫不得已，向国外招聘学校教员，现向我国招聘各类教员，目前双方正在交涉。值此之际，我国应大力遣人应聘，赞助清政府的教育事业，同时输入我国文化，扶持我国势力的发展。"⑤ 从这里可以看出，日本向中国派遣教员，帮助中国进行教育改革，最根本的目的是扩大在华日本势力。彼时日本国内兴起了"人种竞争"之说，一些日本的政治家和知识分子主张"清国保全"以应对欧美的威胁，控制中国的教育正是出于这个目的。⑥ 1902 年 6 月，李鸿章派吴汝纶赴日考察日本的教育制度。吴汝纶拜访了日本文部大臣菊池大麓并

---

① 梁启超：《论女学》，《饮冰室合集》第 1 册，第 43 页。
② 吴汝纶：《东游丛录》，李长林校，岳麓书社，2016。
③ 服部宇之吉「清国の教育実態」『帝国教育』321 号、1909 年 4 月 10 日。
④ 〔日〕中岛裁之：《东文学社纪要》，1908，转引自汪向荣《日本教习》，中国青年出版社，2000，第 69 页。
⑤ 「社説対清教育策」（其一）『教育時論』607 号、1902 年 2 月 25 日。
⑥ 近衛篤麿「同人種同盟　附支那問題の研究の必要」『太陽』第 4 巻第 1 号、1898 年 1 月 1 日。

获得承诺："敝国虽乏干济之材力，然欲为清国送良教员。"① 吴汝纶在日本还见到了文学博士服部宇之吉和法学博士岩谷孙藏等人，经考察后认定他们可以担任京师大学堂的教员，遂向管学大臣张百熙推荐："尚书先开师范学校、仕学院，实为扼要办法。所延服部、岩谷二君，此邦上下皆贺我得人，皆望能尽其用。"② 在吴汝纶的推荐下，服部宇之吉和岩谷孙藏等人先后来华任教。这是中国官方正式聘请日本教员的开始。

有了男教员聘请日本人的先例，女教员的聘请也被提上了日程。从1902年开始，上海、天津等地的女学堂率先聘请了河原操子、木村芳子、大野铃子等日本女教员。日本官方和民间成立了许多日本女教员培养机构，专门培养前往中国任教的日本女教员。1905年，拥有佛教背景的日本淑德妇人会，出于向中国和朝鲜传教的目的，成立了清韩语学讲习所，培养会说汉语和韩语的日本女教员。1906年，由日本社会上层女性组成的东洋妇人会成立了清国派遣女教员养成所，以适应中国女教员需求扩大的情况。据统计，这一时期派遣到中国的日本女教员大多来自清韩语学讲习所和清国派遣女教员养成所。③ 根据1906年3月《女鉴》杂志的记载，毕业于清韩语讲习所的安藤贞子（23岁）、大塚春子（22岁）、片根清子（22岁）、加藤美代子（20岁）、山口泰子（23岁）5人计划被派往北京。④

在中日两国官方和民间的共同努力下，具有一定知识的日本女教员来华任教，开启了一场跨越国界的女子教育交流活动。美国历史学家马里乌斯·B. 詹森（Marius B. Jansen）曾指出，20世纪初，来华任教的日本女教员和中国留日学生构成了世界历史上第一次真正以近代化为目标的知识人的大规模移动。⑤

---

① 《日户胜郎来书》，《吴汝纶全集》第3册，施培毅校订，黄山书社，2002，第746～747页。
② 吴闿生：《桐城吴先生（汝纶）尺牍》，台北：文海出版社，1969，第2250页。
③ 加藤恭子「明治末の日本人女子教員中国派遣における淑徳婦人会」『お茶の水史学』60号、2017、3頁。
④ 「清国招聘の女教師」『女鑑』1906年3月号。
⑤ Marius B. Jansen, *Japan and China: From War to Peace 1894–1972*, Chicago: Rand McNally College, 1975, p.149.

## 二　在华办学：服部繁子与豫教女学堂

服部繁子的丈夫服部宇之吉是第一批官方聘请来华任教的日本教员，他是东京帝国大学的文科哲学科博士，来华之前是东京高等师范学校的教授。在吴汝纶的推荐下，服部宇之吉于 1902 年来华就任京师大学堂师范馆总教习，讲授教育学、心理学、伦理学等课程。随他一同来华的是他的妻子服部繁子。服部繁子是东京帝国大学教授、日本著名汉学家岛田重礼的女儿，是日本著名女子教育家下田歌子的学生，曾在竹桥女学校和成立学舍女子部就读。1890 年与服部宇之吉结婚。1902 年，服部繁子与丈夫一起结识了赴日考察的吴汝纶。吴汝纶把自己的侄女吴芝瑛介绍给服部繁子，而服部繁子又通过吴芝瑛认识了秋瑾。于是，服部繁子、秋瑾二人成为挚友。正是在服部繁子的推荐下，秋瑾得到了赴日留学的机会。1902年 8 月，服部繁子随夫来到中国，在旅京川籍名宿杜德舆及其夫人杜黄创立的杜氏女子家塾中教授普通科的课程，其工作年限为两学期。1905年 8 月，服部繁子受聘于沈钧夫妇在北京创办的豫教女学堂，负责教务管理和课程讲授。在华期间，服部繁子一直以女教员的身份从事女子教育工作。

来到中国后，服部夫妇广泛结交中国各界有影响力的人，目的是扶植日本势力，减少中国的排外思想。服部宇之吉曾在日本《太阳》杂志上发表《清国的觉醒和排外思想》一文，主张通过社交的方式引导中国人，让中国人认识到日本人与西方人对中国人的不同态度，扶植日本势力，这样效果最好。[①] 据服部夫妇的儿子服部武回忆，服部夫妇和管学大臣张百熙及其妻子、学部大臣荣庆、军机大臣荣禄、镇国将军毓朗及其妻子、宫内大臣绍英及其妻子、陶大钧及其妻子、严修等名士均有往来，[②] 其中，张百熙、荣庆、严修是当时中国教育界的要员，张百熙是教育改革派的代表，荣庆是教育保守派的代表，严修是民间有名的教育家、南开大学的创

①　服部宇之吉「清国の覚醒と排外思想」『太陽』第 12 巻第 12 号、1906 年 9 月 1 日、80 頁；服部宇之吉「清国の覚醒と排外思想」（承前）、『太陽』第 12 巻第 13 号、1906 年 10 月 1日、79～80 頁。

②　服部武「濱尾先生と父」『漢学会雑誌』第 7 期、1939、128 頁。

办人之一，服部夫妇与他们都有接触，这为日后豫教女学堂的创办打下了坚实的基础。

服部夫妇来华之初，中国尚无任何发展女学的法律与制度。1904 年 1 月清廷颁行的《奏定学堂章程》虽承认"蒙养院及家庭教育，尤为豫教之厚"，但却坚持"所谓教者，教以为女为妇为母之道也。惟中国男女之辨甚谨，少年女子断不宜令其结队入学，游行街市，且不宜多读西书，误学外国习俗，至开自行择配之渐，长蔑视父母夫婿之风"，"女学之无弊者，惟有家庭教育"，① 女子接受学校教育并未得到承认。面对这种情况，服部夫妇利用积累的人脉积极发展女学，推行良妻贤母主义教育。服部宇之吉在《下田先生和西太后》一文中提到了自己和妻子为创办女学所做的努力：在恭亲王的建议下，服部宇之吉决心劝说慈禧太后发展女子教育。为了让慈禧太后认识到女子教育的重要性，服部宇之吉向慈禧太后推荐了下田歌子——一位提倡良妻贤母主义教育、有着丰富女子教育经验的日本女教育家，服部繁子担任翻译。② 在服部宇之吉的努力下，慈禧太后表示赞同，想把中国的女子教育全部委托给下田歌子指导，将自己的宫殿作为女子学校，并负担一切费用。③ 虽然慈禧太后最终没能和下田歌子见面，但在服部夫妇的推动下，具有日本特色的良妻贤母主义教育开始在中国发生影响，女学也逐渐被社会接受。④

经过服部夫妇和民间有识之士的努力，1905 年 8 月 30 日，北京第一所女学堂——豫教女学堂成立了。商界名流沈钧捐银两千两，租房子、买家具，苦心经营，延请女教员。⑤ 该学堂设在北京东单牌楼二条胡同。服部宇之吉担任经理人，沈钧的妻子沈贞淑和服部宇之吉的妻子服部繁子担任女经理人。⑥ 在学堂创立的过程中，服部繁子负责起草学堂章程、编写学堂教

---

① 《奏定学堂章程·蒙养院及家庭教育法》，湖北学务处本，第 1～10 页，转引自朱有瓛主编《中国近代学制史料》第 2 辑下册，华东师范大学出版社，1989，第 746～750 页。
② 故下田校长先生伝记编纂所编『下田歌子先生伝』、1943、415～416 页。
③ 小野和子「下田歌子と服部宇之吉」竹内好、橋川文三『近代日本と中国』上册、朝日新聞社、1974、217 页。
④ 参阅服部宇之吉「故下田校长先生追悼号」『なよ竹』第 25 号、1936。收录于故下田校长先生伝记编纂所编『下田歌子先生伝』。
⑤ 《豫教女学堂庆贺万寿并周年纪念会演说》，《顺天时报》1906 年 10 月 12 日、14 日；朱有瓛主编《中国近代学制史料》第 2 辑下册，第 698 页。
⑥ 《北京豫教女学堂章程》，《东方杂志》第 2 卷第 12 期，1905 年，第 343～344 页。

材、招聘学堂教员、授课，为创校努力做出贡献。

　　根据服部繁子起草的豫教女学堂章程，该学堂主要招收社会中上层女子，学堂实行普通教育和高等普通教育，目的是培养良妻贤母。学堂教学科目分为寻常科和高等科，修业年限均为四年。入寻常科的学生必须年满六岁，入高等科的学生必须年满十岁。寻常科教授的科目有修身、国语、算数、历史、地理、图画、声歌、游艺及体操、裁缝及手艺（见表1）。高等科教授的科目有修身、国文、算数、历史、地理、格致、家事、图画、声歌、裁缝及手艺、体操及游艺（见表2），另设外语班，满足外语学习需求。寻常科与高等科的设置均要符合女学生的需要，完成寻常科和高等科的课程一共需要八年，完成后可达到日本高中生的学力水平。①

表1　寻常科各科目程度及每星期教授时刻

| 学科 ＼ 学年 | 第一年 每星期钟点 | 第二年 每星期钟点 | 第三年 每星期钟点 | 第四年 每星期钟点 |
|---|---|---|---|---|
| 修身 | 道德要旨 2 | 道德要旨 2 | 道德要旨 2 | 道德要旨 2 |
| 国语 | 日常须知之文字 1 近易普通之文字 2 | 日常须知之文字 1 近易普通之文字 2 | 日常须知之文字 1 近易普通之文字 2 | 日常须知之文字 1 近易普通之文字 2 |
| 算数 | 加减乘除 6 （用 20 以下之数） | 加减乘除 6 （用 100 以下之数） | 加减乘除小数 5 | 加减乘除小数 分数诸等数 5 |
| 历史 | — | — | 中国史 1 | 中国史 1 |
| 地理 | — | — | 中国地理 1 | 中国地理 1 |
| 图画 | — | 单形 | 简易形体 1 | 简易形体 1 |
| 声歌 | 单音声歌 | 单音声歌 | 单音声歌 | 单音声歌 |
| 游艺及体操 | 游艺 6 | 游艺普通体操 6 | 游艺普通体操 6 | 游艺普通体操 6 |
| 裁缝及手艺 | 编物 2 | 编物 2 | 编物运针法 2 | 编物运针法 2 |

资料来源：《北京豫教女学堂章程》，《东方杂志》第 2 卷第 12 期，1905 年，第 337~339 页。

　　此时中国官方尚未对女学堂课程做统一规定，豫教女学堂的科目设置彰显了新式学堂的特点。值得注意的是，寻常科和高等科均要学习修身、裁

①　玄耳「瞥見せる北京（7）北京の女子教育」『朝日新聞』（東京）7073 号、朝刊、1906年 4 月 25 日、5 版。

表2　高等科各科目程度及每星期教授时刻

| 学科＼学年 | 第一年 每星期钟点 | 第二年 每星期钟点 | 第三年 每星期钟点 | 第四年 每星期钟点 |
|---|---|---|---|---|
| 修身 | 道德要旨2 | 道德要旨2 | 道德要旨仪礼2 | 道德要旨仪礼2 |
| 国文 | 读文习字 作文默写1 | 读文习字 作文默写1 | 读文习字 作文默写1 | 读文习字 作文默写1 |
| 算术 | 加减乘除小数 诸等数3 | 小数分数比例3 | 分数比例百分算3 | 比例百分算开平 开立方3 |
| 历史 | 中国史2 | 中国史2 | 世界史2 | 世界史2 |
| 地理 | 中国地理2 | 中国地理2 | 世界地理2 | 世界地理文2 |
| 格致 | 动植矿物自然现象2 | 动植矿物自然现象2 | 动植矿物自然现象2 | 生理及卫生2 |
| 家事 | — | — | 衣食住2 | 养老育儿看病家政2 |
| 图画 | 简易形体1 | 自在画1 | 自在画1 | 自在画1 |
| 声歌 | 单音声歌2 | 单音声歌2 | 单音声歌二部轮歌2 | 单音声歌，二部轮 歌及合歌2 |
| 裁缝及手艺 | 裁缝编物3 | 裁缝编物3 | 裁缝刺绣3 | 裁缝造花3 |
| 体操及游艺 | 普通体操游艺3 | 普通体操游艺3 | 普通体操游艺3 | 普通体操游艺3 |
| 外国文 | 发音缀字读法译解 会话默写习字 | 发音缀字读法译解 会话默写习字 | 读法译解会话默写 作文 | 读法译解会话默写 作文 |

资料来源：《北京豫教女学堂章程》，《东方杂志》第2卷第12期，1905年，第337～339页。

缝及手艺、游艺及体操，高等科还增加了家事这门课，并且这些课程的学时较长，可见豫教女学堂希望培养出身体健康、有道德懂礼节、擅长处理家庭事务的女学生，这与豫教女学堂日本特色的"良妻贤母"教育宗旨相符合。此外，清廷提倡在新式教育中加入体育教育，注重培养强健体魄和尚武精神，因此豫教女学堂除了开设体操课之外，还会在京师大学堂召开运动会时，派遣女教员以观众的身份参加，这体现了豫教女学堂重视女子体育教育，符合清廷对新式学堂的期望。①

豫教女学堂使用的教材是服部繁子编写的《清国家庭及学堂用家政学》。服部繁子在教材第一页写道："中国女学方开，妇女年岁较大者，既叹不便入学，又苦无课本可资。今专欲为此补其缺陷，故标其题曰家庭及

---

① 汪向荣：《日本教习》，商务印书馆，2014，第81页。

学堂用。"① 由此可知，服部繁子编写教材是为了解决中国女学缺乏教材的问题。服部繁子在教材总论中强调，女子教育应当以讲习家政学为首要任务，要用各种知识修炼妇德，这是这本教材的主旨。② 教材共 13 章，内容包括家庭、主妇、祖先崇敬、父母奉养、子女教养、用人（婢仆使役）、家庭经济、家庭卫生、衣食住、交际、主妇之教育、妇人的娱乐、妇人的修容。教材的章节划分与下田歌子编写的《新选家政学》的内容非常类似，③以家庭为中心，目的是培养女学生成为良妻贤母，这与下田歌子的良妻贤母主义教育理念一脉相承。从教材的内容上来看，家庭、主妇、祖先崇敬、父母奉养这几部分突出强调了女性在家中应当仁爱、忍耐、孝顺，这符合儒家传统的妇德要求。而子女教养、家庭卫生、衣食住这几部分则介绍了许多西方实用的医学和生物学知识，并配有插图，体现了近代色彩。综合来看，这本教材有着"中体西用"的特点。《清国家庭及学堂用家政学》于1908 年 5 月在日本出版，此时服部繁子已经回到日本，但这本书作为豫教女学堂的教材完成于中国。有学者推测，服部繁子之所以出版这本书，是为了方便日后中国的官办女学堂使用。④ 除《清国家庭及学堂用家政学》之外，1909 年之后中国和日本出版了更多的讲义。这些讲义多为日本教员根据他们在实际教学中的经验撰写，有的讲义到 20 世纪 20 年代还在使用。

在豫教女学堂任教的教员有服部繁子、佐伯园子、龟田操子、服部升子、加美田操子、李淑贞等人。⑤ 服部繁子于 1906 年 6 月在日本杂志《女鉴》上发表文章，谈到豫教女学堂的日本女教员的薪资问题，她用佐伯园子、龟田操子、服部升子三个人的例子说明学堂中的日本女教员薪资微薄，凭借对教育事业的热爱从事教学工作。⑥ 根据现有史料，晚清时期日本教员在中国的薪资并不一致，总体上来看，地方高于首都，公立学校高于私立

①　服部繁子『清国家庭及学堂用家政学』富山房、1908、1 頁。
②　服部繁子『清国家庭及学堂用家政学』、5 頁。
③　参阅下田歌子『新選家政学』金港堂、1900。《新选家政学》内容包括家内卫生、家事经济、饮食、衣服、住居、小儿教养、家庭教育、养老、看病、交际、避难、婢仆使役。
④　韓韡「中国近代女子教育における日本受容」名古屋大学博士学位論文、2014、90 頁。
⑤　《北京豫教女学堂章程》，《东方杂志》第 2 卷第 12 期，1905 年，第 343 页。
⑥　参阅服部繁子「北京女子教育談 博士夫人服部繁子」『女鑑』1906 年 6 月号。同样的报道也可见于『女子教育』1906 年 5 月号。

学校，特殊性质的学校，尤其是军事学校高于普通学校，男教员高于女教员，[①] 因此可以推测，豫教女学堂中日本女教员的薪资不高。但需要注意的是，即使日本女教员的薪资不如其他学堂的日本男教员薪资高，日本女教员的薪资仍然远高于她们在日本的薪资，再加上当时中国消费水平低于日本，豫教女学堂还提供膳食，日本女教员的收入和生活水平并不算低。[②] 学堂有学生 60 余名，多为皇室宗亲与高级官员家的女眷，比如内阁中书郑咸的女儿郑德珍、外务部郎中陈浏的女儿陈裕如、大理寺丞乐季繁的女儿乐维定、宗室辅国将军北京公立崇实学堂的庶务提调荣炽臣的妻子荣文等，均是当时的 "世族国秀"[③]。这说明学堂的主要招收对象是社会中上层女子，没有涵盖平民女子。学堂每学期会召开几次父兄会，请各位女学生的父母和兄弟姐妹来学堂，沟通学生情况，并对学堂教育提出建议，以促进学堂教育不断进步。[④]

豫教女学堂创建之初计划招聘中文、英文、法文、日文的女教员，要求所有教员必须通晓中文。[⑤] 在实际招聘的过程中，一些不懂中文的教员也可以在豫教女学堂任教，学堂主要师资由住在北京的日本官员夫人担任。根据服部繁子的回忆，不懂中文的教员在上课时会把讲义内容翻译成中文写在黑板上，以便学生理解。[⑥] 由此可见，豫教女学堂采取了中日双语授课方式。

豫教女学堂的良妻贤母主义教育理念是通过来华任教的日本女教员传入中国的。"贤妻良母" 一词来自儒家经典，但 "良妻贤母" 则是日本明治维新时期的发明，于 20 世纪初作为新词输入中国。关于该词在中国出现的时间，据加拿大学者季家珍（Joan Judge）考证，1903 年的《教育世界》中，一篇介绍日本教育家吉村寅太郎专著的文章中出现该词。[⑦] 日本的良妻

① 汪向荣：《日本教习》，中国青年出版社，2000，第 122 页。
② 「1 福州地方調査事項報告之件 4」，外務省外交史料館藏，B03050358500。
③ 《〈顺天时报〉记豫教女学堂学生情况》，《顺天时报》1907 年 1 月 8 日；朱有瓛主编《中国近代学制史料》第 2 辑下册，第 703 ~ 706 页；《贤哉喀喇沁王》，《大公报》1906 年 3 月 15 日，第 5 版。
④ 《北京豫教女学堂章程》，《东方杂志》第 2 卷第 12 期，1905 年，第 341 页。
⑤ 《北京豫教女学堂章程》，《东方杂志》第 2 卷第 12 期，1905 年，第 342 页。
⑥ 服部繁子「支那婦人の特質」『女学世界』第 12 卷第 7 号 5 月刊、1912、33 頁。
⑦ 〔加〕季家珍：《历史宝筏：过去西方与中国妇女问题》，杨可译，江苏人民出版社，2011，第 127 页。

贤母主义诞生于"脱亚入欧"的近代化浪潮中，是国家主义思想的产物。1887 年，时任日本内阁文部大臣的森有礼的一段话体现了明治维新后日本发展女子教育的国家主义意识形态："女子教育的重点在于培养女子为人之良妻，为人贤母，管理家庭、熏陶子女所必需的气质才能。国家富强的根本在教育，教育的根本在女子教育，女子教育的发达与否与国家安危有着直接的关系。"① 良妻贤母主义具有东方儒学传统的底色，又结合了西方的近代思想，体现出一种调和性，既能贯彻国家主义政治，又不偏离男外女内、男尊女卑的传统。在 1902 年吴汝纶赴日本考察教育之时，日本的一位女校校长曾用孟子和华盛顿的例子劝说吴汝纶发展女子教育："贤若孟母而后有亚圣，无华盛顿之母，焉有开美国之伟功耶。女子教育之要，如斯明明也。"② 这种将儒学传统与近代国家主义思想结合的论述体现了日本社会对女性的新认识：女性决定国民素质，进而决定民族国家的命运。这些观念后来成为晚清兴女学思潮中常见的论述。

从 19 世纪东方民族主义的视角来看，"良妻贤母"概念的提出，在日本社会中不是保守或倒退，而是一种历史进步。③ 因此当它作为新名词输入中国时，被视为文明开化的象征。④ 在豫教女学堂成立之初，中国还没有关于女学的具体章程，女子接受学校教育尚未被官方承认，因此可以说，豫教女学堂是一个非常典型的在中国兴女学初期建立的日本模式的女学堂，它的良妻贤母主义教育来自日本，与服部夫妇的教育理念密切相关。

服部夫妇与日本著名的良妻贤母教育家下田歌子熟识，服部繁子是下田歌子的学生，曾推荐秋瑾就读于下田歌子开办的东京实践女子学校；服部宇之吉曾向慈禧太后建议聘请下田歌子来华发展女子教育，服部夫妇的良妻贤母主义教育理念来自下田歌子，正是在这种教育理念的指引下，负责豫教女学堂具体教学事务的服部繁子起草了《北京豫教女学堂章程》，章程第三章明确了学堂以"造就贤母良妇为目的"⑤，在课程设置、教材编订

① 大久保利谦『森有禮全集』第 1 卷、宣文堂书店、1972、611 頁。
② 黄福庆：《清末留日学生》，台北"中央研究院"近代史研究所，1975，第 58 页。
③ 胡澎：《从"贤妻良母"到"新女性"》，《日本学刊》2002 年第 6 期，第 133 页。
④ 李卓：《近代日本女性观——良妻贤母论辨析》，《日本学刊》2000 年第 4 期，第 85 页。
⑤ 《北京豫教女学堂章程》，《东方杂志》第 2 卷第 12 期，1905 年，第 336 页。

等方面也处处体现了良妻贤母主义教育的特色。

1906 年第 4 期的《学部官报》收录了服部宇之吉在北京女学传习所开学典礼上发表的讲话。服部宇之吉提出，"中国女子教育必以造就贤母良妻为目的"，而不能学习西方培养"独立自活之女子"。服部宇之吉认为，制定一个国家的教育方针，必须要考虑这个国家的文明性质与程度，斟酌其自古以来的风俗习惯与未来的发展方向，东亚的文明与风俗均与西方不同，因此不能盲目地学习西方的教育。这段讲话体现了服部宇之吉希望构筑"东洋理想"的教育体制，这既是受到了下田歌子的良妻贤母主义教育理念的影响，也融入了服部宇之吉一直以来尊崇的儒家思想。① 值得注意的是，收录这篇讲稿的《学部官报》是清廷设立的中央教育行政机构——学部的机关刊物，也是中国近代最早的全国教育行政公报，专门刊载上谕、学部奏章、文牍、各地学务报告，以及关于世界各国的教育史、教育制度、教学方法、学校章程的论著，这说明服部宇之吉的讲话内容得到了清廷的肯定。1906 年豫教女学堂女经理人沈贞淑在学堂周年纪念会的演讲中提到，"现在皇太后，昼夜苦费心机，办理国家各种的新政，上谕宜成为贤母良妻，自己还可以帮同国家，大小建立一番事业，上可以报答皇太后提倡女学的盛心，下可以报答父母养育的大德"。② 可见良妻贤母主义教育得到了慈禧太后的认可。

良妻贤母主义教育之所以能被中国接受，除了强国保种的迫切需求之外，还和中国传统的儒家思想有关。儒家认为，天下（国）由家庭组成，平天下是齐家的终极目标，这种家国关系的论述与良妻贤母主义教育中的国家主义基本上是一致的，只不过需要将君主之国，换成国民之国。从这个层面上讲，儒家的圣人之道与现代民族国家话语并不冲突。

在 1907 年清廷颁行《学部奏定女子学堂章程》之前，全国共有女子学堂 428 所、女学堂教员 1501 人、女学生 15496 人。③ 虽然女子接受学校教育

---

① 丹羽香「服部宇之吉の孔子教と中国について：その応答・連動」『東アジア比較文化研究』15 号、2016、14～28 頁；〔日〕服部宇之吉：《女学传习所开学演说》，《学部官报》第 4 期，1906 年，附录，第 1～2 页。

② 《豫教女学堂庆贺万寿并周年纪念会演说》，《顺天时报》1906 年 10 月 12 日、14 日；朱有瓛主编《中国近代学制史料》第 2 辑下册，第 699 页。

③ 《光绪三十三年分学部第一次教育统计图表》，朱有瓛主编《中国近代学制史料》第 2 辑下册，第 649～650 页。

在学制上未取得合法地位，政府也未对女学堂有所规约，但仍有不少民间兴办的女学堂出现。作为北京的第一所女学堂，豫教女学堂开启了北京女子教育的先河，其课程设置、教材内容、教员情况、教育理念均体现了日本因素对晚清时期女学的影响，为日后建立的女学提供了经验与教训。作为教育交流的使者，服部繁子在中国推行日本良妻贤母主义教育，在女学的创立和发展方面做出了重要的贡献。

## 三 "良妻贤母"：豫教女学堂的发展与结局

豫教女学堂创办之初是一所践行日本良妻贤母主义教育的学堂，但从它日后的发展来看，其教育理念发生了变化。1906 年 7 月，学堂总经理沈钧前往多地考察男女学堂工厂，返回之后主张改良豫教女学堂，在学堂新址东面附设职业女工艺厂。① 女工艺厂招收 16～35 岁的女学生，除了学习寻常科之外，还要学习汉文、珠算、家政、体操、织布、编物、成衣机器、绣工等科目，目的是"发达女界的生计实业"②。除此之外，学生还要掌握工艺和财务管理的技能，否则不能毕业。学生只需缴纳饭费，学习时间越长，需缴纳的饭费越少，五个月后无须缴纳饭费，并且按照手艺的高低给予奖赏。家庭贫困的女学生可以在入学前提出申请暂时不缴学费，经学堂确认后仍可入学，五个月后从每月的奖赏中扣还学费。女工艺厂的修业年限是三年，学业优秀的学生可以被提拔为工厂的女司事、正司帐、副司帐。③

1907 年，豫教女学堂又增设了织业科，教授女学生织布，并将织好的布拿去市场售卖，为女工艺厂提供运营资金。织业科的学生"大半都是有官职人家的女子，情愿学习职业"④。学生除了学习织布之外，还要学习国文、算学、修身等科目。织业科除了日本女教员之外，又聘请了工艺官局女工科的教员，采用西洋漂染法，织出来的布匹致密漂亮，销路很好，北

---

① 因豫教女学堂地址过于狭小，1906 年学堂搬迁至干面胡同喀喇沁王旧邸。
② 《豫教女学堂庆贺万寿并周年纪念会演说》，《顺天时报》1906 年 10 月 12 日、14 日；朱有瓛主编《中国近代学制史料》第 2 辑下册，第 700 页。
③ 《豫教女学堂庆贺万寿并周年纪念会演说》，《顺天时报》1906 年 10 月 12 日、14 日；朱有瓛主编《中国近代学制史料》第 2 辑下册，第 700～701 页。
④ 《参观豫教女学堂新设织业科记言》，《顺天时报》1907 年 4 月 18 日；朱有瓛主编《中国近代学制史料》第 2 辑下册，第 701 页。

京很多学堂的体操服均由豫教女学堂的织业科提供。①

沈钧的妻子、学堂的女经理人沈贞淑在学堂周年纪念会的演说中提到了沈钧建立女工艺厂和织业科的原因："女学的关系，并不是尽在读书识字学算，就算成了。最要紧的事，是要知道以后的生计……女子要是有了能耐，知道理财的生计，先学书算，明白学问，大小可以经营一个事业，彼此大家都知道刻苦立业，还愁国家人民不能自立吗？再说，俗语有一句话，贫寒无常，富的要是贪吃懒惰，不好学问，不知生计，尽作些那个无益的事，没有爱国爱群的思想，糊糊涂涂的瞎混日子，多了自然就穷了。要是刻苦好学，知道爱国爱群，明白生计，穷的一天少一天，富的自然就一天多一天了。我们大清国，男女人人都知道这个道理，还愁国不富民不强吗？"② 从这段话中可以看出，沈钧建立女工艺厂和织业科是为了振兴中国女界的生计实业，鼓励女子经营事业，培养爱国爱群的思想，促进国家的独立富强。可见，此时的豫教女学堂除了保留原有的良妻贤母主义教育之外，还增加了职业教育这种新的授课内容，这与服部繁子最初制定的学堂章程的内容有所不同。"良妻贤母"不再是学堂唯一的教育目标，相比之下，女子能够走出家门，立足于社会，有所贡献于国家似乎变得更重要。

豫教女学堂的教育理念之所以会发生变化，是因为在民族危机日益严重的晚清时期，民间的有识之士已经开始意识到仅仅培养良妻贤母显然已不足以应对危局，中国更需要具备知识与技能，能够独立生活，为社会和国家做贡献的女性，这一点从沈贞淑讲话时屡次提到的"国""民"中可以体现出来。女工艺厂和织业科寄托着沈钧发展职业教育、振兴实业的梦想，但此时的清廷尚未意识到女子职业教育的重要性，1907 年颁布的《学部奏定女子小学堂章程》和《学部奏定女子师范学堂章程》仍然强调发展良妻贤母主义教育。此外，服部繁子在 1908 年出版的《清国家庭及学堂用家政学》一书中写道："余见中国现今女子专注重于学术而轻视家政一科，于此著作此书使中国女子心得整理家政之要以便尽其本分。"③ 可见服部繁子也

---

① 《参观豫教女学堂新设织业科记言》，《顺天时报》1907 年 4 月 18 日；《记豫教女学堂织业科近况》，《顺天时报》1907 年 6 月 1 日；朱有瓛主编《中国近代学制史料》第 2 辑下册，第 701 ~ 703 页。

② 《豫教女学堂庆贺万寿并周年纪念会演说》，《顺天时报》1906 年 10 月 12 日、14 日；朱有瓛主编《中国近代学制史料》第 2 辑下册，第 699 ~ 700 页。

③ 服部繁子『清国家庭及学堂用家政学』、7 页。

不支持女学生专注于家政之外的学习。在这些因素的制约下，豫教女学堂的职业教育范围较小，影响有限，但不可否认的是，这种教育理念的转变预示了一种趋势——女性逐渐摆脱家庭的束缚，走向社会，在国家建设中发挥着重要的作用。

豫教女学堂是一所私立学堂，它的主要资金来源是沈钧的支持和民间的捐助，因此一直存在资金短缺的问题。据统计，豫教女学堂每月要花费白银四百余两，① 开办三年以来，沈钧"已垫用银一万五千两之谱"②，仅女工艺厂一处，从 1906 年 7 月开学到 1907 年 4 月这不到一年的时间，沈钧就已经垫付一万多银圆，虽有许多支持豫教女学堂的官方和民间人士，但他们的支持不能持久，学堂的运营基本由沈钧一人支撑。③ 最终豫教女学堂于 1908 年闭校，服部宇之吉与服部繁子回国。

豫教女学堂仅存在了三年，这固然与资金短缺、运营困难有关，但其背后还有深层的结构性原因。服部宇之吉的学生曾提到服部夫妇创办豫教女学堂的初衷："服部宇之吉认为，一定要在中国发展女子教育，设立官办女学堂。为了实现这个目标，可能是先向慈禧太后进言，再由她来说服众多的达官显贵。"④ 因此可以说，创办豫教女学堂是为了给慈禧太后和达官显贵树立一个新式女学堂的成功典范，进而说服他们兴办女学，所以豫教女学堂的教育必然是以教育社会中上层女子为目标的贵族女子教育，而非惠及社会大多数女子的平民女子教育。与之相对，沈钧夫妇作为民间的有识之士，对于豫教女学堂的构想显然不止于树立一个贵族女子教育典范，面对晚清风起云涌的收回利权运动，沈钧在考察各地男女学堂之后，决心发展女界的实业，培养能够推动工业化、近代化的女性劳动力。也就是说，服部夫妇和沈钧夫妇对于学堂定位和教育理念存在意见分歧。

事实上，最先提倡良妻贤母主义教育的下田歌子并不排斥女子职业教育和平民教育，她曾指出，日本面临工业化的浪潮，社会对于女性劳动力

① 《豫教女学招生》，《顺天时报》1908 年 1 月 19 日。
② 《记豫教女学停课事》，《顺天时报》1907 年 10 月 19 日。
③ 《参观豫教女学堂新设织业科记言》，《顺天时报》1907 年 4 月 18 日；《记豫教女学堂织业科近况》，《顺天时报》1907 年 6 月 1 日；朱有瓛主编《中国近代学制史料》第 2 辑下册，第 702 页。
④ 東方学会『東方学回想 1』刀水書房、2000、118 頁。

有很大需求，因此女子教育的重点应放在培养优秀的女性劳动力以及发挥妇德的感化作用这两方面。[①] 然而，这种具有近代意义的女子教育在中日两国均日渐保守化。

在日本，女子教育很早就被纳入了国家教育体系，教育内容要符合国家对于女性角色的期许，即以家庭为中心，为国家抚育优秀的国民，因此日本的女子教育保留了很重的家庭色彩。虽然日本很早就有女子职业学校，但这种职业教育与其说是为了培养优秀的女性劳动力，不如说是为了辅助家庭经济。吴汝纶在《东游丛录》中记载了自己参观东京女子职业学校的经历："阅东京共立女子职业学校，此校乃私立，贫家女子不能入官立学校者，入此学中。学成各艺，所得之利，以半归学校，半与本生。其退学亦可自由，又可在家制成物事，交学校评骘高下，寄售得价。其课程以裁缝刺绣编物绘画剪彩作花数者为主，吾谓此吾国可推行者。"[②] 日本女子职业学校教授的科目主要是裁缝、刺绣、编织、插花等科目，目的是让女子挣钱补贴家用，而非发展女界的实业，帮助女子经济独立。日本美术技艺研究会会长梶山彬于1907年出版了《造花术新书：女子技艺》一书，他在序言中写道，插花的技艺虽小，但有利于家庭的经济，[③] 可见日本的女子职业教育是家庭内的"职业教育"。

中国的女子教育除了比日本起步晚之外，还缺乏必要的社会土壤。中国的工业化程度比日本低，社会上面向女性的就业岗位很少，接受职业教育的女性就业方向主要为护士和教员，女子真正走向社会，参与社会事业，是辛亥革命之后的事情。[④] 因此在晚清时期，女子教育的最高目标仍然是培养良妻贤母，而非优秀的女性劳动力。许多女性接受新式教育只是为了嫁个好人家，最终仍会回归家庭，这一点反过来也会制约女子职业教育的发展。具体到豫教女学堂，服部夫妇成功地将良妻贤母主义教育带到了中国，这种以"整理家政"为核心的女子教育已偏离下田歌子的教育初衷，并且招生对象为名门淑媛而非社会大多数的下层女子，这可以说是为了获得保

---

① 下田歌子「帝国婦人協会設立の主旨」『日本婦人問題資料集成』第4巻、ドメス出版、1977、257～260頁。

② 吴汝纶：《摘抄日记第二》，《东游丛录》，第62页。

③ 梶山彬『造花術新書：女子技芸」、広文堂、1907、2頁。

④ 陈东原：《中国妇女生活史》，上海文艺出版社，1990，第324～361页。

守的清廷的认可所做出的妥协，但这种教育不能适应救亡图存的时代要求，因此提倡职业教育和平民教育的沈钧夫妇对豫教女学堂进行了改革，这种从良妻贤母主义教育到职业教育的转向符合时代的潮流，但是现实的局限仍然制约了学堂的发展，最终学堂教育走向失败。

　　豫教女学堂虽然存在的时间很短，但是它具有划时代的意义。首先，豫教女学堂仿照日本小学、中学学制，设置了修身、国文、算术、历史、地理、格致、家事、图画、声歌等课程，抛弃了"女子无才便是德"的传统观念，为女子打开了学习知识、了解世界的一扇窗户，被称为"近代中国女子教育的滥觞"①。在北京居住过一段时间的日本随笔作家涉川玄耳认为豫教女学堂"前景最好"，他曾在文集《玄耳小品》中提到豫教女学堂的招生情况："课程还没开始几天，求学者便从各地纷至沓来，一时间门庭若市。其中也不乏并非真心求学，仅仅是随大流而来的求学者，并且作为第一个女子学堂，在招收学生上面必须谨慎，所以挑选学生时，综合考虑求学者的家境、本人的操行后予以接收。即使是这样精挑细选，学生的人数已经达到了50人。如果来者不拒，全部招收的话，恐怕来到学堂的求学者要达到几千人。"② 由此可见，豫教女学堂在北京具有一定的影响力，受到了社会的认可。在豫教女学堂的影响下，一年以后北京陆续出现了十多所女子学堂。③

　　此外，豫教女学堂的日本女教员带来的日本良妻贤母主义教育比起欧美教育模式更容易被清廷和民众接受，具有一定的适应性。培养良妻贤母成为晚清时期女子教育的宗旨，客观上促进了女学的发展。有学者认为，1907年《学部奏定女子小学堂章程》和《学部奏定女子师范学堂章程》的颁行，与服部夫妇和豫教女学堂的影响密不可分，④ 两章程的"总要"明确规定女学的目的是培养"贤母"，"各教科要旨"强调要将体操设为必修科目，同时还要重视"修身"与儒学，⑤ 与豫教女学堂的宗旨和科目设置基本一致。在服部宇之吉即将回国之际，清廷授予他"文科进士"称号和"二

①　對支功勞者傳記編纂會『續對支回顧録』下卷、對支功勞者傳記編纂會、1941、749 頁。
②　渋川玄耳『玄耳小品』東京：隆文館、1910、59～61 頁。
③　〔日〕金文学：《重新发现近代：一百年前的中日韩》，马今善、郑炳男译，现代出版社，2015，第 206 页。
④　韓韡「中国近代女子教育における日本受容」名古屋大学博士学位論文、2014、162 頁。
⑤　多賀秋五郎編『近代中国教育史資料・清末編』日本学術振興会、1972、460～464 頁。

等第二双龙宝星"勋章，[1] 这是外国教员所能接受的最高荣誉，体现了清廷对服部夫妇在华教育工作的认可。

以服部繁子为代表的日本女教员在晚清女学兴起初期发挥着重要的作用，这些日本女教员承担了女学堂具体的教学和管理工作，向女学生传递新知，促进了女性的启蒙，更为重要的是，日本女教员带来的"日本经验"为日后中国女学的发展提供了借鉴，良妻贤母主义教育贯穿整个晚清时期，成为中国近代教育改革中的重要内容。

## 结　语

晚清时期，来自日本的教育经验是女学发展中的重要资源。在北京，有不少女学堂聘请了日本女教员，据统计，日本人担任教员的女学堂有豫教女学堂、和育女学堂、方巾巷女学堂、外城女学传习所、内城女学传习所、淑慎女学堂、慧仙女工学校、淑范女学堂，[2] 这些是北京当时最具影响力的女学堂。

北京第一所女学堂豫教女学堂的创办者和教学负责人是来自日本的服部繁子，她将日本的良妻贤母主义教育传入了中国。纵然在今天看来，良妻贤母主义教育并没有摆脱"男主外，女主内"的窠臼，晚清时期男性主导的兴女学运动的初衷是富国强兵、强国保种，并非单纯地促进妇女解放、男女平等，但我们还是要看到良妻贤母主义教育对晚清女学发展的促进作用，许多女学生在学习家政知识的同时也接受了学堂的新式教育，国文外语、自然科学、历史地理，这些课程使女学生获得了学习新知、接触社会的机会。这为日后女学生走出家庭、走向社会、以国民的身份参与社会改革与国家建设打下了基础。

在晚清女学的发展中，我们要看到日本女教员对晚清女子教育客观上有一定的推动作用。据统计，晚清时期共有133名日本女教员来到中国投身于女子教

---

[1] 「京都帝国大学法科大学教授法学博士冈松参太郎外十三名外国勲章記章受領及佩用ノ件」国立公文書館藏、A10112668400。

[2] 黄湘金：《晚清北京女子教育揽要》，《近代中国妇女史研究》2015年第25期，第226页。

育事业，① 她们怀着强国的优越感和使命感来到中国，希望通过发展教育实现"清国保全"，她们中不乏真心帮助中国发展教育，提高女子地位的人，但需要指出的是，也有很多日本女教员是为了传教和获取情报来到中国，以女教员的身份在华活动。虽然这些日本女教员来华的目的并不单纯，但是她们的付出客观上促进了女学的发展，她们的良妻贤母教育理念对晚清社会产生了深远持久的影响，这也是不容忽视的。

此外，我们也要看到中国人在女学发展中的作用。虽然学部和京师督学局在女子教育问题上的作为不尽如人意，但中国很多开明的官僚和民间的有识之士出钱出力，满汉共襄其事，推动女学发展。许多清廷的亲贵与官员将自己的府邸捐出作为女学堂的建设用地，比如豫教女学堂的新址就曾是喀喇沁王贡桑诺尔布（1871～1930）的府邸，还有很多官员、商人、慈善家捐献银两赞助女学堂，比如豫教女学堂的运营资金主要来自商界名流沈钧的捐助，顺天府尹孙宝琦（1867～1931）也表示只要学堂经理人"具呈请款，一律批准，酌量大小拨款"②。这说明部分亲贵和官员已经认识到女子教育的重要性，以个人力量或借职位之便推动北京女子教育的发展。在教育理念上，中国的有识之士也能够结合国情，有选择地引入日本良妻贤母主义教育模式，并在此基础上推动良妻贤母主义教育向职业教育过渡，这体现了中国在学习日本发展女学过程中的能动性。

从本质上来说，日本女教员来华任教带有帝国主义色彩，其背后是日本的"清国保全"政策和向大陆扩张的野心，因此晚清时期日本女教员来华任教并非纯粹的以发展教育为中心的平等交流，不能忽视其扩张性。

（作者简介：殷乐，北京大学历史学系硕士研究生）

---

① 孫長亮「清末中国における日本女子教育受容の研究」岡山大学博士学位論文、2019、33頁。

② 《京兆热心学务》，《大公报》1907年4月26日，第5版。

# 20 世纪 20 年代日本陆军的对华调查活动

## 郭循春

**内容提要**：20 世纪 20 年代，日本政府推行"对华不干涉"主义的外交政策，使得日本陆军无法像 20 世纪头 10 年或 20 世纪 30 年代那样直接对华行动，而只能以对华调查这种前期军事准备工作来代替实际的对华军事活动，以满足其对中国的战略野心。另外，受"总体战"战略思想的影响，日本陆军将中国的资源看作其将来实行总体战的巨大动力源，因而加强了对华资源调查工作。相应的调查加强了日本陆军对中国政治、经济、社会、资源状况的了解，也加强了其侵略中国的野心，助推了日本侵华战争的爆发。

**关键词**：日本陆军 对华调查 资源调查 中日关系

增强对华调查工作是日本陆军在 20 世纪 20 年代对华政策中的一项重要内容。近代日本对华调查活动繁多，调查成果极其丰富，其中既包括日本政府的官方行为，也包括民间商业企业的自发行为。可以说，日本对华任何一项政策的推行都是以调查为前提条件的。《日本外交文书》中关于"1924 年对华政策纲领"的资料，能够使我们了解日本制定对华政策的详细过程。① 陆军

---

① "1924 年对华政策纲领"是指 1924 年 1 ~ 5 月，由青浦奎吾内阁的陆军省、海军省、外务省、大藏省联席制定的对华政策纲领，该纲领将此前原敬内阁提出的"对华不干涉主义"修改为"对华积极干涉主义"，否定了华盛顿会议精神，是日本陆军省对华意志的体现，但是由于青浦奎吾内阁的垮台，该纲领未被公布于内阁、议会、枢密院（日本外务省编『日本外交文书』大正十三年第 2 册、昭和五十六年、764 頁）。

省、海军省、外务省和大藏省相关人员在提出对华政策建议时，首先会提及"通过相关调查"等话语，且大多数政策讨论之结果，也都包括"继续深入对本问题之调查"或"对该问题之调查为当下最紧要之事"这一类的内容，由此可见调查活动在日本政府制定相关政策过程中的重要性。针对该方面的研究，过去的成果主要集中在满铁对华调查、东亚同文会对华调查方面，而关于日本其他机构，尤其是陆军的对华调查，成果较少。① 但是实际上，陆军的对华调查工作，在近代日本对华行动中占据着非常重要的地位。由于近代以来日本参与的战争多是在别国领土上的战争，因而陆军尤为看重调查工作。随着一战以后总体战思想的发展，陆军调查工作的范围，从纯军事性内容扩展到了社会、经济、交通、资源等诸多方面，这就需要增加调查活动并提高调查机关工作效率，迫使陆军进一步加强对华调查工作。但是 20 世纪 20 年代的调查工作，组织者众多、内容重复性大、不同调查机构相互之间无法实现资源共享，这大大加强了陆军想要整合、统制对华调查工作的想法。"1924 年对华政策纲领"中，陆军提出了统制对华调查工作的计划，但是内政的变动使得该纲领无法被顺利推行，陆军因而也就无法获得政府对该项工作的支持，其后的数年间，陆军只能在力所能及的范围内，实现对华调查工作的统合。本文将结合 20 世纪 20 年代日本陆军对华整体战略，对其调查机构的设置、调查工作的进展进行相应的论述。

## 一　1920 年以前日本的对华调查机关以及陆军对华调查工作

明治以来，日本军方就未停止过对中国的调查活动。早在 1887 年日本陆军参谋本部就出版了六卷本的《支那地志》，1894 年出版了《满洲地志》，其后又出版了《蒙古地志》等刊物。该类由参谋本部编辑并出版的书

---

① 解学诗：《日本对战时中国的认识——满铁的若干对华调查及其观点》，《近代史研究》2003 年第 3 期；王力：《近代日本农商务省的对华经济调查》，《历史档案》2012 年第 3 期；王力：《近代日本领事馆对华经济调查探析》，《社会科学战线》2010 年第 4 期；纪宗安、崔丕：《日本对南洋华侨的调查及其影响（1925～1945）》，《中国社会科学》2009 年第 1 期；蓝勇：《近代日本对长江上游的踏察调查及影响》，《中国历史地理论丛》2005 年第 3 期；陈锋：《清末民国年间日本对华调查报告中的财政与经济资料》，《近代史研究》2004 年第 2 期。

籍，是日本最早一批对华调查结果，其内容包括中国之山脉、河流、海岸、岛屿、气候、物产、风俗、政体、教育、宗教、财政、军队、制造、内外贸易等方面，并对中国各省之状况进行了分别的描述。① 但是上述内容为对中国之基础调查，并没有具体到资源、交通、军用物资等方面的调查。到甲午战争以及日俄战争之后，日本充分认识到了对华进行资源调查的重要性，并由于对第二次日俄战争的担忧，军方开始从战时后方物资补给的角度进行对中国的资源调查，其对象包括马、牛、粮食等战时重要物资。例如，陆军省 1906 年提出了"满蒙物资大调查"计划，在 1906 到 1910 年以"特别任务"的名义派遣军人前往"满蒙"进行调查。② 关东都督府陆军经理部后来以其调查为基础编辑出版了《东蒙古志草稿》（1908）、《满洲志附录道路志草稿》（1912），关东都督府陆军部经过进一步调查，出版了《东蒙古》（1914）等书籍。这些调查结果按照地文地理、人文地理、物产生业、都会状况、地方史略、行政设置、军备概况等分类，对 20 世纪头 10 年的"满蒙"进行了相当详细的描述，为军方了解"满蒙"及制定"满蒙"政策提供了依据。除了宽泛性的调查之外，陆军还进行了某些专门性调查，其中最为突出的即 1918 年设置的陆军省"支那马调查班"以及关东军参谋部所属的"支那马调查班""资源调查班"。陆军省的"支那马调查班"一直延续到 1923 年，而关东军参谋部所属的"支那马调查班"一直延续到 1927 年以后。当时关东军参谋部内"支那马调查班"成员有 4 名，而"资源调查班"成员只有 1 名，可见当时马资源在陆军调查活动中相对其他调查内容的重要性。③ 大规模有组织的调查结束后，军方还多次组织临时性的对华调查工作，就中国的交通、畜牧、军备等问题进行深入了解。

相较于军方，日本政府开启对华调查工作则要晚一些。按照日本学者井村哲郎的研究，日本政府进行的对中国的调查开始于侵占台湾后由台湾总督府所进行的"旧惯行调查"④，对其他地方的调查则开始于日俄战后农

---

① 参谋本部管西局编『支那地誌』第 1~6 卷、参谋本部、1887。

② 許金生「『満蒙』における軍用資源調査に関する一考察日本軍の馬調査を中心に」『社会システム研究』第 24 号、2012、61~77 頁。

③ 「関東軍司令部調査機関編成改正に関する意見書送付の件」防衛省防衛研究所藏、陸軍省‐密大日記‐S1‐1‐9、Ref. C01003714400。

④ 井村哲郎「日本の中国調査機関‐国策調査機関設置問題と満鉄調査組織を中心に」末廣昭編『岩波講座「帝国」日本の学知第 6 卷地域研究としてのアジア』岩波書店、2006、360 頁。

商务省主导的针对中国物产和市场的调查。农商务省在调查结束后的 1905 年出版了《满洲志》，其中分为商工局编辑的《满洲志·商业之部》和农务局出版的《满洲志·农业及水产之部》两册。农商务省对中国农业、矿业资源的调查后来主要由农商务省临时产业调查局负责并一直持续了下去，其调查活动遍及中国各地，如一战前后农商务省职员野田势次郎对福建矿业的调查，① 就是农商务省调查的典型案例。日俄战争结束后，针对中国经济方面的调查任务更多转移到了新成立的关东都督府身上。关东都督府内，除了上文提到的陆军部组织对华军事调查工作以外，主要负责对华调查活动的是关东都督府民政部。关东都督府民政部所编辑的对华调查书籍中最为出名的包括自 1915 年起定期出版的《满蒙调查复命书》、自 1916 年起每年一册的《满蒙经济事情》，以及个别情况下编辑的《满蒙经济统计图表》《满蒙经济要览》《东部内蒙古矿产调查复命书》《南满州纸类》等书籍。② 此外，关东都督府财政部、防疫部、通信局等部门也对满洲各种产业状况进行过临时调查。与关东都督府在对华调查工作上发挥同等重要作用的是"满铁"。满铁成立于 1906 年，其首任总裁后藤新平曾经在台湾负责"旧惯行调查"，对于调查工作有着异乎寻常的热情，因而在其担任满铁总裁之初就设立了满铁调查部。其后一直到 1945 年为止，调查部虽然在名称上有几次变动，但针对中国的调查活动从未中断而且调查组织不断扩大，并发展为日本最大的对华调查机构。九一八事变之后，满铁的调查机关在实质上就变成了关东军附属的机关，在伪满的建立以及统治方面发挥了极其重要的作用。除了农商务省、关东都督府和满铁调查部之外，20 世纪 20 年代以前日本官方的对华调查机构并不太多，③ 调查活动多是由各个部门进行的临时安排，而且其中依然以陆军的调查活动为主。

---

① 野田势次郎「支那調査第二回外業報告文（福建省南西部調査）」外務省外交史料館蔵、Ref. 1-6-1-26_1_10_001。

② 大沢武彦「国立公文書館における日本の中国調査資料の紹介：内閣文庫を中心に」『北の丸：国立公文書館報』第 41 号、2008 年 12 月、104～117 頁。

③ 如成立于 1917 年的临时外交调查会虽然在名字上有调查之字眼，但是实际上负责外务之全盘工作；外务省调查部成立于 1933 年，且调查对象不限于中国；1915 年陆军省内设立临时军事调查委员会，以欧战及欧洲军事为主要调查对象，涉及中国之调查内容不多；陆军省调查班成立于 1927 年，但是其主要调查目标是陆军内部思想问题以及社会赤化运动问题，1933 年改为军事调查部，1936 年废止。

　　但是此时非官方的调查机构和调查活动则种类繁多、五花八门，其中最为出名的即为东亚同文会对中国的调查。东亚同文会成立于1898年，成立后接受政府每年4万日元补助，成为具有半官方性质的组织，在对华调查领域具有相当的野心。其在呈交外务省的报告中曾表示"本院建立以来每年都派学生前往中国调查，做成相关资料……如今有意对中国进行纵截横断之调查，在中国盛京之一省及本部十五省都会要津设置驻扎之调查者，个数六十有六，拟使足迹遍布除新疆贵州云南北满蒙古甘肃以外之中国全部版图，以期对华调查之大成"①。东亚同文会对中国的调查长期而细致，通过其出版的对华调查刊物可知其一二。其中《东亚同文会报告》（1900～1910）介绍中国政治经济及对外贸易；《东亚同文书院学友会会报》（1904～1909）以"大清帝国内地游历各班"为调查来源，包括《支那调查报告书》《大旅行志》等对华调查内容；《支那经济报告书》（1908～1910）为《东亚同文会报告》的关联杂志，着重于中国经济事情。其他如《支那调查报告书》（1910～1911）、《支那》（1912～1945）、《支那研究》（1920～1942）、《江南学志》（1934～1940）等刊物以对华经济调查为主，侧重于对华中华南地区的介绍，与满铁对华北和东北的调查研究并立。除东亚同文会之外，非官方的调查活动主要由新闻舆论机关、各出版社、各对华贸易会社、各地区贸易协会等机构组织进行，其调查活动多具有临时性、区域性、专门性等特点，在调查范围、调查深度方面无法和官方调查以及东亚同文会的调查相比。另外，由于民间机构缺乏沟通，其所进行之对华调查多有重复之处、矛盾之处，难免使日本国内在形成对华认识过程中产生一些分歧，进入20世纪20年代后，此种趋势更加严重。

## 二　日本陆军尝试调整对华调查政策

　　20世纪20年代以后，日本陆军不仅自身加大了对华调查工作的力度，而且尝试调整其他部门和民间的对华调查活动，这是因为陆军对当时的调查活动有以下两种认识。

　　第一，进入20世纪20年代，日本对华调查活动进一步增加，调查机关

---

① 東亞同文會「三年計畫支那調査案」外務省外交史料館藏、Ref.1－6－1－31。

分歧混乱，引起了政府和军方的关注。一战以后，中日政治、经济关系进一步密切化，尤其是中日贸易大规模增加、俄国势力在"满蒙"消退、日军侵占山东等因素都为日本的对华调查工作创造了新的契机。以中日贸易调查、"满蒙"与西伯利亚调查以及山东资源调查为己任的日本民间对华调查行动层出不穷，以至于进入 20 世纪 20 年代之后，对华调查进入一种杂乱无序的状态。以出版物为例，日本国立国会图书馆收藏的与对华调查相关的出版物，1900～1909 年为 68 件，1910～1919 年为 242 件，1920～1929 年为 792 件。虽然该数据并不是一个非常准确的样本数据，但是已经可以证明进入 20 世纪 20 年代之后日本对华调查成果显著增加。其中的调查主体除陆军以外，仍然以满铁调查部门为主，其余包括外务省通商局、外务省情报部、大藏省预金部、台湾总督府、朝鲜总督府、日本银行调查课、台湾银行调查课、大阪市产业部调查课等。可见此时但凡涉外的政府部门，都主持过对华调查工作。

由于对华贸易的增加，非官方的对华调查活动组织者以商业组织为主，例如大阪商业会议所、野村商店调查部、蚕丝业同业组合中央会、堺市商品陈列所等；其次为关心对华政治经济关系的出版社，例如大阪每日新闻社、明德会出版部、朝日新闻社等；最后还包括兴起于 20 世纪 20 年代的专门学校的调查活动，例如秋田矿山专门学校、山口高等商业学校、东京高等商业学校、神户高等商业学校等。[①] 如此众多的对华调查工作使当时的日本社会对中国难以形成统一的认识，不利于日本政府在国内推行统一的中国政策。因而，在 1924 年前后，日本政府就加强对华调查活动之管理已经达成共识，而陆军的此类想法尤其明显。1924 年新成立的清浦内阁在其制定的《对华政策纲领》草案中就曾提到，"对华经济调查为开展贸易之指南针，政府当以最大的努力实行之。但是过去成绩甚少，这是因为各官厅企业多开展独立之调查活动而无综合之合作，所以此际当调整机构，推进调查，收集民间调查资料，并广为颁布"。[②]

该草案中所提调查活动之分歧，就包括陆军同满铁以及外务省之间在调查活动上的不统一。例如，1925 年 10 月发生的"蒙古调查班事件"就

---

① 松重充浩「戦前戦中期高等商業学校のアジア調査——中国調査を中心に」末廣昭編『岩波講座「帝国」日本の学知第 6 巻地域研究としてのアジア』岩波書店、2006、239～282 頁。
② 日本外務省編『日本外交文書』大正十三年第 2 冊、792 頁。

暴露了该类矛盾。1925 年 7 月，陆军在没有同满铁以及外务省进行任何沟通的情况下，向蒙古派出了情报将校，但 10 月初该调查班人员被蒙古军队抓获后谎称自己是满铁调查课的委托人员。为隐瞒调查员的军人身份，陆军省、参谋本部、关东军司令部同满铁和外务省进行了多次沟通，并引起后二者的极度不满。在最终通过满铁和外务人员以莫斯科渠道解决了该事件之后，外务次官向陆军次官写信表示"经过多方努力，库伦方面终于承诺释放调查班人员，以后做这样的事情，希望你们事先做好沟通，做好万全的准备，提前让我们知道！此次事件发生的时候，我们竟然完全不知道这个调查班的性质如何，以至于枉费了好多时日，实为遗憾……"①。这件事无疑暴露了这一阶段在对华调查工作上日本政府内部的分歧，更让陆军认识到对华调查统制工作的重要性。另外，就满铁调查部门，关东军参谋曾抱怨"利用满铁进行委托调查，总是难以得到其快诺"②，由此也可见 20 世纪 20 年代日本官方对华调查机关的统一性是比较差的。

第二，此时日本陆军受到了总体战战略思维的巨大影响，发展出一种"统制主义"的思想。一战之后，日本军方成立以一战经验为调查目标的临时军事委员会，并派人前往欧洲考察，考察团将总体战思想带回日本。1920年临时军事委员会出版了《国家总动员相关意见》，其中的内容成为日本陆军总体战思想的基础。该书出版后陆军中央立刻向全军颁布，总体战思想在军内被大力推广。③ 书中关于战时统制工作的所有准备，都是以调查为基础的，例如其中所重点论述的国民动员、交通动员、产业动员部分，在结尾处都有"加紧相关内容之调查"的话语。书中第三章"国家总动员的间接准备"中，第二节要求"设立科学研究统制机关"④，再次强调统制调查工作的重要性。《国家总动员相关意见》的核心在于将一切人和物在概念上

① 「満蒙調査班に関する件」防衛省防衛研究所藏、陸軍省 - 密大日記 - S1 - 2 - 2、Ref. C03022751800。
② 「満蒙軍需工業資源調査の為適任者配属の件」防衛省防衛研究所藏、陸軍省 - 密大日記 - S1 - 2 - 2、Ref. C03022752500。
③ 「国家総動員に関する意見配付方の件」防衛省防衛研究所藏、陸軍省 - 欧受大日記 - T9 - 4 - 29、Ref. C03025160200。
④ 臨時軍事調査委員「國家總動員に關する意見」陸軍省、1920 年 5 月、117 頁。

资源化，构建一个总体战的社会。① 其中，无论官方的还是民间的调查机构，自然也被当作一种资源来看待。

另外，在一战以前总体战思想还没有普及的时候，所谓的情报搜集和调查工作主要集中在同军事直接相关的方面，例如军事力量调查、山川地形调查、交通水文调查等。但是总体战要求军事同政治、经济、社会、宣传等诸多方面的统合，军方对于作战对手的调查就不得不扩展到经济、社会、文化、生活、环境、资源等各领域，而单纯依靠军方的力量是无法完成如此众多内容的调查的，这就不得不要求社会各组织向军方贡献出自己的调查结果，在军方组织之下进行调查工作。20 世纪 20 年代日本对华调查活动虽然呈现"百花齐放"的状态，但是各调查机构无组织无联系，相互之间难以实现信息的互换，更难以以军事用途为指向实现相关信息的汇总，这就必然会引发陆军的调查统制思想。

基于上述两点原因，日本陆军在 1924 年向日本政府明确提出了加强对华调查统制工作的要求。1924 年初青浦奎吾组阁之后，政府各部门负责人都要求制定新的对华政策纲领，日本陆军军务局长畑英太郎趁机向政府提交了《对华政策纲领（草案）》，在该草案中之"军部的要求"第六条中，陆军表示"要统一对华经济调查并彻底实施之"，"对华经济调查是对华事业的基础，需要彻底并具体地进行，但是现在我国的调查还非常幼稚，各方面只是在进行分别、单独的调查研究，结果不仅调查力度不够大，而且总在同样的内容上重复劳力和浪费经费，费力过多收获太小。现在要进行彻底的调查，不管官民，都要在政府的指导下进行，统一所有调查机关并尽早实施"。② 针对大藏省所提出的对华经济政策纲领，陆军也提出了加强对华经济调查统一工作的修改意见，如关于"对华贸易及企业奖励"部分，大藏省原来的意见是"现在我国处于国际借贷不利的时期，对华贸易发展策略的制定是当务之急"，而陆军修改后的意见则是"中日之间紧密的经济合作是根除排日风潮的一个有力手段，因而金融等企业有必要努力采取措施实现中日之间各种事业的合并工作；缓和排斥日货风潮的最要紧手段是我国对华产业政策的改善……为此，最紧急的要务就是要设立中国产业统

---

① 纐纈厚「総力戦と日本の対応——日本型総力戦体制構築の実際と限界」三宅正樹等編『総力戦の時代』中央公論新社、2013。
② 日本外務省編『日本外交文書』大正十三年第 2 冊、776 頁。

一调查机关"①。各部局在商讨妥协后，制定了《对华政策纲领》第一回草案，其中第三条、第五条内容即体现了军部对调查工作的要求："中国资源之开发对我经济发展至关重要，为此不得荒废必要之调查，其中同军需有重要关联之铁、煤、石油、棉花等，尤其重要"，"对华经济调查为开展贸易之指南针，政府当以最大的努力实行之。但是过去成绩甚少，这是因为各官厅企业多开展独立之调查活动而无综合之合作，所以此际当调整机构，推进调查，收集民间调查资料，并广为颁布"。② 其后，为修改草案并突出陆军之要求，畑英太郎在 5 月 6 日再次提出"中国的资源对我国不可或缺，为了开发其资源需要迅速实现统一的调查，并在实行上采取必要的措施。其中同军事和工业有重要关系的诸种资源，需要我最善之努力"③。陆军对调查工作的重视和要求最终获得了其他部门的认可，在 5 月 26 日由陆军、海军、外务、大藏省四位大臣签字的《对华政策纲领》成案中，第六条内容明确规定对中国之资源及经济迅速实现统一之调查，并立即采取必要之实行措施。

但是，该纲领刚被提交给总理大臣之后，清浦内阁便下台了。新上任的加藤高明内阁反对该纲领中过于露骨的对华积极政策，最终否定了该纲领，其中关于统一对华调查工作的规定和实施要求，也就没有了下文。

## 三　日本陆军调整对华调查机构、统一军内调查标准

鉴于新任内阁否定了陆军的对华政策，统一对华调查工作便不可能在政府的指导下进行了，陆军只能尽其所能在军队内部加强该项工作。日本陆军了解中国情况最直接最有效的渠道是包括驻华使馆武官、驻屯军、各军事顾问在内的在华谍报系统，但是这些系统中能够集中力量进行对华调查工作的只有关东军和天津驻屯军两支部队，所以中日战争之前陆军的对华调查工作大多数是由这两支部队负责的。其具体活动包括以下几个方面。

第一，完善陆军调查机构，加强调查工作的专业性，但是这种改革来得相对较晚。上文简单论述了 20 世纪头 10 年日本陆军组织的一些对华调查

---

① 日本外务省编『日本外交文书』大正十三年第 2 册、782 頁。
② 日本外务省编『日本外交文书』大正十三年第 2 册、791～792 頁。
③ 日本外务省编『日本外交文书』大正十三年第 2 册、811 頁。

工作，但是这些调查工作并非由陆军省内部某个统一的、正式的机构负责，而是以临时的、委托的形式进行的。在 20 世纪 20 年代前半期，以对华调查为根本任务的机构，陆军省内只有一个"支那马调查班"（1918～1923）。1927 年成立的"陆军省调查班"的任务也只是调查日本社会及陆军内部赤化思想，同对华调查没有关系。拥有官方性质的陆军对华调查机构，只有关东军参谋部的"调查班"。根据 1927 年 2 月关东军参谋长斋藤恒给陆军省的电报可知，此时关东军参谋部专门的对华调查机构有两个，一个是包括 4 名成员的"支那马调查班"，一个是只有 1 名成员的"资源调查班"。"资源调查班"任务繁重，却只有 1 名成员，这显然是一种非常不合理的制度安排，为了改变这种局面，斋藤恒建议将两个调查班合并成一个，并增加调查费用。[①] 在此之前，关东军还曾向陆军中央提出要增加调查班的专业性人员的问题。1926 年 7 月，斋藤恒曾表示"满蒙资源丰富……过去一直由我部调查班进行调查，但是由于缺乏专业知识，有很多遗漏，非常遗憾，希望派遣合适的人来抓紧调查"[②]。在天津驻屯军方面，对华调查的指导性纲领从 1901 年到 1929 年一直都是"清国驻屯军勤务令"，要求驻屯军对京津周边情况及列国驻军情况进行调查并将之刊载于驻屯军《旬报》，直到 1929 年 1 月"清国驻屯军勤务令"才被改为"支那驻屯军勤务令"，要求"为完成驻屯军之任务进行情报搜集及资源的调查研究"，正式向驻屯军司令部下达了"调查"的命令。[③] 另外，根据华北驻屯军的调查报告目录可知，专门的华北驻屯军调查部直到 1936 年才开始施行调查活动。[④]

　　根据史料可以发现，至少截止到 1927 年，日本陆军内部具有官方性质的调查机构的规模不大，专业性不强。直到中国的北伐开始后，陆军中央才加强了对在华驻屯军调查机构的支持，并在一定程度上提高了调查机构的专业性。那么为什么陆军明知道对华调查工作的重要性，却在机构设置

---

① 「関東軍司令部調査機関編成改正に関する意見書送付の件」防衛省防衛研究所蔵、陸軍省 - 密大日記 - S2 - 1 - 9、Ref. C01003714400。

② 「満蒙軍需工業資源調査の為適任者配属の件」防衛省防衛研究所蔵、陸軍省 - 密大日記 - S1 - 2 - 2、Ref. C03022752500。

③ 許金生「蒐集資料目録補修訂正追録からみた華北駐屯軍の兵要地誌調査」『立教大学ランゲージセンター紀要』2013 年 10 月、31～41 頁。

④ 「軍調査班収集資料月録送付の件」防衛省防衛研究所蔵、陸軍省 - 密大日記 - S13 - 12 - 19、Ref. C01004513500、835 頁。

问题上并没有明显的行动呢？其中的主要原因是，所谓的调查工作更多是以谍报的名义秘密进行的，而不是打着官方旗号以公开调查的形式进行的。这种情况直到九一八事变之后才发生改变，通过查阅"关东军兵要地质资料目录"可知，进入 30 年代后，对满洲本地的调查完全由关东军直接负责，对苏联和蒙古的调查则由关东军、特务机关、满铁以及其他机构共同完成。所以，可以说在 20 年代，由于现实政治的原因，对华调查工作无法由军方直接展开，设置大规模的军内调查机构，在舆论上对日军反而不利。然而，具有官方性质的调查机构的弱小，并不妨碍日本陆军利用特务机关和秘密活动展开大量的对华调查工作。

第二，制定统一的调查章程，扩大调查活动。华盛顿会议后，日本陆军分别从北满、山东、汉口撤军，对中国的军事态势发生了变化，相较于之前，其对中国的认知自然更多地要通过谍报活动来获取。为应对这种变化，参谋本部在 1922 年前后制定了《对华军事谍报计划书》，并在其后的几年间不断修改完善。该计划书在名字上虽然强调的是"谍报"，但是内容都是针对调查工作的，实际上成为陆军中央在 20 年代指导对华调查工作的基本纲领。①　其后，参谋本部又先后制定了《支那军事调查例规》《兵要地理及军用资源调查报告例规》《支那军事调查参考书（草案）》等用于对华调查的指导性规定。关东军依照这些规定在 1926 年制定了《关东军谍报勤务规程》《关东军军事谍报实施计划》，并定期提交调查报告。天津驻屯军则按照参谋本部的上述指导规定，从 1923 年起每年两次（6 月和 12 月）向陆军中央提交《北支那军队调查报告》《北支那兵器调查报告》等文书。驻华武官也按照上述规定，定期向陆军中央提交对华调查报告。具体的调查活动，可以通过关东军和天津驻屯军的调查计划和调查报告来了解。

首先是关东军的调查活动。1926 年关东军制定的《关东军军事谍报实施计划》的内容非常详细，不仅规定了调查的范围，还规定了调查的每个细节，要求对调查对象从历史到现状、从动态到静态有详细的介绍。该调查计划在范围上包括以下几个方面：军事调查、地理资源调查、交通调查、外交调查、财政经济调查、内政调查、其他调查。下面通过节选该计划书

---

① 許金生「戦前期における参謀本部の対支軍事諜報計画書について」『立命館経済学）』第 60 巻第 2 号、2011 年 7 月、174～183 頁。

中的部分内容以概括其面目（见表 1）。

### 表 1　《关东军军事谍报实施计划》部分内容

| 调查范围 | 调查要目 | 调查纲领 | 进展状况 | 报告时期 |
|---|---|---|---|---|
| 军事 | 正规军 | 一、编制、装备、弹药、兵员素质、训练、征募方法、军官党派、学生关系、省外出动能力；二、各省中央和地方陆军的区分 | 正在整备调查概要，尚需修补 | 除临时报告外，每年 12 月提交报告 |
| | 苦力及匪贼的利用方法 | 一、马贼、土匪、海贼的分布状况、派系、武装；二、苦力的生活状态及战时利用方法 | 满洲马贼概况已有相当搜集，但利用方法尚待研究 | 每年 1 月末提交报告 |
| | 海军 | 一、舰船数量、配置、党派关系、负责人等 | 概要调查进行中 | 每年 3 月末提交报告 |
| 地理资源 | 各种相关资源 | 一、依照地理资源调查例规进行；二、非作战区域也要尽量调查 | 一、资料缺乏，急需北满兵要地理和辽河以西资料；二、军用资源调查已完结，但需要补修；三、急需北满地址、土质、水脉调查 | 每年 3 月末提交报告 |
| 交通 | 铁道 | 一、铁道输送力、铁轨、修理技工、遭受破坏后的应对方法；二、其他依照调查例规进行 | 主要干线调查完毕，但铁路运输能力因变化允许随时修补 | 随时报告 |
| 外交 | 列国对华活动 | 各国对华之军事、政治、财政、经济、文化、社会之活动等要进行系统调查 | 大正十二年以来对此方面无综合报告 | 随时报告 |
| 财政经济 | 军费状态 | 中央地方军事费用收入、支出状态，过去的债务及其同地方财政的关系等 | 资料整备中 | 资料入手即刻提交报告 |
| 内政 | 政党及派系 | 一、政党、派系现状、相互关系、势力范围；二、我国对华作战时对我军政统治之影响 | 国民党内部组织系统之资料最为需要；正在进行的调查只是依靠新闻资料来推进 | 每年 2 月提交报告 |
| 其他 | 要人 | 中国各界要人之履历、系统、人际关系、政治立场、将来政治倾向等 | 概要调查中 | 随时报告 |

资料来源：「関東軍々事諜報実施計画送付の件」防衛省防衛研究所藏、陸軍省－密大日記－S1－1－1、Ref. C03022739100。

　　表 1 虽然只是《关东军军事谍报实施计划》中极少的一部分，但是已经足以看出关东军对华调查工作之详细、周密。从中也可看出，截至该计划案做成的 1926 年 5 月，关东军对华调查工作的进展状况。

　　其次是天津驻屯军的对华调查工作。与关东军相比，天津驻屯军在对华调查工作上更为积极。天津驻屯军主要的调查活动内容为中国北方的军事力量，其中最主要的就是自 1923 年起每年提交给陆军中央的《北支那军队调查报告》《北支那兵器调查报告》。《北支那军队调查报告》包括三部分内容：军队移动概要、附表、附图。其中"军队移动概要"介绍了中国北方军队随时随地的军事行动或者其他动向，"附表"主要介绍了正规军以及非正规军的人员、装备、战斗力、编制、征募、马匹、教育训练、各级军官履历等，是报告书的主要内容，"附图"的内容则是华北军事配置要图。① 《北支那兵器调查报告》通常由四部分内容构成：主要武器、军用特种器材、兵工厂、武器输入途径。② 由于这些调查报告同关东军的调查报告都是基于参谋本部的《对华军事谍报计划书》《支那军事调查参考书（草案）》《支那军事调查例规》来做成的，所以二者在军事调查部分的基本对象都是一致的。除对上述常规军事力量进行调查外，天津驻屯军还负责对中国北方航空力量进行调查，以其在 1924 年提交的《华北航空调查报告》为例，调查对象包括华北的一般航空力量、空军力量、飞机器材种类、飞机场所在地及其发展变化、航空学校、爆破及航空力量、航空工厂、航空补给、制度、外国势力等内容。③ 除军事调查以外，天津驻屯军司令部还对华北地区其他资源进行了多次调查，例如 1922 年的天津屠宰厂调查、1925 年的山西省山蚕经济调查和昌黎县水果产量及保存方法调查、1926 年的山东之物产调查和山西羊养殖调查等等。由此可看出 20 世纪 20 年代对华调查工作之细致、周密。根据天津驻屯军提交的调查报告目录，可知从 1901 年到战前，

---

① 「北支那軍隊調査の件」防衛省防衛研究所藏、陸軍省 - 密大日記 - T14 - 5 - 6、Ref. C03022731900。

② 「北支那兵器に関する件」防衛省防衛研究所藏、陸軍省 - 密大日記 - T14 - 5 - 7、Ref. C03022756000。

③ 「北支那航空調査の件」防衛省防衛研究所藏、陸軍省 - 密大日記 - T13 - 5 - 12、Ref. C03022682800。

其报告总量至少有 6000 份，其中 20 年代有 1000 余份,[1] 更可见调查工作之丰富翔实。

日本陆军在华南地区没有类似关东军或天津驻屯军的大规模部队，当地的对华调查工作多由各地使馆武官负责，因而在规模上就难以和前两者相比，但是其重要性却不可被忽视。1925 年，在北京公使馆武官室召开了"在华谍报武官会议"，参谋本部的代表佐藤大佐在会上表示"关于战争资源之问题，交给各位确实有点责任过重，但是参谋本部只有平时中国资源的相关资料，战时的调查资料还没有，希望各位能努力搜集相关资料"[2]。会后各使馆武官向陆军中央提交了大量的调查报告，例如汉口领事馆武官须贺彦次郎提交的《湖北河南军队调查报告》[3]、青岛武官酒井武雄提交的《东北海军近况》等[4]。

日本陆军驻华机关更大规模的调查活动出现在 20 世纪 30 年代，其中关东军以九一八事变为起点，天津驻屯军以华北事变为起点，对华调查之密集程度达到一种前所未有的状态，远超过 20 世纪 20 年代调查规模。但是同之前的情况相比，日本陆军在 20 世纪 20 年代的调查活动是越来越多的。

# 结 论

日本向来重视对华调查工作，几乎所有对华政策都以对华调查为基础推行，这就导致日本官方以及民间存在很多对华调查机构，推行过很多对华调查活动，其中陆军的调查工作尤为突出。进入 20 世纪 20 年代，日本陆军在对华外交现实状况以及总体战思维的影响下，越来越重视对华调查工作。另外，日本国内对华调查机构的混乱，使得陆军认为有必要对相关工

---

[1] 「軍調查班收集資料月録送付の件」防衛省防衛研究所藏、陸軍省 - 密大日記 - S13 - 12 - 19、Ref. C01004513500。

[2] 「在支諜報武官会議記事の件」防衛省防衛研究所藏、陸軍省 - 密大日記 - T14 - 5 - 10、Ref. C03022726700。

[3] 「漢機密湖北河南の各軍」防衛省防衛研究所藏、海軍省 - 公文備考 - S5 - 71 - 4007、Ref. C05021124300。

[4] 「青秘東北海軍の近」防衛省防衛研究所藏、海軍省 - 公文備考 - S5 - 71 - 4007、Ref. C05021125700。

作进行一定的管理和调整。由于日本在中央机构上没有专门的、规模性的
调查组织，所以对华调查工作基本上是交由在华军事机关负责的，陆军从
高层统一了各在华驻军的调查标准。关东军、天津驻屯军以及驻华武官等
向陆军中央，提交了大量调查报告，为日本陆军制定对华政策提供了众多
的依据。对华调查工作是日本陆军在 20 年代对华战略的重要组成部分，也
是其在华盛顿体系这一现实政治状态下所采取的实际对华行动的重要组成
部分，是 30 年代陆军侵略中国的重要前提。

（作者简介：郭循春，南开大学日本研究院副教授）

# 跨国史视域下的 1920 年中日法互动
# 与《四库全书》

刘兆轩

**内容提要**：20 世纪 20 年代前后，北洋政府通过创办巴黎大学中国学院和影印《四库全书》来促进中法两国邦交，进而为国际舆论和外交活动提供文化上的声援与支持。然而这一借助《四库全书》展开的中法文化交流事件，在日本的某些报纸杂志上却被说成是"出售"《四库全书》，令北洋政府与法国政府在外交上都颇为被动。尽管在法国的支持下北洋政府决定影印《四库全书》，但又受种种错综复杂的国内外因素的影响，影印《四库全书》计划最终落空。本文从巴黎大学中国学院与《四库全书》、"出售"《四库全书》事件始末、中日两国围绕《四库全书》的舆论互动等方面梳理分析了这段历史，以还原真相，总结经验教训。

**关键词**：《四库全书》　巴黎大学中国学院　中日法互动

1920 年 10 月 9 日，北洋政府发布大总统令宣布将影印《四库全书》，这是中国近代史上首次以国家的名义影印《四库全书》，尽管并未真正实现，但在出版史上仍具有极为重要的意义，学界关于《四库全书》出版史的研究也无不涉及此事。[①] 但值得注意的是，这次影印《四库全书》计划的

---

[①] 郑鹤声：《影印〈四库全书〉之经过》，《图书评论》第 2 期，1933；张明海：《〈四库全书〉影印简史》，《青海民族学院学报》1989 年第 4 期；陈晓华、陈莹：《陈垣与〈四库全书〉》，《图书馆杂志》2003 年第 2 期；林志宏：《旧文物，新认同——〈四库（转下页注）

背后，还存在着中法日三国在巴黎和会背景下，围绕《四库全书》在文化、外交、舆论等领域所进行的种种角力、博弈与互动。

## 一 巴黎大学中国学院与《四库全书》

1918 年 11 月 11 日第一次世界大战结束，作为战胜国之一的中国于 11 月底派交通部部长叶恭绰（1881～1968）访问法国，出席巴黎和会并考察欧美战后情况。[①] 叶恭绰于 1919 年 3 月 12 日抵达巴黎后，即着意宣传中国文化，鉴于"日本、印度、巴尔干及南美在各国大学均设有学系"[②]，但中国却没有在各国设置学系，因此他认为中国应积极向欧美各国输出中国文化，增进友谊，加深了解。为此，他在 1919 年 7 月底致电教育部，指出中国当前外交的急务在于"阐扬文化，联络感情"。同时，他告知教育部，他已就这事的可行性，在法国与学、政各界进行了一系列讨论，达成了在巴黎大学设中国文化讲座的共识，而巴黎大学高层也就这事专门召开会议，一致赞成，"意极隆挚"。故而，他建议教育部"迳呈大总统，迳电巴黎最高学院贾尼亚君，赞成此事，以示嘉许。费由吾国年助二万佛郎，为数无多，获益甚巨。请饬部立案等因"。叶恭绰提出的在巴黎大学开设中国文化讲座的提案，正如其所言，可以"发扬国光，敦睦邦交，两有裨益"[③]，同时，这对北洋政府而言也无异于雪中送炭，非常及时。因为此前一个月，巴黎和会于 1919 年 6 月 28 日议定的《凡尔赛和约》将德国在山东的特权转交日本，而北洋政府因拒绝签字正面临外交困境。叶恭绰在电文中提出的这项计划，旨在通过传播中华优秀传统文化，增进中法邦交，进而缓和国际关系，实在不啻为一剂良方，正切合北洋政府的需要，因此得到了时任

（接上页注①）全书〉与民国时期的文化政治》，《中央研究院近代史研究所集刊》2012 年第 77 期；陈晓华：《从〈四库全书〉到"四库学"》，《学习时报》2019 年 11 月 25 日，第 3 版；马学良：《公心与私意之间：〈四库全书珍本初集〉影印始末考略》，《中国出版史研究》2020 年第 2 期；等等。

① 《大总统令第 2470 号》，《交通月刊》第 25 期，1919 年。

② 遐庵年谱汇稿编印会编《叶遐庵先生年谱》，遐庵年谱汇稿编印会，1945，第 68、74、75 页。

③ 《折呈国务院拟请于巴黎大学设中国文化讲座》，《教育公报》第 6 卷第 10 期，1919 年，第 47 页。

北洋政府总统的徐世昌的支持。

叶恭绰提出的以文化交流促进外交的方案，起初进展颇为顺利。1919年 9 月，巴黎大学开设中国文化讲座。1920 年 3 月 8 日，又在中国文化讲座的基础上，成立巴黎大学中国学院，并由中法两国元首担任名誉院长，法国前总理 M. 保罗·班乐卫（M. Paul Painleve，1863 - 1933）任院长。[①] 14 日，法国总统保罗·欧仁·路易·德沙内尔（Paul Eugene Louis Deschanel）致信徐世昌，称为"促进世界历史中最古之中国奥妙文化与法国文化间之心理上联络，使其益增坚固"，法国政府将竭力协助创办巴黎大学中国学院。[②] 4 月 13 日，巴黎大学中国学院举行开幕仪式，徐世昌捐赠图书 10 万册。[③] 1920 年 4 月 21 日，英国《泰晤士报》刊登了法国前总理，即巴黎大学中国学院院长班乐卫将访华的消息："应中华民国总统及政府的邀请，班乐卫先生将于 5 月 11 日出发前往北京，商讨中法两国文化交流事宜，并将于 9 月返回法国。"[④] 至此，以文化交流促进中法邦交进而提升外交及国际影响的方案初见成效，为巴黎和会后的中国外交事业提供了文化上的支持。然而，北洋政府的这一举措却引发了"出售"《四库全书》事件。

中法之间的文化交流之所以会与《四库全书》相关联，以至于后来引发"出售"《四库全书》事件，主要是由于巴黎大学中国学院在成立之初的办学宗旨中，即包括"开办四库馆"，并希望"借用四库原本若干年，或联合世界各大学，设法刊行"，[⑤] 用作研究之用。之所以会选中《四库全书》作为文化交流的使者，是因为欧美各国对中国文化普遍具有浓厚兴趣。并且，随着中外交往增多，加之《四库全书》由于其珍贵文物身份成为北洋时期国家文化的象征，其价值、地位以及世界意义反而比在清朝时期更为突出。因此对于《四库全书》，无论是出借还是影印，它是否会得到妥善保护、中法双方的目的及动因等一系列问题，无疑都将成为全世界关注的焦点。就此问题，中法双方是有所协商的。据《申报》载："（法国）闻徐总统拟将四库全书传播海外，极盼中国政府，允将该书暂借学院，借资研究，

---

① 《巴黎大学与华人高等学社》，《顺天时报》1920 年 3 月 15 日，第 3 页。

② 《中国在巴黎设学问题》，《顺天时报》1920 年 3 月 24 日，第 3 页。

③ 《各国近事纪》，《申报》1920 年 4 月 19 日，第 6 版；《巴黎大学之中国文学科》，《顺天时报》1920 年 4 月 20 日，第 3 页。

④ "French Culture and China," *Times*, April 21, 1920, p. 15.

⑤ 《巴黎大学中之中国学院》，《申报》1920 年 5 月 21 日，第 6 版。

而壮声威。不特文明宝库，将受珍护，惟法国学者，亦实受惠无穷也。"①
由此不难看出，协商的结果是《四库全书》在得到珍护的前提下，将完成
它的外交使命。当然，《申报》的报道对《四库全书》本身价值、世界意义
以及在外交上的作用，无疑也起到了很好的宣传推动作用。而力促这件事
的叶恭绰，则倾向于通过影印的方式使《四库全书》发挥更大的价值，以避
免出借《四库全书》原书。叶恭绰在1919年底回国后，于1920年3月以
"总统府顾问"的名义向大总统徐世昌呈递"条陈"，建议影印《四库全书》
以便流传推广。他讲道："《四库全书》宜速为影印流通也。……近日法国学
院有商借全书之议，此书卷帙比《图书集成》不过十倍，从事影印非不可
能。文津本雠校未精，间有讹谬，是宜速将文渊阁本由政府提倡，集资影
印，以广其传，不独国内都会可各储一部，即东西诸国，孰不欢迎。发扬
国光，莫此为盛。恭绰于此可以略有计画，须费虽巨，尚不十分困难。"②
然而，叶恭绰提出的影印《四库全书》的提案受制于政府财政困难，且当
时的外交部及财政部都有意推诿，③因此该提案被迫暂时搁置。

　　虽然叶恭绰的影印《四库全书》提案被搁浅，但如前所述，中法之间
以《四库全书》为媒介展开的文化交流合作如开弓之箭，依然在有序推进，
并逐渐有品评的声音发出。如1920年5月25日，巴黎大学中国学院监督韩
汝甲就发文盛赞出借《四库全书》。韩汝甲道："欧战结局，万国聚会，兵
争已罢，文物待兴。巴黎既为列强集中之点，凡百举动，世界注目，游此
同人，拟有建设。乃与此都学者，筹办中国学院，附入巴黎大学，普译古
书，先行取材四库，以为课授中国学术之用。此举对吾国家，所关甚巨。"④
并在文中历数出借《四库全书》的优点达14条之多。由于该文切中时需，
《申报》及海外华文刊物《教育周报》等报刊都全文刊载。⑤此外，文章在

①　《巴黎大学中之中国学院》，《申报》1920年5月21日，第6版。
②　中国第二历史档案馆编《中华民国史档案资料汇编》第3辑第9编《文化（六）》，江苏古
　　籍出版社，1991，第577页。
③　中国第二历史档案馆编《中华民国史档案资料汇编》第3辑第9编《文化（六）》，第
　　584页。
④　《巴黎大学中之中国学院（续）：创设中国学院借用〈四库全书〉理由》，《申报》1920年
　　5月25日，第6版。
⑤　《创设巴黎之中国学院：商借〈四库全书〉之提议》，《教育周报》（菲律宾）第1卷第3
　　期，1920年，第11～12页。

揭示《四库全书》的文化价值及世界意义的同时，还讽刺日本作为"后进之国"，在历史上长期受中国文化影响，维新后又模仿欧美，并用"剽窃"来的文化充当本国文化对外宣传，倘若《四库全书》得以流传海外，在深邃正宗的东方文化面前，日本这些毫无文化底蕴可言的宣传必将再难混淆视听。① 韩汝甲的观点一方面与当时欧美各国反思世界大战、回归东方传统文化的潮流相吻合；另一方面也与北洋政府以《四库全书》为媒介推动中法文化交流，进而实现以文化促外交的方针相契合。但在为出借《四库全书》提供文化依据的同时，有涉及日本的尖锐言辞，不能不令日本感到不快。在谈以《四库全书》为媒介的中法文化交流时借机挪揄日本，日本会为之不快，这是常人都能想到的。但可以代表北洋政府以及北洋政府派驻巴黎大学中国学院的监督韩汝甲，却在当时中日关系紧张微妙的背景下，不顾会发生外交事端的后果，偏偏牵出日本。他的动机也耐人寻味。北洋政府通过与法国合办巴黎大学中国学院，以及出借《四库全书》等文化交流，促进中法邦交，进而争取国际舆论支持的举动，也令日本感到被动与不安。此外，北洋政府向法国出借《四库全书》原书而非影印本的方案，会使世人怀疑其动机。在这样的背景下，日本的主要报纸上开始出现"出售"《四库全书》的报道。而这些报道，也导致北洋政府与法国政府在外交上都一度陷入被动。

## 二　"出售"《四库全书》事件始末

1920 年 5 月 21 日《申报》"国外要闻"栏目刊登题为《巴黎大学中之中国学院》的长篇报道，首次披露了巴黎大学中国学院将"开办四库馆"，并暂借《四库全书》的消息。② 次日即 22 日，日本《读卖新闻》也刊登了题为《出借〈四库全书〉——前往巴黎的中国学院》的报道。③ 此时，这些报道还只是就事论事地公开这一消息，并无立场态度可言。

然而到 23 日，形势发生了转变。日本外务省创办的中文报纸《顺天时

---

① 《巴黎大学中之中国学院（续）：创设中国学院借用〈四库全书〉理由》，《申报》1920 年 5 月 25 日，第 6 版。
② 《巴黎大学中之中国学院》，《申报》1920 年 5 月 21 日，第 6 版。
③ 「四庫全書貸奥：巴里の支那學院に」『読売新聞』1920 年 5 月 22 日、朝刊、2 版。

报》于这日刊登了题为《中国文献输出海外耶》的报道，该报道指出，倘若影印《四库全书》，当然是学界盛事，"洵属可贺"；但如果输出《四库全书》，"殊为耆老所深惜"，①借他人之口，做出反对《四库全书》输出海外的表态。这篇报道，如果不联系前后背景，从字面上看不无道理。的确，中国不影印《四库全书》以广流传，反而出借原书，实在不可思议，因此这篇报道的导向性可以说非常强，很容易让大家把出借《四库全书》与"出卖"国宝联系起来思考。但事实上，当时中法两国协商的方案中，除了"借用《四库全书》原本"这一选项之外，还包括"联合世界各大学，设法刊行"。②但是，两天后的25日，中国的《申报》所刊登的韩汝甲长文，列举了14条优点盛赞出借《四库全书》，更屡次以不点名的方式讽刺日本。③两相对比，中日双方关于中方向法国出借《四库全书》事件截然对立的舆论态度，标志着中日两国围绕《四库全书》而展开的舆论交锋已初现端倪。由此，上文留存的韩汝甲这篇文章为何敢于揶揄日本的疑问，在这里也获得了答案。

平心而论，图书典籍固然是文化传播交流的重要载体，但是输出作为文物的《四库全书》本身，与影印《四库全书》以广流传，二者在效果上显然有着天壤之别。此外，尽管我们今天通过梳理文献资料知道叶恭绰曾建议影印《四库全书》，只是因为财政困难而不得不暂时搁置了影印计划。但是对当时的人们来说，由于报纸宣传的都是出借《四库全书》原书，却鲜闻影印《四库全书》的动议，因而也难免会猜疑北洋政府此举竟是怀着"出卖"国宝以迎他国欢心的私心，还是为推广中国传统文化的公心。正是在这种背景下，日本报界自23日报道之后，在接下来的29日至6月28日的近一个月时间内，接连刊发了一系列文章。这些文章既有真心担忧中国文物流失海外的，也有混淆视听以求坐实"出售"《四库全书》的。首先是5月29日《东京朝日新闻》在其"东人西人"栏目（即今《朝日新闻》著名的"天声人语"栏目的前身）中，点名抨击中国无故"出售"《四库全书》，法国购买《四库全书》也并非出于学术研究的目的，进而衬托日本

---

① 《中国文献输出海外耶》，《顺天时报》1920年5月23日，第7页。

② 《巴黎大学中之中国学院》，《申报》1920年5月21日，第6版。

③ 《巴黎大学中之中国学院（续）：创设中国学院借用〈四库全书〉理由》，《申报》1920年5月25日，第6版。

对守护东亚文化及相关学术研究的关注。该栏目道："战后的法国在学术研究上本无杂念，法国学士院这次却买来中国的《四库全书》作为东洋学研究的材料。……日本的中国学研究者们应该是失望的。毫不可惜地将国宝之一卖掉的中国人，不知道他们的心情是怎样的。"[①] 自此之后，又陆续于 6月 9 日、10 日、28 日的"东人西人"栏目中，连载了一系列评论文章，除继续公开批判北洋政府"出售"《四库全书》，还历数中国文物流失海外的状况。这既进一步批判了北洋政府欲"出卖"国宝《四库全书》，又无疑会更增强世人对北洋政府的痛恨。与此同时，日本著名汉学家稻叶岩吉（1876～1940）在得知北洋政府将输出《四库全书》的消息后，于 6 月 3 日在《东京朝日新闻》发表了题为《为中国悲哀——〈四库全书〉转让事件》的长文。[②] 文章站在学术的立场上，对输出《四库全书》一事发表看法，一方面表扬了法国对东亚文化的兴趣与热爱，期待法国在得到《四库全书》后，能够在东亚学术研究领域取得累累硕果："中国轻易将宝库转让给外国人，对此好坏姑且不论，但是世界大战后创伤未愈的法国的努力却不难想见。将来，在东亚文献上的研究成果也必然值得期待。"[③] 另外，文中还列举了日本购买陆心源藏书时，清朝举国上下警惕文献流失的态度，并与此时中国举国上下对输出《四库全书》的态度相比较，借此反映中国在文物保护方面的倒退。[④] 稻叶岩吉作为著名汉学家，参与臧否输出《四库全书》一事，对于事态的发展无疑起到了推波助澜的作用。姑且不论稻叶岩吉是否有其他用意，但是在文中可以看出他守护东亚文化的热情的确是真切的。稻叶岩吉讲道："在清末，当日本的岩崎男爵购买陆心源的藏书时，引起举国哗然，并警戒文献的海外流失。收购一家私人藏书，尚且引发这样的事态。然而如今的情形却是怎样的呢？面对转让《四库全书》这样的大事件，却是举国上下漠不关心的样子。日本人今后必须加倍注意，

---

① 「東人西人」『東京朝日新聞』1920 年 5 月 29 日、朝刊、2 版。

② 「支那の為に悲む——『四庫全書』讓渡事件」『東京朝日新聞』1920 年 6 月 3 日、朝刊、3 版。该文又发表于 1920 年 7 月的《东亚经济研究》第 4 卷第 3 号。

③ 「支那の為に悲む——『四庫全書』讓渡事件」『東京朝日新聞』1920 年 6 月 3 日、朝刊、3 版。

④ 「支那の為に悲む——『四庫全書』讓渡事件」『東京朝日新聞』1920 年 6 月 3 日、朝刊、3 版。

更要有肩负起保护东亚文献重任的觉悟。"① 显然，在他看来，既然中国不能守护好《四库全书》，就不再具备东亚文明护卫者的身份，那么日本就要责无旁贷担负起这个守护责任。稻叶岩吉此举，无疑将日本提升到保护东亚文化的道德制高点上。于是，在这样全方位的舆论形势下，"出售"《四库全书》事件已俨然成为北洋政府"出卖"国宝的铁证罪行。

面对日本报道有关"出售"《四库全书》的舆论，加之此时法国前总理班乐卫访华在即，北洋政府为维护国家名誉，不得不采取回应措施，一方面于 6 月 3 日发表声明加以辩解，② 一方面又于 6 月 15 日命陈垣（1880～1971）实地调查京师图书馆藏文津阁《四库全书》，"确定页数，以为预算之标准"，③ 向外界展示出即将开始影印《四库全书》的姿态，意在通过实际行动自证清白。6 月 22 日上午，班乐卫抵达北京。作为法国政要，班乐卫的到访无疑有助于促进中法两国邦交并提高中国的国际声望，因此受到中国朝野各界的隆重欢迎。尽管抵京后的次日，即 23 日下午，在北京饭店搭乘升降梯时不慎跌断右臂，④ 班乐卫仍坚持完成了长达两个多月的访华行程。而北洋政府也趁此机会，借班乐卫之口，正式宣布将影印《四库全书》。7 月 5 日下午，班乐卫在北京饭店宴请京内各报馆总理及总编辑，并发表现场演说，为了确保准确性，会场还分发了中文讲稿油印件。班乐卫在演说中公布了中法文化交流事业的多项细节，包括在欧美各国组建中国图书馆、联合影印《四库全书》等重要内容。班乐卫向世界发声，指出中国文化传播，应书籍先行，此次来华专为请求"公私收藏大家，合力在欧美组织中国图书馆以为译究之根本地"，绝不是以"妄求贵国之宝物"为主，而是"设法搜罗翻版旧书，如古今图书集成、道藏全书等，又如联合中西各大学、各图书馆，在华重印《四库全书》，赠售于世界各国"。⑤ 此

① 「支那の為に悲む——『四庫全書』譲渡事件」『東京朝日新聞』1920 年 6 月 3 日、朝刊、3 版。

② 《〈四库全书〉并未出售》，《顺天时报》1921 年 6 月 4 日，第 11 页。

③ 《影印〈四库全书〉事近闻》，《顺天时报》1920 年 6 月 15 日，第 11 页。

④ 《班鲁卫氏之奇祸》，《顺天时报》1920 年 6 月 25 日，第 3 页。班氏的中文译名在 1920 年的各报纸上并不统一，《申报》译作"班乐卫"，《顺天时报》译作"班鲁卫"，为行文方便，正文统一用"班乐卫"。

⑤ 《班氏欢宴报界之盛况》，《顺天时报》1920 年 7 月 6 日，第 3 页；《班乐卫招待京报界》，《申报》1920 年 7 月 8 日，第 6～7 版。

外，班乐卫在演说中专门强调的"不妄求贵国之宝物"一句，显然意有所指，尽管并未具体指明，但此举无疑彻底戳穿了"出售"《四库全书》的不实报道。此外，中法两国政府高层的言行也标志着此前日本报刊刊登的"出售"《四库全书》已经引起中法两国外交界的特殊关注。中法两国的文化交往非但没有因此受挫，反而呈现进一步友好合作之态。

随着"出售"《四库全书》的不实信息得到澄清，此前叶恭绰提出的影印《四库全书》的提案也终于得以被正式列入日程。8 月 23 日，由陈垣负责的文津阁《四库全书》篇页总数统计完成，全书共 36275 册，2290916 页。① 9 月 30 日，教育部向国务会议提出刊行《四库全书》并获得通过。② 10 月 6 日，教育部就之前"顾问叶恭绰条陈"，并结合国务会议决议，请求大总统徐世昌"设立《四库全书》印行处"。③ 9 日，徐世昌正式签发大总统令，"派朱启钤督理印行四库全书事宜，即行会商主管各部，拟定办法，迅速从事"。④ 29 日，法国报纸发布班乐卫访华成果，其中包括将"重印四库全书，共二十五万卷"⑤。11 月 15 日，日本的《外交时报》也刊登了中国将影印《四库全书》的消息。⑥ 至此，不仅"出售"《四库全书》的不实报道已不攻自破，而且包括法国、日本在内的世界各国也都在期待着影印《四库全书》计划能够成为现实。不过，之前叶恭绰提议影印时所面对的财政困境依然存在，而且从印刷到出版、销售等一系列经济问题，也无不构成重重困阻。据张元济《日记》，1920 年 10 月，张元济赴京与叶恭绰、朱启钤、陶湘等人就影印《四库全书》进行了一系列商谈，但由于张元济基于商务印书馆自身的经济利益考量，希望提高定价以免亏损，且不愿独自承担影印任务，故而最终未能达成一致。⑦ 于是朱启钤决定先对外发售预约

---

① 《〈四库全书〉篇页总数揭晓》，《顺天时报》1920 年 8 月 24 日，第 7 页。
② 《刊行〈四库全书〉提出国务会议》，《顺天时报》1920 年 10 月 1 日，第 7 页。
③ 《呈大总统议立〈四库全书〉印行处并请派大员督理文》，《教育公报》第 7 卷第 11 期，1920 年，第 94～95 页。
④ 《大总统令（十月九日）》，《顺天时报》1920 年 10 月 12 日，第 4 页；《命令》，《申报》1920 年 10 月 12 日，第 3 版。
⑤ 《班乐卫与中国》，《申报》1920 年 10 月 31 日，第 6 版。
⑥ 「四库全书の印行」『外交時報』1920 年 11 月 15 日、55 頁。
⑦ 张元济：《张元济全集》第 7 卷，商务印书馆，2007，第 231～235、242 页。

券，一方面筹集资金，另一方面也希望借此摸清销售量。① 1921 年 1 月 12 日，朱启钤调取京师图书馆藏文津阁《四库全书》一册，进行试印。② 2 月 22 日，由财政部印刷局印制的《四库全书目录》完工。24 日，徐世昌以答谢巴黎大学赠予博士学位为由，预备价值三万余元的中国雕漆桌椅箱柜、贵重文房器具以及新印《四库全书目录》，派朱启钤携往法国并趁机售预约券。③ 值得庆幸的是，预约券的销售颇为顺利。这里姑且不论其余，仅仅三天之后的 2 月 27 日，朱启钤尚未出国，日本驻华公使馆就率先宣布将购买 50 部《四库全书》。④ 4 月 16 日，抵达欧洲的朱启钤致电北洋政府，"报告《四库全书》在海外异常畅销，法人欢迎尤众，预约券售出者计有二百部之多"。⑤ 然而遗憾的是，除了财政和经济方面的困难之外，国内外的误解与质疑影印《四库全书》的声音，又对影印《四库全书》构成了新的阻力。而正是由于这些重重困阻，北洋政府以国家的名义面向全世界发售的预约券最终失信于各国。

## 三 中日两国围绕《四库全书》的舆论互动

上文已经提到，在巴黎和会期间，围绕山东"主权归属"问题，中日两国产生了尖锐矛盾。北洋政府与法国合办巴黎大学中国学院及影印《四库全书》，此举令日本感到被动与不安。除此之外，中国国内爆发的五四爱国学生运动，也使得当时中国国内局势更为复杂多变。在这样的国际环境与国内局势犬牙交错的大背景下，中日两国围绕《四库全书》的舆论互动颇能反映当时复杂多变的国内及国际形势对文化事业的影响。下面将分类加以剖析。

---

① 《刊行〈四库全书〉之消息》，《顺天时报》1920 年 10 月 13 日，第 7 页；《北京电》，《申报》1920 年 12 月 7 日，第 2 版。

② 《通知京师图书馆朱督理取〈四库全书〉一册试印须取具收条以为凭信》，《教育公报》第 8 卷第 3 期，1921 年，第 99 页。

③ 《〈四库全书目录〉业将印竣成书》，《顺天时报》1921 年 2 月 22 日，第 7 页；《徐东海对赠学位之报礼》《〈四库全书目录〉将印竣》，《香港华字日报》1921 年 3 月 5 日，第 2 版。

④ 「支那の為に悲む——『四庫全書』讓渡事件」『東京朝日新聞』1920 年 6 月 3 日、朝刊、3 版；「乾隆皇帝勅選の四庫全書五十部買取るその複写一部が六万ドルも要る」『読売新聞』1921 年 2 月 28 日、朝刊、5 版。

⑤ 《〈四库全书〉之预约券已售出二百部》，《顺天时报》1921 年 4 月 17 日，第 7 页。

## （一）北洋政府对"出售"《四库全书》事件的回应

尽管巴黎大学中国学院在成立之初即有意暂借或联合影印《四库全书》用作研究之用，但以叶恭绰为代表的部分北洋政府官员出于对文化遗产的保护，仍力主本国影印，以避免出借原书或联合影印。然而，日本报刊上频繁出现"出售"的字样，无疑使北洋政府在国际舆论上暂时陷入被动不利的局面。上文在梳理"出售"《四库全书》事件始末部分时已对此做了详细介绍。下面不妨从另一角度梳理北洋政府针对日本舆论所做的具体回应，以及双方的舆论互动。

自 1920 年 5 月 22 日，日本《读卖新闻》刊登题为《出借〈四库全书〉——前往巴黎的中国学院》的报道之后，[①] 23 日《顺天时报》也刊登题为《中国文献输出海外耶》的报道，[②] 至 29 日，《东京朝日新闻》更直斥中国将《四库全书》"卖"给法国。面对来自国内及国际的舆论指责，北洋政府深知，如果放之不理，任其发酵，不仅有损国际名誉，对于以中法文化交流促进外交的计划也会构成严重干扰。因此，北洋政府在 6 月 3 日发表声明对此加以澄清，明确否认国内外有关"出售"及"赠送"《四库全书》的不实报道："日前报载徐总统将《四库全书》赠与法国大学消息，近闻某方面复盛传我国将《四库全书》一部分，售诸法国学士院之说，此事于我国名誉及文学甚有关系。"[③] 但对于这一解释，以稻叶岩吉为代表的日本学术界却仍持怀疑态度。稻叶岩吉在自己的文章中写道："中国政府辩解称这只是出借而并非出售，虽然事情的详情并不完全清楚，但是可以肯定的是，《四库全书》将会被运往巴黎。"[④] 此外，《东京朝日新闻》还就北洋政府的声明，发表了一系列评论文章，发表在自己"东人西人"栏目中。于此，我们不妨比较一下北洋政府在 6 月 3 日的声明与《东京朝日新闻》6 月 10日的报道：

> 前清光绪帝曾购置关于中国文学之古书百余种，存在文渊阁，内

---

①　「四庫全書貸與：巴里の支那學院に」『読売新聞』1920 年 5 月 22 日、朝刊、2 版。

②　《中国文献输出海外耶》，《顺天时报》1920 年 5 月 23 日。

③　《〈四库全书〉并未出售》，《顺天时报》1921 年 6 月 4 日，第 11 页。

④　「支那の為に悲む——『四庫全書』讓渡事件」『東京朝日新聞』1920 年 6 月 3 日、朝刊、3 版。

有《四库全书》一部，近来总统以法国大学设置中国文学专科，极欲输入我国文化，故曾将文渊阁所藏古书数种赠与法国里昂大学及巴黎大学，至《四库全书》则仅此一部，故并未赠送。惟恭亲王意欲将该书出售，索价甚昂，各国人士曾屡与接洽，迄未就绪。外间种种传说，想即因此误会。①

从北京传来消息，这次中国向巴黎大学和里昂大学赠送百余种古书，这是光绪帝搜集并珍藏在文渊阁的古书，因为其中《四库全书》只有一部，所以没去法国。不过据说恭亲王手中有一部《四库全书》正在出售，因为价格很高，交涉中的外国人也感到很棘手，也有人让日本参与竞价，但日本没有一个有钱人肯慷得出钱来。②

通过二者的对比不难看出，北洋政府的声明意在解释"出售"《四库全书》纯属误会，而《东京朝日新闻》则在此基础上，抓住"出售"二字加以放大，并添加了日本参与竞拍这一细节，从而将北洋政府的这一声明导向了相反的方向。为了扭转舆论上的不利局面，北洋政府在发表声明进行辩解的同时，又以实际行动加以回击。如6月15日命令陈垣实地调查京师图书馆藏文津阁《四库全书》页数，以及7月5日借班乐卫之口正式对外宣布将影印《四库全书》，关于这些实际行动的具体情形，上文已经做了详细梳理，这里不再赘述。而从效果上看，北洋政府言行合一的行动，也的确有效地回应了日本的"出售"《四库全书》的不实报道，并为接下来的影印《四库全书》计划提供了舆论支持。

## （二）日本国内对影印《四库全书》的态度变化

正如上文所述，日本报道的"出售"《四库全书》事件不仅引起中国北洋政府的警觉而出面澄清辩解，甚至连身为法国高级政要的前总理班乐卫也专门召集报界针对此事发表演讲。因此可以说，日本报界的"出售"《四库全书》的报道，不仅未能阻挠北洋政府以《四库全书》为媒介的中法文化交流，反而引起中法两国官方高层的特殊关注，进而促使中法两国在文化交往方面更为亲密，加速了影印《四库全书》的进程。

---

① 《〈四库全书〉并未出售》，《顺天时报》1921年6月4日，第11页。
② 「東人西人」『東京朝日新聞』1920年6月10日、朝刊、2版。

　　而随着影印《四库全书》计划的顺利进行，日本国内对此的态度也发生了转变。随着中法两国官方高层针对日本报界关于"出售"《四库全书》的不实报道相继发声，日本外交界的态度首先发生了转变。前述 1920 年 11月 15 日日本在其《外交时报》上所刊登的《〈四库全书〉的印行》一文，以及次年 2 月 27 日日本驻华公使馆宣布将购买 50 部《四库全书》预约券，都是日本外交界对外透露的支持中国影印《四库全书》的明确信号。同时，通过这些外交行动也可从另一个侧面看出日本外交界对于国际局势的敏锐洞察力，以及日本对中国北洋政府以《四库全书》为媒介推动中法文化交流一事的重视程度。而由此反映出的当时日本官方对于《四库全书》的文化价值的认知情况，自然也是显而易见的。

　　此外，原本对北洋政府持批判态度的日本学术界也迅速改变态度，转而支持影印《四库全书》。事实上，此前日本学术界之所以会参与批判"出售"《四库全书》事件，在很大程度上是出于对保护珍贵古籍文物的热情，因此当得知《四库全书》并非"出售"而是影印之后，他们迅速改变态度也就不难理解了。例如东京大学著名汉学家服部宇之吉（1867～1939），在得知日本驻华公使馆宣布将购买 50 部《四库全书》预约券的消息后，于1921 年 2 月 28 日在《读卖新闻》上发表题为《希望公使馆一定要购买由经史子集结集而成的伟大丛书》的文章，文中回顾了他和几个好朋友尝试购买或取得委托管理沈阳文溯阁《四库全书》权限的往事，并指出影印《四库全书》"对于中国学的研究的确是很重要的一件事"，希望日本公使馆"务必帮忙购买"。① 而此前发表长文《为中国悲哀——〈四库全书〉转让事件》的稻叶岩吉，也紧随其后，于 3 月 1 日在《东京朝日新闻》的"铁帚"栏目发文赞美中国影印《四库全书》是使全世界受益无穷的义举："《四库全书》的出版将使全世界受益，而受益最大的显然是日本。任何热爱东洋文学的人，都应当支持中国政府的此一义举。"文中还回顾了他与内藤湖南翻阅沈阳文溯阁《四库全书》时所进行的版本校勘研究，并建议影印《四库全书》应附校勘记以及对于续修《四库全书》的畅想。② 而仅十个月前，他还在严词批判北洋政府不重视传统文化："国家民族的发展，必

---

① 「經史子集を輯めた立派な文庫は非公使館で買って欲しい」『読売新聞』1921 年 2 月 28日、朝刊、5 版。

② 「四庫全書」『東京朝日新聞』1921 年 3 月 1 日、朝刊、3 版。

须以开拓固有文化为基础，而中国却并没有为致力于保存和发展国学付出深刻的努力。"① 两相对比之下，他们的态度转变之大，简直判若两人。此外，颇有意思的是，《香港华字日报》全文译介了稻叶岩吉的这篇文章，并针对文中提及他与内藤湖南翻阅沈阳文溯阁《四库全书》一事，在译文中将二人并称为"对于中国放毒舌之人"②。由此可见，当时的国人对于日本学术界此前的"不良行径"仍心存芥蒂。但是，也不难看出当时日本学术界对于《四库全书》的全方位的关注和重视。

不过，无论日本各界态度转化如何，此前日本报界所报道的"出售"《四库全书》事件，事实上已经影响到北洋政府的国家形象，并对此后的影印《四库全书》构成持续的潜在阻碍。顺便提及的是，日本学界对于《四库全书》的影印进度一直保持高度关注，例如田崎仁义在1925年2月的文章中就曾提到"在一两年前，听闻上海的商务印书馆曾试图刊行《四库全书》，但是北洋政府以原书在运输途中或其他场合恐有散失的危险等事项为理由，不肯将原书借给商务印书馆，最终导致好不容易制订的计划被迫中止。为此，希望此事能作为北京人文科学研究所的事业得以复制刊行，如果得以完成的话，这部可称为东洋文化精华的大典籍，将可分发给世界各国的王室、政府、大学、图书馆以及有志于此的学者，此举将成为我国对华文化事业的一项成果。当然，也一定请中日两国的大学、专门学校、政府图书馆惠存收藏。这种事业不仅在大的方面，对于小规模的书籍影印，也可以让有志于研究的学者享受利益"③。由此可见，1925年5月东方文化事业总委员会和10月北京人文科学研究所等的设立，以及续修《四库全书》，也可视为此一事件的延续。④ 当然这已经是后话了，因此不再过多展开讨论。

### （三）国内外的误解与质疑声音对影印《四库全书》的阻碍

自1920年10月9日大总统令正式宣布影印《四库全书》之后，中国国

---

① 「支那の為に悲む——『四庫全書』讓渡事件」『東京朝日新聞』1920年6月3日、朝刊、3版。

② 《日人口中之我国〈四库全书〉》，《香港华字日报》1921年3月18日，第2版。

③ 田崎仁義「對支文化事業と吾人の之に對する若干の希望」『商業と經濟』第5卷第2号、1925年2月1日、187頁。

④ 刘岳兵：《日本近代儒学研究》，商务印书馆，2003，第293页。

内的爱国青年以及法国、日本的中国留学生团体，便不断发出误解与质疑影印《四库全书》的声音。这些声音大致可分为两类：一类是质疑影印《四库全书》计划本身，认为该计划耗费巨大，得不偿失，且不具备可行性；另一类则是误认为负责督理影印《四库全书》的朱启钤打着售预约券的名义趁机"卖国"。下面不妨分别加以探讨。

当时正值五四爱国运动风起云涌，中国内外交困，青年爱国学生有目共睹。而在这种局面下，北洋政府却要斥巨资影印《四库全书》，自然难免令人怀疑此举是否得不偿失。例如大总统令宣布影印《四库全书》之后仅过了四天，10 月 13 日的《顺天时报》便刊登了"某君"的一段分析："《四库全书》共有二百五十万页……每部成本须一万五千元至二万元……售价三万元，则不至赔本。然以今日之社会，除不赞成中国古书文字之人外，纵欲保存文化，购买一部，而有此三万元购书费者，宁有几人？……投一百数十万之资，而为不可靠之印刷事业，殊非计之得也。"[1] 姑且不论该报道的立场，单从数据分析上看，的确有令人信服的一面。稍后 10 月 22 日的《清华周刊》也刊登了一篇学生反对政府影印《四库全书》的文章，除了用数据进行分析外，还历数当下时局的困境："中国财政困难，已达极点，教育经费，正虑不足，助赈款项，更愁无着，乃政府有仿印《四库全书》之令，派朱启钤为督理……试问此书于文化上有何影响，恐怕政府发疯了罢！"[2] 直斥北洋政府影印《四库全书》的计划不仅毫无意义，且无关国计民生，纯属媚外求荣。除此之外，上文提到的张元济拒绝独自承担影印任务一事，更加剧了这种质疑的声音。例如时年 28 岁的顾颉刚在 1921 年 6 月 27 日至 7 月 5 日的读书笔记中也提及此事："商务馆既不承印，中国遂无可以承印之书店。徐氏遂延日本商家为之。现在由彼国技师在京拍照，将照片寄回日本石印。此事由外国人承办，则政府不敢欠矣。"[3] 除了质疑影印费用等问题外，从中也不难看出他对北洋政府对内色厉内荏、对外则卑躬屈膝的行为有所不满。

除了影印《四库全书》计划本身外，负责督理影印《四库全书》的朱启钤也遭受了许多质疑。上文提到，朱启钤为筹集印刷经费，远赴欧美各

---

① 《刊行〈四库全书〉之消息》，《顺天时报》1920 年 10 月 13 日，第 7 页。
② 《国内大事记·仿印〈四库全书〉》，《清华周刊》第 195 期，1920 年 10 月，第 42~43 页。
③ 《顾颉刚读书笔记》第 1 卷，中华书局，2011，第 141 页。

国售预约券，而此时适逢法国前总理班乐卫在巴黎倡议退还庚子赔款，于是留学法国的中国学生便将这两件事结合起来，认为朱启钤奉徐世昌之命，向法国秘密借款三亿法郎，"以全国交通事业之购买材料为抵当，内中七千五百万法郎交付中央政府，二千五百万法郎为经手人回扣，此外余下二亿法郎则存入中法实业银行，而以三年间之营业为抵当。现因该银行之失败，其损害在三亿法郎以上"。① 一时之间群情激奋，留学法国的中国学生团体在 1921 年 6 月 27 日致信中国各报馆，又于 7 月 6 日发表公开电文，声讨朱启钤"秘密借款，卖国殃民"②。事实上，据 1921 年 7 月底班乐卫在法国议院发表的正式讲话，以及 12 月 20 日法国政府向议院提交的正式提案可知，事情的真相是法国向中国退还部分庚子赔款，"将该赔款一部分借与中法实业银行，先还华人存款并恢复旧业；其于之一部分，用理中法教育"，包括为巴黎大学中国学院修建"四库图书馆"以收藏《四库全书》。③

　　此外，由于当时中日两国围绕山东主权问题的"鲁案"仍争执不下，于是当朱启钤回国途经日本时，在留学日本的中国学生中间，又传言朱启钤将与日本缔结"密约"，内容包括"出卖山东主权"；"许日本开拓中国荒地，中国尽量供给日本原料，日本每年借贷中国行政费六千万日金"等内容。这些传言在留学生中间激起了极大愤慨，于是留学生团体一面发电报质问北洋政府外交部及总统府，④ 一面公开致电国内各省各报馆，称："帝制余孽朱启钤，奉徐世昌命令，历游各国。至法则擅借外债，至日则私订密约……当朱氏抵东之日，留学界屡与以警告，逐令返国，而朱氏于此监视极严之际，竟敢冒此不韪，其甘心卖国，虽宋之秦桧，韩之完用，亦不是过。现朱氏已将密约携京签字，东京留日学生，特派代表追随其后，事关国家存亡，望国人于最短期内，一致否认，危急存亡，在此一举，临电不胜迫切待命之至。"⑤ 此外，《民心周报》还刊登了署名"晓钟"的社评

① 《留法学生攻击朱氏》，《顺天时报》1921 年 8 月 9 日，第 3 页。

② 《致各省区教育会代电：吴鼎昌、朱启钤等在法秘密借款卖国殃民请一致反对由（七月六日）》，《广东省教育会杂志》第 1 卷第 2 期，1921 年 7 月，第 150～151 页。

③ 《班乐卫办理退还庚子赔款经过情形》，《新教育》第 5 卷第 1～2 期，1922 年 12 月，第 290～299 页。

④ 《政府声明朱启钤赴日之无他》，《顺天时报》1921 年 7 月 20 日，第 3 页。

⑤ 《朱启钤在日法两国大借外债（附留日学生救国团电）》，《兴华》第 18 卷第 33 期，1921 年，第 28 页。

《朱启钤赴日卖国之研究》，呼吁全国上下一致声讨朱启钤及北洋政府的"卖国罪行"。[①] 面对留学生团体的质问，北洋政府外交部及总统府不得不出面发表公开声明，替朱启钤辩解，"朱君启钤代表元首历访英、法、意、比、美、日六国，所至接待情形，均有公电宣布事前，并经披露行程，决非秘密使命"，而山东主权"关系国家外交……争持多年，宁有秘密直接交涉之理？"至于所谓借款等无稽之谈更是"仅见外报宣传，此间绝未有人提及"，并呼吁海外留学生们能够"明达事理，幸勿轻信讹言"。[②] 平心而论，朱启钤远赴欧美各国为影印《四库全书》筹集经费，进而实现以文化交流促进外交的访问活动，非但得不到爱国学生的理解和支持，反而被冠以"卖国"罪名而备受指责，以至于北洋政府不得不出面辩解，其委屈与愤懑可想而知。

结合以上两类质疑的声音不难看出，影印《四库全书》计划最终落空，以及把《四库全书》作为媒介的文化外交最终的不了了之，一方面固然与上文已经提到的财政困难等一系列经济问题密切相关，对此学界已有较为深入的研究，[③] 这里自然无须赘言。另一方面不容忽视的是，当时国内外质疑北洋政府影印《四库全书》的声音，尤其是留学海外的爱国学生的一系列责难，令北洋政府负责影印《四库全书》计划的官员背负"卖国"恶名，无疑也是使该影印计划最终失败的重要因素之一。

## 结　语

第一次世界大战后的巴黎和会期间，刚刚成立的中华民国以全新的姿态出现在国际舞台上，令当时的欧美列强刮目相看。尽管在巴黎和会之后面临外交失利，但中华民国仍通过创办巴黎大学中国学院及影印《四库全书》等国际文化交流事业，促进了中法两国邦交，进而为巴黎和会后的国际舆论及外交争取到了文化上的声援与支持。而日本报界频繁出现的"出

[①] 晓钟：《朱启钤赴日卖国之研究》，《民心周报》第 2 卷第 34 期，1921 年，第 883～884 页。

[②] 《政府声明朱启钤赴日之无他》，《顺天时报》1921 年 7 月 20 日，第 3 页。

[③] 陈晓华：《论〈四库全书〉的文化与遗产价值》，《首都师范大学学报》（社会科学版）2017 年第 3 期；肖伊绯：《〈四库全书珍本〉影印出版始末》，《文史精华》2018 年第 7 期；马学良：《公心与私意之间：〈四库全书珍本初集〉影印始末考略》，《中国出版史研究》2020 年第 2 期；张学科：《国礼：民国时期〈四库全书〉的新身份》，《图书馆杂志》2020 年第 2 期；等等。

售"《四库全书》的不实报道，令中法两国政府高层相继发表声明，并以行动自证清白。当"出售"《四库全书》的声音在无可辩驳的事实面前消失之后，影印《四库全书》计划也随之提上日程。此后，国内外又出现了误解与质疑影印《四库全书》的两类声音，使北洋政府颇为被动，不得不再次站出来进行辩解。影印《四库全书》计划的最终落空，与此也不无关系。

通过以上一连串国际文化交流及舆论外交事件，一方面可以概见中日两国在当时对东亚传统文化的主导地位及国际话语权的竞争，以及中法日三国对于《四库全书》在东方传统文化中的重要价值的认知情况。另一方面，北洋政府以文化促外交的努力也并非完全失败，稍后的华盛顿会议上签订的《中日解决山东悬案条约》，在一定程度上收回了山东主权。因此也可以说北洋政府通过创办巴黎大学中国学院促进中法文化交往、面向全世界发售《四库全书》预约券等文化活动，对这一外交胜利起到了相得益彰的作用。

如今，巴黎中国学院（Institut des Hautes Etudes Chinoisesde Paris）已是享誉全球的国际著名汉学研究机构，①《四库全书》也早已影印并数字化，成为全世界汉学研究者人手必备、不可或缺的工具书之一。而今天的中法日三国关系，也与100年前大相径庭。尽管如此，在全球化及"一带一路"等新的国际环境下，讲好中国故事，推动中华优秀传统文化走向世界，却同样可能面临来自国内及国际各方面的阻力与干扰。回顾100年前的这段历史，总结经验和教训，对于当下提升文化自信和文化自觉，增强文化软实力及全球华人凝聚力，为《四库全书》申报"世界记忆遗产名录"等文化事业，②同样具有参考和借鉴意义。

（作者简介：刘兆轩，首都师范大学历史学博士，曲阜师范大学孔子文化研究院讲师）

---

① 葛夫平：《巴黎中国学院述略》，《中国社会科学院近代史研究所青年学术论坛 2002 年卷》，社会科学文献出版社，2004，第 425 页。

② 陈晓华：《论〈四库全书〉的世界记忆遗产价值》，《图书馆杂志》2017 年第 11 期；陈晓华：《"四库"申遗正当其时》，《学习时报》2018 年 1 月 29 日，第 7 版。

# 拉丁美洲史专论

# 16世纪伊比利亚人征服美洲空间的初始解释和理由

〔委内瑞拉〕卡洛斯·阿方索·弗朗哥·希尔，姜玉妍　译

**内容提要**：16世纪的美洲征服是从历史上理解欧洲文明和本土文明碰撞之后国家、社会和文化建设的关键之一。在殖民阶段，这些文明逐渐转变，以巩固美洲人的各种观点，在17世纪西班牙和葡萄牙人统治的大陆地区，这些观点将大放异彩。正是出于这个原因，我们基于文化史中的理论和方法工具，准备通过文献和史学资源，分析前美洲想象的破裂过程，包括后来被称为美洲的欧洲—伊比利亚社会和前哥伦布社会，认识到征服过程的正当理由来自中世纪的欧洲想象和哲学，这些想象和哲学由于面临16世纪西方的伊比利亚基督徒所不知道的人类和自然现实而被迫逐渐改变，新的人类和自然现实颠覆了既定的想法，并培养了在殖民阶段将要形成的新场景的形式。

**关键词**：美洲史　美洲征服　文化史　异质性

15世纪末，欧洲探险家代表卡斯蒂利亚王国来到后来被称为美洲的领土，开启了一个全新的历史阶段，彻底改变了全球在经济、政治和社会层面的关系、观念和动态。然而，这一过程的第一阶段，即通常在史学上被确定为"征服"的阶段，在不同的领域内发展起来，出现了一个对于欧洲人来说全新的地理空间和与其人类学概念相对立的一些居民，这在很大程度上改变了他们的理解和认知方式。

如果单纯地从文化情境出发，探险和定居的过程是围绕着以前伊比利

亚人在亚速尔群岛、加那利群岛和非洲大西洋沿岸的探险经历而展开的，构成了 1492 年事件前后的背景，如 1479 年的《阿尔卡索瓦斯—托莱多和约》（Alcaçovas - Toledo），该和约促成了法律和宗教条约的建立，为 16 世纪的征服合法化奠定了基础。通过对这些过程和讨论的分析，我们可以确定一些因素，使我们更接近美洲历史在上述阶段发展起来的其他标准。

## 一　将美洲征服作为文化问题

随着 1492 年欧洲人抵达并逐步定居在后来被称为美洲的领土上［马丁·瓦尔德泽米勒（Martin Walldsmuller）在 1507 年出版的地图上首次绘制了"美洲"］，在世界上形成了一个历史性的时代，由此带来了一系列问题，并揭示了有关事件的复杂性。因此，可以从不同的维度来处理历史分析的层次；其中之一是对文化问题的解读，这些问题已经逐渐交织在大陆空间的动态现状中。

考虑到这一点，以下方法从文化形貌①"碰撞"的角度来解读 16 世纪的美洲征服问题，这些文化形貌在有关社会行动者之间相互作用的过程中得到了发展。具体来说，我们将把重点放在这一过程中出现的伊比利亚主体上，这将使我们首先从国家限定词（西班牙和葡萄牙）中，打破对这些主体的同质化概念束缚，理解半岛王国的异质性特征是文化形貌的一个基本要素，构成了与其他"海外领土"（plus ultra mare）形貌的互动框架。同时，我们将更加接近于对人类和领土的解释范式，以及从形成的想象中为征服所开启的历史进程提供法律依据。

在进入深度叙述和分析之前，有必要建立一些概念标准，用以处理这篇文章。首先，我们确定，在我们的解释兴趣下，"文化"这个术语超越了一些科学定义，这些定义将概念局限于人类所创造的东西上，在自然与文化之间产生了一个对立的标准。我们将专注于概念化，使文化成为组织社会生活的认知关系，与构成社会物质生活的强制性关系共同形成支架。在

---

① 我们使用亚历杭德罗·格里姆森（Alejandro Grimson）提出的"文化形貌"概念，他指出："……文化形貌的概念强调了相互对立的或不同的行动者所共享的框架概念，强调了社会异质性的复杂衔接。"参见 Alejandro Grimson, *Los límites de la cultura: crítica de las teorías de la identidad*, Buenos Aires: Siglo XXI, 2011, p. 172。

此基础上，我们可以说：

> 文化包含了一套抽象化的社会过程，或者更复杂地说，文化包含了一整套抽象化的社会生产、流通和消费的过程。①

内斯托尔·加西亚·坎克利尼（Néstor García Canclini）指出，文化研究领域正在向社会历史领域过渡，这迫使我们深入理解社会现象中可认知到的解释框架，它们已经或可能具有历史性。

考虑到这一定义，我们分析的主要目的不是伊比利亚人在 16 世纪的美洲做了什么的问题，而是伊比利亚人作为一个文化主体，如何利用一系列诸如宇宙学、象征性、意识形态和宗教之类的文化负载，去解释超出自我认知体系外的人类、社会和地理状况，从构成的地方进行解释。这一因素将逐步把伊比利亚文化形貌的转变作为初始框架，并引入一种更复杂的新文化形貌：美洲文化形貌。简而言之，这一框架让我们看到埃德孟多·奥戈尔曼（Edmundo O'Gorman）所命名的"美洲的创造"的更深层面。

同样，我们需要确定我们所说的"文化形貌"的概念是什么，以及它是如何在社会行动者的互动中被破坏的。我们可以将"文化形貌"视为文化互动的范畴，它以文化行动者和文化集体的异质性为基础，通过四个构成要素联系在一起，正如亚历杭德罗·格里姆森（Alejandro Grimson）在他的文章《文化的界限：身份认同理论的批判》中指出的那样，这些要素是可能性领域、各方互动的逻辑、共同的象征性情节和共享要素。

"可能性领域"涉及定义社会生活选项的多种解释、象征和代表，尽管它们是异质的，但它们是对文化形貌定义的边界，从而从部分形成一个整体，而不是从一个集合体形成一个整体。例如，我们可以在 16 世纪的美洲案例中看到，伊比利亚人的表现可能性是多种多样的（一名塞维利亚人与一名里斯本人并不相同），从异质性中形成了一个整体的形貌。他们有拒绝人类牺牲的共同意识，决定了其与同一领域中前西班牙美洲文化代表的界限，在那里献祭是一种常见的仪式行为。

这个可能性的框架是相互联系的，因为其中有一种逻辑使其在思想意

---

① Néstor García Canclini, *Diferentes, desiguales y desconectados: mapas de la interculturalidad*, Barcelona: Gedisa Editorial, 2006, p. 34.

识的基础上变得合理，尽管行动者具有异质性，但他们构建了社会生活并使得这种互动变得合乎逻辑。这是由一个共同的象征性情节所补充的，在这种情节中，尽管事物的意义可能不同，甚至相互对立，但它们位于同种框架下，使概念的补充和对立都可以被理解。

最后，文化形貌的参与者有着共同的要素，这些要素在发出时可能是分散的，但最终会将上述系统合并在一起。考虑到上述构成要素，我们可以认为"伊比利亚人"是"伊比利亚"文化形貌的轴心主体，从 1492 年开始，它与其他文化形貌接触，它们中大部分没有联系，但都同为新互动的参与者，在随后的时代中将被定义为新的文化形态。

## 二 中世纪的人

文化背景是使 1492 年 10 月 12 日后的历史进程变得活跃的基础，以参与随后事件的社会行动者的异质性表达为特点。虽然在后来被称为美洲的整个领土上的原始民族确实是极其多样化的，但逐步入侵新领土的欧洲人也以这种特殊性为特点，扩大了 16 世纪关于这块大陆上的地理学和人种学知识，之前人们并不知道大陆是相连的实体。因此，首先要指出我们此刻指的是哪种欧洲人，这将使我们在很大程度上能够确定在征服进程中，影响欧洲人日常生活和法律程序的文化要素。

在史学中，特别是在具有学术特征的著作中，人们常常认为是西班牙人领导了最初对美洲的探索和入侵，与仅限于在"新世界"东南海岸探索的葡萄牙人一样。这一观点建立在一系列模棱两可且笼统的基础上，扭曲了 15 世纪欧洲历史背景下政治、社会和文化的复杂性。然而，这种过于简化的立场表明了一个事实：在大陆定居的第一阶段是由伊比利亚王国领导的。在这一历史性时刻，在教皇所代表的政治宗教权威的支持下，伊比利亚王国在这项事业中获得了排他性，这个因素我们将在随后的文中讨论。

现在，必须指出的是，在有关文本中谈论"西班牙人"是一个极其复杂的问题，因为这一身份①既没有得到巩固，也没有在具体的文化遗产中被

---

① 当我们谈论"身份认同"时，我们把它定义为来自权力（政治、宗教或社会）的建设，在社会群体中嵌入一系列的文化元素，以便从权力构成的角度，将它们与促进实体（国家、教会、家庭等）推出的计划联系起来。

提出；它以 1492 年 10 月 12 日前后的两个事件为基础，是一件具有里程碑意义的事情。这两个事件为 1469 年著名的天主教双王联姻（1479 年卡斯蒂利亚继承战争后，卡斯蒂利亚和阿拉贡王国强强联合）以及 1492 年 1 月 2 日格拉纳达的收复失地运动。西班牙哲学家胡利安·马里亚斯（Julián Marías）在概述西班牙思想的原始历史基础时提出了这个因素。

> ……入侵被认为是西班牙的损失，这是不可接受的，也是永远无法接受的；西班牙决定成为基督教王国，这意味着它成为欧洲的，西方的。这是令人难以置信的起源，对于收复失地运动，或对于什么？对于失去的西班牙，因此是不真实的，但在其视野中存在，作为一个理想，一个目标。这是西班牙的计划。①

考虑到这一点，在 15 世纪末的时局中②西班牙主体并不存在明确的身份认同，因此，大部分进入新世界的个人和集体并没有对这一坚定的国家计划做出具体的回应。尽管必须指出，在西班牙身份统一的想法与该国各地的多样化差别相去甚远，但这同时也是耸人听闻的独裁计划的结果，它与佛朗哥主义一起标志着西班牙 20 世纪的一部分。

在葡萄牙同胞中，这些身份认同的复杂性并未被深刻地表现出来，特别是由于葡萄牙人的想象力集中固定在非洲海岸的探险经历上，这夸大了诸如航海家唐·恩里克王子（Dom Henrique）这样的民族人物，同时也巩固了天主教的统治。这些因素中的一部分为巴西社会学家达西·里贝罗（Darcy Ribeiro）所认知的"葡萄牙国家出现的早熟"奠定了基础。然而，重要的是考察进入巴西的葡萄牙人都是哪类人，因为这暗示着复杂且根深蒂固的文化结构。

因此，基本因素之一是将伊比利亚主体理解为 15 世纪在美洲进行探险并定居的欧洲人中的主要行动者。我们提出的一个默认因素是宗教决定因素，即葡萄牙人、卡斯蒂利亚人和阿拉贡人围绕着天主教转，这个因素巩

---

① Julián Marías, *Ser español: ideas y creencias en el mundo hispánico*, Madrid: Planeta, 2000, p. 366.

② 在当时的背景下，单一西班牙民族身份的思想与弗朗西斯科·佛朗哥政府执政期间推行的文化政策有关，这样的说法被驳斥，而构成当时西班牙国家不同社会文化空间的多样化形貌则得到支持。

固了半岛拥有欧洲文化的地位，并制约了两个基本进程：其一是政治——制度方面的，即罗马教皇等级制度承认伊比利亚王国是天主教的堡垒；其二是在逐渐被吞并的美洲空间里，围绕基督教信仰及其实践对社会主体进行限制。哥伦比亚历史学家赫尔曼·阿西涅加斯（Germán Arciniegas）指出，16 世纪的美洲是"平民的黄金世纪"，他认为社会、政治和宗教进程是由进入该大陆的平民所推动的，他对这些人进行了这样描述和形容：

> 前来征服的人民是野蛮的、危险的、血腥的、卑劣的，同时也是无知的……16 世纪在美洲的军队是一个混乱的群体，其中不仅有战士，还有许多其他职业的人，比如木匠、铁匠、绳匠、泥瓦匠、制革师、军械师、冶炼师、火药商等。有时，部队中的人是农民，他们在必要时变成了工匠……做出地理发现的农民、士兵、修士和工匠人群……是西班牙平民一部分，对于贵族而言则是一堆垃圾……①

这一描述具体说明了在占领的初始阶段执行西班牙计划的部分主体，为了对地区间多样的特殊性进行更深刻的探索，必须对这一主体进行分析，尽管对他们的分析会让人感到有些奇怪，但它是后来从文化混合和融合的角度理解混血种族的一个重要因素。达西·里贝罗（Darcy Ribeiro）同样致力于另一个复杂的层面，描绘从 1500 年起到达巴西的普通葡萄牙人的面貌：

> 来到巴西的大多数葡萄牙人是流亡者。他们如此之多，以至于把这片土地都变成了罪犯的巢穴，不仅耶稣会士这样认为，这些人自己也这样认为……就巴西而言……应该指出，累计犯有三次罪行的犯人会被送往这片土地。流放到巴西被认为比到非洲或亚洲还要糟糕得多……因此这些人是葡萄牙派遣到巴西大陆，用以繁衍后代并征服大陆的。这些人，被强行安置到这里……这些强壮而丑陋的人被迫成为我们的开国元勋，成为那些事实上强行开办海外企业并孕育我们的人。②

---

① Germán Arciniegas, *América, tierra frme y otros ensayos*, Caracas：Biblioteca Ayacucho, 1990, p. 325.

② Darcy Ribeiro, "Prólogo," en Carlos Araujo Moreira Neto y Darcy Ribeiro, *La fundación de Bra-sil：testimonio 1500 – 1700*, Caracas：Biblioteca Ayacucho, 1992, p. LI.

　　我们注意到，这里提到了一个作为平民群众的文化主体，作为 16 世纪在美洲占主导地位的欧洲行为者，其所承载的宇宙观与天主教以及基督教紧密相连，同时也是文化存在的构成基础。现在，我们可以将伊比利亚主体框定为在半岛特殊性下中世纪晚期的一种表达；然而，抵达美洲意味着对已形成的观念和表现的冲击，贾雷德·戴蒙德（Jared Diamond）在其作品《枪炮、病菌与钢铁》一书中关于文化碰撞①的一章里指出了这一设想，即在欧洲的种族和地理背景遭到挑战的情况下，中世纪的人群开始用其想象力来解释征服。

　　应该指出的是，虽然这种宇宙观的基础是天主教，但作为一个世俗的主体，同样存在一些教义外的其他构想，这也是有关想象力的基本组成部分：

　　　　哥伦布不仅相信基督教教义：他还相信（在那个时代他并不是唯一一个）独眼巨人和美人鱼，相信亚马孙人和长着尾巴的人，而他的信仰竟和圣彼得一样如此强烈，正是这种信仰使他最终发现了美洲。②

　　尽管哥伦布本身并不属于伊比利亚主体③，但他的逻辑和伊比利亚主体一样都处于相同的框架下，即欧洲的框架，因此认为他属于伊比利亚文化形貌是可以理解的。

　　我们可以说，这种碰撞促使从中世纪伊比利亚主体过渡到现代西班牙和葡萄牙主体，这是胡利安·马里亚斯再次总结的言论：

　　　　文艺复兴时期的进取精神使西班牙与葡萄牙一起远渡重洋。美洲的发现……使勉强统一的西班牙超越了自己，也就是说，把它的计划带到了另一个世界……从而产生了近代史上绝无仅有的嫁接，其结果

---

① 贾雷德·戴蒙德将 "文化碰撞" 称为历史上孤立文明间的互动；一种由物质基础（食品生产、武器制造等）赋予和制约的行动，建立了一种支配关系，根据作者的判断，对当下的（政治、语言学、食物等）影响塑造了现代世界的结构。更多参见 Jared Diamond, "Prólogo: la pregunta de Yali," en *Armas, gérmenes y acero: breve historia de la humanidad en los últimos trece mil años*, Caracas: Debate, 2006, p. 19。

② Tzvetan Todorov, *La conquista de América, el problema del otro*, Buenos Aires: Siglo XXI Editores, 1998, p. 24.

③ 译者注：哥伦布是意大利人，并非西班牙人。

是天主教君主国的诞生……其另一个名字是西班牙王国，最初的西班牙只是现在王国中的一部分。①

## 三　新世界

最初强调的几个方面主要涉及从 1492 年开始，那些美洲殖民者在文化和宇宙观方面的基础，1492 年前后的那些时刻以同样的方式逐步挑战着想象中的固有准则。在我们看来，美洲的发现与欧洲人的想象这二者间的互动关系决定了解释和整合的多重节奏，对 16 世纪初的伊比利亚人（尤其是到达美洲的普通伊比利亚主体）而言，这是对自然和人的重大发现。

这种互动是围绕着一系列具有文化形貌的主观先决条件所展开的，在茨维坦·托多罗夫（Tzvetan Todorov）的作品《美洲的征服：他者的问题》中，按价值论、实践论和认识论的顺序确定了现阶段大陆历史差异性问题的核心。这种方法受到个人主观行为的制约：新事物是好是坏（我想要或不想要），我对新事物感觉有多亲近（我把自己同化为新事物，或者我把新事物同化为自己），以及我对新事物了解多少（我是否忽略了他者的身份，以及我对自己的身份了解多少）。

因此，考虑到上述问题，我们从一个场景出发，在主体内部并未形成具有当代一致性特征的身份认同，尤其是像西班牙这样的国家，民族性仍在构建中，内部蕴含丰富的多样性，这将使得对人和自然的看法因人而异。

基于上述情况，美洲的大自然挑战着 15 世纪末美洲殖民者的认知。这是一个面积与他们的世界无可比拟的领土：河流、丛林、山川和平原，其面积、颜色和气味都对这一主体的认知构成挑战。这是一种未知的东西，所以在理解它的最初时刻，他们是结合自己的信仰来理解的；如果考虑到我们谈论的欧洲主体来自中世纪的最后阶段，那么关于这一领域的最初价值判断（认识论层面的互动）指出他们已经到达了《圣经》中的天堂也就不奇怪了。哥伦布在 1492 年的信中的论断暗示了这一点：

---

① Julián Marías, *Ser español: ideas y creencias en el mundo hispánico*, p. 367.

……这些是证明这里是人间天堂的重要迹象，因为这个地点符合那些神学家的想象；此外，这些迹象也是非常一致的，因为我从来没有看到过如此多的淡水这样流淌着，与海相邻。

这种对地理环境理解的进程并不是一成不变的，随着对其探险的不断深入，这一要素也在动态中被重新解释。然而，将美洲理解为天堂是一种被长期坚持的看法；已经发现 17 世纪中期的一些著作仍然这样描述美洲领土。这可以从 1663 年西芒·德·巴斯孔塞洛斯（Simao de Vasconcelos）撰写的《关于过去巴西事物的重要奇闻》中看出：

许多严肃的作者，无论是古代还是现代的，都认为上帝将人间的天堂创立在赤道以下至热带地区中部，在它下面，或在它旁边，或从它向南……，他们认为，在赤道以下至热带地区中部，上帝创造了人间天堂，因为这是整个宇宙中最温和、最宜人和最令人愉快的部分……①

同样，巴西作家塞尔希奥·布阿尔克·德·霍兰达（Sergio Buarque de Holanda）在其作品《天堂的愿景》中认为，导致中世纪伊比利亚人前往新大陆的部分动机与“伊甸园”有关，其指的是在美洲领土上发现了《圣经》中的天堂，除了宗教因素外，还是在他们的文化框架下一个符合逻辑的想法：

事实上，经文中说，伊甸园在亚当后来居住的土地的东部，根据最初的表象这种迹象是值得怀疑的。但对安东尼奥·莱昂·皮内罗（Antonio Léon Pinelo）则不然。很明显，圣书的意思是，就可居住的范围而言，伊甸园所在的区域位于特殊的位置，远离东方，在世界的另一个地方，远离已知的土地，这只能意味着这片区域在美洲。他很快就克服了另一个困难，他将天堂的四条河流即普拉塔河、亚马孙河、马格达莱纳河和奥里诺科河分别与比逊河、基训河、底格里斯河和幼发拉底河相互对应。另外，导致亚当和夏娃厄运的水果肯定不是只在

---

① Simao de Vasconcelos, "Noticias curiosas y necesarias," en Carlos Araujo Moreira Neto y Darcy Ribeiro, *La fundación de Brasil: testimonio 1500-1700*, 1572, p. 93.

其他纬度地区自然生长的苹果……知善恶树的果实只能是西班牙印第安地区的西番莲果（maracujá、pasionaria、gradilla），它的香气和味道能够激起夏娃的食欲，其神秘的花朵明显带有主受难的标志。[①]

这种观念不仅停留在浪漫的、田园式的或理想的范围内，而且还拥有具体的金融投资潜力，西班牙历史学家德梅特里奥·拉莫斯·佩雷斯（Demetrio Ramos Pérez）在其 1987 年的作品《金色神话：起源和过程》中评论了这种做法。他指出，德国在这块大陆上的投资是以"金色"作为理由的，它不是一个神话，而是一个可以承担金融风险的现实。

以上是对领土位置方面的理解，此外还存在一个方面，即这一地理如何成为（或并未成为）"我所认知的世界的一部分，以及我如何将它整合到这一认知中"，涉及人类行为学的层次。当阿图罗·乌斯拉尔·彼特里（Arturo Úslar Pietri）在他的文章《哥特人、暴动者和幻想家》[发表在《新世界，新世界》（Nuevo Mundo，Nuevo Mundo）中]中谈到对三个意大利人[哥伦布（Colón），发现者；佩德罗·马尔蒂·德·安格莱利亚（Pedro Mártir de Anglería），解释者；亚美利哥·韦斯普奇（Américo Vespucci），命名者]的构想时，这种动态很容易将其综合起来并加以说明。

因此，有必要考虑在 1492 年的时候，欧洲的各个知识界对世界持有什么样的想法，当时人们对世界的看法主要与公元 2 世纪的特洛梅克（Tlome-jco）地图有关，在该地图中，世界由三块组成——欧洲、亚洲和非洲，领土被陆地之间的海洋（地中海）分割。

在这一层面的解释中，探险家们最合乎逻辑的做法就是将这些领土融入他们所知道的世界中，这一做法的代表是哥伦布，他宣称，根据克劳迪奥·特洛梅奥（Claudio Tlomeo）确定的空间划分，新的领域是"印度群岛"，已知世界的最东端。这种最初的认识导致了西印度群岛这一常见叫法的产生，用以确定美洲领土。佩德罗·马尔蒂·德·安格莱利亚在后来的时间里，将这种融合的方法用于当时的人文发展，使用了"新世界"（Nuevo Mundo）这个词来形容这些领土，尽管它们仍然与既定的观念有关，但远非印度的一部分。最后，亚美利哥·韦斯普奇不仅与新大陆被命名为

---

① Sergio Buarque de Holanda, *Visión del paraíso：motivos edénicos en el descubrimiento y colonización del Brasil*, Caracas：Biblioteca Ayacucho, 1987, pp. 18 – 19.

美洲有关，他还是成功将大陆视野和固定领土视野带到这些领土上的人，他将这一因素与已知的整合理念相对照，即新的板块必须被整合进整体板块之中。这样一来，在全球地理学的发展中实现了一个非常重要的飞跃。美洲作为一块领土，逐渐开拓了欧洲人的视野，反过来又改变了后者内部和外部的文化观。

## 四　新人类

16 世纪在对征服进程的解释中，对"人类"的研究是最复杂的问题之一，因为欧洲人对美洲人的理解受欧洲自身文化的限制。这种复杂性[①]最初始于对他人的无知和对自我的认知。

> ……在 16 世纪初，美洲的印第安人确实存在，但我们忽略了关于他们的一切。然而，正如可以预料的那样，我们将关于其他遥远种族的图像和想法放到最近新发现的物种上。如果殖民者真的使用"相遇"一词，那么这场"相遇"将永远不会达到如此激烈的程度：16 世纪将发生人类历史上最大的种族灭绝。[②]

在上述自身文化的局限性中，欧洲人开始与美洲接触。出于启发式的原因，我们今天关于征服进程的分析更多地参考了伊比利亚人，而不是印第安人，因为尽管提到了对原始群体的描述，但这种描述是从传播者的文化背景中产生的，因此它可以成为欧洲人用来理解土著人的认知网络工具，用以处理对前者来说完全陌生的人类学现实。

因此，对于将印第安人看作自然的一部分，人们有了初步的认识，这一问题在哥伦布的信件中得到了证明，信中对未知事物的描述是占上风的，特别是与作者日常社会结构相悖的因素。信中重点叙述了土著人的裸体，以及对贵金属分级的无知。这一框架对于理解相互之间的价值秩序和尺度是奏效的，不同的框架是无法被相互理解的。简而言之，两种文化形貌间

---

① 在提到"复杂性"时，我们赞同法国哲学家埃德加·莫林（Edgar Morin）提出的概念，他认为这一原则与知识构建的形式有关，它不是平面的，而是多维的，它与主体的现实交织在一起。参见 Edgar Morin, *Introducción al pensamiento complejo*, Barcelona: Gedisa, 1990.

② Tzvetan Todorov, *La conquista de América, el problema del otro*, p. 14.

是相互隔绝的。我们可以参考茨维坦·托多罗夫的价值秩序框架，它使我们看到伊比利亚人对美洲印第安人的解释。

在价值论层面上，我们经常会发现判断的立场游走于善恶两端，尽管从宗教的角度来看，天主教纲领之外的任何做法都是违反教义的；但在最初与美洲人的接触中，欧洲人并没有试图对他们进行解释，而是通过占卜对他们直接作出论断：

> ……祭司们亲自为欧洲天主教信徒预言未来的事情，以及他们在工作中所期待的结果，引导并使他们远离战争……占卜是上帝唯一的恩赐，因此，滥用占卜的人应该被看成骗子而受到惩罚。①

尽管伊比利亚主体在信仰实践中可能具有内在的灵活性或形式，但宗教教义是特定互动中的基本依据，这导致了严重的主观性立场。

在人类行为学方面，这种方法也是围绕着欧洲主体所进行的，在这方面更常见的是将土著人相关的事务与欧洲世界所知道的事务进行比较，从而在主观解释中建立更密切的关系。在某种程度上，欧洲主体将未知的事务限定到文化形貌的认知网络中，以便将其汇编成可以理解的事务。

阿尔瓦尔·努涅斯·卡维萨·德·瓦卡（Álvar Núñez Cabeza de Vaca）是卡斯蒂利亚的一名先遣官，他在日记中叙述了 16 世纪他在加勒比海被土著人俘虏的经历，并详细地讲道："他们都是战斗者，就像在意大利持续的战斗中长大的一样，在防御敌人方面相当狡猾。"② 正如我们所看到的，他把理解带到了他所知道的东西中，关于战争的概念，关于战斗民族的概念。总之，带到了他理解的框架中。

在认识论方面，有一种困惑甚至使欧洲人与美洲人无法一起生活。我们认为，出现这种情况是因为土著人的做法不在伊比利亚人所理解的框架和认知之内。这可以从罗德里戈·德·基罗加（Rodrigo de Quiroga）总督在 1579 年发表的评论中看出，他在智利说道：

> ……他们是一个全身赤裸的民族，缺乏司法秩序和政治生活，因

---

① Miguel Montaigne, "Ensayos sobre los bárbaros caníbales," en Carlos Araujo Moreira Neto y Darcy Ribeiro, *La fundación de Brasil: testimonio 1500 – 1700*, 1572, p. 176.

② Álvar Núñez Cabeza de Vaca, *Naufragios*, Caracas: El Perro y la Rana, 2006, p. 133.

为在他们中间没有任何司法秩序，他们也不守真理，没有任何羞耻心，不知道什么是忠告，他们以酗酒为荣，兽性很大，而且有非常淫荡的恶习，是一群非常懒惰、卑鄙、爱撒谎且贫穷的家伙，不置办或拥有任何财产，不种庄稼，甚至无法养活自己，毫无理智可言。①

正如我们所看到的，这种判断基于一种文化框架，它定义了面向制度性的司法概念和实践以及法律的应用，但对上述土著人的生存形态、政治形态和司法形态却一无所知。印第安人在当时伊比利亚形貌的文化解释框架之外，因此伊比利亚主体对美洲形貌转变和融合的预测十分有限。

这几句话概括了这些人对那些为他们服务了近 40 年的人的看法。其中混杂了对印第安人拒绝播种的岁月的记忆和对印第安社会的扭曲看法，在这种看法中他们只承认自己作为主体的存在，而群居生活中的任何其他特性都被排斥在上述讨论之外。②

## 五　来自经验的法律体系

征服的法律体系基础源自两个要素：欧洲中世纪末的习惯法以及 15 世纪葡萄牙人和西班牙人在征服和殖民之前的经历。此外，还有另一个要素是从人性的角度思考 1492 年之前定居在美洲的土著人。

首先，支持征服的最重要的文件是由天主教会通过一系列"教皇训谕"发布的。其中第一个对美洲进程产生直接影响的是教皇尼古拉五世（Nicolás V）于 1454 年发布的罗马教皇训谕，根据达西·里贝罗的说法，该训谕"使欧洲扩张合法化和神圣化"。其中指出：

> ……我们授予阿方索国王充分和自由的权力，其中包括入侵、征

---

① "Probanza de servicios de la ciudad de Santiago hecha a pedido de los vecinos y moradores por el gobernador Rodrigo de Quiroga（Santiago, 5 de junio de 1579），" en José Toribio Medina, *Colección de documentos inéditos para la historia de Chile, desde el viaje de Magallanes hasta la batalla de Maipo*, 1983, Santiago：Imprenta Elzeviriana, p. 413.

② Hugo Contreras Cruces, "Los conquistadores y la construcción de la imagen del 'indio' en Chile central," en Alejandra Araya Espinoza y Jaime Valenzuela Márquez, *América colonial. Denominaciones, clasifcaciones e identidades*, Santiago de Chile：Ril Editores, 2010, p. 62.

服、降服任何萨拉逊人（sarracenos，中世纪欧洲人对阿拉伯人的称呼）和异教徒的土地和财产，他们是基督徒的敌人，应使所有的人都沦为奴隶，并将一切用于自己和后代的利益……①

这是一份在 1492 年 10 月 12 日里程碑事件之前的文件，对理解欧洲在美洲和世界其他地区的扩张进程至关重要，尤其因为它是证明殖民前的经验为后来的形态提供条件的框架基础。

与尼古拉五世发布的教皇训谕一起，1492 年之前的另一份基础文件是 1479 年葡萄牙王国和卡斯蒂利亚王室之间的《阿尔卡索瓦斯——托莱多和约》，该和约是一份和平协议，其为每个王国都划定了事实上的海上航行区。这最初有利于葡萄牙人在非洲海岸的沿海航行，同时推动卡斯蒂利亚人在加那利群岛以外的地方进行探险，并将这些岛屿的主权授予卡斯蒂利亚人。

在加那利群岛的权利方面，卡斯蒂利亚王国面临的情况比较复杂，因为与葡萄牙人在亚速尔群岛和马德拉岛上的情况不同，它们是无人居住的岛屿，所以适用无主财产（Rex Nullius）的法律准则，但加那利群岛上有土著人：关切人。对于这一因素，诉讼依据的立场是基于 1454 年教皇训谕中所规定的主要准则，用理查德·孔内茨克（Richard Konetzke）的话来说：

> ……符合当时一种普遍的法律理论，根据这种理论，将新发现的属于非基督教王室的地域据为己有是合法的。中世纪人的法律意识是受宗教启发的。作为基督徒，他认为自己应比异教徒享有更好的占有权。②

关于征服关切人的描述和摆脱异教徒的态度一样，即在征服者身上除文明之外，同时还有一种与信仰密切相关的因素，它产生了一种二元论，维持了一种对土著人的贬低态度，甚至在征服者最初剥夺加那利群岛的土著人权利之前就已经有这种态度。

---

① Nicolás V, "Bula Romanus Pontifex del 8 de enero de 1454," en Carlos Araujo Moreira Neto y Darcy Ribeiro, *La fundación de Brasil: testimonio 1500 – 1700*, p. 11.

② Richard Konetzke, *América Latina, La época colonial*, Madrid: Siglo XXI Editores, 1977, p. 21.

这些原则的重要性在于，在最初征服这群人性仍然存疑的人类群体时，美洲的征服并不是一个让卡斯蒂利亚人措手不及的事件。

现在，为了我们的分析兴趣，必须指出上述对道德和宗教的讨论同样是在既定的文化框架下进行的，因为对土著人人性的理解主要基于经院哲学的思想，而这种思想认为异教国王有权根据《自然法》（Derecho Natural）拥有财产和王国，这使伊比利亚人的入侵行为失去合法性。辩论的重点在于"亚历山大训谕"（Bulas Alejandrinas）的合法性（这些教皇训谕在 1493 年确立了在美洲的探险分界线），尽管一些经院法学家这样认为：

> ……在这一点上，托马斯·德·阿基诺（Tomás de Aquino）认为，基督并不希望成为一个人间的王子。由此他推断……教皇也没有世俗的权威，异教徒更是完全缺乏权威。①

弗朗西斯科·德·维多利亚（Francisco de Vitoria）和巴托洛梅·德·拉斯·卡萨斯（Bartolomé de las Casas）等人是这一立场的广泛支持者。与之前的观点相反，这种观点认为，教皇的计划是根据传达者的准则，努力将信仰带给信仰缺失者，根据这种观点，人们将谈论殖民为美洲所带来的福音，而不是征服，16 世纪西班牙社会在美洲的定居进程中，始终坚持为美洲带来福音的说法。

正如我们所注意到的，我们发现自己处于一种辩证的理想主义中，其结果是形成了万民法（Jus Gestium）这一综合法，只要不侵犯土著人的权利，便赋予欧洲人在美洲定居以及发展经济、政治和开展社会活动的权利。现在，如果土著人不尊重他人的权利或伊比利亚人"仁慈的"告诫，后者就可以自由地训斥和制服他们。在没有对话者和法官的情况下，这些暴行只会以纯粹的主观秩序为基础。

这一立场在一定程度上被 16 世纪的美洲，特别是加勒比地区发生的人口混合所削弱，这强化了委托监护制的引进和黑人的输入，在当时的伊比利亚人的心智中这些黑人毫无疑问是"非人类"的。

---

① Richard Konetzke, *América Latina, La época colonial*, p. 26.

总之，我们可以通过这些法规看到，在米歇尔·伏维尔（Michel Vovelle）[①] 定义的心智和意识形态概念的限制下，中世纪主体的法律、想象的转变和文化表现是如何在特定的条例中逐步构建起来的，这一进程随着文化和人种融合进程的节奏而变化，在此基础上，出现了一个新的社会行动者——作为一个整体的美洲人，成为新计划在我们的大陆上稳固的标志。

## 结论：从征服和权力讨论的角度解读史学问题

关于 16 世纪对美洲领土的征服，再次陷入一系列以两个症结为特征的讨论，我们认为这削弱了我们对这一事件的分析潜力。

第一个是指围绕着诸如"发现、两个世界的交汇、印第安人的抵抗或西班牙日"等使用范畴的价值判断，从而引发了一场围绕政治秩序——意识形态的辩论，结果通过一个实用的推断在很大程度上使得有问题的方法失效。

第二个问题涉及欧洲人在伊比利亚美洲殖民统治下建立话语权力的解决，这对该大陆的史学产生了影响，同时也简化了一个历史现实，这一历史现实交织在一个变量框架中，后者使 1492 年以来的进程更加丰富和复杂。

其中一个适用的变量将我们引向文化史，我们将其作为分析准则，以此将征服作为一个由不同层面组成的复杂历史问题来对待。我们在整个研究中使用的因素使我们能够看到所构建的文化想象是如何在最初成为理解伊比利亚主体的桥梁。在日常所获得的认知关系中，这些主体是一个不同世界文化形貌的一部分，与自然和人类等领域相互作用。对世界的认知是受条件限制的，人类学家艾曼纽·阿莫迪奥（Emmanuel Amodio）以今天委内瑞拉东部特定空间为例证明了这个问题。

---

① 根据米歇尔·伏维尔的观点，意识形态（ideología）和心智（mentalidad）是在不同层面上发展起来的领域，但占据了个人文化活动的模式："'意识形态'和'心智'这两个词相去甚远，前者是一个精心设计的、长期成熟的概念，后者反映了实践或逐步发现的概念化，虽然是最近的，但不可否认其仍然是不准确的，充满了连续的词义，可以理解为是很难重新调整的：它们来自两种不同的遗产，也来自两种思维方式，一种更系统，另一种意味着自愿的经验主义，伴随着大量风险。"（Michel Vovelle, *Ideologías y mentalidades*, Barcelona: Editorial Ariel, 1985, p. 13）

因此，库马纳（Cumaná）开始了它作为两个不同世界之间的边陲小镇史：几个世纪以来一直居住在该地区的印第安人和最近到达的西班牙人。也许正是这种领土和文化上的边界条件，从根本上说明了在西班牙人存在的三个世纪里，委内瑞拉东部居民的演变和特征。①

这个过程逐渐导致了某些意义的转变，正如为了使新人种进入不久前所建立的人种框架，法律逐步进行了调整。

因此，我们可以看到，随着征服，接触的文化形貌开始了一个缓慢而持续的转变过程，由于这些形貌是动态的，加之文化的适应、再认识和转化，界限逐渐变得模糊。文化融合②的过程导致了新主体形成，其在异质性中塑造了 17 世纪伊比利亚美洲殖民地社会的辉煌，殖民地社会在很大程度上由伊比利亚人对局外事物的解释构成，直到逐渐使之成为自己的东西。

［作者简介：卡洛斯·阿方索·弗朗哥·希尔（Carlos Alfonso Franco Gil），历史学博士，委内瑞拉国家历史中心研究员，浙江工商大学访问研究员；

译者简介：姜玉妍，南开大学世界近现代史研究中心和拉丁美洲研究中心博士研究生］

---

① Emmanuel Amodio, *La casa de Sucre: sociedad y cultura en Cumaná al fnal de la época colonial*, Caracas: Archivo General de la Nación / Centro Nacional de Historia, 2010, p. 19.

② 我们使用"文化融合"的范畴来指代构成文化的认知网络的转变过程，创造一种新的"东西"，这是相邻文化形貌主体进行日常社会互动的综合结果："我们可以把这些边境地区定性为'跨文化'区，因为就像国际大都市一样，它们是真正的文化交汇处，在融合的过程中最终创造了一些新的和非常具体的东西，我们可以随意地定义为'克里奥尔人'。"（Peter Burke, *Hibridismo cultural*, Madrid: Ediciones Akal, 2010, p. 121）

# 墨西哥国家历史中的前哥伦布
# 过去和殖民地遗产[*]

〔墨西哥〕宝拉·洛佩兹·卡瓦列罗，刘　颢　译

**内容提要**：墨西哥革命（1910～1917）后出现的国家政权是如何处理殖民地遗产的？通过对米尔帕·阿尔塔区纳瓦特尔村两个间隔200年的创始叙事[①]的历史学和人种学分析，本文探讨了国家试图通过"掩盖"殖民地史，支持前西班牙时期历史的方法来建立对合法历史的垄断。在这一过程中，前西班牙时期的历史成为墨西哥国家遗产。

**关键词**：国家构建　阿兹特克人　原始所有权凭证　土著主义本土的

在当代墨西哥，那些被描述为"印第安的"人是通过他们与伟大的前哥伦布文明的跨历史联系来定义的，这是一种不言而喻的做法。他们所代表的他者性在某种程度上被认为是一种价值或一种障碍，一个已经失去的世界的活遗产。此外，正是这个世界赋予国家文化身份以"个性"。因此，他们作为印第安人的合法性在于虚拟的血统，在于不同程度上保持着与过去的联系，即他们的"起源"。

---

\* 这项工作得到了法国岛区的资助。这里提出的一些想法源自20世纪90年代起与墨西哥国立自治大学弗雷德里克·纳瓦雷特（Federico Navarrete）教授的讨论，在此我对他表示感谢。

① 作者在本文中使用了foundation narrative、foundation account的概念，译者译为"创始叙事"，即指对文中研究地区创建起源的不同叙事版本。——译者注

　　这种确定性似乎不言自明，以至于人们忘记了情况并非总是如此。当代印第安人起源于前西班牙文明，这些文明代表着辉煌的过去，这种想法实际上是 20 世纪的创新。那么，为什么会有这样的假设，即作为一个印第安人必然意味着与前西班牙时期的人保持不间断的联系？本文试图通过分析国家认同修辞及其地方解释来回答这个问题。事实上，通过比较米尔帕·阿尔塔区（Milpa Alta）纳瓦特尔（Nahuatl）村两个间隔 200 年的印第安人①创始叙事，我们能够讨论"国家"和"地方"层面之间的辩证关系。

　　请允许我事先声明，提出这些问题并不意味着对任何个人或任何特定社会群体的真实性做出价值判断。相反，我的意图是避免关于印第安人及其文化真实性的争论，或者至少以不同的术语提出这个问题。朝这个方向迈出的第一步是在"过去"和"遗产"之间进行概念上的区分。前者指的是已经过去的历史时期，在当代世界没有留下明显的痕迹，而后者在这里必须被理解为"现在的过去"，即在当代社会关系——语言、文化表现形式、宗教实践中，甚至正如我们将看到的，在国家构建的方式中是可见的。②

　　这种区分将使我能够从社会历史角度审视前西班牙时期（公元前 1200～1521）国家起源、所有墨西哥人的活遗产以及衡量当代土著人口真实性及合法性程度的机制和运作。这一突破来自 1910～1917 年的农民革命。在这场武装运动之后，包括人类学家在内的墨西哥知识分子发展了一种与新政治制度相联系的、强烈的民族主义和"土著主义"意识形态。这些专家的任务之一是"重建"和传播与革命中出现的新政治项目相一致的过去。正如我们将看到的，在 19 世纪，政治精英对前殖民地时期很感兴趣，它实际上是墨西哥历史的一部分；但国家起源于西班牙征服（1521），官方承认的遗产是它产生的殖民地政权，该政权随着 1810 年的独立战争而终结。

　　在后革命政权下新版国家历史据称建立了所有墨西哥人的起源，它"压制"了殖民地遗产转而支持前哥伦布时期的历史。因此，我将试图证明以下问题：这种意识形态运作的关键是什么；这种国家概念的影响是什么；拒绝赋予 1521～1810 年这一时期任何当代意义，并否认它对 20 世纪的墨西

---

① 该民族指的是墨西哥中部讲纳瓦特尔语的印第安人。
② Benoît de L'Estoile，"L'oubli de l'héritage Colonial，" *Le Débat*，2007，No. 147，pp. 91 – 99.

哥有任何价值的年代学揭示了什么；这种对殖民地遗产的拒绝，对革命后的社会关系和政治问题都有哪些影响。

在这个认识论框架内，国家历史似乎在分析围绕国家定义所产生的紧张关系：它的起源、遗产和构成要素的一个特殊舞台。① 因此，这是一个明显的政治领域。在这个领域，国家试图巩固我所说的对过去的合法垄断，套用马克斯·韦伯的理论，即合法使用暴力是现代国家存在的前提条件。对所有公民来说，同质化的过去似乎是个人所有归属感的唯一来源，也是唯一能够解释当代社会现实的目的论。

我提出的假设是，对前哥伦布文明的高度重视并将其作为"民族精神"、国家起源以及当代印第安人的活遗产是一种意识形态上的运作。借用法国台球词汇的表达，可以说是"一杆两球"。赋予前西班牙时期"原始纯洁性"的价值是将当代印第安人提升至可以被现代性和革命"救赎"的主体地位的一种方式。以这种方式对他们进行定位，使拒绝殖民制度最明显的方面——宗教和种姓——成为可能，尽管在墨西哥农村这种遗产比征服前的遗产更加真实。

接下来我将分析墨西哥城一个印第安村庄的两个创始叙事。第一个叙事是 17 世纪的，第二个叙事是 20 世纪的。② 在不对这些叙事的真实性或可靠性进行任何价值判断的前提下，我认为是上文中提到的意识形态转变导致了了该地人口起源描述方式的变化。这些叙事使我们能够在地方层面上考察重塑国家历史的影响。最后，我将从"遗产"与"过去"之间的关系这一角度重新审视当代印第安人和前西班牙时期的联系。

---

① 参见 Ana María Alonso, "The Effects of Truth: Re-presentations of the Past and the Imagining of Community," *Journal of Historical Sociology*, Vol. 1, No. 1, 1988, pp. 33 - 57; Benedict Anderson, *L'imaginaire National. Reflexions sur L'origine et L'essor du Nationalism*, Paris: La Découverte/Poche, 2002; Bernard S. Cohn and Nicholas B. Dirks, "Beyond the Fringe: The Nation State, Colonialism and the Technologies of Power," *Journal of Historical Sociology*, Vol. 1, No. 2, 1988, pp. 224 - 230; Pierre Nora, ed., *Lieux de M'emoire*, Paris: Gallimard, 1984。

② 在我的博士学位论文中，我将这些创始叙事作为对国家认同进行人类学分析的出发点，而不是把重点放在传播国家认同的机构和官方代表上。我的分析着眼于"下一步"，或者看认同是如何在地方层面上被采用、象征和重现的。参见 Paula López Caballero, "Récits de Fondation, Catégories Identitaires et Disputes pour la Légitimité Politiquea Milpa Alta, DF (XVIIe - XXIe siecles), Ethnographier l'Etat et Historiciser l'ethnicité," *Anthropologie Sociale et Ethnologie*, Paris: École des Hautes Études en Sciences Sociales, 2007。

## 一　当代创始叙事：当前殖民地世界成为
## 米尔帕·阿尔塔人的"过去"

米尔帕·阿尔塔①是墨西哥城 16 个联邦区之一，联邦区是墨西哥城的政治行政区划。尽管墨西哥首都的人口增长和城市扩张速度惊人，但米尔帕·阿尔塔现在的边界几乎与殖民地时期（1521～1821）一致。它也是墨西哥中部为数不多的由纳瓦特尔土著居民在集体所有制下掌控土地和自然资源的地区之一。

本文的中心议题源于我对米尔帕·阿尔塔居民与当地历史之间社会关系密度进行的人种学分析。当我在该地区进行田野调查时，他们对前哥伦布时期历史的强烈兴趣和热情使我大为震撼。② 后来我意识到，我的许多对话者实际上对那段历史非常熟悉，他们自豪地向我描述那段历史，就好像在谈论自己的事一样。他们对这段历史的高度重视不仅是为了让游客、研究者或参观者受益；也是为了"内部消费"：许多小企业、地方协会和学校名称都采用纳瓦特尔语，也就是"阿兹特克人的语言"。人们讨论这段历史，对某些历史细节表达不同的看法，并批评其他人给出的版本。

这种对前哥伦布时期历史的"痴迷"也源于当地历史扮演的特殊的当代政治角色，这是内部土地争端的结果，至少可以追溯到 17 世纪。米尔帕·阿尔塔有 9 个村庄是在 16 世纪建立或重建的，拥有悠久的历史。他们否认第 10 个村庄——圣·萨尔瓦多·库奥滕科（San Salvador Cuauhtenco）拥有 70 平方公里土地所有权的说法。因此，关于起源的当代地方叙事

---

① 米尔帕·阿尔塔占地 228.41 平方公里。除了属于联邦区的 12 个村庄的 9% 土地已经城市化外，另外 18% 的土地用于放牧，23.5% 用于农业，49.5% 是森林。2000 年，共 96773 名居民，仅占墨西哥总人口的 1%。米尔帕·阿尔塔是墨西哥城人口密度最小的地区，也是首都流动率最低的地区：13.28% 的居民出生在其他地区，而在本地出生的居民中只有 2.72% 生活在其他地区。这与墨西哥其他农村地区形成了鲜明对比，因为农村居民为了提高生活水平通常被迫移民（墨西哥国家统计和地理研究所，2001）。

② Paula López Caballero, "Récits de Fondation, Catégories Identitaires et Disputes pour la Légitimité Politiquea Milpa Alta, DF（XVIIe－XXIe siecles），Ethnographier l'Etat et Historiciser l'ethnicité," *Anthropologie Sociale et Ethnologie*, Paris: École des Hautes Études en Sciences Sociales, 2007.

的各种版本是在那场土地冲突中被阐述和传播的。现今流传的版本是在 20 世纪 30 年代和 40 年代写下来的。① 在这个版本中，有关各方以米尔帕·阿尔塔的前殖民地起源为论据，证明那些有争议的领土确实属于这 9 个村庄。②

故事始于 12 世纪米尔帕·阿尔塔第一批居民的到来。在那个遥远的过去，据说有一群猎人在一位守护神的带领下来到这个地区，他们依据神灵的指示在此定居。随后，另一波来自北方的移民墨西卡人③，在 100 多年后的 13 世纪末期来到墨西哥中部谷地，他们打算统治米尔帕·阿尔塔。据说，原住民很快被纳入墨西卡帝国体系（1325～1521）并且没有发生任何重大冲突。因为作为交换条件，墨西哥 - 特诺奇蒂特兰的特拉托阿尼（Tlahtoa-ni）承认他们的领土边界和对米尔帕·阿尔塔的主权。据说随后出现了一个文明，经济和文化都得到发展。

叙事的剩余部分是关于 16 世纪征服特诺奇蒂特兰的历史。对于这个正在消失的世界，叙事者描述得非常详细，语气中充斥着苦涩与怀念。当西班牙征服的暴力达到顶峰时，米尔帕·阿尔塔这个与世隔绝的和平 "王国"看起来是所有墨西卡贵族和祭司的理想避难所。征服被描述为西班牙人和印第安人之间的 "种族" 战争，在这种观点下，墨西卡帝国的历史成为墨西哥中部谷地所有村庄的历史。

当帝国的首都在 1521 年被西班牙人征服时，米尔帕·阿尔塔的酋长们决心派使者到墨西哥 - 特诺奇蒂特兰与新统治者进行谈判。原米尔帕·阿尔塔人（Milpaltenses）随后同意向西班牙王室和平投降并皈依天主教，以

① 第一个版本可以追溯至 1934 年。参见 Departamento del Distrito Federal, Dirección de Aguas y Saneamiento, *Acueductos de Monte Alegre*, Mexico: Imprenta Mundial, 1934; Francisco Chavira Olivos, "Donde se Relata el Origen de los Habitantes de Milpa Alta," in I. Gomezc'esar, ed., *Historias de Mi Pueblo*, *Concurso Testimonial sobre la Historia y la Cultura de Milpa Alta*, Mexico: Centro de Estudios Históricos del Agrarismo en México, 1992, pp. 20 - 36; A. Godoy Ramírez, *Fundación de los Pueblos de Malacachtepec Momoxco*, Mexico: Editor Vargas Rea, 1953; Cecilio S. Robles, *Breves Datos Históricos de los Nueve Pueblos que Integran la Actual Comunidad de Milpa Alta, Copropietarios de Tierras y Montes según Sus Títulos*, Milpa Alta: Milpa Alta en la Secretaría de la Reforma Agraria, 1948, p. 2。

② 这一叙事产生的背景很复杂，不能在此详细描述。土地纠纷等地方因素的介入、革命后土地分配政策和公共教育政策导致第一批当地知识分子出现并写下了最早的叙事版本。

③ 在法语和英语中描述这个群体的民族名称通常是 "阿兹特克"，指的是它的起源地阿兹特兰。该族群实际上将自己命名为 "墨西卡"。反过来，"纳瓦特尔" 这个民族名称指的是墨西哥谷地所说纳瓦特尔语的族群。

此换取西班牙统治者对他们领土边界和地方自治的明确承认。后来300年的殖民统治对米尔帕·阿尔塔人认同的形成并没有进一步的帮助。与祖先的土地一样，尽管经历了征服和殖民化的暴力，这种认同还是成功地存活到了今天。

根据这个故事，该地区领土和米尔帕·阿尔塔民族都有700年的悠久历史，起源于前哥伦布时期的第一批居民。正是在这一时期，米尔帕·阿尔塔认同或"核心"得以形成。它将今天的居民与西班牙人到来之前生活在那里的印第安人联系起来，使他们对自己的祖先感到自豪。因为米尔帕·阿尔塔曾经是"一个伟大文明"（墨西卡帝国）的一部分，拥有丰富的社会文化。

土著人民在与外部文化接触前就已经形成认同，这种看法现在被认为是不可挑战的，据说这也是米尔帕·阿尔塔人合法性的来源。他们是这些土地的合法主人，因为他们的祖先从远古时期就一直生活在这里。尽管他们被征服，但这块土地几乎一直在同样的人手中。圣·萨尔瓦多·库奥滕科这个"敌方"村庄在征服前并不存在，这证明了其居民的要求是非法的。他们只不过是在殖民地时期来到该地的"暴发户"而已。

这次田野调查对我的人类学研究和我以前对米尔帕·阿尔塔在殖民地时期的历史研究都很重要。在这次档案研究过程中，我还注意到一个不同的创始叙事。[1] 它是在300年前，即17世纪写下来的。在我刚刚重构的创始叙事中，米尔帕·阿尔塔人声称自己拥有前西班牙遗产和起源。但是，我们将看到，在1690年的叙事中，米尔帕·阿尔塔人的认同和他们所宣称的合法性是建立在他们的天主教和殖民地起源的基础上的。

## 二　创始叙事的殖民地版本：基督教起源

米尔帕·阿尔塔创始叙事的殖民地版本位于该地区的"原始所有权凭证"（títulos primordiales）中。这类手稿是仿照西班牙政府用来证明每个印第安村庄土地集体所有权的标准文件编写的，而且很可能是由村里的名人或有文化的人用纳瓦特尔语编写的。这些"凭证"是在土地纠纷中向法庭

---

[1]　Paula López Caballero, *Los Títulos Primordiales del Centro de México* (Introducción y Catálogo), México: Dirección General de Publicaciones/CONACULTA, 2003.

出示的，以弥补 16 世纪原始文件的缺失。[①]

凭证中所包含的信息围绕土地问题展开。它包含了对米尔帕·阿尔塔领土边界的详细描述。但是，不同于殖民地政府起草的文件，凭证也包含了对村庄创始经过的描述，成为村民用来捍卫村庄领土合法性的论据。我想强调的是正是后者使这些文件显现出的独特性和价值。

即使对研究这一时期的专家来说，这些凭证所提供的对历史和殖民地世界的本土解释似乎也是令人不安的，特别是考虑到这些故事与 16 世纪最著名的资料之间存在相当大的差异。根据凭证中的叙事，米尔帕·阿尔塔的起源与西班牙征服和殖民进程密切相关，而对于前西班牙时期则没有进行详细的描述。

在这种说法中，米尔帕·阿尔塔实际上是在村庄守护神的保护下创建的，守护神是当地认同的主要象征，是圣母玛利亚"选择"了米尔帕·阿尔塔的居民作为她的教徒。然后，为了与他们签订契约，她告诉他们在哪里可以找到泉水，没有泉水，村庄就无法建立。作为交换，村民将建造一座教堂，将她作为守护神并举行相关仪式。

---

① 我的研究（Paula López Caballero, *Los Títulos Primordiales del Centro de México*, Introducción y Catálogo, 2003）使我能够汇集 26 份这种类型的文件，这些文件在 17 世纪末至 19 世纪由墨西哥中部高原的村庄提交给管辖法院。大多数文件（17 份）都在墨西哥国家档案馆，1 份在巴黎国家图书馆，1 份在杜兰大学的总督和教会馆中。其他 7 份 20 世纪初发表在专门研究纳瓦特尔语的学术期刊上，它们在发表时没有被归类为"凭证"。关于原始所有权凭证，参见 Gruzinski Serge, *La Colonisation de L'imaginaire: Sociétés Indigènes et Occidentalisation dans le Mexique Espagnol, XVIe – XVIIIe Siècle*, Paris: Editions Gallimard, 1988; Robert Haskett, "Visions of Municipal Glory Undimmed: The Nahuatl Town Histories of Colonial Cuernavaca," *Colonial Latin American Historical Review*, Vol. 1, No. 1, 1992, pp. 1 – 35; James Lockhart, "Views of Corporate Self and History in Some Valley of Mexico Towns in Late Seventeenth and Eighteenth Centuries," in George A. Collier, Renato I. Rosaldo and John D. Wirth, eds., *The Inca and Aztec States 1400 – 1800, Anthropology and History*, New York: Academic Press, 1982, pp. 367 – 393; James Lockhart, "Postconquest Nahua Society and Concepts Viewed through Nahuatl Sources," in James Lockhart, ed., *Nahuas and Spaniards: Postconquest Central Mexican History and Philology*, Stanford: Stanford University Press, UCLA Latin American Center, 1991, pp. 2 – 22; James Lockhart, *The Nahuas after the Conquest: A Social and Cultural History of Indians of Central Mexico 16th through 18th Centuries*, Stanford: Stanford University Press, 1992; Paula López Caballero, *Los Títulos Primordiales del Centro de México*, Introducción y Catálogo; Stephanie Wood, "The Cosmic Conquest: Late Colonial Views of the Sword and the Cross in Central Mexican Titulos," *Ethnohistory*, Vol. 38, No. 2, 1991, pp. 176 – 195; Stephanie Wood, "The Social Against the Legal Context of Nahuatl Títulos," in T. C. Elizabeth Hill Boone, ed., *Native Traditions in the Postconquest World*, Washington DC: Dumbarton Oaks, 1998, pp. 201 – 231.

　　因此在凭证中，泉水的发现、守护神的定义和米尔帕·阿尔塔的建立被描述为相互依存、不可分割的事件。圣母玛利亚在当地起源合法化的过程中起着核心作用，米尔帕·阿尔塔的居民与她建立了一个政治创始契约。由于圣·萨尔瓦多·库奥滕科被排除在这一协议之外，它关于存在争议的领土的权利是不合法的。①

　　那么，在这种说法中，印第安人认同的起源并不像现在认为的那样存在于纯粹的前哥伦布时期；那个遥远的过去不过是一个没有具体参照物的神话般的抽象时间。根据凭证中的说法，米尔帕·阿尔塔的起源是西班牙人到来后所构建的产物。从17世纪开始，米尔帕·阿尔塔的遥远起源被基督教化了，就像天主教的符号被"本土化"一样，或者换句话说，被赋予了土著人口特有的意义和功能。②

　　虽然无法证明这种关于米尔帕·阿尔塔创始的说法在大革命后是否存在，但可以假设圣母玛利亚在20世纪初构建当地的归属感时仍然发挥着核心作用。8月15日的圣母升天节仍然是当地的主要活动之一；今天流传的一些逸事将她的形象与水和生育方面奇迹地联系起来。种族、政治权利、征服和天主教之间的联系当然是革命后墨西哥新专家的首要目标。

## 三　前哥伦布时期：从古代文明到国家遗产

　　米尔帕·阿尔塔人——一类大家都承认的印第安人种（纳瓦特尔人）——认为自己起源于遥远和辉煌的前哥伦布时代，他们为自己的祖先

---

①　正如巴赞（Bazin）解释的那样，这就是神话的"生命力"。"当它不再是一个与它所表达的实际情况隔绝的死文本时，一个神话可以被理解为一种政治话语：它实施了一种修辞，将特定的、党派的利益转化为崇高的、普遍的表达。"参见 Jean Bazin，"Interpréter ou Décrire. Notes Critiques sur la Connaissance Anthropologique," in J. Revel and N. Wachtel, eds., *Une École pour les Sciences Sociales: de la VIe Section à l'École des hautes Études en Sciences Sociales*, Paris：Les Editions du Cerf, Éditions de l'EHESS, 1996, p. 408。

②　在其他地方，我强调了专家们对这些文件"真实性"讨论的局限性，他们认为这些文件是文化适应（因此作者是被动的）或者文化工具化（因此否认任何社会和文化连续性的存在）的表现。相反，我自己的观点是它们表达了对新殖民主义符号的认同，因为它们允许投射该群体当下的需求，如村庄的自治、独立以及对其土地的保护，这反过来又被镌刻在历史的连续性中。参见 Jonathan Friedman, *Cultural Identity and Global Processes*, Londres：Sage Publications, 1994；Paula López Caballero, "Reflexiones en Torno a la Autenticidad de las Tradiciones. Títulos Primordiales y Kastom Polinesia," *Fronteras de la Historia*, 2005/10, pp. 97 – 124。

感到自豪，或者他们宣称自己是那个伟大文明的"继承者"，这些不会让今天的墨西哥人感到惊讶。① 更进一步说，对这两版创始叙事的比较表明，当代版本比凭证版本"更真实"或"更少殖民化"。② 根据我的假设，这是因为地方创始叙事与国家历史，或所有墨西哥人的过去之间存在相似性。③

根据墨西哥的官方历史——学校里教授的版本——国家和墨西哥人民起源于前哥伦布时期，更确切地说，起源于该国中部地区的前殖民地时期。正是这段奇特而遥远的历史奠定了墨西哥国家的根基，它因其富有程度、复杂性和古老性被高度重视。因此，墨西哥国家"个性"的来源在于第一个"主权国家"——墨西卡帝国，它有一套既定的政治制度、明确的领土边界和与众不同的文化。

按照这种解释，西班牙人的到来导致了这种"早期文明"的结束——这是宗教迫害和流行病的结果——并产生了一个由天主教会、宗教裁判所和大地主主导的新时代。因此，有人断言，墨西哥人是混血人种，每个公民都或多或少地承认前西班牙文明是他们遗产的核心部分。此外，许多墨西卡符号现在已经成为国家象征，特别是国家的名称——"墨西哥"——是借用了旧帝国首都的名字。同样，出现在国旗上的国徽——一只栖息在仙人掌上吃蛇的老鹰——是一个神迹，据说是它告诉阿兹特克人在哪里建立他们的首都。④

这种叙事——国家创始神话——可以说是线性的，因为每一个序列都在绝对意义上取代了前一个序列。它也是中央集权主义的，因为它假定所

---

① 米尔帕·阿尔塔的居民与阿兹特克文明之间的联系更加明显，因为他们说的是一种"更纯粹"的纳瓦特尔语（即更接近 16 世纪的记载）。语言学家和人类学家将他们归为"阿兹特克人的继承人"。参见 Paula López Caballero，"Mexicains sans être Métis, Autochtones sans être Indiens. Variations dans la Représentation de soi chez les Originarios de Milpa Alta（Mexico），1950 – 2000，" in N. Gagné and T. Martin et M. Salaün, eds., *L'autochtonie en Question: Regards Croisés France, Québec*, Laval：Université de Laval，2008。

② 矛盾的是，这似乎颠覆了人们对"传统"这一概念的普遍态度：当代叙事似乎比古老叙事更加"传统"。

③ 关于这一假设更完善的版本，参见 Paula López Caballero, "Récits de Fondation, Catégories Identitaires et Disputes pour la Légitimité Politiquea Milpa Alta, DF（XVIIe – XXIe siecles），Ethnographier l'Etat et Historiciser l'ethnicité" *Anthropologie Sociale et Ethnologie*, Paris：École des Hautes Études en Sciences Sociales，2007。

④ Alfredo López Austin，"El Águila y la Serpiente," in E. Florescano, ed., *Mitos Mexicanos*, Mexico：Aguilar，1995，pp. 15 – 20。

有墨西哥人的过去都与墨西哥－特诺奇蒂特兰的历史相对应。也就是说，所有墨西哥人的过去都对应墨西哥城谷地这一特定区域以及碰巧统治他们所发现的帝国中的那些墨西卡人。最后，它是"制度主义"的，因为它事实上重构了国家作为一个中央集权的政治力量的历史。

但是，这段历史所确立的墨西哥人的过去并不总是这样的。[①] 正如我们看到的，在 1910～1917 年革命后，国家试图通过支持前西班牙时期历史的方式使殖民地史"黯然失色"，从而建立对合法历史的垄断。如果我们要理解米尔帕·阿尔塔创始历史和国家历史的变化，必须发展和理解两个主要过程：第一个过程与国家历史的转变有关，前哥伦布文明是如何成为国家历史中的一个辉煌"舞台"的，那段历史的起源是什么；第二个过程与这个"新过去"的当代意义有关，它是一种遗产。前哥伦布文明是如何与当代印第安人相联系的？当这段历史被恢复为国家"活着的过去"的时候，"作为印第安人"的主要价值是如何成为遥远的过去的事情的？

为了回答这些问题并理解米尔帕·阿尔塔创始叙事的历史变化，观察墨西哥国家历史的起源和国家起源在不同时期的表现方式可能是有益的。

## 四　前哥伦布时期的历史如何成为所有墨西哥人的过去

我们必须在跨国背景下阐述国家历史和土著主义的"墨西哥性"（Mexicanity）。在 19～20 世纪的国际环境下，民族国家成为占主导地位的政治形式，民族主义成为其固有的表达方式，几乎是"现代性的本体论前提"[②]。根据这个世界范式，正如考古学和人种学所说明的那样，每个民族国家都

---

① 正如罗杰·巴特拉（Roger Bartra）所指出的，民族神话"似乎没有历史；民族价值似乎已经从祖国的天空中'坠落'，成为凝聚所有墨西哥人灵魂的统一实体"。沃勒斯坦（Wallerstein）在谈到这种"非历史性"时说，"过去通常被认为是一成不变的"。参见 Roger Bartra, *La Jaula de la Melancolía: Identidad y Metamorfosis del Mexicano*, México: Grijalbo, 2003, p. 106; Immanuel Maurice Wallerstein, "La Construction des Peuples: Racisme, Nationalisme, Ethnicité," in Étienne Balibar and Immanuel Maurice Wallerstein, eds., *Race, Nation, Classe, Les Identités Ambiguës*, Paris: La Découverte, 1997, p. 106.

② Mauricio Tenorio Trillo, *De Cómo Ignorar*, Mexico: Centro de Investigaciones y Docencia Económicas, Fondo de Cultura Económica, 2000, p. 74.

被认为有一个"历史核心"。这一"历史核心"既是其政治主权的来源，也体现在同质的、单一的人民实体身上。① 捍卫和稳定这一国家主权不仅包括对国家领土的控制和改善公民的生活条件，还涉及寻求一个新国家可以利用的"主权"历史时期。

在墨西哥，这段历史的起源可以上溯至 16 世纪，或追溯到征服墨西哥的军事行动结束后不久。正是在第一代克里奥尔人（在美洲出生的西班牙人后代）中，开始出现一种"特别的墨西哥意识"②。这种意识基于对西班牙起源的拒绝和对前哥伦布时期历史的认同。有趣的是，这种认同从未与那些在征服中幸存下来的印第安人有任何联系。

在殖民地时期结束时，即 19 世纪初，前西班牙时期已经成为类似于欧洲古代史中的"经典的古代"③。然后，在 19 世纪 20 年代，一种"印第安人式的民族主义"④ 开始形成。由于克里奥尔起义者为了使独立合法化而对其进行了重新审视，前西班牙时期因此具有了一定意义。克里奥尔精英将独立战争描述成解放一个自征服以来被外国势力占领的国家；这样一来他们将 300 年后的自己定义为征服时期受害者的继承人。因此，他们认为独立是他们的历史复仇。然而，这种联系绝不意味着涵盖当代土著人。相反，在他们看来，土著人民代表了殖民地政权留下的所有恶习：无知、不道德和被动。

此后不久，从 19 世纪 40 年代开始，国家精英在独立战争中发现了更适合代表国家及其起源的英雄万神殿和一系列光荣事迹，这也意味着他们放弃了将前哥伦布时期作为国家遗产。事实上，赋予前西班牙时期国家起源的角色，既与同一批克里奥尔精英宣称的西班牙起源相冲突，也与这些精英将当代印第安人视为"野蛮人"的形象相冲突。

---

① 早在 19 世纪，特别是在欧洲，社会的主导原则认为种族混合或混血是堕落或"精神深渊"的一种形式。参见 Pierre André Taguieff, *Le Racisme*, Paris：Flamarion, 1997；Pierre André Taguieff, *La Couleur et le Sang: Doctrines Racistes à la Française*, Paris：Editions Mille et une nuits, 1998。

② David Anthony Brading, *The Origins of Mexican Nationalism*, Cambridge：Cambridge University Press, 1985.

③ 这种观点可以参见 Carlos María de Bustamante, *Mañanas de la Alameda de México*, México：Instituto Nacional de Bellas Artes, 1986。

④ Rebecca Earle, *The Return of the Native: Indians and Myth‐making in Spanish America, 1810‐1930*, Durham, NC：Duke University Press, 2008.

对殖民地史的不同看法在克里奥尔精英中引起分歧。保守派认为西班牙帝国和天主教会具有"教化"作用，因此他们将国家起源追溯到哥伦布发现美洲或科尔特斯对特诺奇蒂特兰的胜利。自由主义者受到法国大革命扫除旧政权的影响，也将殖民地史一扫而空，认为它"不过是一个由宗教裁判所控制的巨大修道院"[①]。至于前哥伦布时期，保守派和自由派都认为墨西卡人不过是受迷信和帝国暴政影响的"野蛮人"。

这些关于殖民地史的观点与对待天主教会及其政治权力的不同态度相对应。事实上，自19世纪50年代以来主宰国家领域的自由主义认为制度性宗教是阻碍国家经济发展的主要障碍之一（1857年国家颁布自由主义法律，禁止宗教团体拥有财产，宗教团体和世俗神职人员因此被剥夺了所有的财富）。同时，影响19世纪墨西哥国家形成的另一个全球化因素是对国家主权领土的捍卫（美国在1844~1848年吞并了墨西哥一半以上的领土；法国在1862~1867年入侵墨西哥并扶持了一个奥地利皇帝）。这种全球化背景可能部分解释了政治精英重视前殖民地历史，他们将其作为国家主权受到多重攻击的一种防御性反应。

克劳迪奥·洛姆尼茨（Claudio Lomnitz）强调了外国探险家和旅行者所扮演的角色，特别是他们对新国家未来的悲观态度，因为这个国家没有自己的"精神"，也没有"真正"的人民。[②] 洛雷娜·阿尔瓦拉多（Lorena Alvarado）也强调了欧洲种族主义辩论对墨西哥的影响，特别是关于贬低"混血种族"的辩论。[③] 针对"单一种族"在现代国家发展中占据主导的理论，一些墨西哥知识分子试图提供"科学"证据，证明"印第安种族"是土生土长的，不是从亚洲迁移过来的。他们是纯粹的，因此可以成为自豪的来源，就像西班牙"种族"一样。

毛里西奥·特诺里奥·特里略（Mauricio Tenorio Trillo）论证了前

---

① David Anthony Brading, *The Origins of Mexican Nationalism*, Cambridge: Cambridge University Press, 1985, p. 100.

② Claudio Lomnitz, "Bordering on Anthropology: Dialectics of a National Tradition," in Benoît de L'Estoile, Federico Neiburg and Lygia Sigaud, eds., *Empires, Nations and Natives. Anthropology and Statemaking*, Durham, NC: Duke University Press, 2005, pp. 167–196.

③ Lorena Alvarado, "Mexique: La Naissance d'un Mythe National. Métissage et Modèles Racialistes Européens dans la Pensée de deux 'Nation–Builders'à la fin du XIXe Siècle: Riva Palacio et Justo Sierra," *DEA de Pensée Politique*, Paris: Sciences Po, 2001.

哥伦布时期作为墨西哥人民原始起源和"历史核心"的声誉是如何被恢复的。[1] 当墨西哥参加世界博览会时，欧洲人对异国情调的追求鼓励墨西哥馆的设计者利用他们的"古代遗物"颂扬前哥伦布时期的历史。

然而，这种对前哥伦布时期历史的回顾并没有产生与当代印第安人的任何联系。[2] 正如丽贝卡·厄尔（Rebecca Earle）所指出的，"随着考古学学科的发展，征服前的素材越来越被视为'史前'的一部分"。[3] 在革命前夕，人们对前西班牙文明的兴趣是"科学的"而非"历史的"。在博物馆中，前哥伦布时期的物品与化石和其他"史前"工具一起被展出。相比之下，国家历史涵盖非印第安人和征服后的物品，这些物品来自墨西哥已经存在文字的年代。矛盾的是，当时的印第安人和政治精英都没有将这些文明作为遗产，而且后者明确宣称继承了西班牙遗产。

1910～1917 年革命后，将前哥伦布时期的历史描述为一个伟大文明（拥有先进而复杂的社会和政治制度）的早期尝试被广泛传播，这主要归功于曼努埃尔·加米奥（Manuel Gamio），他是一名考古学家和人类学家，接受过弗朗茨·博阿斯（Franz Boas）的培训，是教育部人类学学科的负责人。加米奥首先在《锻造祖国》（*Forging the Fatherland*，1960［1916］）中提出了自己的论点，该书是关于墨西哥土著政治的奠基之作，然后在他的关于特奥蒂瓦坎的考古学和民族学项目报告（1922）中提出了自己的观点。像他的前辈一样，加米奥强调了前西班牙文明的伟大。将特奥蒂瓦坎的废墟变成一个考古遗址——墨西哥最伟大的公共纪念碑和国际公认的旅游景点，他还试图阻止前哥伦布时期历史被当作野蛮人的历史而被否定。

发掘工作使该地区的人种学研究得到了补充。这一研究背后的主导思想是加米奥坚信当代印第安人可以成为现代化的主体，因为他们"拥有"这一光荣的遗产，尽管它已被四个世纪的压迫和无知所侵蚀。因此，革命政府的任务是唤醒他们，以激发整个国家的活力。至此，前西班牙文明与当代印第安人之间的联系首次被确立。这一学说被制度化为政府政策，被

① Mauricio Tenorio Trillo, *De Cómo Ignorar*, Mexico: Centro de Investigaciones y Docencia Económicas, Fondo de Cultura Económica, 2000.

② Federico Navarrete, *Las Relaciones Interétnicas en México*, Mexico: UNAM, 2004.

③ Rebecca Earle, *The Return of the Native: Indians and Myth - making in Spanish America, 1810 - 1930*, Durham, NC: Duke University Press, 2008, p.156.

称为"官方的土著主义"（official indigenismo）①。

因此，将遥远的前哥伦布时期纳入国家历史年表并不是由革命后的政权凭空创造的，尽管该政权在全体人民中系统地传播了它。在人类学家和知识分子的宝贵帮助下，尽管与"官方的土著主义"政策有关，但它确实带来了真正的突破。以前被视为考古文物的前哥伦布时期文明，现在成为墨西哥人的真正遗产。这种光荣的遗产据说在印第安人中更加鲜活，他们在过去和现在都与前哥伦布时期的文化有关，因此作为有价值的构成要素被纳入国家。②

## 五　殖民地遗产、前西班牙遗产

革命后的20世纪20年代，政治精英需要重建国家。除了政治派系之间的竞争、领土的分裂和实施土地改革的困难所引发的冲突外，知识分子和政治精英的主要关注点之一是如何将45%具有印第安血统而且不会说西班牙语的人口纳入国家并实现他们的"现代化"。冲突的另一个原因，至少在1940年之前，是教会在公共空间和市民生活（出生、结婚、死亡和教育）中无法回避和不可挑战的存在，这对国家成为权威和民族性主要来源的能

---

① 土著主义标签涵盖了对印第安人和国家的一系列观点和立场。它们的共同点是都代表了一项混血精英计划，他们希望通过国家倡议的方式将印第安人融入国家发展进程。参见 David Brading, "Manuel Gamio and Official Indigenismo in Mexico," *Bulletin of Latin American Research*, Vol. 7, No. 1, 1988, pp. 75 – 89; Marco A. Calderón, "Festivales Cívicos y Educación Rural en México: 1920 – 1940," *Relaciones* XXVIII, Vol. 106, 2006, pp. 17 – 56; Alex Dawson, "From Models to the Nation to Model Citizens: Indigenismo and the 'Revindication' of the Mexican Indian 1920 – 1940," *Journal of Latin American Studies*, Vol. 30, No. 2, 1998, pp. 279 – 308; Guillermo De la Peña, "A New Mexican Nationalism? Indigenous Rights, Constitutional Reform and the Conflicting Meanings of Multiculturalism," *Nations and Nationalism*, Vol. 12, No. 2, 2006, pp. 279 – 302; Henri Favre, *L'indigénisme*, Paris: Presses Universitaires de France, 1996; Cynthia Hewitt de Alcántara, Imágenes del Campo, *La Interpretación Antropológica del México Rural*, México: Centro de Estudios Sociológicos, El Colegio de México, 1988; Alan Knight, "Racism, Revolution and Indigenismo: Mexico 1910 – 1940," in R. Graham, ed., *The Idea of Race in Latin America*, Austin: University of Texas Press, 1990, pp. 71 – 113.

② 特别是那些中部高原的人。周边的印第安人群体，如雅基人（Yaquis）、维乔尔人（Huichol）和玛雅人（Mayans）仍被视为"野蛮人"。参见 Alex Dawson, "From Models to the Nation to Model Citizens: Indigenismo and the 'Revindication' of the Mexican Indian 1920 – 1940," *Journal of Latin American Studies*, Vol. 30, No. 2, 1998, pp. 279 – 308.

力构成了挑战。现在让我们试着看看革命后的精英在试图阐述国家历史时面临的这两个主要挑战。

由于曼努埃尔·加米奥的考古学和人种学工作，金字塔的建造者和特奥蒂瓦坎的当代居民共享某种精练的文化精髓的想法正在获得支持。根据土著主义者的论点，正是这种超越历史的精髓使印第安人成为"现代化"的潜在主体。另一些人则进一步断言，原住民和他们的前西班牙祖先所共有的基本品质实际上是墨西哥身份中"最墨西哥"和"本土"的元素。从这个角度来看，印第安人不仅是可以融入国家的人，也是墨西哥其他公民必须遵循的典范。[①]

画家古斯塔沃·穆里略（Gustavo Murillo）和人类学家乔治·恩西斯科（Jorge Encisco）等大众文化的捍卫者也提倡将印第安人作为前西班牙历史核心的化身，然后作为真正墨西哥性的代表。这些知识分子通过使大众艺术成为"真正的国家艺术"，促进了对印第安文化表达的认可。[②] 根据这些知识分子的观点，这种艺术生产的真实性在于"一种特殊的存在方式，与生产者的特质密切相关"。从这个角度来看，工匠们"拥有与生俱来的技能，因为他们在种族上是本土的，在文化上是原始的"[③]。

但即使在印第安人"遗迹"更容易被发现的艺术领域，"印第安人日常生活中最珍贵或最具价值的东西是什么"这个关键问题仍然没有得到回答，即使对土著主义最热心的捍卫者来说也是如此。事实上，像曼努埃尔·加米奥这样的土著人类学家断言，他们在观察中遇到的印第安人似乎过着"机械的、晦涩的和痛苦的生活"，产生了"被混合的、有缺陷的文化所支配的奴役性人口"。[④] 加米奥认为，这种"颓废"的原因在于征服和三个世纪的西班牙殖民统治。

---

① Alex Dawson, "From Models to the Nation to Model Citizens: Indigenismo and the 'Revindication' of the Mexican Indian 1920 – 1940," *Journal of Latin American Studies*, Vol. 30, No. 2, 1998, pp. 279 – 308.

② Rick A. López, "The Noche Mexicana and the Exhibition of Popular Arts: Two Ways of Exalting Indianness," in M. K. Vaughan and S. E. Lewis, eds., *The Eagle and the Virgin: Nation and Cultural Revolution in Mexico 1920 – 1940*, Durham, NC: Duke University Press, 2006, pp. 23 – 42.

③ Rick A. López, "The Noche Mexicana and the Exhibition of Popular Arts: Two Ways of Exalting Indianness," in M. K. Vaughan and S. E. Lewis, eds., *The Eagle and the Virgin: Nation and Cultural Revolution in Mexico 1920 – 1940*, Durham, NC: Duke University Press, 2006, p. 39.

④ Manuel Gamio, *Forjando Patria*, Mexico: Porrúa, 1960, p. 83.

　　因此，土著主义者对印第安社会现实的看法有些悲观，宗教、依附性和缺乏任何"自己的身份"是殖民地遗产的一部分，并被认为是限制他们融入国家和实现"现代化"的障碍。尽管如米尔帕·阿尔塔原始所有权凭证所示，原住民信奉的天主教已被改编并注入了印第安人的价值观，有时还加入了印第安主题的内容。①

　　根据人类学家曼努埃尔·加米奥等人的说法，问题在于天主教会只是利用印第安人建造宏伟的教堂和修道院，它甚至没有正确地传播天主教教义。因此，印第安人"信奉一种粗糙的多神教……是迷信和偶像崇拜的奇怪混合体，与罗马天主教的原则相去甚远"②。因此，他在印第安人中发现的宗教热忱被看作教会无穷力量的证明。20世纪40年代，另一位人类学家和土著主义者安东尼奥·卡索（Antonio Caso）也提出了类似的观点：400年来，即使是原住民文化中最崇高的元素也被摧毁了，但只有在对促进他们主人的利益至关重要的时候，它们才会被我们（欧洲）的价值观替代。任何原住民政策的首要目标必须是对这种不公正进行补偿。③

　　人类学家对天主教的拒绝与政治精英中占主导地位的反教权主义是一致的。从19世纪开始，自由主义者捍卫了对天主教会的批判立场，但到了1914年，这种和解性的反教权主义已经变成了对牧师和制度性宗教的公开斗争。20世纪20年代，因为在经济方面囤积巨额财富以及在意识形态方面进行"精神控制"，天主教会被视为进步的主要障碍之一。但是，这种反教

---

①　在许多情况下，这种宗教狂热促进了印第安宇宙观和文化表达的传播。一个例子是，守护神体现了他们的族裔性和对村庄的领土权。关于这个问题，参见 James Lockhart，"Postconquest Nahua Society and Concepts Viewed through Nahuatl Sources," in James Lockhart, ed., *The Nahuas after the Conquest: A Social and Cultural History of Indians of Central Mexico 16th through 18th Centuries*；或正在出版中的 Federico Navarrete，"El Culto a los Santos Patronos y la Resistencia Comunitaria: la Compleja Relación entre la Cristiandad y la Búsqueda de Identidades Indígenas en el México Colonial," in Carlos Mondragón, ed., *El Cristianismo en Perspectiva Global: Impacto y Presencia en Asia, Oceanía y las Américas*, Mexico: El Colegio de México. 在一些极端的案例中，天主教被采纳并适应了当地的利益和逻辑，或者被用来为印第安人的叛乱辩护，参见 García de León, *Resistencia y Utopia*, Mexico: ERA, 1985；Victoria Reifler Bricker, *The Indian Christ, the Indian King: The Historical Substrate of Maya Myth and Ritual*, Austin: University of Texas Press, 1981。

②　Manuel Gamio, *Forjando Patria*, Mexico: Porrúa, 1960, p. 85.

③　Alfonso Caso, "Definición del Indio y lo Indio", *América Indígena*, 1948, p. 247.

会的意识形态是政治和城市精英的特征而不是农村人口的特征。①

正如我试图表明的那样，土著主义不仅将印第安人描述为一个可以被现代性"救赎"的主体，而且还是整个社会的典范。② 然而，在土著主义者遇到的"现实"中，找寻前哥伦布时期历史本质的人种学证据被证明是一项困难的任务。这种本质似乎被"淹没"在一种文化中，人们认为这种文化已经被三个世纪的天主教和殖民统治导致的无知所"劣化"和污染。

那些被视为前西班牙世界"继承者"的印第安人所留下的当代活遗产，实际上是 300 年殖民统治的产物。③ 问题是革命之后，在负责"创造"国家社会的人类学家和神学家眼中，殖民地遗产没有合法性。事实上，几乎所有印第安人的社会文化习俗和物质文化，都是 400 年来与西班牙人和梅斯蒂索人乃至非洲人和东方人（包括中国人和菲律宾人）互动和交流的产物，这些变得不合法和不可见了。这笔遗产必须成为过去。

矛盾的是，在这些思想家看来，前哥伦布时期的历史在当代墨西哥没有真正的"继承人"（我们姑且这么说）。现在，因为那遥远的过去成为墨西哥土著人口的合法遗产，对前西班牙文明的引用成为新的——也是唯一的——用来"衡量"其真实性程度的指标。

在这方面，D. 布拉丁（D. Brading）对曼努埃尔·加米奥的工作进行了评论："尽管加米奥肯定土著居民保留了阿纳瓦克（Anáhuac）文化，但他自己的证据显示，是殖民地时期构成了一个活着的过去……墨西哥官方土著主义的最终和自相矛盾的目的是……摧毁在殖民地时期出现的土著文化。"④

矛盾的是，印第安人可以作为被"提升"和"现代化"的主体进入国家，但只能通过"过去的大门"。也就是说，那些在 20 世纪被视为印第安

① Alan Knight, *La Revolución Mexicana*, Ciudad de México: Fondo de Cultura Económica, 2010, p. 846.

② Alex Dawson, "From Models to the Nation to Model Citizens, Indigenismo and the 'Revindication' of the Mexican Indian 1920 – 1940," *Journal of Latin American Studies*, Vol. 30, No. 2, 1998, pp. 279 – 308.

③ 即使是本土语言也是如此，因为大部分的本土语言在被征服后都有一定程度的修改。由于强调的是"古典"语言的"稳定"形式，它们的历史转变被视为"损失"或"变形"。

④ David Brading, "Manuel Gamio and Official Indigenismo in Mexico," *Bulletin of Latin American Research*, Vol. 7, No. 1, 1988, p. 88.

人的群体只能通过与前哥伦布时期之间虚拟的血统联系进入国家。从这一刻起，尽管经历了 400 年的交流和转换，已经成为所有墨西哥人独特遗产的前殖民地时期的历史必须由"印第安人"来体现。

## 六　从处女地到阿兹特克帝国：地方叙事和国家叙事

在米尔帕·阿尔塔的原始所有权凭证中，前哥伦布时期只是作为一个模糊不清的时代而被提及。相比之下，该地区 9 个村庄创建和巩固的决定性时刻是西班牙征服时期。然而，在当代叙事中，作家们采用了官方民族主义叙事提出的价值观和团结精神。在 20 世纪，17 世纪创建米尔帕·阿尔塔的殖民地契约变成了民族国家的契约：当地历史认可新民族主义话语所规定的原则和价值观，部分原因在于这种新的话语提供了一种可能性，使米尔帕·阿尔塔而非圣·萨尔瓦多·库奥滕科是该地领土合法所有者的论据得以维系。

在这个意义上，可以认为后革命国家意识形态项目成功地实现了它的目标，即构建一个它拥有某种"合法垄断权"的过去。这是一个天主教会和殖民地遗产几乎消失的过去，这是一个与民族国家对主权的追求相一致的过去。正是这种过去造就了人民对国家的团结和忠诚。

米尔帕·阿尔塔的例子也表明，后革命政权提倡的国家主义历史也助长了地方问题意识和身份认同的形成。例如，过去的"变化"并不妨碍米尔帕·阿尔塔人将自身特殊和直接的关注点穿插进去，特别是他们自古以来对该地领土的合法所有权，这是他们与邻村圣·萨尔瓦多·库奥滕科地方冲突的核心。这场冲突在两版叙事中都有提及。

因此，将（民族国家）"强迫"与（当地居民）"抵抗"进行对比的普通解释模式并不适用于本案例。相反，关于米尔帕·阿尔塔起源叙事的变化实际上是为了认可当地的问题，而不是质疑它们的真实性。国家对合法历史的垄断似乎比乍看之下更加片面和细致。事实上，这个国家编年史在地方上被一个支持地方利益的版本所认可。

正如我所说，米尔帕·阿尔塔人过去的这些变化与墨西哥国家历史的重塑是一致的，并从后者中得到解释。在 1910 年革命的转折点上，殖民地遗产的负担被压制了，前西班牙时期印第安人的过去被誉为一个辉煌的时代，国家在其中找到了自己的起源。对于活着的印第安人来说，宏伟的金字塔时代是他们进入这个国家的"入场券"：他们是这些文明精髓的主要"监护人"，这些文明现在已经成为整个国家的遗产。

正如我之前提到的，这种意识形态操作可以与"一杆两球"联系起来。首先，通过与早期的前西班牙文明建立联系，它创造了一个理想化但"可接受"的印第安人形象。此外，土著主义政策可以被政治精英"安全地采纳"，因为它不是由印第安人直接施加压力产生的结果。① 事实上，这些人口并没有作为"印第安人"参与革命产生的社会契约；所谓的印第安人并没有表达任何"印第安人的意识"，也没有要求任何具体的权利。但是，在寻找前西班牙过去"纯正"遗迹的过程中，以多重交换和突变为特征的当代原住民社会文化实践失去了所有的合法性。在这些方面，作为"印第安人"就成了一种乌托邦，一种事实上不可能由任何继承人完全体现出来的模式。

将前殖民地的历史作为墨西哥人的新遗产使创造一种"民族教育学"成为可能。在这种教育学中，教会和普遍的宗教信仰被视为外国强加的，不是"我们的"或"真正的墨西哥的"。由于它们的贬值，大量社会文化习俗可以被合法地驱逐出公共空间，天主教会的强大权力也受到攻击。墨西哥人在过去 400 年中形成的遗产，只获得了与当代墨西哥无关的过去的地位。

最后，这种意识形态操作不仅意味着对历史，也意味着对社会的真正重塑。我们已经看到，通过将前殖民地史作为国家起源和当代墨西哥的主要遗产，国家历史被"扩大"了。在这一过程中，国家"主体"也被扩大，为印第安人进入提供了空间。我已经注意到国家的这种"扩张"所固有的悖论：印第安人身份的合法性取决于他们与过去的联系，而在日常实践中，这种联系更为复杂和矛盾。

因此，20 世纪 20 年代的土著主义者，或今天的米尔帕·阿尔塔人，肯定会对一个以"殖民地"或"天主教"的血统来要求合法性的印第安人社区做出惊恐的反应或露出家长式的微笑。正如支持米尔帕·阿尔塔的两种说

① Alan Knight，"Racism，Revolution and Indigenismo，Mexico 1910 – 1940，" in R. Graham，ed.，*The Idea of Race in Latin America*，Austin：University of Texas Press，1990，p. 77.

法所表明的那样，继续成为印第安人唯一的办法就是改变：在 20 世纪的墨西哥，印第安社区已经不可能将自己的起源定位在殖民地时期了。

从这一分析中可以看出，对墨西哥这样的后殖民地国家而言，在审查殖民地遗产管理的时候，必须同时展开对前殖民地遗产以及当代对其利用的分析。事实上，政治精英认为殖民地遗产是国家发展的障碍，因此新兴国家必须被赋予一个独特的、丰富的、主权的、与现代民族国家政治项目相一致的过去。

这种类型的社会工程还表明，"遗产"可以从不同的过去中汲取，反过来，它们也可以变成"过去"。我试图证明，20 世纪初墨西哥大部分人口的活遗产都被"转化"为过去。同时，一个没有真正当代意义的遥远过去被"提升"至遗产的地位。这种可塑性表明，只有当我们考虑到它们的历史维度和相互之间不可避免的互动时，"遗产"和"过去"两个概念才变得有意义。

最后，我不想把被民族主义意识形态所激发的对前哥伦布时期的理想化形象与对殖民地时期的理想化形象进行对比，我只想指出，源自前殖民地时期的虚拟血统确实将印第安人变成了可以被现代化并融入国家的主体。然而，他们没有权利成为历史主体，因为任何对"他们的文化"的修改都被视为一种损失。也许有一种不同的方法，即真正整合他们的历史和转变，可以使人们对印第安人在国家当代生活中的存在持不同的看法。

［作者简介：宝拉·洛佩兹·卡瓦列罗（Paula López Caballero），人类学博士，墨西哥国立自治大学教授，国家一级研究员；

译者简介：刘颢，南开大学世界近现代史研究中心和拉丁美洲研究中心博士研究生］

# 资本家与政治家：墨西哥革命中的索诺拉领导人

〔美国〕尤尔根·布切诺，王　盼　译

**内容提要**：本文分析了墨西哥革命中的政治腐败，主要关注 1920～1934 年这一时段，当时一个来自西北部索诺拉州的派系控制了正在从十年内战中恢复的墨西哥。我们具体考察奥夫雷贡、卡列斯和罗德里格斯将军的私人财富，表明索诺拉人参与了腐败资本的积累，但成果相对有限。新上台的执政精英在经济上已经处于优势地位，他们的财富积累表明革命在促进经济正义方面总体上失败了。鉴于国家需要解决土地问题，获取土地被证明是十分困难的。在 20 世纪 20～30 年代，索诺拉人不可能为了自己的利益简单地夺取敌人的土地以供自己使用而不产生重大影响。

**关键词**：腐败　革命　政党分赃制　庇护主义　墨西哥

20 世纪末，墨西哥流传着一个关于墨西哥皇帝夸乌特莫克（Cuauhtémoc）最后悲惨日子的笑话，他在西班牙征服期间被俘，抓住他的人反复用热炭烧他的脚，希望他能说出所谓的巨大宝藏的位置。正如笑话中所说的那样，三名守卫被分配看守这位前皇帝，而且轮流值班，其中一人可以在任意时间选择休息，另外两人则负责折磨夸乌特莫克。但是有一天，他们中的一个人离开了同伴去方便，当他回来时，发现夸乌特莫克已经死了，另一个守卫坐在尸体旁边面无表情。他问他的同伴："宝藏在哪里？""他没说。"在夸乌特莫克死前陪在他身边的守卫说道。然而，这位守卫后来成为新西班牙最富有的人之一。这故事所说的就是，腐败是如何来到我们现在所知的墨西哥的土地上的。①

这个故事揭示了一个核心主题就是墨西哥和其他拉美国家的腐败。在墨西哥的视角下，政治学家詹姆斯·C. 斯科特（James C. Scott）所说的"公开剧本"（public transcript），也就是"占据支配地位的精英们在人们眼中的自我描绘"，②意味着民众对作为国家金融和政治道德守门人的根本不信任。根据奥克塔维奥·帕斯（Octavio Paz）的开创性作品《孤独的迷宫》（当然，这部作品充满了宏大叙事的夸张和刻板印象），西班牙对土著居民的奴役以及近乎使其灭绝，是其国家历史上的一个核心悲剧，以至于在征服后的公共生活各个方面都留有痕迹。

在这种叙事中，不服从和腐败成为应对威权体制的手段。例如，一位西班牙总督对他如何统治一个远离西班牙、充满反叛的殖民地的所谓解释是，据说他在提到遥远的国王时说："我服从，但我不执行。"这意味着，国王的所有臣民——或者说墨西哥的所有公民——都在为了生存而竭尽全力，只是名义上去遵从法律和规范。

事实上，腐败是拉丁美洲经济和政治生活的一个中心主题，观察家和学者们都下意识地承认腐败的存在。正如阿根廷记者兼剧作家马里奥·迪亚蒙特（Mario Diament）所言，"拉丁美洲的腐败不仅是一种社会偏差（social deviation），也是一种生活方式"。③ 1910 年的墨西哥革命就是迪亚蒙特这句话的一个很好的例子，它是由农业和政治改革者联盟发起的，旨在推翻波菲里奥·迪亚斯（Porfirio Díaz）总统长期的独裁统治。这场 20 世纪的第一次社会革命在开始时充满希望，但在 1920 年，在西北边境的索诺拉州军事领导人组成的联盟带领下，迎来了一个新的资产阶级国家。强大的地方军阀（warlords）积极捍卫自己的地位，墨西哥西部、中部和东南部的大部分地区的一系列的叛乱造成了严重破坏，这个国家仍然很脆弱。在民众主义总统拉萨罗·卡德纳斯（Lázaro Cárdenas）上台前，墨西哥在实现 1917年革命宪法的承诺上进展缓慢，这些承诺包括全面的土地改革、没收外国

---

① 这是 1525 年西班牙人处决夸乌特莫克的另类历史（alternative history）的一个例子。

② James C. Scott, *Domination and the Arts of Resistance*, *Hidden Transcripts*, New Haven：Yale University Press, 1990, p. 18.

③ Walter Little and Eduardo Posada – Carbó, eds., *Political Corruption in Europe and Latin America*, London：Palgrave Macmillan, 1996, p. 10.

人拥有的财产、罢工和给予集体谈判的权利。这场革命产生了一个由西北部索诺拉州领导人组成的新统治集团，而在此之前，这个州在国家政治中没有发挥任何重要作用。1920～1934年，六位总统中有四位[①]来自索诺拉州，其中卡列斯在担任总统后享有大量的非正式权力，他获得了"最高首领"（jefe máximo）的称号，即墨西哥革命的最高领袖。[②] 虽然在迪亚斯的长期独裁统治下，其执政精英中只有一个索诺拉人[③]，但到了1930年，这个人口不足2%的州中的索诺拉执政精英却在全国政治精英中占11.4%。[④]"索诺拉王朝"[⑤] 的上位与政治腐败是分不开的。索诺拉集团还包括十几位担任省长、将军和内阁成员的次要人物，这些人物之间既存在政治联系，也存在商业联系。史学界对于索诺拉人巨大的财富众说纷纭，尤其是革命中最重要的独裁者奥夫雷贡（Obregón）将军的农业企业，以及据称是墨西哥第一位"百万富翁总统"的罗德里格斯（Rodriguez）将军的财富。此外，索诺拉集团还企图垄断国家政治权力。

奥夫雷贡钦点了卡列斯作为他的继任者，而卡列斯身为"最高首领"，他让总统帕斯夸尔·奥尔蒂斯·鲁维奥（Pascual Ortiz Rubio）将军下台后，让罗德里格斯担任下一任总统。1950年，奥地利裔美国历史学家弗兰克·坦南鲍姆（Frank Tannenbaum）将革命的后果描述为"堕落和阴霾的岁月"，并指责政治领导人对"财富和权力"的追求。坦南鲍姆抨击卡列斯的非正式统治。[⑥] 美国教科书在最近的一版中也表示赞同：革命和革命领导人发生了一些

---

① 分别是阿道弗·德·拉·韦尔塔（Adolfo de la Huerta）、阿尔瓦罗·奥夫雷贡（Alvaro Obregón）、普卢塔科·埃利亚斯·卡列斯（Plutarco Elías Calles）、阿维拉多·罗德里格斯（Abelardo Rodriguez）。

② Arnaldo Córdova, *La Revolución en crisis: La aventura del maximato*, México Ciudad: Cal y Arena, 1995.

③ 即副总统雷蒙·科拉尔（Ramón Corral）。

④ Peter Smith, *Labyrinths of Power: Political Recruitment in Twentieth Century Mexico*, Princeton/NJ: Princeton University Press, 1979, pp. 70-72.

⑤ "索诺拉王朝"（Sonoran Dynasty）是一种夸张和修辞，指代这一时期影响力巨大的索诺拉州执政精英。在1920年卡兰萨总统被推翻后，墨西哥先后几任总统（如德·拉·韦尔塔、奥夫雷贡、卡列斯、罗德里格斯）都来自索诺拉州，因此这一时期也被称为墨西哥的"索诺拉王朝"时期。本文中出现的"索诺拉集团""索诺拉家族"亦是指这一群来自索诺拉州的领导人。——译者注

⑥ Frank Tannenbaum, *Mexico: The Struggle for Peace and Bread*, New York: Alfred A. Knopf, 1950, p. 69.

急剧变化。诚实、理想主义的人……不仅没有专注于最重要的任务，而且还腐化了。[1] 正如汉斯－维尔纳·托布勒（Hans－Werner Tobler）所说，索诺拉集团利用了"政治权力和经济成功之间的……广泛联系"[2]。

事实上，正如经济学家曼瑟·奥尔森（Mancur Olson）所称的"流动匪帮"（roving bandits），在革命中取得胜利的索诺拉领导人，利用混乱来重塑有利于自己的财产关系。这些领导人一旦以"固定匪帮"（stationary bandits）的身份巩固了权力，就会捍卫现有的产权，以促进国家层面的政治稳定。[3] 因此，索诺拉人希望建立新的经济秩序，使其成为新的精英阶层的一部分，这在他们的战略中是至关重要的。同时，卡列斯和罗德里格斯等领导人在 20 世纪 30 年代初的显赫财富激发了民众对索诺拉统治集团的反对，他们在首都南部库埃纳瓦卡市（Cuernavaca）的豪宅就是其财富最好的例证，这也帮助卡德纳斯在 1935 年成功地推翻了索诺拉统治精英。[4] 尽管正如本文所述，墨西哥人并不指望他们的领导人成为公共道德的典范，但在大萧条冲击全国的时候，国家精英阶层的财富引发了强烈的批评。同样，尽管很少有墨西哥人真正期望他们的领导人遵循 1917 年宪法中的反资本主义规定，但他们对那些让人想起波菲里奥·迪亚斯时代的腐败精英的奢靡财富仍然感到十分不满。

然而，我们对拉丁美洲腐败的历史动态，特别是对墨西哥革命的理解，缺乏一个普遍接受的定义。名义上民主统治的国家，其反对党经常指控政府的腐败，而一旦反对党掌权，就只会重复他们所谴责的权力滥用。威权体制利用腐败来奖励其支持者，安抚其反对者，然而在这种制度下，"非法"和"合法"活动之间的区别仍不明确。此外，人们必须区分政治腐败和其他形式的腐败（如企业和教会）。

阐述索诺拉时代（1920～1934）政治腐败最有用的框架是历史学家艾

① Michael C. Meyer, William L. Sherman and Susan M. Deeds, *The Course of Mexican History*, New York: Oxford University Press, 1999, p. 571.

② Hans－Werner Tobler, "La burguesia revolucionaria en México. Su origen y su papel, 1915－1935," *Historia Mexicana*, Vol. 34, No. 2, 1984, p. 216.

③ Mancur Olson, *Power and Prosperity: Outgrowing Communist and Capitalist Dictatorships*, New York: Basic Books, 2000, pp. 6－10.

④ Jürgen Buchenau, *Plutarco Elias Calles and the Mexican Revolution*, Lanham/MD: Rowman and Littlefield, 2007, pp. 173－183.

伦·奈特（Alan Knight）建构的，他将其定义为"以符合某些个人或集体自身利益的方式使用政治权力和职务，并且是非法的和/或被认为是腐败的、不正当的或为自己服务的"①。奈特将贪污（peculation），即"政府为贪污服务"，与系统性腐败（systemic corruption），即"贪污为政府服务"进行了有益的区分。"索诺拉王朝"无疑体现了这两种动力：其成员利用政治职务谋取个人经济利益；该集团还密谋阻止其对手获得权力，这种做法一直到卡德纳斯担任总统时都很成功。本文聚焦索诺拉精英阶层的财富和权力积累，重点关注前者，即作为政治腐败形式的贪污。② 具体来说，贪污涉及利用革命国家的权力（包括为公共利益征税甚至征用私人财产等许多权力）来为私人牟利，以及重要领导人从国家和州政府获得无息贷款的能力。

　　本文的研究显示，贪污的结果既没有达到索诺拉人本身的设想目标，也不符合公众心中的假设。③ 第一，1920 年新的执政精英在上台时经济上已经占有优势；换句话说，他们的财富积累更加表明，这场革命在促进经济正义方面总体上失败了。第二，鉴于国家需要解决土地问题，事实证明获得土地和地下资源是很困难的，至少在 20 世纪 20 年代和 30 年代，索诺拉人不能简单地夺取敌人的土地为己所用，这与尼加拉瓜的索摩查家族在其长期统治期间（1937～1979）的做法是不同的。因此，索诺拉集团并没有像历史学家汉斯－维尔纳·托布勒所推测的那样，成为一个新的"大庄园主阶级"④。

　　当奇瓦瓦的特拉萨斯（Terrazas）家族和许多其他波菲里奥时期的地主被没收了许多财产时，索诺拉人却在新的经济领域创造了他们的大部分财富：葡萄园、渔场、温泉浴场、赌场，以及 20 世纪 30 年代中期后的电影院。可以肯定的是，奥夫雷贡在索诺拉南部建立了一个重要的农业综合企

---

① Alan Knight, "Corruption in Twentieth – Century Mexico," in Little and Posada – Carbó, eds., *Political Corruption in Europe and Latin America*, London: Palgrave Macmillan, p. 220.

② Alan Knight, "Corruption in Twentieth – Century Mexico," p. 227.

③ 这篇关于阿尔瓦罗·奥夫雷贡将军的文章，一部分已发表，参见 Jürgen Buchenau, "Poder politico y corrupción en la Revolución Mexicana. El caso del general Alvaro Obregón," in Christoph Rosenmüller and Stefan Ruderer, eds., *Dádivas, dones, y dineros: Aportes a una nueva historia de la corrupción en América Latina desde el imperio espafol a la modernidad*, Madrid/Frankfurt am Main: Iberoamericana Vervuert, 2016, pp. 213 –234。

④ Hans – Werner Tobler, "La burguesia revolucionaria en México. Su origen y su papel, 1915 – 1935," pp. 213 –237.

业，卡列斯在新莱昂州拥有索莱达·德·拉·莫塔（Soledad de la Mota）庄园，在塔毛利帕斯州的曼特（El Mante）公司拥有股份。但与特拉萨斯家族相比，这些财产并不多。

此外，政治权力是要付出经济代价的：看看经常被引用的奥夫雷贡的一句话"没有一个将军能抵挡住五万比索的炮击"[1]。事实上，奥夫雷贡和卡列斯亲尝了维护庇护主义权力金字塔的代价。奥夫雷贡的财富表明了一个权力建立在政治和军事上而非经济基础上的集团，在获取财富上的极限。当他在1919年开始竞选总统时，他的财富开始下降：部分原因是他不能再亲自处理自己的商业事务，部分原因是他需要向自己的支持者付款。1926年，当奥夫雷贡决定再次竞选总统时，他的农业企业陷入困境，1928年他去世时，他的家族继承的遗产很少。与奥夫雷贡一样，卡列斯最终花掉了财产中的大部分，以便在政治游戏中生存下来。1945年他去世时，其资产价值只有400万比索（约合130万美元）。[2]

最后，就连传说中的"百万富翁总统"的财富也比一般人认为的要少。与卡列斯和奥夫雷贡不同，罗德里格斯是政治上的被庇护人，是不需要维持全国性网络的第二类领袖。因此，他可以不受干扰地追求其商业利益：在他最富有的时候，他参与了80多家企业。尽管如此，他的净资产与一些

---

[1] 转引自 Héctor Aguilar Camin and Lorenzo Meyer，*In the Shadow of the Mexican Revolution*，Austin：University of Texas Press，1993，p. 80。

[2] 本研究是一项更大的研究中的一部分，该研究试图从历史的角度看待"索诺拉王朝"，暂定名为"Blood in the Sand：The Sonoran Leaders in Revolutionary Mexico"。关于奥夫雷贡，可参见 Linda B. Hall，*Alvaro Obregón: Power and Revolution in Mexico, 1911 - 1920*，College Station：Texas A&M University Press，1981；Pedro Castro，*Alvaro Obregón: Fuego y cenizas de la Revolución Mexicana*，México，D. F.：Ediciones Era，2009；Jürgen Buchenau，*The Last Caudillo: Alvaro Obregón and the Mexican Revolution*，Chichester：Wiley – Blackwell，2011。关于卡列斯，可参见 Jürgen Buchenau，*Plutarco Elías Calles and the Mexican Revolution*，Lanham/MD：Rowman and Littlefield，2007。关于阿道弗·德·拉·韦尔塔，可参见 Pedro Castro Martinez，*Adolfo de la Huerta y la Revolución Mexicana*，México，D. F.：Instituto Nacional de Estudios Históricos de la Revolución Mexicana，Secretaría de Gobernación，Universidad Autónoma Metropolitana，Unidad Iztapalapa，1992；Pedro Castro Martinez，*Adolfo de la Huerta. La integridad como arma de la revolución*，Mexico City：SIGLO XXI Editores，1998。目前，仅有的关于索诺拉精英腐败的研究都是由何塞·阿尔弗雷多·戈麦斯·艾斯特拉达所撰写的，并集中于罗德里格斯将军，参见 José Alfredo Gómez Estrada，*Gobierno y casinos: Los origenes de la riqueza de Abelardo L. Rodriguez*，México：Instituto Mora y Universidad Autónoma de Baja California，2007；José Alfredo Gómez Estrada，*Lealtades divididas: Camarillas y poder en México, 1913 – 1932*，México：Instituto Mora y Universidad Autónoma de Baja California，2012。

具有政治影响力的将军同行相比，还是相形见绌的。例如，新莱昂州的胡安·安德鲁·阿尔马赞（Juan Andreu Almazán）和普埃布拉州的马克西米诺·阿维拉·卡马乔（Maximino Avila Camacho），更不用说那个时代真正重量级的北方工业家族，如加尔萨－萨达工业家族（Garza－Sada industrial clan），其远房亲戚、糖业大亨亚伦·萨恩斯·加尔萨（Aarón Sáenz Garza）是索诺拉集团的亲密伙伴。从 20 世纪 50 年代开始，罗德里格斯的三个儿子挥霍了家族的大部分财富。由于在本研究所考察的整个时期内，政治稳定仍然很脆弱，所以索诺拉集团的财富消长违背了现有的网络分析模型。特别是历史学家阿曼多·拉佐（Armando Razo）关于墨西哥波菲里奥时期政治经济网络的优秀著作并不适用于 20 世纪 20 年代和 30 年代，因为奥尔森的"流动匪帮"从未完全"固定"。相反，维持他们的地位需要稳定的现金支出，以击退民众和精英的挑战。[1]

因此，索诺拉家族参与了历史学家马克·瓦塞尔曼（Mark Wasserman）所称的"不断发展的精英—外企体系"[2]。就像墨西哥波菲里奥时期的科学派一样，索诺拉人和他们的平民伙伴，如索诺拉人路易斯·L. 莱昂（Luis L. León）、胡安·R. 普拉特（Juan R. Platt）、伊格纳西奥·加西奥拉（Ignacio Gaxiola），墨西哥城人费尔南多·托雷布兰卡（Fernando Torreblanca）和新莱昂人亚伦·萨恩斯（Aarón Sáenz）等，建立了与美国公民和公司的密切商业关系。在这个精英—外企体系中，墨西哥国家在经历了 10 年的内战后仍然很虚弱，只发挥了有限的作用。与更成熟的腐败制度不同，索诺拉集团致富的能力（正如我们所讨论的，这是一种在有限范围内的能力）在很大程度上依赖他们与其他政治家和企业家的个人网络，而不是靠他们利用国家来追求资本积累的能力。

## 一　源起

费利佩·阿道弗·德·拉·韦尔塔·马科尔（Felipe Adolfo de la Huerta

---

[1]  Armando Razo, *Social Foundations of Limited Dictatorship: Networks and Private Protection during Mexico's Early Industrialization*, Stanford/CA: Stanford University Press, 2008.

[2]  Mark Wasserman, *Pesos and Politics: Business, Elites, Foreigners, and Government in Mexico, 1854–1940*, Stanford/CA: Stanford University Press, 2015, p. 2.

Marcor）于 1881 年 5 月 26 日出生于瓜伊马斯市（Guaymas）的一个中产家庭。他的父亲是一个富裕的店主，与雅基人（Yaqui）保持着良好的关系。虽然德·拉·韦尔塔的祖辈大多是欧洲人（他的祖父是从西班牙移民过来的，他的外祖父来自法国波尔多），但他的外祖母是一名雅基族妇女。得益于这种优越背景，德·拉·韦尔塔在索诺拉学校学习，成为索诺拉少数受过高中教育的人之一。他在墨西哥城的国立预备学校（ENP）学习了会计、小提琴和唱歌，尽管沉浸在精英阶层中，德·拉·韦尔塔仍然对雅基人和其他墨西哥土著人保持着真诚的关注。索诺拉联盟的成员轻视于他的雅基血统：奥夫雷贡曾经把德·拉·韦尔塔的孩子称为小雅基人。[1]

1900 年父亲去世后，德·拉·韦尔塔回到瓜伊马斯管理家里的商店。六年后商店破产，他先是在当地一家银行担任会计，后又在城市附近一家皮革厂当经理。德·拉·韦尔塔是波菲里奥社会和经济制度的批评者，至少在早期，他自称是一个社会主义者。1906 年，他成为无政府工团主义的墨西哥自由党（Partido Liberal Mexicano）成员，并资助该党的报纸《复兴》（*La Regeneración*），这是一份在索诺拉各地被广泛阅读的报纸。他的音乐才能使他成为当地反对迪亚斯政权的进步政治俱乐部的常客。1909 年，德·拉·韦尔塔加入了瓜伊马斯的反对连选连任俱乐部（anti – reelectionist club），并担任秘书。这群人聚集在一个由卡列斯管理的大楼里，卡列斯是他在埃莫西约（Hermosillo）上中学时认识的朋友。革命爆发后，德·拉·韦尔塔加入了亚利桑那州诺加利斯（Nogales）的革命军。[2]

本杰明·吉列尔莫·希尔·萨利多（Benjamin Guillermo Hill Salido）是美国邦联军队一名医生的孙子，也是索诺拉集团首领奥夫雷贡的表亲。与其他马德罗派（Maderistas）不同，他的基地在南部的阿拉莫斯区（Alamos）。他在埃莫西约接受中学教育，然后前往欧洲，进入罗马的一所军事学院学习。回国后，希尔在纳沃霍阿（Navojoa）附近定居，成了农民。希尔在波菲里奥执政后期表现很好，成为当地的一个小官员，如当地市议会议员或高级市镇议员。尽管如此，他在欧洲的时光和与一位欧洲伯爵夫人

---

[1]　Archivo General de la Nación（以下简称 AGN），Ramo Presidentes，Obregón – Calles（以下简称 P – OC），101 – S – 12，Obregón to de la Huerta，Mexico City，May 23，1921.

[2]　Pedro Castro Martinez，*Adolfo de la Huerta: La integridad como arma de la revolución*，Mexico City：SIGLO XXI Editores，1998，pp. 13 – 18.

的婚姻使他渴望获得更多的机会，他意识到了迪亚斯政权最后几年的政治窒息。因此，他在 1910 年 1 月陪同马德罗的全国（竞选）旅程，并在阿拉莫斯和诺加利斯成立了反对连选连任俱乐部。因为这些活动，他被囚禁在埃莫西约，直到 1911 年 4 月，反叛胜利前的一个月，索诺拉革命领袖何塞·玛利亚·梅托雷纳（José María Maytorena）的部队释放了他。希尔立刻加入了叛军的武装，由于他在意大利接受过广泛的军事训练，梅托雷纳任命他为索诺拉南部地区的行动负责人。

阿尔瓦罗·奥夫雷贡是目前为止最著名的索诺拉人，他于 1880 年 2 月 19 日出生于阿拉莫斯地区肥沃的马约（Mayo）谷地的纳沃霍阿镇附近的一个农场。他的母亲是索诺拉最富有的家族之一萨利多（the Salidos）家族的后裔，因此他与本杰明·希尔有血缘关系。他的父亲曾是一位显赫的地主，后来他支持马克西米亚诺命途多舛的帝国（1864~1867），成为胡亚雷斯（Juárez）自由派共和国的敌人。马约河的一场严重水灾和雅基人的袭击摧毁了他父亲仅存的一个农场——西基西瓦（Siquisiva），奥夫雷贡在这里长大，他是 18 个孩子中最小的一个。在他 12 岁的时候，他的家人见证了马约人最终被联邦军队打败，建立瓦塔万波（Huatabampo）的过程。[1]

他的农业企业使他保持着社会地位，奥夫雷贡在 25 岁的时候就成为瓦塔万波的高级市政官，这让他有机会在地方上感受波菲里奥统治下的政治。就像在许多其他的城镇一样，一个首领或当地的老板在波菲里奥阁下的统治下掌权，对这位首领的挑战是不可想象的。

尽管如此，由于对自己的社会和经济地位感到满足，奥夫雷贡在马德罗革命期间一直袖手旁观。然而，革命取得胜利后，奥夫雷贡却并没有因为他的冷漠付出代价。他违背了老波菲里奥派长官的意愿，在一场被指控破坏的竞选中赢得了瓦塔万波市市长的选举。由于败选者对选举结果质疑，需要州议会决定获胜者，奥夫雷贡通过德·拉·韦尔塔的斡旋才确保了自己的当选。[2]

如果没有墨西哥革命，奥夫雷贡可能会在很长一段时间内一直担任地方职务。奇瓦瓦农民领袖帕斯夸尔·奥罗斯科（Pascual Orozco）在击败波

---

① Jürgen Buchenau, *The Last Caudillo: Alvaro Obregón and the Mexican Revolution*, Chichest: Wiley – Blackwell, 2011, p. 31.

② Jürgen Buchenau, *The Last Caudillo: Alvaro Obregón and the Mexican Revolution*, pp. 33–45.

菲里奥·迪亚斯的过程中发挥了关键作用，并且代表马德罗组建了反抗迪亚斯的叛军中的最大战斗力量。到了 1912 年 3 月，帕斯夸尔·奥罗斯科开始反对弗朗西斯科·L. 马德罗总统。此后不久，暴力蔓延到了索诺拉。①

　　梅托雷纳州州长决定通过动员所谓的非正规军，即由地方强人组织的临时民兵，来保卫他的州免受奥罗斯科叛乱的威胁。尽管没有受过正式的军事训练，但奥夫雷贡热情地接受了这项任务，并从纳沃霍阿地区招募了许多地主同胞加入了其中一个营队。这个营反映出奥夫雷贡的中产阶级背景，因此被称为"富人营"（batallón rico）。1912 年 6 月，300 人的"第四非正规军"（Fourth Irregular Battalion）向马德雷山脉（Sierra Madre）进发，与奥罗斯科的军队对峙。在边境小镇阿瓜·普列塔（Agua Prieta），奥夫雷贡遇到了普卢塔科·埃利亚斯·卡列斯，这是他生命最后 16 年的合作伙伴。②

　　未来的最高首领于 1877 年 9 月 25 日在瓜伊马斯出生，出生时的名字是弗朗西斯科·普卢塔科·埃利亚斯·坎普萨诺（Francisco Plutarco Elías Campuzano）。和奥夫雷贡一样，这个男孩出身于一个陷入困境的名门望族。他的母亲很穷，但他的父亲的家族是阿里斯佩（Arizpe）地区最大的地主之一，他的祖父在那里拥有超过 12 万英亩（1 英亩≈4047 平方米）的土地，他的家族拥有 100 多万英亩的土地。在酗酒的困扰下，他的父亲竭力挥霍自己的那份家产，阿帕切人（Apache）的袭击和其他灾难又夺走了他父亲没有挥霍的那大部分财产。他的母亲在他 4 岁时就去世了，他的父亲失踪了，留下他和母亲的妹妹以及姐夫胡安·包蒂斯塔·卡列斯（Juan Bautista Calles），他也因此取了"卡列斯"这一后来以此成名的名字。中学毕业后，卡列斯花了 20 年的时间涉足各种职业，如教师、酒店经理、工厂经营者和农民。事实证明，他善于教书，但不适合做企业家。正如他的女儿阿莉西亚（Alicia）在一次采访中所说："我的父亲是一个糟糕的商人。他对金钱

---

① Michael C. Meyer, *Mexican Rebel: Pascual Orozco and the Mexican Revolution, 1910 – 1915*, Lincoln/NE: University of Nebraska Press, 1967, pp. 52 – 93.

② Alvaro Obregón, *Ocho mil kilómetros en campaña*, México: Librería de la Vda. deCh. Bouret, 1917, pp. 8 – 10; E. J. Dillon, *President Obregón, a World Reformer*, London: Hutchinson & Company, 1923, p. 65.

没有野心，而对权力有野心。"①

事实上，卡列斯很快就在政治舞台上展示了他的能力。像奥夫雷贡和希尔一样，他担任了东北部城镇弗朗特拉斯（Fronteras）的市议员。在索诺拉的领袖中，他是独一无二的，他在瓜伊马斯、埃莫西约和阿里斯佩三个不同的地区待了很长时间。在瓜伊马斯，卡列斯结识了阿道弗·德·拉·韦尔塔，后者成为他最亲密的朋友。这份友谊在马德罗胜利后为卡列斯带来了回报。虽然他赞同马德罗的叛乱，但并没有参与其中。不过和奥夫雷贡一样，卡列斯在选举后得到了机会，因为德·拉·韦尔塔推荐他担任阿瓜·普列塔的警察局局长。从一开始，卡列斯就表明决心，要为这个沉睡的边境小镇带来现代化和权威，他在那里还拥有一家小商店。他重组了监狱，开办了一所学校，他家是第一个使用电力和自来水的家庭。②

与奥夫雷贡不同，卡列斯不喜欢打仗，更喜欢在后方支持部队。当奥夫雷贡的部队前进时，他自己的 100 人纵队留在阿瓜·普列塔。卡列斯迅速获得了索诺拉人中的最强"组织头脑"的名号，他协调跨越美国边境的走私活动，以购买马德罗政府没有授权的武器和弹药。但他也被认为是一个懦弱的军事领袖。阿道弗·德·拉·韦尔塔在回忆录中写道，有一次他发现卡列斯躲在一辆汽车下面，而不是与敌人正面交锋。③ 对这一场景，奥夫雷贡提出了尖锐的批评，给他的盟友卡列斯贴上了"逃跑者"的标签，并断言卡列斯"不会接近危险"！④

与奥夫雷贡和卡列斯一起，一个年轻的索诺拉人得到了革命启蒙。阿维拉多·L. 罗德里格斯·卢汉（Abelardo L. Rodriguez Luján）于 1889 年 5 月 12 日出生在瓜伊马斯的圣何塞（San José de Guaymas），一个同名港口城市外的小村庄。他的家庭也表现出向下的社会流动。他的祖父曾是杜兰戈的一名律师，他的父亲在西马德雷山脉地区经营一家小型运输公司，后来

① Biblioteca Nacional de Antropologia e Historia, Mexico City, Programa de Historia Oral（PHO）, Eugenia Meyer, Interview with Alicia Calles Chacón de Almada, June 4, 1975.

② Jürgen Buchenau, *Plutarco Elías Calles and the Mexican Revolution*, pp. 30 – 33.

③ Roberto Guzman Esparza, *Memorias de don Adolfo de la Huerta, según su propio dictado*, México Ciudad: Ediciones Guzmán, 1957, pp. 54 – 63.

④ "10 datos que debes conocer sobre Plutarco Elías Calles," http: //www. bicentenario. gob. mx/in-dex. php? option = com_content&view = article&id = 138: 10 – datos – que – debes – conocer – so-bre – plutarco – elias – calles&catid = 72: 10 – datos – curiosos. 5. 9. 2018.

失去了赖以生存的骡子。他的母亲来自一个贫寒家庭。因此，年轻的罗德里格斯作为 11 个孩子中的一个，在贫困中长大，他在小学毕业后就辍学了。他在诺加利斯度过了一段童年时光，利用暑假时间学习英语。学术对他来说没什么吸引力，他梦想成为一名职业运动员，在他 11 岁被两个北美年轻人打伤之后，这一梦想更加强烈。1903 年，年仅 14 岁的罗德里格斯在一家五金店工作，三年后他搬到了卡纳尼亚（Cananea），打算在铜矿中锻炼身体来报仇。他目睹了 1906 年的矿工罢工，然后回到诺加利斯，在那里他沮丧地得知他的对手已经不在那里了。后来他试图成为一名歌手，但没有成功。罗德里格斯早期的努力预示了他最终以娱乐和休闲为中心的商业战略。① 大家都知道他虽然有些肤浅，但是一个擅长运动、聪明且有魅力的人。墨西哥城的《新闻报》（La Prensa）刊登了一篇颇受好评的文章，如此回顾了他的早年生活："他的青年时代展现了他是一个勇敢的运动员和幸运的情人。在那个时代的照片中，我们可以看到他在一位美丽的棕发女士旁边，是一个讨人喜欢的、优雅的、强壮的、欧洲唐·璜式的人。"②

当卡列斯在政治组织中以及奥夫雷贡在军队中崭露头角时，罗德里格斯将墨西哥革命首先视为一个商业机会。和卡列斯一样，他在革命时期漂泊不定，并将形势的剧变视为新的机遇。但与索诺拉家族其他人不同的是，在 1912 年梅托雷纳任命他为诺加利斯警察局局长之前，他既没有革命战士的经验，也没有政治领袖的经验。③

最后是奥夫雷贡的一个属下，弗朗西斯科·罗克·塞拉诺·巴贝蒂亚（Francisco Roque Serrano Barbeytia），他于 1889 年出生在锡那罗亚州（Sina-loa）北部，5 岁时搬到瓦塔万波。和奥夫雷贡一样，塞拉诺成长于一个贫穷的大家庭，并在很小的时候失去了父亲。与奥夫雷贡不同的是，塞拉诺既不是出身于巨富的后代，也没有大型的农业企业让他来经营。塞拉诺和奥夫雷贡两个家族通过婚姻联系到一起，因为塞拉诺的姐姐阿玛莉亚（Ama-lia）嫁给了奥夫雷贡的长兄兰贝托·奥夫雷贡（Lamberto Obregón）。13 岁时，塞拉诺搬回锡那罗亚，向父亲的一位朋友学习记账，后者向他介绍了

---

① Abelardo L. Rodriguez Luján, *Autobiografia*, México Ciudad: Editorial Novaro, 1962, pp. 31 – 57.
② "Quien es quien en la revolución? Abelardo L. Rodriguez, el progresista," *La Prensa*, May 11, 1939.
③ Abelardo L. Rodriguez Luján, *Autobiografia*, p. 58.

彼得·克鲁泡特金（Peter Kropotkin）的无政府主义著作，以及对该州长期以来的波菲里奥派州长发起新兴反对运动的几位人士。两年后，也就是1904年，他开始了第一份会计工作。他曾因批评锡那罗亚州州长而被捕。1910年，年仅21岁的塞拉诺加入了本杰明·G.希尔在纳沃霍阿的反对连选连任俱乐部，并在希尔的领导下参加了马德罗派起义。就在那些年，奥夫雷贡和塞拉诺成为朋友，当刚刚丧偶的奥夫雷贡向塞拉诺的一个姐姐求爱失败时，这段友谊甚至经历了一场风暴。1912年4月，塞拉诺作为"富人营"的一员，陪同奥夫雷贡参加了反对奥罗斯科的运动。[1]

上述六位索诺拉人准备从他们即将赢得的革命战争中获益，但其中只有三个人——奥夫雷贡、卡列斯和罗德里格斯——能够充分利用优势。我们现在要谈论革命期间和之后的分赃制，它奖赏了一部分，而非所有的领导人。

## 二 战利品

在革命初期，奥夫雷贡因他的影响力和威望在所有索诺拉人中获益最大。这并非偶然，因为这位索诺拉人在1915年春夏击败潘乔·比利亚的军队后，一跃成为墨西哥最杰出的军事领袖。接下来的几年里，鹰嘴豆的高产量和高价格，使奥夫雷贡从索诺拉鹰嘴豆市场大繁荣中受益最多。（尽管）他的农场被戏称为"La Quinta Chilla"，即贫穷的农场，（然而）其农场规模从180公顷增加到3500公顷。到1919年，这个农场雇用了大约1500名工人。奥夫雷贡在美国金融机构享有良好的信用，并通过大量贷款实现了畜牧业的发展、肉类出口、矿业的多样化。他还在遥远的诺加利斯开始了进出口业务。1918年，奥夫雷贡和几个合伙人成立了索诺拉—锡那罗亚农业合作协会，这是一个鹰嘴豆种植者的协会，也被称为鹰嘴豆联盟。通过奥夫雷贡在诺加利斯的代理机构，鹰嘴豆联盟为其成员争取贷款并协调鹰嘴豆的出口。1918年，该联盟和奥夫雷贡的代理机构控制了90%的鹰嘴豆生产，销售额约为800万到1000万比索。对豆类出口的实际垄断使其能够确定价格和销售条件。收取每袋0.5美元的佣金，为奥夫雷贡提供了每年

---

[1] Pedro Castro, *A la sombra de un caudillo. Vida y muerte del general Francisco R. Serrano*, México Ciudad: Plaza & Janés, 2005, pp. 21 – 25; Jürgen Buchenau, *The Last Caudillo: Alvaro Obregón and the Mexican Revolution*, p. 53.

超过 50000 美元的收入。合作协会通过确保每公斤鹰嘴豆的高价来帮助所有成员。例如，在锡那罗亚，鹰嘴豆的收获价值在 1917 年到 1918 年翻了一番，从 500 万美元增至 1000 万美元。[①] 鹰嘴豆联盟是索诺拉农业蓝图的一个很好的例子。这一蓝图包括从事资本主义出口导向生产的中小型农场，而不包括波菲里奥式的大庄园或萨帕塔主义者所主张的土地公社所有权。

　　然而，并非所有人都认同鹰嘴豆联盟的目标和方法。在锡那罗亚州北部，马约人看到振奋的鹰嘴豆种植者对他们的土地展开激烈争夺，与该联盟起了冲突。不同于这些索诺拉人，马约人在革命期间一直为自己的土地而战。鹰嘴豆产量的增长也减少了粮食生产，增加了出口商品。正如一位当地市民所说："你，奥夫雷贡，是我们人民的叛徒。……你给自己搞来了300 万美元，为什么不给你的人民弄点食物？这种叛国行为会让你失去手臂的，你这条蛇。"[②] 最终，事实证明鹰嘴豆的繁荣是短暂的，因为在 1918 年11 月第一次世界大战结束后，鹰嘴豆的价格和许多其他商品价格一起崩溃了。无论如何，奥夫雷贡商业中心的发展，正如一位不愿透露姓名的英国人给美国外交官的信中所提到的："将军们把更多的时间用于商业活动而不是打击土匪，他们有火车和汽车，首先处理自己的私人事务。"[③]

　　奥夫雷贡建立了他的商业中心，然后就轮到阿维拉多·罗德里格斯了。1920 年，他被任命为遥远的下加利福尼亚的军事长官，这使他受益匪浅。接下来的几年里，这位索诺拉联盟最年轻的成员将经济快速发展中的下加利福尼亚州打理得井井有条。与前辈们不同，他首先以管理者和企业家的身份出名，其次是将军。因此，他在下加利福尼亚比其他军事领袖在他们所控制的地区扎根更深。和他的大多数同行一样，罗德里格斯先后在几个不同的军事和行政岗位上任职，于 1923 年回到了下加利福尼亚。罗德里格斯得以留在那里，而没有继续在其他不同职位上流动，部分原因是该地区

① Linda B. Hall, *Alvaro Obregón: Power and Revolution in Mexico, 1911 – 1920*, p. 200; National Archives, College Park, MD（以下简称 NA），RG 165: Records of the War Department General Staff, Military Intelligence Division（以下简称 MID），box 1936, 8532 – 736/1, memorandum, Col. Harry O. Williard, April 29, 1918; Alicia Hernandez Chávez, "Militares y negocios en la Revolución Mexicana," *Historia Mexicana*, Vol. 34, 1984, p. 192.

② NA, MID, box 1936, 8532 – 736/1, memorandum, Col. Harry O. Williard, April 29, 1918.

③ NA, RG 59: General Records of the Department of State（以下简称 DS），812.00/21636, enclosure in Philip C. Hanna to Secretary of State, San Antonio/TX, January 4, 1918.

尚未正式建州（获得州地位）。他连续担任了六年的州长，是迄今为止革命时期在任州长中任期最长的。在长期担任州长期间，他成为该州最有影响力的墨西哥企业家，发展了渔业并开创了葡萄酒生产。到 1927 年，罗德里格斯已经获得了足够的资金，他与几个南加州投资者，如巴伦·朗（Baron Long）、韦特·鲍曼（Wirt Bowman）和詹姆斯·克罗夫顿（James Crofton）等合作建造迷人的阿瓜·卡连特（Agua Caliente）酒店和赌场，这座赌场被一位历史学家称为"美洲最大的赌博圣地"①。

20 世纪 20 年代，随着索诺拉政权的巩固，索诺拉将军们通过家庭和商业联盟加强了彼此之间的联系。我们已经看到，奥夫雷贡和塞拉诺的家族通过联姻结合到一起。卡列斯和奥夫雷贡的家族以更间接的方式联系在一起。1923 年，卡列斯的大女儿霍滕西亚（Hortensia）嫁给了奥夫雷贡的私人秘书费尔南多·托雷布兰卡（Fernando Torreblanca），后者从此成为索诺拉两位元老的重要中间人。卡列斯的二儿子普卢塔科·"阿科"·埃利亚斯·卡列斯·查孔（Plutarco "Aco" Elías Calles Chacón）娶了奥夫雷贡的忠实追随者、蒙特雷（Monterrey）强大的加尔萨·萨达家族的远亲亚伦·萨恩斯·加尔萨（Aarón Sáenz Garza）的妹妹。"阿科"和萨恩斯家族后来在塔毛利帕斯州东北部的瓦斯特卡（Huasteca）地区收购了 3.8 万英亩土地用于产糖。曼特公司成为墨西哥最大的糖厂之一。② 与此同时，卡列斯和奥夫雷贡开始与罗德里格斯在下加利福尼亚的商业合作。

本文的其余部分将研究作为索诺拉人成功典范的卡列斯、奥夫雷贡和罗德里格斯的商业机会。其他索诺拉人仍然被排除在这些商业网络之外，可以说，上述三巨头的成功是以牺牲他们昔日索诺拉盟友为代价的。在 20 世纪头 10 年晚期，本杰明·希尔陪同他的表弟奥夫雷贡一起走上了成功之路，然后在 1920 年 12 月死于一种神秘的胃病。此后不久，奥夫雷贡将该家

---

① Abelardo L. Rodriguez, *Autobiografia*, pp. 101 – 105; Gómez Estrada, *Gobierno y casinos: Los origenes de la riqueza de Abelardo L. Rodriguez*, Instituto Mora y Universidad Autonoma de Baja California, 2007, pp. 38 – 63; Paul J. Vanderwood, *Satan's Playground: Mobsters and Movie Stars at America's Greatest Gaming Resort*, Durham/NC: Duke University Press Books, 2010.

② Jürgen Buchenau, *Plutarco Elías Calles and the Mexican Revolution*, p. 93.

族的土地国有化。① 德·拉·韦尔塔从来不是一个企业家，他试图通过公共管理来获得权力。在担任过索诺拉州州长和墨西哥驻美公使后，他在奥夫雷贡就职前几个月成为临时总统，随后在奥夫雷贡手下担任财政部部长。然而，在这个职位上，他与奥夫雷贡和他亲自挑选的继任者卡列斯都闹翻了，并最终领导了 1923 ~ 1924 年的德·拉·韦尔塔叛乱，他得到了 60% 的军队支持，但最终由于美国对政府的支持和叛军内部的严重分裂而失败。② 最后，塞拉诺也犯了疏远伟大领袖（考迪罗）的错误。他在奥夫雷贡迫使国会通过宪法修正案以允许其参选，即表明奥夫雷贡打算重返总统职位后，仍宣布要参加 1928 年的总统选举。1927 年 10 月 2 日，卡列斯和奥夫雷贡命令逮捕并处决塞拉诺和他最紧密的同伙，为奥夫雷贡重新掌权扫清道路。③

## 三　考迪罗

奥夫雷贡在纳沃霍阿附近、今天的奥布雷贡城的纳伊纳里（Náinari）牧场建立了他的业务中心。正如他的第一个农场 "La Quinta Chilla"（贫穷的农场）一样，纳伊纳里让人产生了"狭小"的错误想象："Náinari" 在雅基语里是"虱子"的意思。然而，在描述尚存的索诺拉人在墨西哥经济中的作用时，这个词是恰当的。奥夫雷贡和其他索诺拉领导人用政治权力换取经济杠杆，反之亦然，他们从支持他们的盟友那里获取利益，但相对而言收效甚微。1925 年 2 月，奥夫雷贡在纳伊纳里举办的第一个生日庆典就是这种动态的最好例子。在这次庆祝活动中，这位考迪罗邀请了他在西北地区的主要政治盟友，包括罗德里格斯和当时的索诺拉州州长阿莱霍·贝（Alejo Bay）。活动开始之前，奥夫雷贡的一名随从给那些将出席活动的人发了一封信，要求每人支付在当时来说数额不菲的 3000 比索款项，给这位首领

---

① AGN, F - OC, 103 - H - 7, Obregón to Mexican Consulate, New York City, Mexico City, September 7, 1921; 103 - H - 8, Obregón to Mayo Clinic, December 14, 1920, and Carmen Viuda de Hill to Obregón, June 7, 1921; 818 - X - 15, Notas, R. Estrada, January 29, 1921.

② Enrique Plasencia de la Parra, *Escenarios y personajes de la rebelión delahuertista*, México Ciudad: Universidad Nacional Autónoma de México, 1998.

③ NA, DS, 812. 00/28817 and 28776, Schoenfeld to Secretary of State, Mexico City, October 3, 4, 1927.

购买住宅。有 18 个人同意支付这笔钱。① 奥夫雷贡还插手索诺拉的统治，利用他的巨大声誉，确保了在雅基和马约谷地的发展计划得以成功，进一步促进其经济利益的获得。

奥夫雷贡的商业蓝图涉及与他的政治盟友的充分合作——这种合作在 20 世纪初曾帮助波菲里奥科学派在墨西哥经济中发挥主导作用。奥夫雷贡向卡列斯、他的私人秘书费尔南多·托雷布兰卡以及下加利福尼亚州州长阿维拉多·L. 罗德里格斯提出了合资的建议。这些投资包括在锡那罗亚和雅基谷地购买数千英亩的土地。奥夫雷贡梦想拥有一个巨大的灌溉网络——这曾是美国理查森建筑公司（Companía Constructora Richardson）的目标。这些政治领导人之间的纽带是奥夫雷贡的商业合作伙伴、罗德里格斯的私人秘书伊格纳西奥·P. 加西奥拉（Ignacio P. Gaxiola）。1925 年，奥夫雷贡和加西奥拉成立了名叫"阿尔瓦罗·奥夫雷贡公司，公民社会"（Alvaro Obregón y Companía, Sociedad Civil）的控股公司。这家新公司的总部设在诺加利斯，在那里进入美国比较方便，并在卡赫梅（Cajeme）、墨西哥城和普埃布拉都有分公司。接下来的两年里，奥夫雷贡和加西奥拉通过该公司开展了许多新业务，其中包括一家面粉厂和一家新的农业公司。②

这一系列动作耗费了数十万比索，标志着奥夫雷贡改变了他以前谨慎的经营方式。据他的后人，现亚利桑那州诺加利斯居民何塞·拉蒙·加西亚（José Ramón García）所说：

"奥夫雷贡不再是年轻时那个保守或节俭的商人了，他是一位信用良好的完美风险承担者，持续地从墨西哥和加利福尼亚的银行大量借款，使他能够在他纳伊纳里的大花园里进行大量昂贵的农业试验：种植了葡萄、无花果、加州橘子、苹果以及西班牙甜瓜等。除了传统的鹰嘴豆以外，他还种了番茄、玉米、大米、小麦、豌豆和其他豆子。毫无疑问，他是一位出

---

① Fideicomiso Archivos Plutarco Elías Calles y Fernando Torreblanca, Mexico City（以下简称 FAPEC），Archivo Fernando Torreblanca, Fondo Alvaro Obregón（以下简称 FAO），serie 060200, exp. 4111, inv. 5063, "Bonificación Amigos Gral. Alvaro Obregón," Francisco V. Bay to Fernando Torreblanca, Mexico City, December 9, 1930.

② Archivo Particular General Abelardo L. Rodriguez, Universidad Autónoma de Baja California, Tijuana（以下简称 APALR），box 1, "Oficina comercial de Alvaro Obregón," Ignacio P. Gaxiola to Rodríguez, 9 April, 1925; Rodriguez to Gaxiola, Mexicali, April 17, May 30, 1925.

色的园艺家，但他现在跟随的是另一种节奏。"①

毫无疑问，加西亚提到的不同的节奏是指奥夫雷贡巨大的政治影响力，这位考迪罗知道他可以随时利用这些杠杆来支持他昂贵的投资。事实上，奥夫雷贡需要为他的新企业提供大量贷款。1925 年 7 月，卡列斯和托雷布兰卡以奥夫雷贡的名义从国家货币委员会（Comisión Nacional Monetaria）获得了 15 万美元贷款，罗德里格斯从他的私人资金中为奥夫雷贡提供了 6000 比索。1925 年 10 月，卡列斯政府又借给这位考迪罗 15 万比索。卡列斯和罗德里格斯认为这些贷款是有意义的，因为奥夫雷贡的名字就是足够的抵押品。奥夫雷贡利用这些获得了国家农业信贷银行（Banco Nacional de Crédito Agricola，简称 BNCA）的一笔巨额贷款，他用这笔贷款从理查森建筑公司那里购买了数千亩土地。②

据报道，政府官员对用公款来帮助奥夫雷贡的前景表示不安。托雷布兰卡曾给卡列斯的孙子讲过一个关于卡列斯的逸事，这个逸事显示出围绕这些交易的一些情绪。据托雷布兰卡说，卡列斯要求庄园秘书把钱寄给奥夫雷贡，这位官员紧张地问："我们要把这笔钱正式地交给谁？"卡列斯回答说："给奥夫雷贡个球！"③

尽管如此，卡列斯仍然坚定了帮助奥夫雷贡的决心。在 1925 年 7 月 22 日的一份电报中，卡列斯告诉这位考迪罗：

"如果您能开诚布公地告诉我您的真实财务状况，我将不胜感激。如果您需要资金来完成您一直从事的农业项目，我想知道总金额，以便我们查看是否有办法在 9 月 1 日之前为您获得这些资金。"④

---

① José Ramón Garcia, *Jr.*, *Alvaro Obregón*, *you can love him or hate him*, *but he initiated his suc-cessful run for the Mexican presidency in Nogales, Sonora*, Mexico, unpublished ms., p. 3. 感谢 FAPEC 主任诺玛·梅雷列斯·德·奥加里奥愿意让我查阅这份由她私人拥有的手稿。

② FAPEC, Archivo Fernando Torreblanca, Fondo Fernando Torreblanca（以下简称 FFT）, serie 010206, exp. 16, inv. 437, "Obregón, Alvaro（Gral.）y Fernando Torreblanca," leg. 4, Calles to Obregón, Mexico City, October 1, 1925, and serie 010213, exp. 32, inv. 1099, leg. 2, Calles to Torreblanca, Durango, July 1, 1925, and Calles to Obregón, Mexico City, July 22, 1925; APALR, box1, exp. 5, "Oficina Comercial de Alvaro Obregón," Rodriguez to Gaxiola, Mexicali, May 30, 1925.

③ Interview with Alejandro Elías Calles Lacy, Mexico City, July 17, 2015. 注："To the balls of Obregón!" 原句为一句脏话。

④ FAPEC, FFT, serie 010213, exp. 32, inv. 1099, Vol. 2, "Obregón, Alvaro（Gral.）," Calles to Obregón, July 22, 1925.

显然，总统并不在意私人资金和公共资金的区分，并准备满足奥夫雷贡更大一部分的财务需求。

然而，奥夫雷贡本人也表示，他意识到以这种方式将政治和商业混在一起的令人不安的影响。在 1925 年写给商业伙伴弗朗西斯科·V. 贝（Francisco V. Bay）的一封信中，他描述了商业活动的可怕情况，将干旱导致的作物歉收归咎于抽水系统的融资延迟。考虑到进一步获得信贷的困难，他写道：

"卡列斯将军决定慷慨地以合理的机会，由（国家）财政部提供给我们大量资金。这不仅是为了满足企业的各种需要，而且也是为了偿还大量逾期未还的债务，我们必须用这些钱的一大部分来偿还。现在，我们没有权利寻求更多帮助，我也不会要求更多的帮助，因为这样做就意味着接受那些不能得到充分保证的款项。我不想让别人有任何理由认为，将军通过官方机构提供贷款……，太过慷慨甚至缺乏谨慎。"①

带着这些情绪，奥夫雷贡不仅对他的农业企业的状况表示失望，而且还对中间人从国家政府那里获得资金表示失望。他还知道，卡列斯没把自己看作他的上级，而罗德里格斯则不同，他一直称奥夫雷贡为他的上级，尽管这位考迪罗不过是个普通公民，在军队中没有军衔。②

奥夫雷贡的昂贵计划也导致他越来越依赖他在美国的商业伙伴，他在卸任总统后的几年里经常访问美国。在访问过程中，奥夫雷贡把自己打造成一个自由贸易的朋友。他曾对美国听众说，加利福尼亚和墨西哥西北部是"全世界最大的生产中心之一"。在他看来，如果墨西哥政府试图"通过征收新税来打商业'拳击赛'（commercial boxing match），我们不仅会犯罪，而且会犯损害自身利益的错误"③。但在另一个场合他告诉听众，他反对带有政治条件的"阻挠议事资本"（filibuster capital，也称"拉布资本"）。④

---

① FAPEC, Colección Documental Francisco V. Bay（以下简称 CDFVB），leg. 3，Obregón to Francisco V. Bay，Cajeme，August 19，1925.

② APALR，box 1，exp. "Construcción de tanque de guerra," Rodriguez to Obregón，Mexicali，June 17，1926.

③ FAPEC，FFT，serie 010202，exp. 5D/14，inv. 111，"Obregón，Alvaro（Gral.）Discursos，Articulos," file 31/40，speech，November 3，1925.

④ FAPEC，FFT，serie 010202，exp. 5D/14，inv. 111，"Obregón，Alvaro（Gral.）Discursos，Articulos," file 32/40，speech published in Acción（Navojoa，Son.），March 14，1926.

尽管奥夫雷贡在墨西哥和美国都有大量的政治资本，但他最终还是要为昂贵的投资买单。1926 年的微薄收成对他的财富造成严重打击。干旱使他损失了 60% 的小麦收成，他的鹰嘴豆出口业务（在每年超过 25 万袋的情况下，每袋收取 0.5 比索的佣金）产生的费用远远超过预期。受这些挫折的刺激，奥夫雷贡选择继续冒更高的风险，他和他的家族买下了理查森建筑公司的股份，这是一家负债累累的公司，拥有雅基河水域的使用权。根据协议条款，奥夫雷贡和加西奥拉承担了协议的大部分财务责任。他们寄希望于一旦现代灌溉方法发挥出最大的潜力，理查森建筑公司在雅基河畔的土地会大幅升值。但他们算错了，国家农业信贷银行最终买下了奥夫雷贡和加西奥拉的股份，并接管了理查森建筑公司。最有可能的情况是，卡列斯总统为了将奥夫雷贡从灾难性的财务错误中拯救出来，精心策划了这笔交易。①

在与理查森建筑公司的交易失败后，大宗商品价格的波动和一场自然灾害让奥夫雷贡公司不得不从卡列斯和罗德里格斯那里获得贷款。特别是鹰嘴豆价格的持续下降，奥夫雷贡很难从一直由他经营的主要支柱作物中赢利。② 1927 年 9 月，一场热带气旋导致了雅基谷地大范围的洪水。虔诚的索诺拉人称这场飓风为"圣弗朗西斯的鞭挞"，认为袭击索诺拉海岸的严重季节性风暴是对他们罪恶的惩罚。③ 事实上，奥夫雷贡并不是唯一遭遇自然灾害的人。鲁道夫·埃利亚斯·卡列斯（Rodolfo Elías Calles）在这附近的农业综合企业在这几年里也搁浅了。当这位卡列斯的长子问奥夫雷贡能不能向总统寻求帮助时，据说他回答道："听我说，小鲁道夫！你是总统的儿子！"没有档案证据表明，卡列斯总统是否挪用了公款来帮助其儿子的企业摆脱困境，但无论如何，鲁道夫的企业在 1927 年宣布破产。④

---

① Atsumi Okada, "El impacto de la Revolución Mexicana: La Companía Constructora Richardson enel Valle del Yaqui (1905 – 1928)," *Historia Mexicana*, Vol. 50, No. 1, 2000, pp. 132 – 136.

② Gómez Estrada, *Gobierno y casinos: Los origenes de la riqueza de Abelardo L. Rodriguez*, p. 155; APALR, box 1, exp. "Construcción de tanque de guerra," Gaxiola to Rodriguez, June 26, 1926; exp. "Oficina Comercial de Alvaro Obregón," Gaxiola to Rodriguez, Navojoa, March 23, 1927 / February, 1928.

③ José Ramón Garcia, *Jr.*, *Alvaro Obregón, you can love him or hate him, but he initiated his success-ful run for the Mexican presidency in Nogales, Sonora*, p. 3.

④ Interview with Alejandro Elías Calles Lacy, Mexico City, July 17, 2015.

这位考迪罗的最后一份遗嘱充分证明了他财务困难的程度。1928 年 7 月，奥夫雷贡正准备登上总统宝座时，被一名狂热的天主教徒刺杀。他在遗嘱中写道："我的所有资产在法律上属于我的债权人，他们将得到各自的贷款。"剩下的财产将平分给他的妻子、八个孩子，以及他的三个姐姐，后者在他小时候曾对他的教育提供过帮助。[①]

奥夫雷贡的财务衰退表明，与威权社会的其他腐败精英相比，索诺拉家族由于其重大政治承诺，其致富的机会相对有限。事实证明，他们的政治权力不仅昂贵，还令人上瘾。奥夫雷贡认为，重新获得国库和总统职位的影响力是解决他财务困难的良方。这位考迪罗发现自己处于一种危险的两难境地。作为总统，他曾享有使用国库的权力，但失去了对遥远企业的直接控制。作为前总统，他努力恢复自己的商业网络，尽管国家的政治领导层（尤其是与奥夫雷贡有姻亲关系的州长）仍然对他俯首听命。

这一分析对汉斯 - 维尔纳·托布勒的说法（这一说法转载了 1928 年美国领事馆的一份不实报告）提出了疑问，即奥夫雷贡拥有"大型罐头和肥皂场，一家销售汽车、建筑材料、机械和农业工具的重要公司，一家银行，一家谷物加工厂，一家仓库和连锁加油站"[②]。因为拥有这些企业的是奥夫雷贡的朋友和亲戚，而不是他本人，奥夫雷贡在其总统任期内没有参与这些经济活动。更何况这些朋友和亲戚中的一些人，其个人财富已经远远超过了他们的伟大庇护人。

## 四  "最高首领"

卡列斯的财富一开始比奥夫雷贡要少，但他在向直系亲属输送财富方面更为成功。他的两个儿子鲁道夫和普卢塔科·"阿科"·埃利亚斯·卡列斯·查孔在他们父亲的事业发展中发挥了重要作用。两人都为家族财富和在全国范围内建立庇护网络做出了贡献。鲁道夫拥有会计学的大学学位，帮助他的父亲扭转了 40 多年来商业冒险的失败局面。两人与"阿科"的姐

---

①  FAPEC，FAO，serie 060300，exp. 18，inv. 5118，"Testamento," March 27, 1927.

②  Hans - Werner Tobler，"La burguesia revolucionaria en México. Su origen y su papel，1915 - 1935," p. 221.

夫、奥夫雷贡的密友亚伦·萨恩斯·加尔萨合作，创建了"曼特工业—垦殖公司"（Companía Industrial y Colonizadora de El Mante）（以下简称"曼特公司"）。这个庄园有5万亩，位于塔毛利帕斯州东北部的一个人烟稀少的地区，也是全国最大的糖业生产地之一，这要归功于卡列斯担任总统期间建造的同名水库所提供的灌溉。对"阿科"来说，他发现自己的使命是成为新莱昂州北部"索莱达·德·拉·莫塔"（Soledad de la Mota）庄园的主人，这是他父亲送给他的礼物。政治权力再次转化为成功的商业并且反之亦然，比如他的父亲修建了一条通往那个偏远地区的公路，使"阿科"能够在自己的庄园里生产柑橘。事实证明，"阿科"是一位能干的庄园管理者。这里远离城市的喧嚣，是他父亲最喜欢的地方。① 因此，政治权力和亲属关系为家族提供了越来越多的致富机会。

或许最能说明卡列斯富有的事实是，他大部分时间都待在墨西哥城以外的地方，其中大半是在巴黎等消费昂贵的地方。埃斯科瓦尔（Escobar）的叛乱结束后，他在巴黎待了五个月。他也很喜欢待在索莱达·德·拉·莫塔庄园，在罗德里格斯担任总统期间，他会在下加利福尼亚绍萨尔（El Sauzal）的总统牧场和他女儿阿莉西亚位于锡那罗亚坦伯尔（El Tambor）的海滩小屋度假几个月。②

最后，卡列斯在墨西哥城以南50英里（1英里≈1609米）的库埃纳瓦卡买了一座牧场。这座房产位于被卡列斯评论家称为"阿里巴巴街"或"社会主义百万富翁街"的地方，坐落在政客和富有的企业家所居住的一大片富丽堂皇的住宅区。③ 这里植被茂盛，气候温暖，当他需要待在墨西哥城附近时，这个牧场就是他最喜欢的住处。可以肯定的是，无论他走到哪里（巴黎除外），政党领导人、内阁成员和州长们都会去拜见他。就像奥夫雷贡通过招待来索诺拉征求建议的将军和政治家们发挥影响力一样，卡列斯也招待了源源不断的来访者。尽管如此，卡列斯在他位于墨西哥北部的基地中，并不能密切关注首都的政治局势，而且与三代历史学家反复强

① FAPEC, Archivo Plutarco Elías Calles（以下简称 APEC），gav. 15, exp. 120, inv. 976, "Companía Azucarera de El Mante, S. A. ," leg. 1/16.

② FAPEC, APEC, gav. 66, exp. 189, inv. 5010, Calles to Rodriguez, El Sauzal/BC, March 29, 1933.

③ 关于这些词语，见 Josephus Daniels, *Shirt - Sleeve Diplomat*, Chapel Hill：The University of North Carolina Press, 1947, p. 60。

调的说法相反，这位"最高首领"无法对政治进程进行微观管理（micromanage）。①

卡列斯的下台以及最终被卡德纳斯流放，对他的资产平衡造成了毁灭性打击。1935 年 6 月，卡德纳斯摆脱了卡列斯的桎梏后，政府立即对曼特公司采取行动，当时该公司是一家拥有 3.8 万英亩土地的制糖农业企业，卡列斯家族仍然是其主要投资者。经过诉讼程序，这家庄园最终被征收。② 1936 年 1 月下旬，附近 250 名妇女入侵了卡列斯在墨西哥城附近购置的、作为其私人住宅的乡村庄园圣巴巴拉（Santa Bárbara），并要求将其改为女子学校。1936 年 4 月，在卡德纳斯将卡列斯和几个亲信流放后，墨西哥政府将圣巴巴拉庄园变为公共财产。③ 对卡列斯家族来说幸运的是，尽管他们一直担心索莱达·德·拉·莫塔庄园可能会被分配给农民，但它最终毫发无损。

1941 年，结束流放回国后，卡列斯想要恢复家族的财富。墨西哥政府为曼特公司支付了一笔数额不大的赔偿金，他那些被征收了财产的儿子们也找到了新的有利可图的事业。鲁道夫在索诺拉州奥夫雷贡城拥有一家汽车经销公司，他的姐夫豪尔赫·阿尔马达（Jorge Almada）在锡那罗亚州纳沃拉托（Navolato）附近的糖厂与破产做斗争。④

尽管卡列斯生命里最后几年的个人财富与奥夫雷贡死后的遗产相当，却比不上其他通过革命致富的将军们。1945 年，他在去世前的几个月写下的遗嘱中，列出了 2589484.10 比索的资产，约合 60 万美元。⑤

## 五  百万富翁总统

罗德里格斯的商业帝国在整体上与地区经济密切相关，但最终也触碰

① 见 Jürgen Buchenau, *Plutarco Elías Calles and the Mexican Revolution*, pp. 143 – 172。

② APEC, gav. 15, exp. 120, inv. 976, "Compañía Azucarera El Mante," Calles to Aarón Sáenz, Mexico City, March 17, 1936.

③ Jocelyn Olcott, *Revolutionary Women in Postrevolutionary Mexico*, Durham: Duke University Press, 2005, p. 1.

④ FAPEC, Archivo Fernando Torreblanca, Fondo Plutarco Elías Calles（以下简称 FPEC），serie 011100, gav. 72, exp. 145, "Elías Calles Chacón, Rodolfo," especially Rodolfo Elías Calles Chacón to Plutarco Elías Calles, Navolato, May 8, 1943, and Plutarco to Rodolfo, Mexico City, January 16, 1944.

⑤ FAPEC, FPEC, serie 011303, exp. 28, "Inventario," exp. 31, "Testamento"

到了其财富增长的极限。20 世纪 20 年代，当其他边境州的工业化和采矿业蓬勃发展时，这个地区仍然处于边缘地位；然而在墨西哥其余地区经济陷入困境时，这里却经历了快速的经济增长。蒂华纳（Tijuana）和恩塞纳达（Ensenada）的渔民受益于现代化的港口设施，并出口了数千吨的鱼虾。罗德里格斯和卡列斯与美国投资者以及意大利酒商合作，开发了该地区的第一个葡萄园。后来，在 20 世纪 30 年代，卡列斯在罗德里格斯位于下加利福尼亚州恩塞纳达的乡村庄园绍萨尔住了好几个月，从各种疾病中恢复过来，并协助了这个葡萄园的发展。[①] 这位州长还参与了在沿海城市以东的山丘上种植橄榄树的工作，下加利福尼亚很快成为全国领先的橄榄油生产地之一。

直到 1931 年，罗德里格斯才在联邦政府获得了第一个职位，后来便迅速升任总统。1931 年 10 月 16 日，奥尔蒂斯·鲁维奥（Ortiz Rubio）内阁大规模改组，他被任命为作战部副部长。1932 年 1 月 21 日，罗德里格斯被任命为工业、商业和劳工部的部长，8 月 1 日，他成为作战部部长。在奥尔蒂斯·鲁维奥辞职后，他于 1932 年 9 月 3 日宣誓就任代总统。

除了与卡列斯的政治关系外，罗德里格斯还有着下加利福尼亚出身的"血统"。在禁酒令时期大量涌入的美国资本和游客的帮助下，下加利福尼亚政府在他领导下从需要靠联邦政府补贴，一跃发展到能在联邦财政方面提供帮助。1923 年罗德里格斯就任州长时，下加利福尼亚州每年从联邦政府获得 90 万比索的补贴。第二年，他要求减半，到了 1925 年，该州没有得到任何补贴。与此同时，罗德里格斯用自己的资本投资（包括渔业、葡萄园和赌场）促进了工业的发展。尽管经历了大萧条，但到 1932 年，下加利福尼亚是墨西哥经济增长最快的州。[②]

同时，罗德里格斯不断增加自己的财富，走出了他在下加利福尼亚的基地，建立起了全国性的商业集团。他在任总统期间，投资了温泉浴场，尤其是普埃布拉州特瓦坎（Tehuacán）著名的加尔西—克雷斯波（Garci - Crespo）温泉中心。并非巧合的是，卡列斯经常光顾罗德里格斯在特瓦坎投

---

① FAPEC, Archivo General Abelardo L. Rodríguez（以下简称 AALR），Presidencia de la República, exp. 325. 81/75.

② 罗德里格斯对自己作为州长表现的总结，请参阅 "La personalidad revolucionaria del Gral. Abelardo L. Rodriguez"，*El Nacional*，September 22，1932。

资的温泉中心。①

在所有索诺拉集团成员中，罗德里格斯的财富与美国投资者的活动联系最为密切，尤其是南加州企业家韦特·鲍曼。鲍曼是罗德里格斯最亲密的伙伴之一，他与总统的关系非常融洽，甚至他在通信中不需要遵守职业礼仪的界限。1932 年 10 月，鲍曼给罗德里格斯写了一封信，建议任命总统的兄弟费尔南多为下加利福尼亚州的州长。为了塑造费尔南多的形象，鲍曼承认"他可能会像你我一样多喝几杯"②。

然而，与卡列斯和奥夫雷贡一样，罗德里格斯发现担任总统不利于自己的商业发展。特别是，他的财富和保守的政治倾向使他很容易成为民众主义者卡德纳斯派的反对目标。1936 年，联邦政府没收了蒂华纳的阿瓜·卡连特豪华赌场。1938 年 11 月，由于罗德里格斯对苏联频繁的言语攻击，一位来自锡那罗亚的联邦参议员称他为"法西斯主义者"，并声称他不再是一名革命者。③ 同年，《新闻报》的文章引用了罗德里格斯一位朋友的话，"他离开总统职位时的情况比被暗杀还要糟糕"，文章提到了马德罗、卡兰萨和奥夫雷贡。④ 但罗德里格斯仍然是墨西哥经济中至关重要的一环，特别是 20 世纪 40 年代曼努埃尔·阿维拉·卡马乔（Manuel Avila Camacho）领导下的墨西哥政治向右转后。根据他的自传，他在那 10 年间成立了 70～80 家控股公司。到那时，罗德里格斯已经走出了下加利福尼亚州，开始在全国范围内寻找新的、有前途的行业进行投资。例如，20 世纪 40 年代，罗德里格斯在"墨西哥电影黄金时代"进入电影业。通过他与鲍曼等美国投资者持续的相互依赖关系，他的集团专注于收购墨西哥北部、西部和中部的几十家电影院，以及向观众出售卖零食和软饮料的摊位。⑤ 毫不奇怪，他的财富引起了广泛的怀疑。1943 年，《大众报》（El Popular）在罗德里格斯竞选索诺拉州长期间问

① FAPEC, AALR, Presidencia de la República, Antonio Juárez to Rodríguez, El Riego/Pue. , November 11, 1933.

② APALR, Presidencia de la República, "Bowman, Wirt," Bowman to Rodríguez, Tijuana, October 24, 1932.

③ "A. L. Rodríguez es calificado como fascista," Excelsior, November 8, 1938.

④ "Gral. Abelardo L. Rodríguez," La Prensa, November 17, 1938.

⑤ 参见 FAPEC, AALR, Fondo Familiar, Asociaciones, empresas, e industria, and Rodríguez, Autobiografia, 161 – 201 中的大量文件。

道："罗德里格斯将军能公开解释他的财富来源吗？"①

然而到最后，这一切都是徒劳的。20 世纪 50 年代末，他失去了对电影院的控制权，被美国企业家威廉·O. 詹金斯（William O. Jenkins）的商业帝国所接管。詹金斯轻易地将罗德里格斯这个电影业的竞争对手抛在身后，这表明了战后墨西哥经济和政治格局的变化，以及罗德里格斯没有像强大的蒙特雷家族那样的物质资源，后者经受住了卡德纳斯民众主义与美国在战时和战后投资热潮的冲击。在他生命的最后时刻，罗德里格斯将他的投资转移到银行账户和股市。他的儿子们不到一代的时间就将继承来的遗产挥霍殆尽。②

也许正是卡德纳斯将他们赶下台，索诺拉家族的腐败后来才成为一个如此重要的话题，因为卡德纳斯拒绝接受公款，对于习惯于政府普遍腐败的墨西哥人来说，这无异于一股新鲜空气。但是，从卡德纳斯的角度来判断索诺拉时代，会掩盖 1920 ~ 1934 年的政治动态，当时政治反对派对卡列斯和奥夫雷贡的暴力、威权主义和反教权主义的关注远多于对他们的腐败行为的关注。在奥夫雷贡和卡列斯时期，索诺拉家族在不断争夺政治权力和财富的斗争中失利，备受瞩目的是索诺拉政权面临的三大挑战（1923 ~ 1924 年德·拉·韦尔塔反对奥夫雷贡的起义，1927 年塞拉诺领导的对奥夫雷贡第二次总统竞选的失败挑战，以及 1929 年的埃斯科瓦尔叛乱）。但挑战的呼声集中于总统的违宪能力上，即总统通过庇护制来选择自己的继任者，而非国家精英的敛财致富。因此，同时代的反对派并不觉得索诺拉家族的贪污行为与奈特所说的"贪污为政府服务"③ 一样值得注意：有系统地扭曲或破坏政治规则以使统治集团受益。这种模式在索诺拉时代之后仍长期存在。尽管一再呼吁建立真正的多党民主制，但索诺拉人建立起的体系最终演变成了一个官方的国家政党，在 1929 年到 2000 年以三个不同的名字统治着墨西哥。在该党庇护下选出的总统最初是卡德纳斯这样的将军，在 1946 年后则是平民，他们主导立法机构、最高法院和提名其继任者的过程，

---

① "Puede el General Rodríguez Explicar Públicamente el Origen de su Fortuna？" *El Popular*, July 16, 1943.

② Andrew Paxman, *Jenkins of Mexico: How a Southern Farmboy Became a Mexican Magnate*, Oxford：Oxford University Press, 2017.

③ Alan Knight, "Corruption in Twentieth - Century Mexico," p. 227.

导致人们普遍认为一位总统会干涉下一任总统的选择。而且，即使现在被称为革命制度党（PRI）的国家政党在 21 世纪初最终失去权力之后，墨西哥的民主制度仍然很薄弱，部分原因是革命前后统治国家的强大派系所造成的历史阴影。

　　［作者简介：尤尔根·布切诺（Jürgen Buchenau），历史学博士，美国北卡罗来纳大学夏洛特分校历史系教授；

　　译者简介：王盼，南开大学世界近现代史研究中心和拉丁美洲研究中心博士研究生］

# 埃内斯托·切·格瓦拉，寻求传记的人

〔墨西哥〕卡洛斯·安东尼奥·阿吉雷·罗哈斯，刘 豪 译

**内容提要：** 本文提出这样一个观点，即直到今天，一部真正有关切·格瓦拉的综合传记尚未问世。本文试图解释这一奇怪现象，并将原因概括为以下三点：其一，切·格瓦拉的许多重要作品经过了很长时间才得以出版；其二，许多直接参与切·格瓦拉宏大的拉丁美洲革命计划的人的证词直到近 20 年才被公开；其三，由真正的历史学家开展的，聚焦整个拉丁美洲武装运动的学术研究的滞后也导致了这一现象。这些运动相互联系，通过各类方式、以不同程度共同支撑起了切·格瓦拉在拉丁美洲大地创造"第二个越南"的计划。

**关键词：** 切·格瓦拉 综合传记 拉丁美洲革命 第二个越南 古巴革命

## 一 个人传记、思想传记和综合传记

在悲惨去世的 55 年后，就像路易吉·皮兰德略（Luigi Pirandello）作品中的六个人物在极力寻找剧作家一样，切·格瓦拉〔原名：埃内斯托·拉斐尔·格瓦拉·德·拉·塞尔纳（Ernesto Rafael Guevara de la Serna）〕也在寻找作者。切·格瓦拉是激进的革命者和反资本主义者，同时也是一位对其所经历的社会现实敏锐而且深刻的理论批判家。直到今天，他仍在寻找能够从不同侧面撰写关于他的复杂、丰富的综合传记的作者。这里所说的综合传记与那种传统的对逸事的偶然发掘，随意拼凑和单纯按时间线简单

地复述完全不同，它应该通过一个清晰的核心原则将所有内容组织和串联起来，同时采取某种特定的方法论标准和明确且特别的解析模型，就像一根真正的引线般将这位杰出的传记人物的一生及其作品中的关键内容逐一铺开，得出解释性的结论。

这是一种复杂的传记尝试。这样的传记其实是一种复杂的正反两方面的辩证写法，既要涉及作为框架背景的时代、地理和所处社会环境，又要聚焦切·格瓦拉个人和重点关注的作品，还要回过头来从萨特式的"投射"出发，研究该人物对所处具体环境、空间和时代，也即前面提到的特殊历史环境的各类影响及作用。换句话说，这样的一本传记应该从切·格瓦拉所处的世界和时代出发对他和他的作品进行诠释，同时还应当以切·格瓦拉的个人行为、他参与的活动以及各类创作实践所造成的影响为依据，聚焦他对所处时期和环境所施加的改变。

同样，在面对切·格瓦拉这样一位特殊人物时，要完成其个人传记，就不可能将他的思想传记剥离出去，这是因为切·格瓦拉既不是一个完完全全的知识分子（如费尔南·布罗代尔），也不是一个单纯的行动派或以实践为主的政治领袖（如菲德尔·卡斯特罗）。他是一个奇妙而复杂的结合体，不仅是斗志昂扬、非凡激进的行动派，还被赋予了深刻、根本和非凡的理论能力与思考能力。[1]

迄今为止，有关切·格瓦拉的传记绝大多数都只记录和突出他作为一个杰出行动者的实践，然后通过这些实践勾勒出他的特征，或将其看作杰出的战略家，或看作具有人格魅力和斗志昂扬的领袖，或是受人尊敬和爱戴的领导者，或是道德模范，或是反资本主义革命者和激进革命者的楷模，当然还有很多诸如此类的评价。而除了上述传记构建和传播的形象之外，

---

[1] 当面对传记这样一个复杂问题，以及个人传记、思想传记和综合传记之间的复杂关联时，了解让－保罗·萨特和瓦尔特·本雅明等人的例证与见解相当有益，具体可参见 Jean - Paul Sartre, *L'idiot de la famille. Gustave Flaubert de 1821 a 1857*, 3 tomos, Ed. Gallimard, París, 1988; *Crítica de la razón dialéctica*, tomo 1, "Cuestiones de Método," Ed. Losada, Buenos Aires, 1963; Walter Benjamin, *Dos Ensayos sobre Goethe*, Ed. Gedisa, Barcelona, 1996; *Textos sobre Kafka*, Ed. Eterna Cadencia Editora, Buenos Aires, 2014; *Baudelaire*, Ed. La Fabrique Editions, París, 2013. 此外还可参见 Giovanni Levi, "Les usages de la biographie," en *Annales. E. S. C.*, noviembre - diciembre de 1989, año 44, núm. 6, Carlos Antonio Aguirre Rojas, "（Re）construyendo la Biografía Intelectual de Fernand Braudel," en el libro *Retratos para la Historia*, Ed. Prohistoria, Rosario, 2015。

切·格瓦拉无疑也是一位杰出的理论家，甚至直至今日仍然是古巴革命前十年经验的主要理论家，是探讨古巴能否真正走上反资本主义、建设社会主义道路的理论家，同时也是与毛泽东和弗朗茨·法农（Frantz Fanon）并列的第三世界反资本主义革命的三大主要理论家之一。他不仅就如何在以农业为主导，缺乏数量庞大的工人阶级和坚实有机的资本主义的国家进行革命这一问题进行了思考、研究并将其理论化，同时也系统性、概括性地阐述了在拉丁美洲这一特定范围内如何将有关第三世界革命的新理论付诸实践，从而将拉丁美洲变成第二个或第三个"越南"，变成真正的"拉丁美洲越南"的问题。

因此，切·格瓦拉同时作为古巴革命、拉丁美洲革命和世界革命的理论家，作为古巴和广泛意义上的社会主义建设的理论家这一核心维度的缺失，即这一整套思想传记的缺失，截断了这些思想与他的游历和人生轨迹间的互动，导致了传记整体的有机性的缺失，也必然导致迄今为止所有的关于他的人物传记呈现不完整、不充分、片面和局限性的特点，无法从根本上真实刻画切·格瓦拉完整而复杂的生活轨迹。因此，与皮兰德娄刻画的人物类似，切·格瓦拉仍在寻找真正的传记作者，并期待一部至少能与这位杰出人物所达到的高度相匹配的传记。①

## 二　思想遗产的出版遭遇

可以说，在切·格瓦拉惨遭卑劣杀害后的半个多世纪里，真正的综合传记并未出现。在探究这一空白的主要原因时，我们发现迄今为止那些成果有限的传记尝试并非出自职业的批判历史学家或相关主题的专业研究人

---

① 令人好奇的是，在切·格瓦拉逝世30周年之际，出版了三部迄今为止传播最为广泛的传记，即乔恩·李·安德森（Jon Lee Anderson）、皮尔里·卡尔弗恩（Pierre Kalfon）和帕科·伊格纳西奥·泰沃二世（Paco Ignacio Taibo II）所写的传记，但在40周年和50周年都没有与这三部作品相当的其他传记出版。值得强调的是，这三部流传最广的作品都只是个人传记，完全忽略了切·格瓦拉的思想传记这一关键维度，只是纯粹讲述逸事，因此缺乏一种统筹的思想力量和主旨、缺乏解释模型、缺乏明确的方法论标准、缺乏对切·格瓦拉独特人生轨迹以及他与所处环境和时代的复杂辩证关系的清晰连贯的解释，最终导致对切·格瓦拉人物形象的局限性、刻板化和缺陷性认知一直持续至今，忽视了他在社会批判理论领域做出的重要思想贡献。

员之手，其撰写主体多是记者，抑或是文学家与作家，甚至是单纯的外行。除此之外，还有一些因素阻碍了综合传记的问世。虽然乍眼一看难以置信、匪夷所思，但切·格瓦拉很大一部分思想遗产是直到 21 世纪头 20 年才开始出版和大范围传播从而为人所知的。

此外，也只是在过去的 20 来年内，一些参与者的证词才被公之于众。这些证词涉及切·格瓦拉推动拉美大陆革命这一重要计划的具体实践和组织内容［正如他在 1966～1967 年发表的《通过三大洲会议致世界人民的信》① 中所明确陈述和宣扬的那样，切·格瓦拉的革命计划是意图在我们的拉美大陆上创建第二个和（或）第三个拉丁美洲越南］。同样，也只有到了 21 世纪，我们才能通过更多证据详细和准确地把握切·格瓦拉与整个拉美（甚至包括非洲和亚洲）出现的各类社会反叛运动及反叛者的复杂联系网，同时更为仔细与深入地去研究与切·格瓦拉直接相关的各类革命性政治倡议及其在尼加拉瓜、阿根廷、秘鲁、智利、巴西，当然还有在玻利维亚的发展。

切·格瓦拉本人的大量演讲、会议记录、采访和作品，先后来自古巴情报局和拉丁美洲革命网络的证物证词，对尼加拉瓜、阿根廷、秘鲁、智利、巴西和玻利维亚等国各类组织和运动的详细研究也均在过去 20 年才逐渐为人所知并公开发表。这也是上文提到的那些 20 世纪 90 年代的传记，迄今为止所有关于切·格瓦拉的传记缺乏思想维度，甚至在其人生轨迹的勾勒中存在事实和经验的局限性。

尽管令人感到诧异，但同样是到了 21 世纪，埃内斯托·切·格瓦拉的许多真正重要的作品才被公之于众，例如他的《政治经济学批评笔记》《哲学笔记》《〈政治经济学批评笔记〉的补充文稿》，对古巴社会主义转型挑战

---

① 切·格瓦拉曾说："这是越南的道路，这是人民应遵循的道路……拉美，这块曾被遗忘的大陆……开始在人民先锋的呼声中……感受到自身的存在，那呼声就是古巴革命。在此基础上，拉美将接受一项更为重要的任务：创建全世界第二个或第三个越南，甚至第二个和第三个越南。"可参见 "Mensaje a los pueblos del mundo a través de la Tricontinental," *Obras escogidas. 1957 – 1967*, tomo 2, Ed. de Ciencias Sociales, La Habana, 2007, pp. 564 –565。有必要指出，尽管切·格瓦拉在《通过三大洲会议致世界人民的信》中已作了明确声明，但这项大陆革命计划在迄今为止出版的传记中都没有得到真正关注。这项计划清楚描述了切·格瓦拉先后试图参与尼加拉瓜、阿根廷、秘鲁的游击斗争，但未能如愿，以及他的斗争计划最后在玻利维亚实现的原因。

的思考，以及对 1963～1964 年古巴经济形势和走向的重要讨论。也是直到最近十年，奥兰多·博雷戈汇编的重要文献，即七卷本的《古巴革命中的切》（*Che en la Revolución Cubana*）才得以再版。该著作几乎可以说是切·格瓦拉的作品"全集"。尽管只囊括了 1959 年 1 月至 1965 年 3 月这一历史时段，但在它第一版发行后的 47 年中绝对是罕见的作品，全世界仅有极少数人知晓它的存在。[1]

同时也是直到最近的 25 年里，埃内斯托·切·格瓦拉一些重要的亲笔作品才得以编辑出版，例如他有关拉丁美洲的文章汇编，他的《古巴革命战争日记》以及在此基础上写成的《古巴革命战争回忆录》，他在刚果参与游击战争全过程的日记，甚至还有他写于 1947 年至 1967 年，直到 2019 年才公布的信件。

切·格瓦拉的这些思想遗产公布时间如此之晚，一定程度上解释了迄今为止所有关于他的传记中存在的巨大局限和偏差，同时也让我们对撰写一部具体、有机且综合的关于埃内斯托·切·格瓦拉传记的挑战形成了清晰的认知。为了完成这样的传记，我们需要以最近 20 来年才公布的那些材料为依据，将这些文本中包含的主要发现、贡献和元素有机整合起来并纳入整个撰写过程。

例如，通过切·格瓦拉在他的《政治经济学批评笔记》中对苏联和东欧国家所谓的社会主义路线提出的激进、反资本主义式的批评，可以看出他在很大程度上更接近毛泽东和新中国的政治立场。同时，他的上述批评也为其积极探索和发展新的理论，即古巴能否建设一条新的、前所未有的、

---

① 令人惊讶的是，这部几乎囊括了切·格瓦拉在 1959 年 1 月至 1965 年 3 月所有作品、采访、内部及公开会议记录，以及他在大会和电视上的发言的七卷本汇编仅于 1966 年由古巴糖业部出版了 200 份（也有人说是 300 份）。尽管切·格瓦拉本人知道并拥有这部汇编，菲德尔·卡斯特罗也收到了一份印刷本，但这几百份印刷本从未真正面世，几十年来一直由糖业部保存。更令人诧异的是，尽管该汇编已经存在，但它在很长时间内并未在古巴大规模再版，直到其首次出版的 47 年后，才在 2013 年至 2016 年由何塞·马蒂出版社再版并印刷 5000 份。很明显，在 1996 年、1997 年出版的最广为人知的三本关于切·格瓦拉的传记作者中，没有一位认真阅读了这部七卷本汇编。在我们看来，如果他们认真阅读了这些内容，必定会发现切·格瓦拉的理论批判家身份，发现他对各类现实和基本过程的批判性思考，从而将其思想传记作为综合传记的组成部分与辩证元素纳入进来，极大程度改变他们的传记理念和传记中切·格瓦拉的人物形象。因此，正如奥兰多·博雷戈指出的那样，切·格瓦拉的综合传记还有待写成。

激进的反资本主义，从资本主义过渡到社会主义，再从社会主义过渡到共产主义的道路奠定了基础。这是一种对古巴乃至全球社会主义建设理论的探索和全新尝试，它在严谨、系统和批判性地吸收马克思和列宁在这一复杂问题上的深刻认知的同时，试图对后者进行更新，以适应 20 世纪后半期古巴、拉丁美洲和第三世界复杂现实的需要。[①]

切·格瓦拉对苏联模式的批评和对社会主义建设新模式的理论设想同样明确出现在《古巴社会主义过渡的挑战（1961～1965）》和《古巴经济大讨论》收录的一些亲笔文章中。这些文本蕴含了切·格瓦拉的诸多思想。例如，他提出了一个挑战性的观点，即一个想要从根本上与资本主义决裂并真正摒弃后者的新社会应该具备改变人类劳动的能力，使其由一种从外部强加的，使劳动者感到疲倦、抵触和憎恨的劳动，转变为一项由个人主动承担的义务，从而使后者接受劳动并将其视为自发行为和社会责任，使困难甚至难以接受的劳动变得轻松、愉快，并极大提高劳动者的接受度和忍耐度。[②]

除此之外，切·格瓦拉还在这些文章中对他的财政预算体系进行了辩护。作为真正的非资本主义经济的核心组成部分，他的财政预算体系与苏联和东欧模式不同。该体系从根本上排斥价值规律和占主导地位的物质刺激、国有企业之间交换生产品的商品属性、银行利息的收取以及所谓的"社会主义"企业之间的经济竞争，支持根据人民需求，通过集中规划机制合理组织和分配生产品，同时提倡以道德刺激为主，确定国有企业间交换物资的劳动产品而非商品属性，主张银行在不收取费用的前提下发放和回收资金，支持企业间通过自发劳动和纯象征性奖励开展竞争。换句话说，这种古巴经济组织的体系和模式具有真正的反资本主义性质，在第三世界

---

[①] 可参见 Ernesto Che Guevara, *Apuntes Críticos a la Economía Política*, Ed. Ocean Press, Habana, 2005。我们仍旧觉得不可思议的是，切·格瓦拉本人希望该著作尽快面世，并于 1966 年末直接委托奥兰多·博雷戈对其进行编辑出版，但整整过了 40 年这一愿望才最终实现。关于切·格瓦拉明确表示持有的亲毛泽东和亲中立场（尽管只是在亲信圈子内），可参见 "Reunión del 5 de diciembre de 1964," *Che en la Revolución Cubana*, tomo VI, Ed. José Martí, 2015, p. 428。

[②] 可参见 Ernesto Che Guevara, *Retos de la Transición Socialista en Cuba*（*1961－1965*）, Ed. OceanSur, 2009, 特别是这篇名为"一种新的劳动态度"的文章。在文章中切·格瓦拉引用莱昂·费利佩（León Felipe）的诗歌呈现了这一极具影响力和争议性，同时又具有启发性和挑战性的观点。

那些资本主义发展畸形和不足，尝试通过革命向社会主义过渡的社会也许同样适用。

值得强调的是，在这场围绕在古巴和第三世界社会主义经济模式的重要讨论中，除了一些古巴的理论家和经济学家，切·格瓦拉还与夏尔·贝特兰（Charles Bettelheim）、欧内斯特·曼德尔（Ernest Mandel），当时最重要的马克思主义经济理论家进行了交谈。这再次说明了切·格瓦拉作为社会批判理论家的重要地位和将其思想传记作为另一核心维度纳入其综合传记的必要性。切·格瓦拉的理论造诣之深，以至于像让－保罗·萨特这样的大家在与之会面和交谈后都将他誉为"革命中最闪亮的智慧""博学的人"，认为"他的每一句话里都蕴藏着黄金"。①

切·格瓦拉作为重要的马克思主义批判理论家这一维度被绝大多数传记作者和学者所忽视，而这一维度在我们仔细阅读七卷本的《古巴革命中的切》后也能明显注意到。在这部作品中，除了有一些对上文提到的问题的重要扩展和深化，对苏联和东欧社会主义模式的批评，以及对第三世界社会主义建设的理论探索和架构之外，还有对资本主义社会中妇女受压迫以及社会主义新社会解放妇女的途径、种族主义、新的教育在塑造"新人"方面的作用、社会主义新艺术、苏联社会主义现实主义、非资本主义新文化的内容、共产主义伦理、新旧家庭模式、大众传媒的特性与作用，甚至名字的随意性和绰号的重要价值等问题进行了尖锐而深入的思考或批评。②

同样，我们在这部著作中看到了他对拉丁美洲和拉美各国的历史，尤其是对当时拉美和拉美各国的社会政治形势进行的深入思考和独到诠释，看到了他就非洲总体形势、中苏争端、越南战争的历史—普遍意义（它由切·格瓦拉首先提出，几乎提前10年就预言了1975年美帝国主义的惨败和

---

① 有关让－保罗·萨特对切·格瓦拉的明确评价和高度赞美，可参见 Jean－Paul Sartre, *Huracán sobre el Azúcar*, Ed. Uruguay, Montevideo, 1961, pp. 58－59 y 101。关于上述讨论，可参见 Ernesto Che Guevara, *El Gran Debate sobre la Economía Cubana*, Ed. Ocean Sur, La Habana, 2006。值得注意的是，夏尔·贝特兰在这场讨论中反对切·格瓦拉的观点，为苏联的经济核算制辩护。而在中国之行后，他的意识形态发生了改变，转向了亲毛泽东和亲中立场（这与切·格瓦拉当时捍卫的立场非常相似），从而对苏联这一模式进行了彻底而激进的批判。

② 可参见 Ernesto Che Guevara, *Che en la Revolución Cubana*, 7 tomos, Ed. José Martí, La Habana, 2013－2016。有关切·格瓦拉对专有人名的批评，以及对绰号和化名的辩护，可参见 Carlos Antonio Aguirre Rojas, *Pesquisa sobre el Che Guevara*, Ed. Contrahistorias, México, 2021。

英雄的越南人民的胜利）等问题撰写的重要文章，还看到了他对各类社会主义国家特点的总结。切·格瓦拉以古巴革命外交代表身份造访世界各国，同时又通过持续阅读和辛勤钻研支撑其理论思考，从而逐渐建立起对世界的整体把握，而上述内容也让我们清晰认识到切·格瓦拉对20世纪60年代世界局势的宏观诊断达到了怎样的高度。

切·格瓦拉对第二次世界大战后"世界局势"精准的批判性透视不仅让他认识到越南人民斗争的历史性、普遍性示范作用，从而提出"创造两个、三个、多个越南"的口号，还让他从全球视野出发，深刻理解和重新定位了古巴革命在最初十年的历史—普遍意义和同时期拉丁美洲开展斗争的重要性。也正是从这个全球视野出发，切·格瓦拉还建构了如何在拉丁美洲全域开展革命的完整方案，并由此提出了全力推动大陆革命的宏伟计划，从而在拉美土地上建立第二个和（或）第三个越南，并以拉美为据点推动必要的、急迫的和激进的全球反资本主义革命。

通过细读这部七卷本的《古巴革命中的切》，我们还可以发现切·格瓦拉对拉美局势，以及当时遍布拉美的真正反资本主义的运动、组织和斗争进行的全面而深入的综合透视。切·格瓦拉在古巴岛生活和工作期间逐渐实现了对拉丁美洲及其斗争的批判性透视，这为他或直接或间接地支持并推动同时期遍布拉美的那些真正具有革命性和反资本主义性质的运动提供了可能，并通过形成自身的拉美革命纲领达到顶峰（切·格瓦拉在玻利维亚进行革命纲领的首次实践并非偶然）。①

除了《古巴革命中的切》各卷中蕴含的那些丰富思想，《哲学笔记》同样是切·格瓦拉直到最近才为人所知的思想遗产的重要组成部分。这部作品清晰地揭示了切·格瓦拉所捍卫并试图代表的马克思主义：一种极度反资本主义，自然也明显反教条的马克思主义。这种马克思主义远离死板的苏联模式，反对对问题的模式化和简单化处理，以开放姿态接受其他立场的挑战，同时还能吸收这些立场的优秀元素，是一种具有活力、探索力和创造力的马克思主义。根据构建者的初衷，这种马克思主义应当与它试图解释的特定现实产生互动，并从中汲取养分，促使自身不断发展和变化，

---

① 可参见 Ernesto Che Guevara, *Che en la Revolución Cubana*。基于上述内容，我们认为这部作品理应在古巴和整个拉丁美洲获得更为广泛的传播。

从而发挥真正的"行动指南"和行动依据，而非死板的配方或一成不变的真理的作用。①

此外，切·格瓦拉所撰写的大部分关于拉丁美洲的文章也是近些年通过汇编的形式出版的。这些内容上至他 1950 年首次访问阿根廷的记载，下到 1967 年玻利维亚民族解放军的声明。这些文章的研读为我们完整重现切·格瓦拉的马克思主义批判思想的起源、发展、成熟和巩固过程提供了一系列重要线索，从而描摹出切·格瓦拉从具有明显反叛精神，胸怀壮志的热血青年到积极献身古巴革命并最终推动 1959 年 1 月革命胜利的马克思主义者和反资本主义者的完整轨迹。这也是切·格瓦拉思想谱系的复杂探索，不仅使他形成了对几乎所有拉美国家的直观、一手认知，还引发了他对亲身经历的玻利维亚和危地马拉革命的成就与不足的思考，以及对 20 年代前半期秘鲁、中美洲、委内瑞拉、一些加勒比国家甚至古巴本身的革命团体和组织所面临的争论、设想和困境的思索。②

对上述具有突出意义的理论文本（这些文本再次说明了将切·格瓦拉的思想维度纳入综合传记的必要性和迫切性）进行补充的作品，也是直到近 20 来年才被出版，如切·格瓦拉的古巴革命战争日记（1956～1958）、1965 年的刚果斗争日记和 1947～1967 年的书信。这些日记和书信同样具有

---

① 可参见 Ernesto Che Guevara, *Apuntes Filosóficos*, Ed. Ocean Sur, La Habana, 2012。值得注意的是，《哲学笔记》中包含了 1965 年 12 月 4 日切·格瓦拉致阿曼多·阿特（Armando Hart）的重要信函。其中切·格瓦拉描述了他为深化马克思主义认知和培养真正反资本主义的批判思想所制订的个人计划。他还建议通过大量出版马克思主义作者（以马克思主义作者为主体，但也不仅限于此）的作品让所有古巴人接受马克思主义。

② 可参见 Ernesto Che Guevara, *América Latina. Despertar de un continente*, Coedición Centro de Estudios Che Guevara y Ocean Press, La Habana, 2003; María del Carmen Ariet García, *El pensamiento político de Ernesto Che Guevara*, Ed. Ocean Press, La Habana, 2003。需要指出的是，与那种广泛流传，甚至被一些传记作者传播的荒谬观点相反，在阅读切·格瓦拉关于拉丁美洲的著作时，我们并没有看到"冒险"青年的形象，而是一个壮志勃勃，想要有所建树，观察敏锐，勤于思考，善于吸收新经验并将其理论化的青年形象。我们认为，这种高度的敏锐性、优秀的思考力和出色的理论化能力与严格意义上的"冒险者"完全相反。因此，字典式的简单定义站不住脚且没有意义，而切·格瓦拉将自己描述成"半个冒险家，半个资本家"的句子，也是以明显隐喻和自嘲的语气写给他妻子阿莱达·马奇（Aleida March）的，这同样是没有意义的。如果我们完全按字面意思理解这句话，就应该问问那些认为切·格瓦拉是"冒险家"的人，看他们是否敢以类似的方式说切·格瓦拉也是一个"资本家"。认为切·格瓦拉只是个粗俗的冒险家并维护这一荒谬形象，从这一立场也可以看出那些人根本无法捕捉到切·格瓦拉复杂、多面和深刻的个性。

重要意义。其中第一部《一名战士的日记》写于 1956～1958 年，不仅是《古巴革命战争回忆录》的一系列叙事的基础，还是切·格瓦拉于 1960～1961 年撰写的重要著作《游击战》的核心素材之一（《游击战》不仅是那些年在拉美各国开展武装斗争的革命者的"指导手册"，还是一部综合分析文本，它将 1956～1958 年古巴革命的具体经验上升到一般理论的高度）。

切·格瓦拉一生都在重复这样一个过程，即把他在 50 年代后半期主导的具体斗争由单纯的忠实记述转化为更为普遍和适用的经验教训，再转化为如何在第三世界国家组织游击斗争，如何取得斗争胜利的核心论点和主要论据。因此，通过比较《一名战士的日记》和《游击战》，再通过比较《游击战》与《切在玻利维亚的日记》，我们也可以发现他从具体经验到一般理论，再回过头来以一般理论为指导，合理、巧妙地架构和组织新的具体经验的思维活动轨迹。[①]

他的另一部作品《刚果革命战争回忆录》也具有类似的特征。切·格瓦拉在这部回忆录里不仅叙述和分析了他参加刚果游击战争并最终失败的经历，还简要分析了"非洲版越南"产生与建设的可能性和实际困难。在此基础上，他还类比拉丁美洲，探讨了他长久以来追求的在拉美范围内开展革命的计划，也即建设拉丁美洲越南的可行性。这再次印证了上文提到的切·格瓦拉式的思想轨迹，即从经验到理论再从理论到经验的脉络。在 1947～1967 年的一些信件中我们同样可以发现这一思维轨迹，例如切·格瓦拉于 1965 年 3 月写给菲德尔·卡斯特罗的重要书信。在信中他对当时古巴的革命局势和困境进行了深入透视。然而令人惊诧和匪夷所思的是，这封书信在长达 40 多年的时间内不为人所知，直到 2016 年其内容的 1/3 才被公开，而直到 2019 年全文才基本被公开，那时距写信时间整整过去了 54 年。切·格瓦拉这一针对古巴革命成就与挑战的批判性诊断长久以来无人知晓，也再次解释了迄今为止有关切·格瓦拉的传记和研究存在巨大局限、严重偏差和不足。[②]

---

① 可参见 Ernesto Che Guevara, *Diario de un Combatiente*, Ed. Ocean Sur, La Habana, 2011。切·格瓦拉的《游击战》和另一篇重要的补充文章《游击战：一种方法》收录于《古巴革命中的切》，可参见 *Che en la Revolución Cubana*, tomo VII, 2016。

② 可参见 Ernesto Che Guevara, *Pasajes de la Guerra Revolucionaria. Congo*, Ed. Ocean Sur, La Habana, 2009；*Epistolario de un Tiempo. Cartas 1947 - 1967*, Ed. Ocean Sur, La Habana, 2019。

　　鉴于切·格瓦拉的这些理论和文献遗产大多在 21 世纪才被公开，我们更能理解为何关于他的畅销传记和绝大多数对他个人形象和作品的研究都失之偏颇了。直到今天，许多传记和研究都没有意识到切·格瓦拉与弗朗茨·法农和毛泽东一道组成二战后初期世界三大马克思主义理论家。因此，我们有必要重拾他的思想传记并将其作为他综合传记的有机要素，从而在他已然被大众所熟知的不同形象，例如模范斗士、伟大军事战略家、毋庸置疑的政治领袖、道德榜样、古巴社会主义的伟大建设者、杰出的古巴革命外交代表、具有人格魅力的角色、革命者或他所宣扬的"新人"以及其他典型形象之外，赋予他敏锐的社会批判理论家的形象。当然，他的基本理论贡献与探索也需要通过辛勤研读才能被发掘和重现。

## 三　证词和研究的滞后

　　正如上文所述，迄今为止那些流传最为广泛的切·格瓦拉传记，以及绝大多数对他人生轨迹、人物形象和作品的不同侧面的研究都存在巨大的缺陷和明显的局限性、偏差及错误，而造成这种局限性的主要原因之一在于埃内斯托·切·格瓦拉包括手稿、各类论坛的会议记录和发言记录、个人笔记和书信在内的许多重要思想遗产的出版滞后。

　　除此之外，还有一个重要的补充性因素，即许多 1959～1967 年切·格瓦拉设想、谋划、架构、推进和逐渐系统性完善的宏大政治计划的直接参与者的各类证词同样直到近些年才被出版或广泛流传。这里提到的计划正是切·格瓦拉试图在广袤的拉美大地发起和开展的大陆革命，进而在拉美建立一个或若干个新越南的设想。

　　许多来自同伴和敌军的证词让我们直至现在才了解到，在人生的最后九年里，切·格瓦拉把他所有的心血和精力都倾注到了两项宏伟的事业中。其一，正如上文所述，为古巴革命创造一种全新的、前所未有的社会主义建设模式。这种模式有别于苏联和大部分东欧国家的模式，具有激进的反资本主义性质，是一种向社会主义过渡的有机模式。其二，一项甚至可以让他献出生命的事业，即通过危地马拉、阿根廷、秘鲁、尼加拉瓜、智利、哥伦比亚、巴西、多米尼加、巴拿马、玻利维亚、委内瑞拉、厄瓜多尔抑或是乌拉圭的各类运动、组织、人手、倡议和关系网络不断积蓄力量，逐渐推动同样反资本主义和同样激进的拉丁美洲革命。[1]

只有通过最近才被披露的证词和对上文提到的各类运动、联络网和倡议的深入研究，我们才能对这项专属拉美的宏伟计划的规模和复杂性形成清晰的认知。例如，根据1959年至20世纪60年代古巴情报机构的成员证词，古巴在切·格瓦拉的直接要求、积极参与和持续监督下为拉丁美洲几乎所有选择武装斗争和游击战道路的社会运动和政治组织提供了极大的支持。曼努埃尔·皮涅罗（Manuel Piñeiro，绰号"红胡子"）、何塞·戈麦斯·阿瓦德（José Gómez Abad，绰号"迪奥斯达多"）、丹尼尔·莱斯卡耶（Daniel Lescaille，绰号"乌利塞斯·埃斯特拉达"）、阿韦拉多·科洛梅·伊瓦拉（Abelardo Colomé Ibarra，绰号"弗里"）等人的证词记述了他们在拉美各国，甚至刚果、阿尔及利亚和捷克斯洛伐克提供的后勤援助和组织工作，进而证实了切·格瓦拉革命计划一如既往的拉美关切。[2]

这些重要证词涉及古巴对拉丁美洲各类运动和组织的帮助及推动，而后者也反过来编织了拉美各国对切·格瓦拉大陆革命计划的支持网络。因此，除了这些证词外，一系列主要基于访谈和（或）口述材料，聚焦以切·格瓦拉为中心的国家和地区支持网络的各个组成部分的详细研究和深入调查也同样值得关注。

---

[1]　切·格瓦拉大陆革命计划本质上的拉美维度并未真正被传记作者、学者和研究人员理解，不然，对切·格瓦拉为何选择玻利维亚开展游击战争这一问题的讨论也不会一直持续至今。如果我们真正理解了切·格瓦拉计划的拉美维度，那么上述问题和上述争论就显得没有意义了。根据我们现在掌握的确切信息，1959年切·格瓦拉曾试图参与尼加拉瓜的游击斗争，1963年和1964年又试图在阿根廷与他组织的人民游击队一起战斗，1966年初他还做好了去秘鲁开展斗争的准备，尽管几个月后他最终决定去玻利维亚组织"母亲游击队"（按照他的设想，这支游击队应成为随后在玻利维亚其他阵线和其他拉美国家组织的游击队的起源）。因此，切·格瓦拉选择在玻利维亚开展游击斗争仅仅是时机问题，是1966年底拉丁美洲时局决定的，并非切·格瓦拉本人的特殊考量。由此，我们便不难回答"切·格瓦拉为何选择玻利维亚"的问题，也不必纠结这一选择的意义。有关切·格瓦拉计划的拉美维度，可参见 Manuel Piñeiro, *Che Guevara y la Revolución Latinoamericana*, Ed. Ocean Sur, La Habana, 2006; Aleida March, *Evocación. Mi vida al lado del Che*, Ed. Ocean Sur, La Habana, 2011。

[2]　有关上述证词，可参见 Manuel Piñeiro, *Che Guevara y la Revolución Latinoamericana*, José Gómez Abad, *Cómo el Che burló a la CIA*, RD Editores, Sevilla, 2007; Ulises Estrada, *Tania La Guerrillera y la Epopeya Suramericana del Che*, Ed. Ocean Press, Melbourne, 2005; Abelardo Colomé Ibarra, "Testimonio del General Abelardo Colomé Ibarra," en Luis Báez, *Secretos de Generales*, Ed. Losada, Barcelona, 1997。

　　这些研究的对象包括阿根廷人民游击队，秘鲁民族解放军和革命左翼运动游击战，切·格瓦拉与莱昂内尔·布里佐拉、卡帕拉奥的游击战和巴西其他未能开展的游击战的关联；智利民族解放军的形成过程及其在切·格瓦拉拉美革命计划中的作用；切·格瓦拉与法维奥·巴斯克斯（Fabio Vázquez）和哥伦比亚民族解放军，与拉罗塔（Larrota）兄弟和哥伦比亚一七工学农运动，与法夫里西奥·奥赫达（Fabricio Ojeda）、道格拉斯·布拉沃（Douglas Bravo）和委内瑞拉民族解放武装力量，与厄瓜多尔青年革命联盟继承者，以及与图尔西奥斯·利马（Turcios Lima）、容·索萨（Yon Sosa）及整个危地马拉游击运动的联系；还包括他对尼加拉瓜鲁道夫·罗梅罗（Rodolfo Romero）的游击战计划的直接援助和亲身参与的想法；等等。除此之外，我们还需要关注上述拉丁美洲网络中一些关键人物的传记和详细研究，例如塔马拉·邦克·拜德（Tamara Bunke Bider，绰号"游击女战士塔尼亚"）、豪尔赫·里卡多·马塞蒂（Jorge Ricardo Masetti，绰号"塞贡多司令"）、哈利·比列加斯（Harry Villegas，绰号"庞博"）、何塞·玛丽亚·马丁内斯·塔马约（José Maria Martínez Tamayo，绰号"老爹""姆比利""里卡多"）等人。①

　　大量文献资料和证词反映了埃内斯托·切·格瓦拉革命计划明显的拉美属性，这还包括1966年至1967年由切·格瓦拉领导的玻利维亚民族解放军所开展的一系列游击战争的相关书籍、文本、记载甚至照片和物品。在这些一手文献中既有已经出版的玻利维亚游击队成员，如哈利·比列加斯、阿尔维托·蒙特斯·德·奥卡（Alberto Montes de Oca，绰号"帕乔"）、

① 在上述丰富研究中，我们仅列出一部分作品以供展示：Gabriel Rot, *Los Orígenes Perdidos de la Guerrilla en la Argentina: la Historia de Jorge Ricardo Masetti y el Ejército Guerrillero del Pueblo*, Ed. Waldhuter Editores, Buenos Aires, 2010; Jan Lust, "El rol de la guerrilla peruana en el proyecto continental del Che," en *América Latina en Movimiento*, octubre 7, 2016, https://www.alainet.org; Denise Rollemberg, *O Apoio de Cuba a Luta Armada no Brasil: O treinamento guerrilheiro*, Ed. Mauad, Río de Janeiro, 2001; Pedro Valdés Navarro, *El Compromiso Internacionalista. El Ejército de Liberación Nacional. Los 'Elenos' Chilenos 1966 - 1971*, Formación e Identidad, Ed. LOM, Santiago de Chile, 2018; Manuel Piñeiro, *Che Guevara y la Revolución Latinoamericana*; Jon Lee Anderson, *Che. Una Vida Revolucionaria*, EMECÉ Editores, Buenos Aires, 1997; Gustavo Rodríguez Ostria, *Tamara, Laura, Tania. Un misterio en la guerrilla del Che*, Ed. RBA Libros, Barcelona, 2011（最后提到的这部作品提供了一些新信息，但作品本身对塔尼亚和切·格瓦拉的"祛魅"失之偏颇，完全不值得分享）。

伊斯雷尔·雷耶斯·萨亚斯（Israel Reyes Zayas，绰号"布劳略"）、埃利塞奥·雷耶斯·罗德里格斯（Eliseo Reyes Rodríguez，绰号"罗兰多"）、奥克塔维奥·德·拉·孔塞普西翁·德·拉·佩德拉哈（Octavio de la Concepción de la Pedraja，绰号"莫罗戈罗"）等人的日记，又有一些学者能够查阅但尚未出版的日记，例如莫罗戈罗日记的第二部分和雷斯蒂图托·何塞·卡夫雷拉·弗洛雷斯（Restituto José Cabrera Flores，绰号"内格罗"）的日记，还有已经出版的何塞·卡斯蒂略·查维斯（José Castillo Chávez，绰号"帕科"）与叛徒西罗·布斯托斯（Ciro Bustos，绰号"秃子"）的记述，以及尚未出版的安东尼奥·多明格斯·弗洛雷斯（Antonio Domínguez Flores，绰号"莱昂"）的记述。①

最后，切·格瓦拉的敌人，那些接触到玻利维亚军事档案［从而接触到某些物品、日记原件、游击队内部文件、照片以及西罗·布斯托斯、雷吉斯·德布雷（Regis Debray）等叛徒和被切·格瓦拉称为"游击战的残渣"的那些逃兵提供的文书、画像、草图］的玻利维亚军官也提供了丰富的证词。

此外，在城市里也形成了一张切·格瓦拉游击战的声援网络，而该网络的成员，如鲁道夫·萨尔达尼亚（Rodolfo Saldaña）、洛约拉·古斯曼（Loyola Guzmán）的证词展现了玻利维亚民族解放军如何获得包括学生、教师、工人、各类左翼组织和政党在内的国内下层民众的广泛支持。这一群体自然也包括矿工，他们在 1967 年 6 月 23 日圣胡安惨案前夕还决定捐出一天的薪水以支持游击队的斗争，同时寻找可以与游击队直接联系的渠道，甚至准备为其提供武装力量。因此可以说，圣胡安惨案的发生就是雷内·巴里恩托斯（René Barrientos）政府为防止民族解放军与矿工这一关键部门联盟而做出的可怕而残酷的回应。②

因此，基于上述所有重要的证词和研究，包括古巴情报机构的证词，

① 关于这些日记与证词，可参见 Carlos Soria Galvarro，*El Che en Bolivia. Documentos y Testimonios*，tomo II，*Los Otros Diarios*，Ed. La Razón，La Paz，2005；Harry Villegas（Pombo），*Un Hombre de la Guerrilla del Che*，Ed. Colihue，Buenos Aires，2007；Arnaldo Sauceda Parada，*No disparen… soy el Che*，Ed. Imprenta Oriente，Santa Cruz，1987。

② 可参见 Rodolfo Saldaña，*Fertile Ground: Che Guevara and Bolivia*，Ed. Pathfinder Press，Nueva York，2001；Loyola Guzmán，"Recuerdos de Loyola"，"Loyola dice su verdad"，en los tomos IV y V de *El Che en Bolivia. Documentos y Testimonios*，Ed. La Razón，La Paz，2005。

对与切·格瓦拉直接相关的地方或国家的各类运动、组织、人物和倡议的研究，已出版或待出版但可以查阅的游击队成员日记，以及玻利维亚军官和民族解放军城市网络成员的证词，我们才能了解切·格瓦拉革命计划的真正规模。切·格瓦拉的革命是真正的大陆革命，他试图在拉丁美洲建立一个新越南并解放所有拉美人民，同时积极声援世界反资本主义激进革命。他的大陆维度是他所有革命倡议真正的视野和出发点，而这一维度在至今绝大多数关于埃内斯托·切·格瓦拉的传记和有关他人物形象及生平的研究中再度缺失，或仅仅处于边缘和次要地位。

因此，今天切·格瓦拉仍像皮兰德略戏剧里的人物般在苦苦寻觅。他寻找的不是剧作家，而是一位或许多位传记作者，以及一部真正的、有机的、合理的和完整和综合传记。

［作者简介：卡洛斯·安东尼奥·阿吉雷·罗哈斯（Carlos Antonio Agu-irre Rojas），墨西哥国立自治大学社会学研究所研究员；

译者简介：刘豪，南开大学世界近现代史研究中心和拉丁美洲研究中心博士研究生］

# 拉美学界关于马克思对玻利瓦尔评价观点的辩论[*]

## 韩 琦 刘 颢

**内容提要：** 玻利瓦尔是拉丁美洲独立运动的杰出领导人之一，在拉丁美洲享有很高的声誉。1857 年马克思应美国编辑查尔斯·安德森·达纳的邀请撰写了《玻利瓦尔-伊-庞特》一文，该文被收入《美国新百科全书》第 3 卷，并于 1858 年出版。当该文 1936 年被翻译成西班牙语在阿根廷的《辩证法》杂志发表之后，便成为拉丁美洲学者长期争论的对象。因为在这篇文章中，马克思对玻利瓦尔给予了较多的负面描述和评价，与同时代的主流评价大相径庭。拉美学者对马克思的这种做法试图找出合理的解释，他们的观点大致有三类：一是认为马克思受到了资料来源的限制和误导；二是认为马克思犯了"欧洲中心主义"的错误；三是认为这是马克思对拉丁美洲民族国家构建的一种深层思考，因为拉丁美洲的民族国家构建模式不符合马克思的国家观，这导致他不得不站在消极的立场上去评价玻利瓦尔。本文通过对这场史学辩论的梳理，得出一些对玻利瓦尔和拉美历史的新认识和启迪。

**关键词：** 马克思 玻利瓦尔 拉丁美洲独立运动 欧洲中心主义 民族国家构建

西蒙·玻利瓦尔（Simón Bolívar）是拉丁美洲独立运动的杰出领导人之

---

\* 本文为国家社科基金后期资助项目"拉丁美洲史学史研究"（19FSSB002）的阶段性研究成果。

一，他以其非凡的才能、百折不回的毅力，领导了南美北部地区波澜壮阔的独立斗争，解放了包括今天的委内瑞拉、哥伦比亚、巴拿马、厄瓜多尔、秘鲁、玻利维亚6国在内的地区，被当地人民授予伟大的"解放者"的称号。他在拉美国家乃至世界享有崇高的声誉。人们为了纪念玻利瓦尔，用他的姓氏命名国家、货币以及若干省份、城市和广场，许多拉美城市的街道或广场上都有他的纪念碑或雕像，在委内瑞拉，凡重要的政府办公机构都悬挂着他的肖像。就是这样一位人物，在马克思1857年撰写的《玻利瓦尔－伊－庞特》中被给予了很负面的评价。当马克思的这篇文章被传播到拉美之后，引发了强烈的反响和辩论。本文对这段马克思评价玻利瓦尔的史学史做一简要述评。

## 一　马克思《玻利瓦尔－伊－庞特》的发表及其影响

1857年4月，《纽约每日论坛报》的编辑查尔斯·安德森·达纳（Charles Anderson Dana）① 聘请马克思和恩格斯撰写《美国新百科全书》中军事历史方面的词条。其中，"玻利瓦尔"词条是马克思写的，也就是后来的《玻利瓦尔－伊－庞特》②。马克思在这篇文章中对玻利瓦尔作出了非常负面的评价，以至于达纳在1858年1月25日专门给马克思写了一封信，信中说："如你所知，关于玻利瓦尔的这篇文章与人们对他的事业和性格的普遍看法完全相反。如果我们使用它，我们必须有权威的支持……总的来说，这篇文章是以一种相当党派的风格写成的，我们将不得不把它淡化为一种冷静公允的形式。"③ 1858年2月14日马克思在给恩格斯的信中抱怨道："我的一篇关于玻利瓦尔的长文遭到了达纳的反对，因为他说，这篇文章是

① 查尔斯·安德森·达纳（1819～1897）是美国最杰出的新闻工作者之一。1848年，他被《纽约每日论坛报》报社派往欧洲担任通讯员，负责报道革命情况。他在科隆遇到了卡尔·马克思并邀请他担任《纽约每日论坛报》驻伦敦记者。1857年4月，达纳聘请马克思和恩格斯撰写《美国新百科全书》中有关军事历史的词条。在总共发表的67个词条中，51条由恩格斯所写，16条由马克思所写。

② Karl Marx, "Bolivar y Ponte," *The New American Cyclopaedia: A Popular Dictionary of General Knowledge*, Vol. 3, New York: Appleton, 1858, pp. 440 – 446.

③ R. Eduardo Bittloch and Robert Paris, "Una Carta Inedita del Fonds Marx Engels en Amsterdam," *Boletín de Estudios Latinoamericanos y del Caribe*, No. 37, 1984, pp. 3 – 7.

用'党派风格'写的，他要求引用权威的佐证。当然，这是我能做到的，尽管这个要求有点异常。关于'党派风格'，我确实有点偏离了百科全书的基调。如果将拿破仑一世作为最懦弱、最残忍、最可悲的恶棍来介绍，那就太过分了。玻利瓦尔是名副其实的苏卢克（Soulouque）。"① 1860 年在写给恩格斯的另一封信中，马克思指出，"神话的创造力和大众幻想的特性，在各个时代都证明了它们在发明伟人方面的有效性，最明显的例子无疑是西蒙·玻利瓦尔"。②马克思认为玻利瓦尔伟大的正面形象是大众的幻想和创造神话的结果，而他的文章正是要打破这样一种神话。尽管达纳对这篇文章的严谨性表示担忧，但他还是"一个逗号都没有删除"③ 地把这篇文章收录进《美国新百科全书》第 3 卷，该书在 1858 年出版。④

最初这篇文章并没有引起人们的注意。1934 年，它被收入《马克思恩格斯文集》俄文版第 2 卷。

1936 年，阿根廷马克思主义思想家阿尼瓦尔·诺韦尔托·庞塞（Aníbal Norberto Ponce）在他主持的布宜诺斯艾利斯《辩证法》杂志第 1 期上转载了这篇文章，从而使它在西班牙语世界被重新发现。据他说，"1935 年 2 月的一个下午，当我在莫斯科宏伟的马克思恩格斯列宁研究所的档案馆里翻阅时，在众多的文件、杂志、书籍和论文中，我被马克思关于玻利瓦尔的传记文章所吸引"。⑤ 不久他便从所长阿多拉茨基（Adoratsky）教授那里得到了这篇英文文章的副本。该文由埃米利奥·莫利纳·蒙特斯（Emilio Molina Montes）从英语翻译成西班牙语。⑥ 庞塞与马克思对玻利瓦尔的看法是

① Karl Marx Friedrich Engels, *Materiales para la Historia de América Latina*, Córdoba：Cuadernos de Pasado y Presente, 1972, p. 94. 苏卢克是海地前总统，马克思和其他反波拿巴主义者通常把他作为拿破仑三世的绰号。这句话表达了马克思关于玻利瓦尔是一个波拿巴主义类型独裁者的观点。

② Karl Marx Friedrich Engels, *Materiales para la Historia de América Latina*, p. 94.

③ Eleazar Díaz Rangel, *Marx no Rectifica: ¿Por qué Marx no se Retractó de sus Mentiras e Infamias sobre Bolívar?*, Caracas：Fundación Centro Nacional de Historia, 2018, p. 34.

④ Geoige Ripley and Charles A. Dana, eds., *The New American Cyclopaedia: A Popular Dictionary of General Knowledge*, "Bolívar y Ponte," Vol. 3, New York：Appleton, 1858, pp. 440 – 446.

⑤ Eleazar Díaz Rangel, *Marx no Rectifica: ¿Por qué Marx no se Retractó de sus Mentiras e Infamias sobre Bolívar?*, p. 41.

⑥ Vicente Pérez Silva, "Simón Bolívar visto por Carlos Marx," En Juvenal Herrera Torres, *Simón, Quijote de América：Antología de Ensayos sobre Simón Bolívar*, Caracas：República Bolivariana de Venezuela, 2005, p. 245.

一致的，为了使读者更好地理解马克思的文章，庞塞在发表译文的时候还增加了几处注释，如其中一处，庞塞认为，马克思通过提及"曼图安家族"（又译为"曼都亚家族"）和"克里奥尔贵族"（又译为"克里奥洛贵族"）让我们走上了正确的认识路径。"作为地主、大庄园主、矿主和奴隶主，玻利瓦尔不仅解释了他的阶级利益，而且为他们辩护，反对自由的小资产阶级和仍然不稳定的人民群众。在英国的支持下，像欧洲大陆上所有其他革命者一样，很难理解玻利瓦尔是如何诚实地为所谓民主的和反帝国主义的'玻利瓦尔主义'服务的。"① 庞塞从经济和阶级角度的注释补充了马克思尚未展开的关于经济起决定作用的思想。

马克思的这篇文章被翻译成西班牙语在《辩证法》杂志发表之后，同年也在哥伦比亚的《波哥大时报》上发表。由于《辩证法》杂志在拉美国家的马克思主义圈子中广为人知，一些共产党的领导人受到了这篇文章的影响。埃莱亚萨·迪亚斯·兰赫尔（Eleazar Díaz Rangel）说："它肯定影响了那些知道这一文本的人，并在该地区的马克思主义者中引起了逻辑上的混乱和不确定性。"② 维森特·佩雷斯·席瓦尔（Vicente Pérez Silva）也提到，这篇文章"正如预期的那样，引起了非同寻常的知识分子骚动，尤其是在历史爱好者和解放者的崇拜者中"③。从那时起，这篇著名的文章一直是许多文章的主题，要么是批评或攻击马克思，要么是认同他的观点，反对玻利瓦尔。

1938 年，年轻的哥伦比亚共产主义者吉尔伯托·维埃拉（Gilberto Viera）写了《关于解放者的纪念碑》④ 的文章，批评了马克思和庞塞的观点，然而，他的见解在哥伦比亚之外，几乎没有人知道。吉尔伯托后来长期担任哥伦比亚共产党的秘书长，面对马克思的文章，哥伦比亚政界和学术界

---

① José Aricó, *Marx and Latin America*, Boston: Bril, 2014, p. 99.

② Eleazar Díaz Rangel, *Marx no Rectifica: ¿Por qué Marx no se Retractó de sus Mentiras e Infamias sobre Bolívar?*, p. 42.

③ Vicente Pérez Silva, "Simón Bolívar visto por Carlos Marx," En Juvenal Herrera Torres, *Simón, Quijote de América: Antología de Ensayos sobre Simón Bolívar?*, Caracas: República Bolivariana de Venezuela, 2005, p. 245.

④ Gilberto Viera, "Sobre la estela del Libertador," En Eleazar Díaz Rangel, *Marx no Rectifica. ¿Por qué Marx no se Retractóde sus Mentiras e Infamias sobre Bolívar?*, Caracas: Colección Difusión, 2018, p. 42.

达成了普遍共识，即认为导致马克思反对玻利瓦尔的原因，一是他资料来源的局限性，二是他对拉丁美洲的无知。①

1944 年 2 月 8 日在委内瑞拉的加拉加斯《先驱报》上发表了历史学家 J. A. 科瓦（J. A. Cova）反对苏联历史学家在他们撰写的《殖民地和附属国家的新历史》②中关于玻利瓦尔的观点，其中的这些观点基于的就是马克思的《玻利瓦尔 - 伊 - 庞特》。这件事情引起了委内瑞拉政界的关注，当日市议会举行了会议，在会上讨论了这个问题，有人建议禁止这本书发行。委内瑞拉共产党著名领导人古斯塔沃·马查多（Gustavo Machado）博士召开了"共产党人的玻利瓦尔"（El Bolívar de los comunistas）的会议，以消除对马克思的文章和市议会辩论引起的疑虑。科瓦重新写了一篇关于这个敏感问题的文章，题为《关于共产党人的玻利瓦尔的补充说明》，并得出结论说，这本书的目的是：（1）使人民群众憎恨独立革命的原则；（2）破坏国籍和祖国的概念；（3）废除对英雄的崇拜；（4）挑战美洲国家的社会和经济组织；（5）在人民中破坏对共和国机构的尊重。《先驱报》在 10 日发表了一篇社论，题为《西蒙·玻利瓦尔永垂不朽》。不久之后，52 名马克思主义知识分子和共产党领导人联合发表了一份声明，主要致力于提高西蒙·玻利瓦尔的人格和赞赏他的行为，使共产党人认同玻利瓦尔的理想和斗争，并把马克思对玻利瓦尔的看法归咎于其资料来源的不充分。③

1951 年，美国共产党主席威廉姆·Z. 福斯特（William Z. Foster）出版了他的《美洲政治史纲》，其中关于玻利瓦尔的表述部分也受到了马克思文

---

① Luis Fernando Trejos, "¿Confusión bibliográfica o premeditación política? Recepción en el comunismo colombiano del ensayo biográfico que Karl Marx escribió sobre Bolívar en 1858," *Revista Encrucijada Americana*, Año 4. No. 1 Otoño – Invierno 2010, pp. 98 – 110.

② 这本书里提到，"玻利瓦尔是克里奥尔分离主义地主统治集团的典型……他的目标是将西班牙美洲与宗主国分开，在这方面，他的活动具有进步性。但他从来不是民主派……他政治观点的真正基础是对人民的不信任和仇恨。他打算利用大众来提高克里奥尔地主的政治地位，并为自己的事业服务。他的军事天赋是有限的：在第一次失败时，他失去了理智，把军队交给了自己的运气……"参见 Cf. S. N. Rostovski, V. M. Miroshevski y B. K. Rub-tzov, *Nueva Historia de la América Latina de la Nueva Historia de los Países Coloniales y Dependientes*, Editorial Problemas: Buenos Aires: 1941, pp. 108 – 109。

③ Eleazar Díaz Rangel, *Marx no Rectifica: ¿Por qué Marx no se Retractó de sus Mentiras e Infamias sobre Bolívar?*, pp. 13 – 16.

章的影响。① 福斯特在第 10 章 "革命的成就" 中, 引用了马克思文章关于玻利瓦尔 1826 年召开巴拿马会议的段落, 并认同马克思关于玻利瓦尔是独裁者的观点。他的这本书影响广泛。

1959 年在莫斯科出版的《马克思恩格斯全集》第 2 版的第 14 卷中, 收入了马克思这篇文章的俄文译本, 但非常特殊的是, 编者增加了大段的澄清或解释性的注释, 以方便读者更好地理解这篇文章。这应该被视为斯大林下台后苏联史学界反对教条主义和个人崇拜的结果。因为在此之前, 弗拉基米尔·米哈伊·洛维奇·米罗舍夫斯基 (Vladimir Mijai Lovich Miroshevski) 学派在苏联史学界占主导地位, 苏联美洲学者的观点与马克思对玻利瓦尔的看法是一致的, 他们甚至将这种负面看法扩大到对其他拉美独立运动的领导人 (如圣马丁、奥希金斯) 和整个拉丁美洲独立运动的评价上。如前述《殖民地和附属国家的新历史》, 米洛舍夫斯基就是该书的作者之一。在《苏联大百科全书》中, 关于玻利瓦尔的部分写道: "尽管玻利瓦尔在反对西班牙统治的斗争中取得了进步, 但始终是在富裕阶级的利益范围内进行的。他希望永久维持克里奥尔地主对农民的半封建剥削制度, 反对劳工群众积极参与争取独立的斗争。他害怕群众, 试图获得大国, 特别是英国领导层的支持……"② 这种论调显然是由斯大林时期的教条主义和个人崇拜造成的。随着斯大林的下台, 苏联史学界打破教条主义, 从根本上扭转了对玻利瓦尔的看法, 对玻利瓦尔给予了重新的正面的评价。

在 "冷战" 时期, 玻利瓦尔日益成为东西方意识形态之间竞争的对象。一方面, 西方学者将玻利瓦尔描写为争取自由的先锋; 另一方面, 拉美学界将其描写为反帝国主义和革命战争的先驱者。

德国著名作家埃米尔·路德维希 (Emil Ludwig) 认为, 玻利瓦尔是争取国家自由的英雄, 他的生活是 "理想主义者的生活", 在他写的传记中, 注重描写解放者的精神演变的阶段, 他把这种精神定义为 "浪漫、崇高和

① William Z. Foster, *Outline Political History of the Americas*, New York: International Publishers, 1951. 中文版见〔美〕福斯特《美洲政治史纲》, 冯明方译, 人民出版社, 1966。马克思的这篇文章在 1937 年被汇编到马克思的《西班牙革命》中, 福斯特引用的马克思的观点来自《西班牙革命》, 可见《美洲政治史纲》第 183、204、221、380 ~ 381 页。

② José Roberto Arze, *Análisis Crítico del "Bolívar" de Marx*, La Paz: Grupo Editorial Anthropos, 1998, p. 135.

渴望正义"①。对美国小说家和政治学家瓦尔多·弗兰克（Waldo Frank）来说，玻利瓦尔是一个新现实的管理者，他是自由的"冠军"和未来民主的培育者。②

苏联历史学家何塞·格里古列维奇（José Grigulevich）在 1958 年出版了《西蒙·玻利瓦尔》，该书很快被翻译成西班牙语，并附有智利著名诗人巴勃罗·聂鲁达（Pablo Neruda）的序言。该书展示了一位领导革命的解放者，"他的目标不仅是改变政治结构，而且也要改变前殖民地的经济"。③

委内瑞拉马克思主义哲学家 J. R. 努涅斯·特诺里奥（José Rafael Núñez Tenorio）于 1969 年出版了《玻利瓦尔与革命战争》一书，他认为，"无论从游击战方法还是从实现真正的社会解放目标上讲，独立战争都是一场真正的革命战争。但玻利瓦尔崇高的自由主义目标从共和国生活的早期到现在都被扭曲了，因此，委内瑞拉人民及其领导人的神圣职责，……就是恢复解放的最初理想，以实现委内瑞拉和美洲摆脱帝国主义和殖民主义（新殖民主义）枷锁的玻利瓦尔梦想，……让我们回到玻利瓦尔！"④

委内瑞拉历史学家 J. L. 萨尔塞多·巴斯塔多及其所写的《博利瓦尔：一个大陆和一种前途》是 1972 年美洲国家组织教科文理事会举行的玻利瓦尔专著评奖活动的一等奖获得者和获奖作品，这次活动是为了纪念玻利瓦尔领导南美解放战争 150 周年而开展的，有 14 个国家的学者的 37 部著作参加了评选，巴斯塔多的这本书最后脱颖而出。作者认为，玻利瓦尔为改变西班牙美洲传统的社会结构和遭受欺凌的国际秩序提出了完整统一的纲领，目标是建立一个自由、公正、平等、统一、发达的新社会，他的思想体系依然是美洲的纲领，依然代表着拉丁美洲的前途。作者还对来自右派或左派的对玻利瓦尔采取"为我所用"的态度给予了谴责。⑤

---

① Emil Ludwig, *Bolivar: The Life of an Idealist*, London: W. H. Allen, 1947.

② Waldo Frank, *Birth of a World: Bolivar in Terms of his Peoples*, Boston: Houghton Mifflin, 1951.

③ José Grigulevich, "Por qué Escribí la Biografía de Bolívar," En Alberto Filippi, *Bolívar y Europa en las Crónicas, el Pensamiento Político y la Historiografía: Siglos XIX y XX*, Vol. 2, Caracas: Presidencia de la República, 1992, pp. 323 – 326.

④ José Rafael Núñez Tenorio, *Bolívar y la Guerra Revolucionaria*, Caracas: Editorial Nueva Izquierda, 1969, p. 179.

⑤ 〔委〕J. L. 萨尔塞多 - 巴斯塔多：《博利瓦尔：一个大陆和一种前途》，杨恩瑞、赵铭贤译，商务印书馆，1983，第 ii、7、345 ~ 346、356 页。

20世纪末，当冷战结束之后，特别是乌戈·查韦斯·弗里亚斯（Hugo Chávez Frias）担任总统（1998～2013）之后，委内瑞拉进一步认同并拯救玻利瓦尔的形象，1999年委内瑞拉将国家的名字改为"委内瑞拉玻利瓦尔共和国"，但与此同时，在查韦斯的反对派中，有些人贬低玻利瓦尔并支持马克思的其他文章，显然，歪曲玻利瓦尔的形象就等于间接歪曲了查韦斯的形象。这类人在质疑和贬低玻利瓦尔的同时，几乎同意马克思和阿尼瓦尔·庞塞的观点，他们把委内瑞拉历史上的独裁总统安东尼奥·古兹曼·布兰科（1870～1889）、胡安·维森特·戈麦斯（1908～1913，1922～1929，1931～1935）与玻利瓦尔一起称为"暴君"。

历史在继续，关于玻利瓦尔评价的辩论也仍在继续。

## 二　马克思对玻利瓦尔的负面评价及文中错误

拉美学者在评论马克思《玻利瓦尔－伊－庞特》一文的时候，几乎都指出了马克思对玻利瓦尔的那些负面评价，对此，大致可以归纳为以下5个方面。

第一，马克思强调了玻利瓦尔的贵族出身，并描写了他个人生活中的贵族做派，其排场奢侈，品味庸俗，是拉美贵族阶级的代表。马克思写到他出生于曼都亚家族，"这个家族在西班牙统治时期是委内瑞拉的克里奥洛贵族"。[1] 在马克思看来，阶级地位决定阶级政策和阶级行为。他接下来描述了玻利瓦尔在多个场合下的贵族做派：1813年，在攻下加拉加斯之后，"公众为玻利瓦尔举行了凯旋式。玻利瓦尔站在凯旋车上，凯旋车由加拉加斯名门望族的12名年轻妇女牵拉，她们穿着配上国旗颜色的白衣服，玻利瓦尔没戴帽子，身穿礼服，手拿小杖，从城门到他府邸花了半个小时左右。他宣布自己为'委内瑞拉西部各省的执政者和解放者'，——而马里尼约接受了'东部各省执政者'的封号，——他制定了'解放者勋章'，建立了一支称之为禁卫军的精锐部队，他过着国王般的豪华生活"。[2] 1819年8月，"玻利瓦尔在波哥大组织格拉纳达议会，并任命桑坦德将军为总司令之后，

---

[1] 马克思：《玻利瓦尔－伊－庞特》，《马克思恩格斯全集》第14卷，人民出版社，1964，第225页。

[2] 《马克思恩格斯全集》第14卷，第227～228页。

前往潘普洛纳，在那里，他在宴会和舞会中消度了约两个月。……这时他掌握约 200 万美元的款项（这是通过强制性的军税从新格拉纳达居民征收来的）"。①

1821 年卡拉博博战役后，西班牙人残余部队逃到卡柏略港困守。"如果胜利的军队当时迅速逼近，那末卡柏略港的要塞本身也势必投降，但是玻利瓦尔由于在巴伦西亚和加拉加斯举行人民晋谒盛典而丧失了时机。"②

为了加深读者对玻利瓦尔的贵族身份的印象，马克思专门大段转引了杜库德雷·霍尔施坦的描述："他喜欢在吊床上坐着或躺着。他常常勃然大怒，这时他就马上失去理智，跳上自己的吊床，咒骂周围一切人。他以刻薄地嘲笑不在场的人为乐事；他只阅读轻松的法国小说；他是个勇敢的骑手，酷爱华尔兹舞。他非常欣赏自己的演说，喜欢举杯致词。他在倒霉的时候，或者在他急需别人帮助的时候，他就一点也不激动，也不冒火。他变得温和、有耐性、随和、甚至是驯服的人了。他极力掩饰自己的缺点，装作是受过所谓 beau monde（上流社会）教养的彬彬有礼的人，他几乎具有亚洲人的装模作样的才能，他比他的大多数的同胞都更了解人的本性。"③

马克思还提到，玻利瓦尔"像大多数自己的同胞一样，不能长期努力奋斗"④。1821 年卡拉博博战役之后，"玻利瓦尔就已认为不需要再充当统帅了，就把整个军事领导权授与苏克雷将军，而自己仅限于参加凯旋的入城式、发表宣言和宣布宪法"。⑤

第二，玻利瓦尔被描述为一个在人品和道德上值得怀疑的人，是一个告密者、叛徒，突出表现在其对待米兰达的事件上。弗朗西斯科·德·米兰达是西班牙美洲独立运动的先驱，玻利瓦尔的上司，一位杰出的将军，在委内瑞拉第一共和国期间担任海陆军总司令和元首。但因敌强我弱的形势所迫，1812 年 7 月向西班牙投降并受议会委托签署了所谓的《维多利亚停战协议》。之后，他前往拉瓜拉港，打算乘英国船只离开委内瑞拉，结果被玻利瓦尔逮捕交给了西班牙将军。马克思写道："翌晨 2 时，正当米兰达

---

① 《马克思恩格斯全集》第 14 卷，第 235 页。
② 《马克思恩格斯全集》第 14 卷，第 237 页。
③ 《马克思恩格斯全集》第 14 卷，第 240~241 页。
④ 《马克思恩格斯全集》第 14 卷，第 228 页。
⑤ 《马克思恩格斯全集》第 14 卷，第 237 页。

酣睡的时候，卡萨斯、佩尼亚和玻利瓦尔领了四名武装士兵走进他的房间，先夺取了他的佩剑和手枪，然后叫醒他，粗暴地命令他起床穿衣，给他带上镣铐，最后把他交给了蒙特威尔德，蒙特威尔德把他押到加迪斯，他在那里被囚禁了几年以后死于监狱。"而玻利瓦尔因此行为获得了离开委内瑞拉的护照。当他请求蒙特威尔德签发护照的时候，这位西班牙将军说："玻利瓦尔上校的请求应予满足，以答谢他交出米兰达，为西班牙国王效劳。"①玻利瓦尔当时曾反驳说，他逮捕米兰达是因为米兰达背叛了自己的祖国，而并非为了效劳西班牙国王。②但这样的史料并未被马克思采用。

第三，玻利瓦尔被描述为一个懦夫、胆小鬼，多次残忍抛下战友，临阵脱逃，马克思甚至借用了"退却的拿破仑"③来形容玻利瓦尔。

马克思在文章中提到，玻利瓦尔最初拒绝参加革命，"1809年玻利瓦尔回到祖国，虽然他的亲戚霍赛·费里克斯·里巴斯再三请他参加1810年4月19日在加拉加斯爆发的革命，但他还是拒绝了"。④1821年的卡拉博博战役，尽管玻利瓦尔的兵力占据优势地位，但是，"玻利瓦尔非常害怕敌人的阵地，因此他向军事会议建议签订新的休战协定，但是被他的部下拒绝"，⑤战争的结果是西班牙军队溃败。

马克思提到了玻利瓦尔的一连串临阵脱逃行为。

1811年9月，米兰达将军说服他接受了司令部中校和卡柏洛港要塞司令后不久，发生了被关押的西班牙战俘突然袭击看守并占领城寨的事情。尽管"他的敌人手无寸铁，但是他却不预先通知自己的部队就连夜带了8名军官匆忙搭上军舰，于黎明到达拉瓜拉，随后又到圣马特欧自己的庄园去了"⑥。

1814年6月，在拉普厄尔塔战役中，"玻利瓦尔略作抵抗以后，就逃到加拉加斯去了"。7月，加拉加斯失守后，"玻利瓦尔撤出拉瓜拉，他命令停

①　《马克思恩格斯全集》第14卷，第226页。
②　〔委〕奥古斯托·米哈雷斯：《解放者》，杨恩瑞等译，中国对外翻译出版公司，1984，第252页；〔苏〕拉夫列茨基：《西蒙·波利瓦尔》，亦知译，生活·读书·新知三联书店，1960，第43页。
③　《马克思恩格斯全集》第14卷，第233页。
④　《马克思恩格斯全集》第14卷，第225页
⑤　《马克思恩格斯全集》第14卷，第237页。
⑥　《马克思恩格斯全集》第14卷，第226页。

泊在该城港湾的军舰驶往库马纳，并率领自己的残部向巴塞洛纳退却"。8月，被博韦斯击败之后，"玻利瓦尔就在当天夜间偷偷离开了自己的部队，绕道赶往库马纳，在那里他不顾里巴斯的愤怒的抗议，立即偕同马里尼约以及其他几个军官一起搭乘'比安基号'军舰离去"。①

1815 年 5 月玻利瓦尔"在大约 12 名军官的伴随下乘了英国军用两桅横帆船前往牙买加"。在那里逗留了 8 个月。"被他抛弃在委内瑞拉的将领以及马加里塔岛的阿里斯门迪将军都对西班牙军队进行了顽强的抵抗。"②

1816 年 7 月他率领 800 人的队伍向巴伦西亚推进的时候，遇到了一支 300 人的西班牙军队，当他的先头部队被驱散后，"他失去了'任何一点镇静，一句话不讲，就迅速掉转马头，向奥库马雷飞奔而去，经过村庄，到了邻近的港湾，跳下马，坐上小船，再登上'迪安努号'军舰，并命令整个分舰队跟随他去博内尔小岛，而把自己的战友全都丢下不管了'"。③

1817 年 1 月 9 日，"阿里斯门迪中了西班牙人的埋伏，这位执政者（玻利瓦尔）就逃回了巴塞洛纳"。4 月 5 日，西班牙人占领巴塞洛纳城，玻利瓦尔在夜间离开部队，他"把指挥权交给了弗莱特斯上校并告诉他说，他出去寻找新的部队，很快就回来。弗莱特斯相信了他的话，拒绝了劝降，因此在敌人强攻以后，他和全体守军都遭到了西班牙人的屠杀"④。

1818 年 5 月，"他的部队往往被各个击破。他让帕埃斯和其他的部下去作战，而自己溜到安戈斯土拉去了"。⑤

除了这些临阵脱逃、残忍抛弃战友的行为外，玻利瓦尔的残忍性还表现在对敌人的掠夺上：1814 年 11 月他作为联邦军队总司令率军进入波哥大，"尽管波哥大已经投降，玻利瓦尔仍然允许自己的士兵洗劫这个城市 48 小时"。⑥

第四，玻利瓦尔被描述为一个糟糕的军事战略家，他所取得的成就主要归功于运气和外国军团的帮助。

马克思写道：1819 年 8 月在波亚卡河地区决战之后，西班牙军队溃败，

① 《马克思恩格斯全集》第 14 卷，第 229 页。
② 《马克思恩格斯全集》第 14 卷，第 230 页。
③ 《马克思恩格斯全集》第 14 卷，第 231～232 页。
④ 《马克思恩格斯全集》第 14 卷，第 232 页。
⑤ 《马克思恩格斯全集》第 14 卷，第 234 页。
⑥ 《马克思恩格斯全集》第 14 卷，第 230 页。

这时玻利瓦尔的军队约 9000 人，其中 1/3 是外籍军队，而敌人的名义兵力只有约 4500 人，其中 2/3 是当地人。"如果玻利瓦尔勇敢地向前推进，那末单靠他的欧洲部队也可以粉碎西班牙军队，但是他宁愿把战争再拖延五年。"①即由于玻利瓦尔的战略决策失误，导致战争又延长了 5 年之久。

在依靠运气支撑方面，马克思写道："玻利瓦尔有 9000 多人，他们的武器精良，装备齐全，并得到战争所必需的一切东西的大量供应，而他们的对手西班牙军队大约只有 4000 人，而且莫里耳奥还没有来得及把他们集中起来。可是在 1818 年 5 月底以前，玻利瓦尔却打了大约十二次败仗。""接连不断的丧师失地，看来快到不可收拾的地步了。正在这个紧要关头，各种有利情况的凑合，使形势再次起了变化……"②运气扭转了恶化的形势。

马克思一再强调外国军团的作用，在玻利瓦尔处于劣势的紧要关头，"当时英国提供了人力、船舶和军用物资等大量的援助，英国、法国、德国和波兰的军官也从四面八方涌向安戈斯土拉"。③"西班牙人害怕外籍军团更甚于害怕十倍数量的哥伦比亚人"，④1819 年，"主要由英国人组成的外籍军队以 7 月 1 日、23 日和 8 月 7 日在通哈省取得的一系列胜利决定了新格拉纳达的命运"。⑤1822 年的基多战役，"名义上由玻利瓦尔和苏克莱将军领导，但是，远征部队所以能取得不多的胜利，还全应归功于包括桑兹上校在内的英国军官"。⑥

第五，玻利瓦尔被描述为一个政治操弄者、独裁主义者。

在马克思看来，玻利瓦尔经常依靠政治手腕（假装辞职、以退为进）或武力胁迫来操弄政治。如 1821 年 1 月大哥伦比亚⑦议会在库库塔召开，"议会于 8 月 30 日颁布了新宪法，而在玻利瓦尔再次假装辞职之后，又恢复了他的全权"。⑧1823 年 2 月 10 日，玻利瓦尔"依靠他的哥伦比亚禁卫军，

① 《马克思恩格斯全集》第 14 卷，第 235 页。
② 《马克思恩格斯全集》第 14 卷，第 233～234 页。
③ 《马克思恩格斯全集》第 14 卷，第 234 页。
④ 《马克思恩格斯全集》第 14 卷，第 236 页。
⑤ 《马克思恩格斯全集》第 14 卷，第 235 页。
⑥ 《马克思恩格斯全集》第 14 卷，第 237 页。
⑦ 1819 年 12 月成立了大哥伦比亚联合共和国，包括委内瑞拉、新格拉纳达，厄瓜多尔于 1822 年加入。
⑧ 《马克思恩格斯全集》第 14 卷，第 237 页。

对利马议会的表决施加影响"，利马议会"委任他为执政者，而他又提出辞职声明以便使自己重新当选为哥伦比亚总统"。①

1826 年 11 月，"在玻利瓦尔的教唆下，哥伦比亚议会提出了对委内瑞拉副总统帕埃斯的控诉书。在这以后，帕埃斯就公开叛乱，而这个叛乱是得到玻利瓦尔本人秘密的支持和鼓励的，因为他需要利用暴动来作为撕毁宪法和重新获得独裁权力的借口"。玻利瓦尔从秘鲁返回后，对叛乱分子宣布特赦，"根据 1826 年 11 月 23 日在波哥大颁布的法令，他掌握了独裁全权"。②

1828 年，"在他的武力胁迫下，加拉加斯、卡塔黑纳以及他当时去到那里的波哥大等地的国民大会再一次授与他独裁统治权"。③"他于 1830 年 1 月第五次引退，随后又担任总统，并离开波哥大，用哥伦比亚议会的名义去讨伐帕埃斯。"④帕埃斯是他的政治对手，面对帕埃斯的强势和议会中的失势，最后他不得不辞职。

关于玻利瓦尔对独裁权力的追逐，马克思还写道："玻利瓦尔在苏克莱武力控制的这个地区充分发展了他对专制统治的喜爱，例如他模仿 Code Napoleón 而制定了'玻利维亚法典'。他打算推广这个法典，使它从玻利维亚传到秘鲁，再从秘鲁传到哥伦比亚，同时他利用哥伦比亚军队控制前两个国家，而利用外籍军团和秘鲁士兵控制哥伦比亚。他凭借武力和阴谋确实把自己的法典强加给了秘鲁，至少有几个星期。他，哥伦比亚的总统和解放者、秘鲁的保护人和执政者、玻利维亚的教父，这时已经到达了荣誉的最高峰。"⑤1826 年召开巴拿马会议，"会议在名义上是为了制定国际法的新的民主准则而召开的，……实际上，玻利瓦尔竭力想使整个南美洲变为一个联邦共和国，并打算由自己担任共和国的执政者"。⑥玻利瓦尔像拿破仑一样追逐独裁权力，最后失败了。

以上五个方面可以大致概括出马克思对玻利瓦尔的看法，这些看法基本是负面的，在他的笔下，玻利瓦尔失去了"解放者"的光环。

---

① 《马克思恩格斯全集》第 14 卷，第 237～238 页。
② 《马克思恩格斯全集》第 14 卷，第 238 页。
③ 《马克思恩格斯全集》第 14 卷，第 239 页。
④ 《马克思恩格斯全集》第 14 卷，第 240 页。
⑤ 《马克思恩格斯全集》第 14 卷，第 238 页。
⑥ 《马克思恩格斯全集》第 14 卷，第 238～239 页。

维森特·佩雷斯·席尔瓦概括了马克思对玻利瓦尔的指控，包括机会主义者、懦夫、叛徒、现实主义者、吹牛者、叛逃者、缺乏远见者、复仇者、懒惰者、独裁者等 10 个方面。同时，他还转引了作家阿尔贝托·基哈诺·格雷罗（Alberto Quijano Guerrero）的概括，后者在他的《何塞·拉法埃尔·萨钮多的折中思考》一文中提到马克思对玻利瓦尔指控的 13 个方面，即机会主义、懦夫、背叛、现实主义、夸耀、逃兵、缺乏远见、不负责任、记仇、独裁、无能、懒惰、野心。①所有这些指控都源于一种偏见，这确实令人惊讶，因为这种写作和研究风格在马克思 99% 的作品中都没有出现。

一些学者认为，马克思的文章不仅对玻利瓦尔充满了偏见，而且文章中出现了很多的错误。如墨西哥学者阿图罗·查沃利亚（Arturo Chavolla）指出马克思的这篇文章有若干处史实上的错误。②哥伦比亚社会学家卡洛斯·乌里韦·塞利斯（Carlos Uribe Celis）则考据出 67 处史实错误。③他们提到的错误主要有以下几方面。

首先，马克思搞错了玻利瓦尔的名字。"庞特"是玻利瓦尔父亲的母方姓，"玻利瓦尔-伊-庞特"是玻利瓦尔父亲的名字。玻利瓦尔本人的母方姓是"帕拉西奥斯"，玻利瓦尔的全名应是西蒙·何塞·安东尼奥·德·拉·桑蒂西玛·特立尼达·玻利瓦尔·帕拉西奥斯·庞特·伊·布兰科（Simón José Antonio de la Santísima Trinidad Bolívar Palacios Ponte y Blanco）。按照西班牙人的命名习惯，可缩写为西蒙·玻利瓦尔·伊·帕拉西奥斯（Simón Bolívar y Palacios），也就是说，马克思这篇文章的题目应该是《西蒙·玻利瓦尔·伊·帕拉西奥斯》。

其次，出现了不少时间、日期的错误。马克思写道："按当时美洲有钱人的习惯，他（玻利瓦尔）还在 14 岁的少年时期就被送到了欧洲。"④实际

---

① Vicente Pérez Silva, "Simón Bolívar visto por Carlos Marx," En Juvenal Herrera Torres, *Simón, Quijote de América: Antología de Ensayos sobre Simón Bolívar*, Caracas: República Bolivariana de Venezuela, 2005, pp. 245–247.

② Arturo Chavolla, *La imagen de América en el marxismo*, Saarbrucken: Editorial Academia Espanola, 2011, p. 12.

③ Carlos Uribe Celis, *Bolívar y Marx, Dos Enfoques Polémicos*, Bogotá: Ediciones Tercer Mundo, 1986, pp. 35–89.

④ 《马克思恩格斯全集》第 14 卷，第 225 页。

上玻利瓦尔前往欧洲的日期是 1799 年 1 月 9 日，当时他已经 15 岁；马克思继续写道，玻利瓦尔"从西班牙移居法国，在巴黎住了几年"[1]，实际上只有一个月。马克思接着写道，"他再度去欧洲，……1809 年玻利瓦尔回到祖国"。[2] 实际上是 1807 年回国。[3] 类似错误还有多处。

最后，有不少重要史实错误。马克思提到，"玻利瓦尔于 1804 年参加了拿破仑称帝的加冕典礼，又于 1805 年参加了拿破仑给自己戴上伦巴第的铁制王冠的仪式"。[4] 后者是真的，前者则存在疑问。因为玻利瓦尔的老师西蒙·罗德里格斯（Simón Rodriguez）曾说过"在加冕日，玻利瓦尔一直和我待在家里"[5]。马克思写道，1819 年 11 月，玻利瓦尔"面前的敌人则已丧失了一切手段，名义上的兵力也只有约 4500 人"[6]，但实际上这时周围地区的敌人总算起来至少有 18000 人。[7]至于马克思说的玻利瓦尔把战争延长了 5 年，乌里韦认为这种观点没有将冬季到来、战争时机和其他无形因素考虑在内，因为西班牙人仍然拥有至少和爱国者一样强大的军队，还会有半岛的增援。况且，征服了新格拉纳达和委内瑞拉并不意味着战争的结束，还要解放基多、下秘鲁和上秘鲁地区。[8] 诸如此类的错误还有不少。

总之，不少拉美学者认为马克思对玻利瓦尔进行了激烈的诋毁或贬低。马德里自治大学教授佩德罗·里瓦斯（Pedro Ribas）在评论马克思的这篇文章时说，"我毫不犹豫地把这部传记称为马克思笔下最脆弱的作品之一，如果不是最脆弱的话"。[9] 但问题是如何解释这一状况。

---

[1] 《马克思恩格斯全集》第 14 卷，第 225 页。

[2] 《马克思恩格斯全集》第 14 卷，第 225 页。

[3] Arturo Chavolla, *La imagen de América en el marxismo*, Saarbrucken：Editorial Academia Espanola, 2011, p. 12.

[4] 《马克思恩格斯全集》第 14 卷，第 225 页。

[5] Carlos Uribe Celis, *Bolívar y Marx, Dos Enfoques Polémicos*, Bogotá：Ediciones Tercer Mundo, 1986, p. 37.

[6] 《马克思恩格斯全集》第 14 卷，第 235 页。

[7] Carlos Uribe Celis, *Bolívar y Marx, Dos Enfoques Polémicos*, Bogotá：Ediciones Tercer Mundo, 1986, p. 76.

[8] Carlos Uribe Celis, *Bolívar y Marx, Dos Enfoques Polémicos*, pp. 77 – 79.

[9] Pedro Ribas, "¿Marx anti – Bolívar?" https：//www.cervantesvirtual.com/descargaPdf/marx – anti – bolivar – 1047616. 20210830.

## 三　对马克思关于玻利瓦尔负面评价观点的解读

对马克思关于玻利瓦尔评价负面观点及文中错误的产生，拉美学界做出了多种解读，大致可以归纳为三类。

### （一）资料来源的局限和误导

在解释马克思对玻利瓦尔有许多负面评价时，大多数学者认为，马克思在写作时所依赖的资料来源对玻利瓦尔带有很大的偏见，马克思是被误导了。这类观点中最具有影响力的是苏联共产党提出的修正派观点。

1959 年在《马克思恩格斯全集》第 2 版俄文版的注释中，编辑写道："玻利瓦尔－伊－庞特这个条目是马克思在拉丁美洲各国争取独立的战争史（1810—1826）还没有被人深入研究的时期写的。当时相当流传的是一些出于自私动机而参加这一战争的欧洲冒险家所出版的书籍和回忆录。他们中间有很多人在拉丁美洲没有达到自己的目的，所以后来就对独立斗争进行歪曲。这一类书有：法国人杜库德雷·霍尔斯坦的回忆录（这个人一度是玻利瓦尔的参谋长，后来成为他的私敌），英国人希皮斯利的著作（这个人是从玻利瓦尔军队里开小差出来的）和米勒将军回忆录（这是曾参加秘鲁独立斗争的威廉·米勒的一本札记，但它已被他的兄弟约翰·米勒别有用心地修改过了）。这些书对拉丁美洲人民及其许多领导者所进行的运动作了极片面的评述。""马克思除了上面提到的这些书以外没有别的资料，而这些书的作者所采取的偏袒态度当时知道的人也不多。因此马克思对玻利瓦尔个人就不免有了片面的看法，这反映在他写的条目中。"① 这个注释的内容在《马克思恩格斯著作》第 1 版俄文版中是没有的。1956 年苏共第二十次代表大会之后，苏联共产党反对教条主义，对马克思的这篇文章增加了这样的注释，从而在很大程度上扭转了对玻利瓦尔负面评价的局面。

一些拉美学者也持有类似的观点。

哥伦比亚学者吉尔伯托·维埃拉在提到马克思关于玻利瓦尔的文本时

---

① 《马克思恩格斯全集》第 14 卷，第 825～826 页。

声称："写下这些文字的马克思根本不能正确地评判解放者，因为在 19 世纪中叶的欧洲，人们对伟大的美洲英雄有着最混乱和最错误的概念。毫无疑问，马克思的传记有许多错误、重大错误和明显的错误。但是，这一点要有一个必要的解释……，事实上，马克思犯下了这样的错误，完全应归咎于他为完成自己的任务而使用的资料来源。"①

德国学者汉斯－约阿希姆·科因（Hans－Joachim Koing）在《卡尔·马克思看到的玻利瓦尔》中提到，"马克思的文章说明他对拉美独立运动的无知，因为很少会有人在这样短篇幅的文章中，出现如此之多的错误。原因在于一是马克思在缺乏批判的情况下就接受了先前的反对玻利瓦尔的意见；二是没有建立在严格和诚实研究基础上，或者更确切地说是偏见，使人怀疑马克思作为历史学家的传记作者没有公正和深入地分析玻利瓦尔，他受到他的党派思想的左右"。②

墨西哥学者罗伯特·斯廷格尔（Robert Stingl）和古斯塔沃（Gustavo）认为，"尽管南美洲的独立斗争于 1824 年结束，但关于拉丁美洲及其独立的报道，特别是在欧洲，是稀少的，而且大多是参与者的主观描述"。③

玻利维亚历史学家何塞·罗伯托·阿尔塞（José Roberto Arze）认为，"严格地说，对玻利瓦尔的所有负面评价和文章中的错误都来自马克思查阅的历史资料……在马克思写这篇文章的时候，这些是他能得到的唯一材料。历史汇编的制作和这些信息的系统化仍处于初级阶段。此外，马克思遇到了物质和时间上的困难，这使得传记几乎不可能被完美地完成"。④阿尔塞所说的物质上的困难，是指马克思在当时急需稿费，而百科全书的写作范例又使得他一些思想不便展开解释或表达。⑤

但是，这类观点似乎不足以令人信服。马克思应邀为《美国新百科全

---

①　Juvenal Herrera Torres, *Simón Quijote de América. Antología de ensayos sobre Simón Bolívar*, Caracas: República Bolivariana de Venezuela, 2005, pp. 249 - 250.

②　Hans－Joachim Koing, "Bolívar visto por Carlos Marx," *Revista de la Sociedad Bolivariana de Venezuela*, Vol. XXXII, No. 106, 1975, pp. 79 - 87.

③　Robert Stingl, Gustavo Garduño Oropeza, "Karl Marx: Bolivar y Ponte," En Malyshev M. A., *Discoursology: Methodology, Theory and Practice*, Chelyabinsk: Publishing Center of SUSU, 2018, pp. 31 - 47.

④　José Roberto Arze, *Análisis Crítico del 'Bolívar' de Marx*, La Paz: Grupo Editorial Anthropos, 1998, pp. 148 - 149.

⑤　José Aricó, *Marx and Latin America*, p. 99.

书》撰写文章是在 1857 年，当时英国、法国、德国及其他欧洲国家已经出版了一些关于玻利瓦尔和南美独立战争的书。迄今已知的欧洲第一篇关于玻利瓦尔的小传被收录在 1818 年意大利米兰出版的《近代名人传记》中，这本小传肯定了他对拉美解放事业的贡献。[①] 1823 年英国诗人拜伦在《青铜世纪》中谴责欧洲君主镇压西班牙和意大利的自由运动时，将玻利瓦尔与华盛顿一起奉为 "年轻的自由的先知"[②]。1827 年，奉英国政府之命前往波哥大的约翰·波特·汉密尔顿（John Potter Hamilton）在《穿越哥伦比亚内陆省份》中记述了沿途见闻，其中谈到了玻利瓦尔，说他是 "新世界有史以来最伟大、最杰出的人物……"，"玻利瓦尔知人善用，他能很快识别一个人的才能并将其安排在合适的对国家有用的位置上。他性格中一个伟大而罕见的美德是他彻底的无私，在极度贫困的情况下，他很少关心自己，总是急于与他的战友们分享他所拥有的一切，甚至是他的最后一件衬衫"。"玻利瓦尔在最令人沮丧的环境下能够坚持不懈，他的技巧、能力和灵巧性能够和形成哥伦比亚的现有不同材料融为一体。他在行动上的勇气和冷静，以及他在瞬间抓住从胜利中获得的所有优势时的谨慎和远见，都是十分令人钦佩的。"[③] 法国历史学家、1930 年 "七月革命" 领导人奥古斯特·米涅特（Auguste Mignet）认为玻利瓦尔是一个 "幸运的凡人，因为他的战功赫赫而伟大……而且他知道如何像顺从的儿子那样对自由保持忠诚……这给我们旧欧洲上了一课，它总是愿意将这些光荣的原则说成是虚幻的"[④]。1830 年，《阿姆斯特丹报》在回顾这位解放者在圣玛尔塔的最后时刻时强调，即使玻利瓦尔 "在他弥留之际，也没有表达对敌人的任何指责或怨恨"[⑤]。《莫斯科电讯报》报道：最近，"我们这个世纪的伟人之一……已经

① Luigi Angeloni, *Serie di vite e ritratti de' Famosi Personaggi degli Ultimi Tempi*, Vol. 3, Milano: Editori Calcografi Negozianti di Stampe, pp. 342 – 343.

② Lord Byron, *The Bronze Age*, London: John Hunt, 1823, p. 20.

③ John Potter Hamilton, *Travels through the interior Provinces of Colombia*, Vol. 1, London: John Murray, 1827, pp. 230 – 233.

④ Alberto Filippi, *Bolívar y Europa en las Crónicas, el Pensamiento Político y la Historiografía*, Vol. 1, Caracas: Presidencia de la República, 1986, p. 237.

⑤ Alberto Filippi, *Bolívar y Europa en las Crónicas, el Pensamiento Político y la Historiografía*, Vol. 1, p. 891.

带着纯洁荣耀的光环去世了……"，他最后的宣言也不亚于"美德的动人声音"。①1837 年马德里的《每周画刊》发表了关于解放者的一篇传记，其中确认了玻利瓦尔"哥伦比亚著名解放者"的"功绩"和历史上的重要地位。②

1844 年德国莱比锡出版了 E. I. 豪斯基尔德（E. I. Hauschild）的《玻利瓦尔，哥伦比亚国家的创造者》③和《玻利瓦尔和圣马丁，1808～1826 年南美洲的解放战争》④。德国学者冈特·卡尔（Günter Kahle）在《西蒙·玻利瓦尔和德国人》中对马克思利用的资料文献的是否充分提出了疑问。他特别提到了杨斯·伊·多萨（Yanes y Mendoza）的收藏，在那里他发现了"真正广泛和充分的信息"。他还引用了其他著作，并说"这些出版物的大部分，包括上述藏书，都可以在当时的德国图书馆查阅。英国图书馆似乎完全不可能不拥有这些作品"⑤。

在美洲，玻利瓦尔的老师西蒙·罗德里格斯在 1828 年写了《为玻利瓦尔辩护》的著作，该书在 1830 年由秘鲁阿雷基帕市的文森特·桑切斯开设的印刷厂出版。罗德里格斯在谈到辩护理由时写道："玻利瓦尔是南美洲人。他的敌人千方百计想把他说成是令人讨厌和蔑视的人，他们竭力想引导那些不认识玻利瓦尔的人的舆论导向。如果允许他们诋毁玻利瓦尔这一榜样，就不会有人再去效仿他。如果新生的共和国总统不去效仿玻利瓦尔，那么，自由的事业将会遭到失败。"同时他又指出，玻利瓦尔不需要辩护，因为他不是被辩护者，他自己所要辩护的是"人民的事业"。他写这本书的目的是"用我们的辩护来教育人民"。作者针对玻利瓦尔政敌提出的对玻利瓦尔性格、行为、企图的指责及其所列的各种"证据"进行了全面的反驳，并在最后总结了 13 条真理。⑥

---

① Alberto Filippi, *Bolívar y Europa en las Crónicas, el Pensamiento Político y la Historiografía*, Vol. 1, p. 916.

② Alberto Filippi, *Bolívar y Europa en las Crónicas, el Pensamiento Político y la Historiografía*, Vol. 1, pp. 106 – 110.

③ E. I. Hauschild, *Bolívar, Creador del Estado Colombiano*, Leipzig: Teubner, 1844.

④ E. I. Hauschild, *Bolivar und San Martin, Oder der Befreiungskampf auf der südamerikanischen Halbinsel in den Jahren 1808 – 1826*, Leipzig: Teubner, 1844.

⑤ Günter Kahle, *Simón Bolívar y los Alemanes*, Bonn: Inter Nationes, 1980, p. 28.

⑥ Simón Rodriguez, *Defenda de Bolívar*, Caracas: Imprenta Bolívar, 1916. 中文版参见〔委〕西蒙·罗德里格斯《为玻利瓦尔辩护》，徐世澄译，五洲传播出版社，2014，第 25、49、61、63、293～323 页。

　　有学者指出，至少马克思在大英博物馆查阅了当时英、法、德语的百科全书，如《大英百科全书》《美国百科全书》《便携式百科全书》《十九世纪百科全书》《会话词典》《布罗克豪斯对话词典》等，这些百科全书中已经发表的文章绝大多数是不加批判地支持玻利瓦尔的，① 但马克思似乎宁愿忽视这些信息来源及其评价。

　　当然，在对玻利瓦尔的评价中也有一些负面看法，主要来自保守的西班牙文化圈。1829 年，西班牙经济学家、历史学家和外交官马里亚诺·托伦特（Mariano Torrente）在他的《西班牙美洲革命史》中将玻利瓦尔称为"煽动者"、"反叛者"和"恶棍"，并认为玻利瓦尔应该对"属于西班牙君主制的国家"的损失负主要责任。② 在《玻利瓦尔 - 伊 - 庞特》一文中，马克思列出的参考资料有三本，即《哥伦比亚共和国总统、解放者西蒙·玻利瓦尔及其主要将领的回忆录》③、《对南美洲奥里诺科河和阿普雷河岸的考察记述》④ 和《吉列尔莫·米勒将军为秘鲁共和国服务的回忆录》⑤，其中前两本对玻利瓦尔的评价主要是负面的。杜库德雷·霍尔斯坦将军和古斯塔沃·希皮斯利上校虽然都曾与玻利瓦尔将军共事，但二人都与玻利瓦尔存在矛盾。前者因玻利瓦尔拒绝在没有立功的情况下委任他为将军，并拒绝向他支付巨额金钱和在伦敦产生的所谓费用的利息，从而怀恨在心。⑥ 后者在 1826 年一封写给玻利瓦尔的信中承认，"1818 年，我发表了我当时对阁下的看法。很显然，我对你的了解还不够，不足以冒险发表这样的意见。既然我现在对你更加了解，我便急于收回这些观点，郑重而真诚地承认我的错误，从现在起，正如我所做的那样，我将公开收回

① Hal Draper, "Karl Marx and Simon Bolívar: A Note on Authoritarian Leadership in a National - Liberation Movement," *New Politics*, 1st series, Vol. 7, No. 1, 1968, pp. 64 - 77.

② Mariano Torrente, *Historia de la Revolución Hispano - Americana*, Tomo 3, Buenos Aires: Leon Amarita, 1829, p. 118.

③ Gen. H. L. V. Ducoudray Holstein, *Memorias de Simón Bolívar Presidente Libertador de la República de Colombia y de sus Principales Generals*, New York: Geneva College, 1829.

④ Gustavo Hippisley, *Una Narración de la Expedición a las Orillas del Orinoco y Apure en Suramérica*, London: John Murray, 1819.

⑤ John Miller, *Memorias del General Guillermo Miller, al Servicio de la República del Perú*, Vol. 2, London: Longman, 1829.

⑥ Marcos Osorio Jiménez, *Bolívar y sus Detractores: Bibliografía Crítica de la Detracción Bolivariana*, Caracas: Librería Piñango, 1979, p. 23.

这些观点"。① 只有米勒将军一人对玻利瓦尔的评价尚且公正。阿根廷历史学家何塞·马里亚·阿里科（José María Aricó）说，令人惊讶的是，马克思运用了对玻利瓦尔评价中自相矛盾的资料来源，完全接受了他的两个敌人的判断，而忽视了米勒的有利判断。阿里科认为马克思写的玻利瓦尔传记带有极大的片面性。②

上述可见，当时欧洲关于玻利瓦尔的作品绝不能算稀少，而且以正面评价为主。但马克思没有与同时代人的主流评价保持一致，而是采纳了相反的观点，这一事实似乎表明他对玻利瓦尔的态度产生于阅读这些作品之前而不是之后。马克思如此激烈地反对玻利瓦尔并不是因为他不了解基本史实，也不是受限于带有偏见的资料，很可能是因为他根本不赞同玻利瓦尔的行为、目标和愿景。

## （二）欧洲中心主义的思想方法

究竟是什么原因导致马克思"故意忽视"一些正面评价的资料来源，从而对玻利瓦尔作出负面评价？其中一种典型的答案为：马克思是欧洲中心主义者。如委内瑞拉教授安赫尔·拉法埃尔·隆巴尔迪说："马克思只对与西欧有关的问题感兴趣，西欧是当时的第一世界，他生活在那里，致力于研究他那个时代的工业资本主义的经济、历史、社会学和哲学。对马克思来说，玻利瓦尔和南美洲独立进程完全是一种逸事，一种亚细亚生产方式，……"马克思"是一个彻底的欧洲中心主义者"。③

墨西哥哲学家莱奥波多·塞亚（Leopoldo Zea）的观点具有代表性，他在《马克思眼中的玻利瓦尔》一文中提到，并非由于错误的资料来源，而是欧洲中心主义观点解释了"马克思对玻利瓦尔的愤怒"。④ 他认为，马克思和恩格斯是他们那个时代的欧洲人，当时的欧洲人被认为是文明人，欧洲的地理和文化，包括启蒙思想家的新思想，限制了他们对超越国界的其他民族的看法。就马克思和恩格斯的看法而言，虽然他们的哲学原理是普

---

① Marcos Osorio Jiménez, *Bolívar y sus Detractores: Bibliografía Crítica de la Detracción Bolivariana*, Caracas: Librería Piñango, 1979, p. 23.
② José Aricó, *Marx and Latin America*, pp. 55 – 56.
③ Ángel Rafael Lombardi Boscán, Bolívar por Marx, https: //www. analitica. com/opinion/bolivar - por - marx/ 20210830.
④ Leopoldo Zea, "Visión de Marx sobre América Latina", *Nueva Sociedad*, No. 66, 1983, pp. 59 – 66.

遍的，但实现这些原理的具体目标的可能性将限于欧洲和西方世界。社会主义革命和自由革命一样，必须通过欧洲。世界上所有的人和人民都渴望社会正义，但并不是所有的人和人民都有能力或有足够的手段来实现社会正义，正如欧洲和美国工业化国家的无产阶级已经意识到的那样。这一限制对拉丁美洲、亚洲、非洲和俄罗斯都有效。正是资本主义的发展，欧洲和西方世界的无产阶级化，才允许革命走向社会主义。为了实现这一目标，其他民族只能实现同样的发展，或者通过殖民主义强行融入资本主义制度，从而遵循整个制度的命运。"无论如何，社会主义革命必须通过欧洲，或者以欧洲的方式进行。"正是由于这种欧洲中心主义思想，马克思在谈到英国在印度的统治时说，英国必须在印度履行双重使命，即破坏和建设使命。同样，恩格斯赞扬了 1847 年美国打败了墨西哥："在美洲我们看到墨西哥已被征服，这使我们十分高兴。这个国家一向都仅仅埋头于处理内部事务，在长期的内战中弄得四分五裂，因而丧失了一切发展的可能性，这样一个国家至多只能成为英国工业方面的附属国，可是现在它被迫卷入了历史运动，这也是一个进步。墨西哥将来受合众国的监护是符合于其自身发展利益的。合众国因兼并加利福尼亚而获得太平洋的统治权，这是符合整个美洲发展的利益的。"①

但是，1861 年马克思谴责了欧洲入侵墨西哥，马克思认为，这是拿破仑三世的阴谋，是"有史以来国际历史上最可怕的勾当之一"，"路易·波拿巴为了取悦法国公众，不得不经常准备许多花样，远征墨西哥完全有可能是其中之一"。②这种干预与恩格斯 1847 年赞扬的干预有什么区别？简单地说，后者确实有助于在世界上建立社会主义。美国在入侵和残害墨西哥时，正在努力将其纳入社会主义制度起源的制度。相反，路易·拿破仑·波拿巴（Luis Napoleon Bonaparte）的干预是对这一目标的模糊和遥远的利益的回应，这意味着一种倒退。马克思和恩格斯反对任何阻碍唯一和最终革命（即起源于欧洲的社会主义革命）的行动。他们积极理解欧洲的民族运动，但前提是它们有助于真正的革命行动，并将导致社会主义产生。塞亚写道：马克思"为什么对玻利瓦尔感到恐惧？因为他从玻利瓦尔身上看

① 《马克思恩格斯全集》第 4 卷，人民出版社，1958，第 513 页。
② 《马克思恩格斯全集》第 15 卷，人民出版社，1963，第 386 页。

到了对路易·波拿巴的模仿，他在写这篇文章的时候正在反对路易·波拿巴"，在马克思看来，"玻利瓦尔代表了一种历史性的倒退，被视为另一个路易·波拿巴"。①

　　智利教授马里奥·法夫雷加特·佩雷多（Mario Fabregat Peredo）在《卡尔·马克思反对西蒙·玻利瓦尔：一个历史的解释》一文中指出，"马克思只从欧洲标准来理解文明和历史发展，并批评西蒙·玻利瓦尔是愿意管理前西班牙帝国领土的拉美贵族的代表。换句话说，马克思无法理解拉丁美洲可以成为欧洲控制之外的未来"。"由于被直觉而不是科学唯物主义所驱使，马克思将玻利瓦尔的行为视为与独立主义和自由主义原则相背离，其根源在于玻利瓦尔属于贵族，因此，他的所有行为都受到对阶级统治的渴望的激发。"玻利瓦尔"是地方贵族、大地主的代表人物，但在性质上与贫农没有区别。对马克思来说，玻利瓦尔绝对是一个农民，一个在已经被超越的世界里描绘自己历史和现实的人，展现了拉丁美洲社会落后的最大方面。拉美没有工业、技术发展、充分的贸易关系、企业家和资本主义，因此没有资产阶级。如果玻利瓦尔是一个资产阶级，马克思就会对他有另一种待遇"。"对马克思来说，玻利瓦尔并不代表任何革命或新事物。相反，他是对传统秩序的维护，因此，他出现在独立的背景下，只不过是巩固了西班牙殖民模式，其逻辑仅仅是权力移交。因此，拉丁美洲人并没有独立，因为他们仍然保留着农民被剥削的锁链。"马里奥还注意到，马克思在文章中多次强调欧洲志愿军团的作用，"马克思不相信美洲人自己能够成功地进行任何军事行动或政治计划。他认为只有获得欧洲人的帮助，伊比利亚美洲的独立才会取得真正的成功。因为历史现实和欧洲社会正处于一个成熟的阶段，而美洲社会仍然不成熟，与工业社会所代表的文明力量相去甚远。只有在外国人的协同之下，他们才能扭转事态的发展局面"。② 总之，马克思认为，与欧洲相比，拉丁美洲仍处于落后发展阶段，玻利瓦尔不是新生产关系的代表人物，因此，他不应被欢迎和赞扬。

　　委内瑞拉教授蒙桑特认为，所谓欧洲中心主义，是基于殖民主义愿景

---

① Leopoldo Zea, "Visión de Marx sobre América Latina", *Nueva Sociedad*, No. 66, 1983, pp. 59 – 66.

② Mario Fabregat Peredo, "Carlos Marx contra Simón Bolívar: una Explicación Histórica," *Contextos: Estudios de Humanidades y Ciencias Sociales*, No. 24, 2010, pp. 67 – 75.

和实践，首先入侵美洲和世界大部分地区，然后强加其文化，并从中获取巨大经济和政治利益的欧洲民族中心主义。马克思的这篇文章体现了"19世纪中叶普通欧洲人的殖民主义观点，特别是英国殖民主义的观点。马克思提出或实际实现的是为英国人在南美洲'正式的和政治的'独立战争中的作用做辩护"。他"没有对参加委内瑞拉和南美洲独立战争的英国人和其他欧洲人提出任何批评。……他没有批评英国人的资本家和雇佣军的地位，也没有批评'自由主义'的伦敦急于取代马德里成为殖民国家"。马克思"还没有克服他的'殖民主义偏见'，他看不到玻利瓦尔斗争的大众价值和反殖民主义价值，也看不到他所寻求的南美洲统一的地缘政治重要性"。① 作者将马克思的文章与欧洲殖民主义立场联系在了一起。

但是，也有人对马克思是欧洲中心主义者的论点提出了不同的看法。

如哥伦比亚教授杰拉尔多·莫里纳（Gerardo Molina）认为，"考虑到《资本论》作者对世界发展的总体看法，说他是欧洲中心主义的论点是站不住脚的"。他指出，"一些人关注到马克思的'欧洲中心主义'，这一点是可以理解的，当时他所受的严格的西方教育和通信的落后，导致了科学社会主义的创始人把他所有的思想都指向了欧洲，欧洲是成熟的大陆、历史的中心和世界的轴心。'欧洲中心主义'在《共产党宣言》中是显而易见的。但在1850年之后，当马克思提出研究资本主义起源和发展过程的艰巨任务时，他的概念变得普遍化。……就在那时，马克思发现了非资本主义国家的现实，即我们今天所说的外围国家。像印度……作为殖民地国家加入了资本主义的行列，引起了这位德国思想家的注意。爱尔兰、西班牙、土耳其和俄罗斯也是如此……在考察新国家的时候，他的思想总是围绕着社会革命的力量这一中心，他承认，其中一些国家在没有经过资本主义的情况下进入社会主义，存在很大的可能性，这种可能性必须得到进一步的证实"。②

委内瑞拉教授德米特里奥·博斯纳（Demetrio Boersner）强调了马克思和恩格斯在对待海外殖民地问题上的思想变化，他认为，在"1846～1856

---

① J. L. Monzantg, "El Marx de Bolívar, Marx y Bolívar en el Pensamiento Colonial Europeo," *Revista Latinoamericana de Ensayo*, https://revistalatinoamericanadeensayo.blogspot.com/20210830.

② Gerardo Molina, "El Pensamiento Marxista en America Latina," En Carlos Uribe Celis etc., *El Marxismo en Colombia*, Bogotá: Universidad Nacional de Colombia, 1985, pp. 25–26.

年的马克思主义观点是以欧洲为中心的"，"倾向于工业化中心的殖民或半殖民扩张主义'在客观上是进步的'"。从 1857 年印度土兵起义开始，马克思和恩格斯逐渐对殖民地问题和民族解放产生了积极理解并对其特别重视。他们开始认识到民族解放运动在全球反资本主义战略中的重要性。之前，他们相信工业中心的无产阶级革命将先于殖民地的民族解放，这时他们认识到，在许多情况下，从属国家人民的反殖民民族主义革命必须先于工业中心的革命，这可能是这种工人革命发生的先决条件。他们认为"从属的和不发达的国家的人民反对欧洲剥削的叛乱构成了反对工业化资本主义中心寡头统治的第二条战线，完成了第一条战线，即霸权工业中心人民进行的民主和社会主义的斗争"。正是在那时，他们充分发展了一系列将他们与当今第三世界主义联系起来的思想，这些思想推翻和驳斥了关于马克思和恩格斯基本上是工业化资本主义中心扩张的辩护者的错误论断。①

何塞·马里亚·阿里科认为，"欧洲中心主义"这种解释性图式，无论是否有意，都倾向于将一个极其复杂和细致入微的思想家归入"欧洲中心论"这样一个模棱两可的范畴，抹去所有的差异，否认任何承认分期、转折点、新发现和不同观点的马克思主义发展史。② 鉴于拉丁美洲的特殊性，"用一些所谓的'欧洲中心主义'来解释马克思对拉美现实的矛盾性回避是软弱的、有限的和错误的"。③

但是，不管是赞成还是反对"欧洲中心主义"的解释，都是从一种方法论的角度看问题，并没有说明马克思对玻利瓦尔的评价究竟想表达一种怎样的意图。

## （三）对拉美民族国家构建的深层思考

在研究过程中，一些学者已经觉察到了问题的复杂性，并试图探讨马克思对玻利瓦尔负面评价的深层原因。如西班牙历史学家胡安·何塞·卡雷拉斯（Juan José Carreras）在讨论马克思所利用的资料时认为，马克思选择了对玻利瓦尔"最不友好的来源"，"这个选择是深思熟虑的"，"马克思

---

① Demetrio Boersner, "Marx, el Colonialismo y la Liberación Nacional", *Nueva Sociedad*, No. 66, 1983, pp. 80 – 89.

② José Aricó, *Marx and Latin America*, p. 6.

③ José Aricó, *Marx and Latin America*, p. 67.

当时可用资料不足和被偶然性所误导的假设是站不住脚的。相反，它加强了我们的论点，即马克思充分意识到他正在做什么，而且在他对玻利瓦尔的评价中，几乎存在着短暂的政治动机，因为这件事与马克思当时的情况有关……"①

委内瑞拉教授埃莱亚萨·迪亚斯·兰赫尔（Eleazar Díaz Rangel）谈到，从马克思文章发表到他去世（1883）有26年的时间，又有不少新的关于玻利瓦尔的书籍、回忆录出版，但并没有见到马克思要修改或纠正他原来的观点。马克思对玻利瓦尔的偏见并非欧洲中心主义的产物，……而是绝对深思熟虑的，并且带有明确的政治动机。②

马克思的评价究竟有着怎样的深层原因？何塞·马里亚·阿里科从理论根源上进行了深入的分析。他认为，马克思由于受到黑格尔的影响，有两条思想路线，从年轻的时候就一直贯穿在他的阐述之中，即使在这篇关于玻利瓦尔的文章中也是如此。"第一种路线意味着对黑格尔主义的有条件的承诺，而第二种路线则表示在这一领域对黑格尔主义的排斥。他采纳的理由与黑格尔'非历史民族'的概念有关，而他否定的是黑格尔关于国家在市民社会'生产'中的作用。"③

黑格尔在他的《历史哲学》④ 中曾区分了"世界历史民族"与"世界非历史民族"。他认为，"世界历史"所记载的乃是各民族"精神"的行为。⑤ 因此，我们知道，世界历史一般来说，便是"精神"在"时间"里的发展。⑥欧洲是世界历史的终点，是理性的地方，欧洲民族也是世界历史民族，而世界上的其他许多地方，"找不到世界历史民族的地盘"。⑦ 如非洲就"不属于世界历史的部分"⑧。美洲"仅仅是一种完全自然的文化，一旦

---

① Juan José Carreras, "Marx y Bolivar," *Eco: Revista de la cultura de Occidente* (Bogotá), No. 145, 1972, p. 93.

② Eleazar Díaz Rangel, *Marx no Rectifica: ¿Por qué Marx no se Retractó de sus Mentiras e Infamias sobre Bolívar?*, Caracas: Fundación Centro Nacional de Historia, 2018, pp. 63 – 65.

③ José Aricó, *Marx and Latin America*, p. 58.

④ 《历史哲学》是黑格尔1822年在柏林大学时做的世界历史哲学讲演录，1837年出版了德文版第1版，该书对马克思有很大影响。

⑤ 〔德〕黑格尔：《历史哲学》，王造时译，上海书店出版社，2001，第68页。

⑥ 〔德〕黑格尔：《历史哲学》，第72页。

⑦ 〔德〕黑格尔：《历史哲学》，第82页。

⑧ 〔德〕黑格尔：《历史哲学》，第101页。

和精神接触后，就会消灭的。美洲在物理和心理上一向显得无力，至今还是如此"①。"美洲所发生的事情，都从欧洲发动。"②美洲"乃是明日的国土，那里，在未来的世代中，世界历史将启示它的使命"，"到现在为止，新世界发生的种种，只是旧世界的一种回声"。③黑格尔还写道："一个现实的国家和一个现实的政府成立以前，必须先有阶级区别的发生，必须贫富两阶级成为极端悬殊，一大部分的人民已经不能再用他们原来的惯常的方式来满足他们人生的需要。但是美洲向来没有这种压迫……"④对黑格尔的这些关于美洲不成熟、不发达和国家萌芽状态的论点，马克思大体上是同意的。但是，马克思不同意黑格尔关于"国家高于社会"的国家理性观，他在《黑格尔法哲学批判》中写道："黑格尔的命题只有像下面这样解释才是合理的：……家庭和市民社会是国家的现实的构成部分……是国家的存在方式。家庭和市民社会使自身成为国家。它们是动力"，⑤"政治国家没有家庭的自然基础和市民社会的人为基础就不可能存在。它们对国家来说是必要条件"，因为"国家是从作为家庭的成员和市民社会的成员而存在的这种群体中产生的"。⑥马克思就这样将黑格尔关于市民社会与政治国家之间的关系颠倒了过来。

阿里科指出，马克思一方面接受了黑格尔的"世界非历史民族"的概念，这一概念否定专断、荒谬和最终非理性规则的外在性。他无法从拉美独立运动中看到决定其存在的阶级斗争的存在，从而也无法看到其逻辑历史体系的基础，他们在实践中缺乏任何阶级斗争，因此无法解释"让一个怪诞的平庸者扮演英雄角色的环境和关系"。这强烈地制约了马克思对玻利瓦尔起主导作用的历史事件的解读，这些事件被描述为偶然情况和意外事件的总和。马克思在写玻利瓦尔的时候，只看到了他的行动被淹没在非理性之中。⑦

另外，马克思拒绝承认国家在公民社会"生产"中的潜力，进而也拒

---

① 〔德〕黑格尔：《历史哲学》，第84页。
② 〔德〕黑格尔：《历史哲学》，第85页。
③ 〔德〕黑格尔：《历史哲学》，第89页。
④ 〔德〕黑格尔：《历史哲学》，第88页。
⑤ 《马克思恩格斯全集》第3卷，人民出版社，2002，第11页。
⑥ 《马克思恩格斯全集》第3卷，第12页。
⑦ José Aricó, *Marx and Latin America*, pp. 58 – 60.

绝承认国家本身的潜力。阿里科指出，如果我们接受黑格尔"关于国家是
公民社会和民族'生产'中心的概念，我们必须承认，这一概念具有非常
重要的价值，即维护政治与政治制度、社会主体与国家领域之间相互关系
的丰富性，以及其多重表述和复杂的'合法化'维度"。而马克思恰恰倾向
于忽视这一点，因为他狭隘地将内在的"经济"投射到整个社会关系和历
史之上，作为一个永久的转型过程。①黑格尔肯定了国家在公民社会生产中
的作用，或者说，通过"政治"生产"经济"，而马克思否定黑格尔的国家
观。马克思认为社会经济因素是历史的决定力量，并将阶级的中心地位确
定为历史主体。因此，像拉丁美洲，公民社会建设的重心如此明显地"来
自上面"，自然会在马克思的思想中形成一个灰色地带。无怪乎马克思在他
的文章中强调，"玻利瓦尔的国家"先天无法建立公民社会的世界秩序。②
马克思将玻利瓦尔与海地总统苏卢克等同起来，而苏卢克本人曾被比作拿
破仑三世，因此，马克思的这句话表明，他在理论上反对黑格尔的国家观
与他在政治上反对波拿巴主义是结合在一起的。马克思根本不能接受一个
建立在独裁者无所不包的统治范围之上的政治制度的合法性。

　　所以，马克思对玻利瓦尔的反感主要在于两个方面，一是他作为克里
奥尔地主阶层的代表而领导的独立运动不是类似欧洲的社会革命；二是玻
利瓦尔的专制独裁野心、波拿巴主义倾向。马克思不相信拉美富裕的克里
奥尔人能够建立一个民主的政治组织，一个民族国家。

　　阿里科在分析马克思思路的基础上，同时也指出了其中存在的问题。
他认为，马克思在写这篇文章的时候，没有分析拉美独立战争之前的社会
经济背景以及包括印第安人、黑人、混血人在内的社会各阶层对领导独立
运动的克里奥尔精英的态度。面对独立运动力量分裂的各种可能，玻利瓦
尔需要处理美洲大陆几乎无限的异质性，他在努力推进一个计划，即建立
一个基于中央集权的政治体系，目的很明确，一是建立一个地理范围广泛
的民族，不仅能够独立于西班牙，而且能够独立于欧洲其他大国，捍卫和

---

①　José Aricó, *Marx and Latin America*, pp. 60 – 61.
②　马克思在《玻利瓦尔 – 伊 – 庞特》中写道："但是他像大多数自己的同胞一样，不能长期
　　努力奋斗，他的独裁不久就变成了军事无政府状态，他把最重要的事务托付给亲信，可是
　　他们滥用国家的钱，后来为了抵补这笔钱，又采取卑鄙的手段。"见《马克思恩格斯全集》
　　第 14 卷，第 228 页。

促进本地经济的进步。二是为建立政治和社会秩序而斗争，避免独立进程本身所产生的无政府状态破坏经济进步和使人民遭受比革命前更为专制的暴政。这一计划的失败并不意味着它是乌托邦式的，可能是由于推动计划的社会力量内部的弱点。[1] 因此，结论是："马克思违背了他自己分析社会进程的基本方法，在玻利瓦尔身上发现了他在整个拉丁美洲现实中未能分析的所有东西，即导致玻利瓦尔极盛和随后陷入颓势的社会力量。在对事件的理想主义描述中，他用反对英雄的失败代替了'真实运动'的动力。"[2]但阿里科仍强调，把马克思的观点归因于欧洲中心主义是不对的，欧洲中心主义是西方思想的主导趋势，而马克思的思想则是基于寻找社会发展规律。[3]

意大利教授阿尔贝托·菲利皮（Alberto Filippi）赞同阿里科的观点。他在《黑格尔—马克思关系与拉丁美洲历史解释》一文中指出，了解黑格尔和马克思关于"公民社会"与"政治国家"，或更广泛地说，关于经济与政治、民族与国家之间的关系及其概念的差异，对理解马克思关于玻利瓦尔和独立运动的评价至关重要。黑格尔认为国家是一个真正的主体，公民社会属于其有限性的范畴。因此，是政治国家本身决定公民社会，而不是公民社会决定政治国家。但马克思认为是公民社会决定政治国家。马克思由于受到反黑格尔论战的影响，几乎机械地否定了政治国家任何可能的"自主"作用，因此，将批评"欧洲"模式时出现的争议也不适当地扩大到了"非欧洲"模式，阻止国家承认公民社会的任何"基础"或"生产"能力。阿尔贝托强调，与欧洲相比，拉美的国家形成进程在很大程度上是颠倒的。国家不是由一个先前存在的不完整的民族演变成一个国家这样的简单结果，而是首先出现在一个非常原始（或以某种前所未有的方式）的现实中，在这个现实中，公民社会与国家、经济与政治、国家与民族之间的关系既没有走亚洲模式，也没有走欧洲模式。正是这一历史现实被理解为"拉丁美洲的模棱两可"（多民族的乡村，与大众脱节的精英，低民族密度，人为国家、权力危机，等等）……马克思没有意识到拉丁美洲现实的"规律性"（实际上是特殊性）。阿尔贝托指出，玻利瓦尔设想的国家是一个能够通过

---

① José Aricó, *Marx and Latin America*, pp. 64 - 65.

② José Aricó, *Marx and Latin America*, p. 66.

③ José Aricó, *Marx and Latin America*, pp. 59 - 60.

"积极性"和"主动性"诱导出一个公民社会的国家,即通过动员社会力量、世俗化,摆脱前资本主义生产方式。但问题是,19世纪拉美的寡头政治回避了欧洲资产阶级的历史任务。①

玻利维亚马克思主义理论家阿尔瓦罗·加西亚·利内拉(Álvaro García Linera)在论述这个问题的时候,对阿里科提到的黑格尔国家观提出疑问,他指出,在大多数拉美国家,国家建设和社会改革一直是一个悬而未决的问题,直到20世纪才得到解决,"一百多年来,国家没有能力使社会成为一个有机的整体,更不用说革命了;相反,这些国家中社会组织和改革的高潮都与大规模反叛运动和相对于国家的社会自我组织运动有关;除此之外,尽管有来自上层的努力,国家建设和社会改革只不过是贵族、寡头和地主的虚构"。②"因此,阿里科提到的黑格尔的观点是错误的,因为国家既不能建立民族,也不能建立社会,更不能改革社会。为了在拉美实现这一点,自'独立'以来,人们不得不等待数十年(在某些情况下,人们仍然在等待),直到社会从昏昏欲睡中恢复过来,力量变得强大。因此,马克思是正确的。因为他看到了这一点,因为他认为,真正的民族国家建设,甚至说社会的革命化在国家性和社会性之间更应强调后者。……因为真正的民族和国家的形成是在国家及其特殊的代表,如玻利瓦尔的专制企图之后才发生的。"③当然,利内拉也提到了马克思存在的问题,"他没有像对待土耳其或印度那样,全面分析拉美社会的特点和内部力量、社会的组成部分和矛盾、克里奥尔独立派精英与国家的关系。他没有研究土著人民及其特点和运动。这些是马克思对拉丁美洲评价的弱点"。④

关于拉美民族国家构建的困难性和长期性的问题,得到不少学者的认同。如路易斯·奥尔特加·马丁内斯(Luis Ortega Martínez)在《政治、公共财政和领土建设:1830~1887年的智利》中提到,尽管从19世纪

① Alberto Filippi, "La Relación Hegel – Marx y las Interpretaciones de la Historia Latinoamericana," *Historias*, Vol. 2, 1982, pp. 102 – 112.

② Álvaro García Linera, *La Potencia Plebeya: Acción Colectiva e Identidades Indígenas, Obreras y Populares en Bolivia*, Bogotá: Siglo del Hombre Editores, 2009, pp. 64 – 65.

③ Álvaro García Linera, *La Potencia Plebeya: Acción Colectiva e Identidades Indígenas, Obreras y Populares en Bolivia*, p. 66.

④ Álvaro García Linera, *La Potencia Plebeya: Acción Colectiva e Identidades Indígenas, Obreras y Populares en Bolivia*, pp. 66 – 67.

30 年代中期到 19 世纪中期，各届政府在立法方面做出了重大努力，他们对更多地区的政治控制不断加强，但国家在该国一些地区的存在仍然是脆弱的，原因是距离遥远，通信缓慢，财政资源有限，政府职员在数量和能力上的不稳定，以及缺乏一个适当的组织结构来进行有效的政治和领土管理。更为复杂的是，还要面对地方权力集团对抗中央政府的明显敌意。[①]

莉莉安娜·玛丽亚·洛佩斯（Liliana María López）在《西蒙·玻利瓦尔在安戈斯图拉演讲中的民族共和国》中指出，最近关于西属美洲独立战争的资料表明，独立后美洲的国家认同是一个非常复杂、不明显和迟来的问题。因为在当时既缺乏被预设为国家统一必要条件的民族文化的一致性，也没有使社会成为一个真正国家的规范性基础。也就是说，除了文化和族裔上的同质性外，还缺乏一个和平社会所需要的伦理和政治上的同质性。……尽管 18 世纪末以来所宣扬的美洲身份在确定与西班牙半岛的政治区别时可能发挥着重要作用，但它不足以确立一个现代国家的政治和文化存在的基础。[②]

阿根廷哲学家内斯托尔·科恩（Néstor Kohan）认为拉丁美洲民族问题比欧洲经典马克思主义所涉及的传统"民族问题"多了一个维度，即在民族解放之外，还要同时完成民族构建的任务。而这两项任务的前提是社会解放，没有社会解放就没有民族解放。他赞同马里亚特吉的观点，即拉丁美洲不存在也不可能存在两场独立的革命，拉丁美洲革命是且必须是一场民族解放的社会主义革命。[③]

玻利维亚马克思主义理论家勒内·萨瓦莱塔·梅尔卡多（René Zavaleta Mercado）指出，拉美民族国家的特殊性是其在开放的混合社会结构框架内构成的。开放意味着承认不同世界、文化、记忆、时间和历史的重叠。在这方面，拉美社会包含的文化既没有完全融合，也没有完全溶解。相反，

① Luis Ortega Martínez, "La Política, las Finanzas Públicas y la Construcción Territorial, Chile 1830 – 1887," *Universum. Revista de Humanidades y Ciencias Sociales*, No. 25, Vol. 1, 2010, pp. 140 – 150.

② Liliana María López, "La nación – república en el Discurso de Angostura de Simón Bolívar," *Coherencia*, Vol. 16, No. 31, 2019, pp. 375 – 393.

③ Néstor Kohan, "Del Bolívar de Karl Marx al Marxismo Bolivariano del Siglo XXI", https: //es. scribd. com/document/516479681/DEL.

这些社会试图以失败的方式将所有人类群体纳入一种单一的殖民主义和资本主义模式中。在这种社会背景下，形成了明显试图强加一种单一文化和单一官方语言的国家，这样的国家不知道土著社会特有的组织形式，否认地方形式的权威、集体审议的行使等等。这样，就形成了没有民族的国家骨架。他认为，拉美民族国家的建立意味着以前的政治组织形式的瓦解。由于国家与民间社会之间的复杂关系，由于社会形式的多样性和自治形式的持续存在，玻利维亚、秘鲁、危地马拉、厄瓜多尔、哥伦比亚、委内瑞拉、巴拉圭等国的国家问题至今仍没有得到很好的解决。[①]

　　由上可见，阿里科从马克思对待黑格尔历史观和国家观的不同态度揭示了他抨击玻利瓦尔的根本原因，即不相信克里奥尔贵族出身的玻利瓦尔会成功地塑造拉丁美洲的民族国家。除了马克思犯有忽视拉丁美洲特殊性的缺点之外，独立后拉美民族国家建设的困难性和长期性似乎又证明了马克思观点正确性的一面。

## 结　语

　　在总结本文之前，有两点需要加以强调。

　　第一，尽管一些学者指出了马克思对玻利瓦尔批评的不公正性，但他们几乎都承认，马克思针对的主要是玻利瓦尔本人，而非拉美独立运动。如哈尔·德雷珀（Hal Draper）在《马克思和玻利瓦尔：关于民族解放运动中的独裁领导的说明》中指出，马克思并没有质疑民族独立运动本身的先进性和合法性。尽管他对玻利瓦尔的威权主义提出一种极端敌对的观点，但"通过这一切，争取独立斗争本身的先进性不仅是不容置疑的，而且是充满信心的。他对玻利瓦尔的批评总是完全置于后者的政策削弱了独立斗争这一观点的框架之内"。[②]何塞·罗伯特·阿尔塞也指出，我们已经看到，"马克思承认'南美革命'的内容和进步性，而他的负面的、错误的观点是

①　J. Fabian Cabaluz – D, "La Especificidad del Estado en América Latina. Apuntes a Partir de la obra de René Zavaleta Mercado," *Izquierdas* (Santiago), No. 38, 2018, pp. 240 – 256.

②　Hal Draper, "Karl Marx and Simon Bolívar: A Note on Authoritarian Leadership in a National – Liberation Movement," *New Politics*, 1st series, Vol. VII, No. 1, 1968, pp. 64 – 77.

针对人物（玻利瓦尔）的，而不是运动的"。① 埃莱亚萨·迪亚斯·兰赫尔提到，尽管马克思的文章呼应了那些对解放者的诽谤者，"然而，它强调了拉美独立战争的历史和进步意义，并强调了委内瑞拉人民及其一些成功人士，如皮亚尔（Piar）、马里尼奥（Mariño）和伯穆德斯（Bermúdez）的英雄主义"。②

第二，尽管许多学者认为马克思的文章有偏见和错误，但并不否定马克思作为伟人的贡献。如古巴革命领导人埃内斯托·切·格瓦拉（Ernesto Che Guevara），他是玻利瓦尔美洲大陆一体化思想的拥护者，甚至在玻利维亚丛林游击战期间，都背着巴勃罗·聂鲁达《玻利瓦尔之歌》的诗抄。他在反思那些激发古巴革命的意识形态的时候，就马克思对玻利瓦尔的不公正批评表示了以下态度，他写道："马克思作为一位思想家，作为社会学说和他身处的资本主义制度的研究者，人们显然可以反对他的某些错误。例如，我们拉丁美洲人可能不同意他对玻利瓦尔的解释，也不同意他和恩格斯对墨西哥人的分析，甚至认为他的某些种族或民族理论今天是不可接受的。但是，作为伟人，光明真理的发现者，尽管他们有一些小的缺点，但这些缺点只是为了证明他们是人。"③ 也就是说，人们知道这些思想巨人所达到的高度，但也清楚地意识到他们会犯错误。这就是为什么我们承认马克思主义的基本真理是人类文化和科学宝库的组成部分，就像不需要分辨的事物那样自然而然地接受它。玻利维亚马克思主义者利内拉也写道，"在今天看来，尽管马克思有错误和偏见，但他对拉丁美洲现实的理解仍然是深刻的，即其在国家和社会之间存在巨大的冲突"。④

从全文介绍的关于马克思对玻利瓦尔评价的来龙去脉以及拉美史学家的解读，我们看到主要有三种观点，它们都有道理，但又都存在异议。

一是认为马克思依赖的资料来源具有局限性并受到了误导。这种情况

①　José Roberto Arze, *Análisis Crítico del 'Bolívar' de Marx*, La Paz: Grupo Editorial Anthropos, 1998, p. 132.

②　Eleazar Díaz Rangel, *Marx no Rectifica: ¿Por qué Marx no se Retractó de sus Mentiras e Infamias sobre Bolívar?*, Caracas: Fundación Centro Nacional de Historia, 2018, p. 55.

③　Ernesto Che Guevara, "Notaspara el estudio de la ideología de la Revolucióncubana," en la revista, *Verde Olivo*, 1960.10, pp. 5 – 114, https://filosofia. org/rev/pch/1968/n14p005. htm.

④　Álvaro García Linera, *La Potencia Plebeya: Acción Colectiva e Identidades Indígenas, Obreras y Populares en Bolivia*, Bogotá: Siglo del Hombre Editores, 2009, p. 58.

的确存在，但马克思手头并非只有他所引用的那几份材料，种种迹象表明，他之所以没有引用其他材料，另有原因。

二是认为马克思受到欧洲中心主义观点的影响。在 1848 年之前，这种情况确实存在，但 1850 年之后，马克思发现了非资本主义国家的现实，他在思想上已经逐渐对殖民地和民族解放问题产生了积极理解并对其特别重视。马克思和恩格斯已经从更加广阔的视野去思考社会主义问题。

三是认为马克思对玻利瓦尔的评价是深思熟虑的结果，是一种政治思考，即他从拉美国家民族国家构建的角度出发，认为玻利瓦尔作为克里奥尔地主阶级的代表而领导的独立运动不是一场社会革命，玻利瓦尔具有专制独裁的野心，不能领导构建一个资产阶级民族民主共和国。从独立后拉美民族国家建设的困难性和长期性看，马克思观点具有正确的一面，展示了马克思作为政论家①的思想远见。但作为历史学家，马克思在评价玻利瓦尔的时候，缺乏对历史材料的全面综合运用，没有分析其所处的社会背景，忽视了拉丁美洲的一些特殊性，无疑为后来人们的诟病留下了说辞。

通过梳理拉美学者关于马克思对玻利瓦尔评价的辩论，再次提醒我们在研究拉丁美洲历史的时候，应该高度重视拉丁美洲的特性，拉丁美洲绝不仅仅是"旧世界的回声"，它有着独特的历史文化遗产，这些历史文化遗产在塑造其发展道路的时候发挥着重要的作用。

（作者简介：韩琦，南开大学世界近现代史研究中心和拉丁美洲研究中心教授；刘颢，南开大学世界近现代史研究中心和拉丁美洲研究中心博士研究生）

---

① 马克思在写这篇文章的时候是《纽约每日论坛报》的记者，据统计，他为该报总共撰写了350 篇文章，其中 12 篇是与恩格斯合写的。因此，他的这篇文章被阿根廷学者定性为"传记性新闻作品"。见 Néstor Kohan，Del Bolívar de Karl Marx al Marxismo Bolivariano del Siglo XXI，https：//es. scribd. com/document/ 516479681/DEL。

# 地区国别史

# 肯尼迪政府、美国国内政治与核禁试问题*

赵学功　党程程

**内容提要：** 20 世纪 60 年代初期，美国国内围绕是否恢复核试验问题展开了激烈争论。出于政治上的考虑，肯尼迪政府决定全面恢复核试验。另外，鉴于国内外舆论的强大压力，美国、英国和苏联继续就核禁试问题进行谈判，于 1963 年 8 月签署了部分禁止核试验条约，从而在限制核军备竞赛方面迈出了具有实质性意义的一步，为日后双方在该领域的进一步谈判并达成协议奠定了基础。为谋求美国国会和民众对该条约的支持，肯尼迪政府做了大量工作。不论是在美苏谈判期间还是在部分禁止核试验条约的批准过程中，美国国内政治一直是至关重要的影响因素。

**关键词：** 肯尼迪政府　核禁试　美国国会　部分禁止核试验条约冷战

核禁试谈判是 20 世纪 50 年代中后期、60 年代初期美国对外政策的一项重要议程。在艾森豪威尔政府时期，美国、英国和苏联就核禁试问题进行了长期谈判，因分歧严重而未能达成任何协议。肯尼迪执政后，一方面继续与苏联就核禁试问题进行磋商，另一方面又恢复了全面核试验。影响这一时期美国核禁试政策的因素较多，也非常复杂，而美国国内政治无疑

---

\* 本文为国家社科基金重大项目"美国的非政府组织与东西方冷战研究"（项目号：17ZDA 224）阶段性成果。

是不容忽视的一个方面。对肯尼迪政府而言，核禁试不仅是其对外政策的一项核心内容，而且与美国国内政治息息相关。可以说，美国政府的核禁试政策在很大程度上是其国内各种政治力量相互博弈的产物。国外学界对肯尼迪政府的核军备控制政策已有不少论述，并提出了不同观点和看法。[①]而国内学界对此缺乏全面、系统的研究，成果较少，鲜有论及美国国内政治对肯尼迪政府核禁试政策的影响。[②] 本文旨在通过梳理肯尼迪政府的核禁试政策，以揭示美国国内政治因素在这一政策制定过程中所扮演的角色。

## 一　美国国内对核禁试问题的争论

20 世纪 50 年代中后期，时为美国参议员的肯尼迪就非常关注核禁试问题，呼吁美国停止核试验，并对艾森豪威尔政府所实施的"自愿暂停"政策表示支持，认为恢复核试验将"损害美国的形象"，可能威胁人类的生存。他提出应继续暂停核试验，同时进行认真的谈判；努力实现全面和有效的核禁试；即使恢复核试验，应采取措施尽可能减少放射性尘埃，加强研究放射性尘埃的影响以及控制措施。[③] 1960 年 3 月，肯尼迪致函艾森豪威尔，表示担心美国大选的临近可能破坏正在进行的核禁试谈判，希望会谈不要受大选的影响，承诺如果他当选的话，将支持并维持艾森豪威尔政府达成的任何协议。[④] 美国总统选举期间，他多次发表演说强调，美苏核军备竞赛只能导致双方同归于尽，承诺一旦当选，保证不首先恢复在大气层的核试验，尽一切可能达成一项"切实可行和有效的"核禁试协议。[⑤]

肯尼迪执政后，将核禁试视为与苏联"重新建立关系的最有希望的领域"，甚至是美国外交政策的"核心"，并表示他最大的希望就是把核禁试

①　Mark J. Selverstone, ed., *A Companion to John F. Kennedy*, Malden: Wiley Blackwell, 2014, pp. 471–472.

②　朱明权主编《20 世纪 60 年代国际关系》，上海人民出版社，2001，第 442～509 页；顾德欣：《核裁军史（1945～1987）》，国防大学出版社，2004，第 69～77 页。

③　Glenn T. Seaborg, *Kennedy, Khrushchev and the Test Ban*, Berkeley: University of California Press, 1981, p. 32.

④　Robert Dallek, *An Unfinished Life: John F. Kennedy*, New York: Little, Brown and Company, 2003, p. 343.

⑤　Harold Karan Jacobson and Eric Stein, *Diplomats, Scientists, and Politicians: The United States and the Nuclear Test Ban Negotiations*, Ann Arbor: The University of Michigan Press, 1966, p. 269.

作为迈向裁军和签订其他条约的第一步。在他看来，为达成核禁试协议而做出新的、更强有力的努力符合美国的总体国家利益。① 1961 年 3 月 21 日，美国、英国、苏联在日内瓦正式开始了核禁试谈判。

核查问题依然是影响双方达成协议的关键所在。在苏联方面看来，是否允许核查人员进入苏联首先是一个政治问题，而非科学问题。苏联非常担心西方以核查的名义进行间谍活动。在现场核查次数方面，苏联坚持每年三次。由于双方立场相去甚远，会谈步履维艰。

肯尼迪执政伊始就承受着来自美国军方、原子能委员会和一些国会议员要求恢复核试验的巨大压力。在军方领导人和部分国会议员看来，美国如再不恢复核试验，苏联在核技术方面很快就能赶上或超过美国。美国军方和原子能委员会向来对核禁试谈判持强硬立场，对苏联谈判的诚意表示怀疑，认为核试验不仅是美国研制、发展和完善核武器所必需的，而且也是识别和确定地下核爆炸的不可或缺的办法，继续坚持"自愿禁试"不符合美国的利益，敦促肯尼迪政府立即恢复核试验。

1961 年 1 月，美国原子能委员会在提交给美国国会的报告中称，核试验将在武器设计方面取得重大进展，地下或外层空间核试验不会产生放射性尘埃，对人的健康没有危害。3 月底，参谋长联席会议在给国防部部长罗伯特·麦克纳马拉的报告中建议，如果至 6 月 1 日美苏仍不能就核禁试达成协议，美国就应尽快开始地下、水下或外层空间的核试验，以便使美国的核力量不断现代化。② 4 月初，参谋长联席会议主席莱曼·莱姆尼策再次提醒麦克纳马拉，"自愿禁试"严重影响了美国的国家安全；苏联如果通过"秘密"试验研制开发出更有效、更低廉的反洲际导弹系统，就有可能对美国实施核打击，不再惧怕美国的报复行动。③ 美国国会原子能事务联合委员会主席切特·霍利菲尔德以及参议员亨利·杰克逊、伯克·希肯卢珀等人强烈要求肯尼迪放弃"自愿暂停"政策，立即恢复地下核试验。霍利菲尔德称"已经到了我们不能再以美国和自由世界的命运做赌注的时候了"，并

① Theodore C. Sorensen, *Kennedy*, London: Hodder and Stoughton, 1965, p. 617; Robert Dallek, *An Unfinished Life: John F. Kennedy*, p. 343.

② Memorandum from the Joint Chiefs of Staff to Secretary of Defense McNamara, March 23, 1961, FRUS, 1961–1963, Vol. 7, Washington, DC: U. S. Government Printing Office, 1995, p. 24.

③ Memorandum from the Joint Chiefs of Staff to Secretary of Defense McNamara, April 8, 1961, FRUS, 1961–1963, Vol. 7, pp. 39–41.

表示这一观点得到了该委员会多数成员的赞成。①

　　1961年4月底，美国政府就恢复核试验问题举行会议，与会者包括国家安全委员会、国防部、中央情报局、美国新闻署的代表以及原子能委员会主席格伦·西博格、肯尼迪的科学顾问杰罗姆·威斯纳等。赞成恢复试验的一派认为，美国不可能与苏联达成核禁试协议，不应再受"自愿禁试"的束缚，美国坚持核禁试的时间越长，苏联通过"秘密"试验而获得优势的可能性就越大。虽然如此，美国尽早恢复核试验主要是基于政治而非军事上的考虑，因为美国在柏林、古巴和东南亚地区正面临严峻挑战，恢复核试验旨在彰显美国应对的强硬立场，向苏联施加压力，"真正的问题并不是美国是否应当恢复核试验"，而是是否做出推迟试验的决定。② 随后，西博格向肯尼迪的裁军助理约翰·麦克洛伊建议，在日内瓦会谈终止前或者终止之后立即开始地下核试验，并提交了一份详细的试验清单。③ 麦克纳马拉也在5月份一次会议上力主恢复核试验，以研制出更为有效、更廉价的核武器，包括反导系统。

　　对于是否恢复核试验，肯尼迪面临艰难的抉择。他很清楚美国在核力量方面仍享有明显优势，之前沸沸扬扬的所谓美苏之间的"导弹差距"其实并不存在，美国没有必要急于恢复核试验。同时，恢复核试验不仅会使美苏之间的核军备竞赛进一步升级，而且会给美国带来政治上的难题，遭到国际社会的谴责，美国民众也不会支持。肯尼迪认识到反核力量在美国国内的声势越来越大，具有重要的政治影响，不容小视。

　　美国国务院非常担心恢复核试验会引起国际社会的强烈反应。国务卿迪安·腊斯克认为，美国虽然不能接受无限期的"自愿暂停"，但如果恢复核试验，将产生一系列严重的政治影响。美国常驻联合国代表阿德莱·史蒂文森也表示，美国无论进行何种类型的试验，都将遭到世界舆论的普遍谴责。他警告说，看不到从恢复核试验所获得的任何好处可以抵消由此带来的政治的负面反应，强调美国必须尽一切努力在如此重大和严重的问题

①　John W. Finney, "Holifield Pushes Drive to End Ban on Atom Testing," *New York Times*, June 15, 1961, p. 1; "Nuclear Testing Urged," *New York Times*, July 3, 1961, p. 32.

②　The Case for Resumption of Nuclear Tests, April 28, 1961, Box 299, Papers of President Kennedy, National Security Files, John F. Kennedy Library.

③　Letter to John McCloy from Glenn Seaborg, May 5, 1961, Box 299, Papers of President Kennedy, National Security Files, John F. Kennedy Library.

上赢得世界公众的支持。如果贸然行事，将会使美国陷入孤立境地，从而对美国外交政策的目标造成严重影响。① 美国驻印度大使约翰·加尔布雷斯告诫说，"毫无疑问，恢复核试验将给我们在亚洲、非洲和其他地区造成最严重的问题"，必须谨慎行事，进行"最细致的权衡"。②

肯尼迪的裁军助理麦克洛伊和特别助理小阿瑟·施莱辛格都主张暂缓进行核试验，认为联合国大会即将召开，在此之际美国恢复核试验显然将在政治上处于非常不利的地位，建议将核试验推迟至1962年再进行。施莱辛格在给肯尼迪的备忘录中强调，除非有合理的理由说服美国的盟友以及其他国家，否则，美国恢复核试验将冒失去这些国家支持的"巨大风险"。肯尼迪的确非常担心恢复核试验会遭到国际社会的普遍反对，从而会对美国的国际形象造成严重影响。在1961年5月19日的国家安全委员会会议上，肯尼迪表示，根据美国驻世界各地使馆的报告，美国恢复核试验势必会引起国际社会的强烈反应。不仅如此，恢复大气层核试验势必会造成更多的放射性尘埃，这同样令肯尼迪深感不安，要求威斯纳和"总统科学顾问委员会"就核试验相关的技术问题展开研究。③ 6月初，美苏领导人在维也纳举行会晤，核禁试问题是其中一项重要议题。由于双方立场相去甚远，会谈未能取得任何有意义的成果。随后，美国政府进一步加快了恢复核试验的各项准备。

## 二 美国全面恢复核试验

正当美国国内对是否恢复核试验争吵不休之时，苏联政府于1961年8月底宣布放弃"自愿禁试"，恢复核试验。对此，美国政府迅速做出反应。尽管史蒂文森等少数人对恢复核试验持反对意见，认为此举会对全球生态环境造成更大的破坏，加剧世界局势的紧张，无疑会遭到联合国大多数国

① Telegram from the Mission to the United Nations to the Department of State, May 26, 1961, FRUS, 1961–1963, Vol. 7, pp. 81–83.

② John Kenneth Galbraith, Memorandum for the President, June 12, 1961, Box 299, Papers of President Kennedy, National Security Files, John F. Kennedy Library.

③ Memorandum for President Kennedy, July 20, 1961, U. S. Declassified Documents Online (hereafter cited as USDDO) /CK 2349494101; Arthur M. Schlesinger, *A Thousand Days: John F. Kennedy in the White House*, Boston and New York: Houghton Mifflin Company, 2002, p. 455.

家以及世界舆论的强烈谴责，但这种反对的声音在美国政府内已没有多少影响力。[1] 正如美国原子能委员会主席西博格所言，这一时期美国政府内部对恢复核试验简直"有点疯狂"，并且更为关注核试验所产生的政治影响。[2]

肯尼迪并不认为苏联进行核试验就会在战略上取得重大优势，而美国从恢复核试验中所能得到的好处可能是比较有限和复杂的，但鉴于此时进行核试验具有重要的象征意义和政治价值，这使他感到除了决定恢复核试验外别无选择，指示原子能委员会和国防部加紧准备。为了尽可能减少恢复核试验给美国所造成的负面影响，肯尼迪对试验采取了各种各样的限制。[3] 1961 年 9 月 5 日，肯尼迪下令恢复实验室试验和地下核试验。他表示，如果美国在这一问题上瞻前顾后、犹豫不决，将是极其危险的。15 日，美国在内华达州正式恢复了核试验。

美国政府恢复地下核试验只是第一步，很快就开始考虑恢复大气层核试验。美国原子能委员会、参谋长联席会议、国防部、国会原子能事务联合委员会以及理查德·拉塞尔、托马斯·多德、霍利菲尔德等一些国会议员极力主张恢复大气层核试验，认为从美国国家安全的角度看，仅仅恢复地下核试验对于武器研制是非常不够的，因为这类试验不仅耗时长，比大气层核试验更为昂贵，也更加困难，而且更重要的是并不适合进行一些极为重要的武器试验。不仅如此，苏联核试验的恢复为美国不断改进核武器提供了很好的机会，因而美国的大气层核试验不仅符合"道义"，而且在战略上也是适当的。同时，原子能委员会和国防部还表示，大气层核试验产生的放射性尘埃将会被控制在最小限度内，几乎不会对人的健康造成危害，也几乎不会污染环境。

由美国康奈尔大学物理学家汉斯·贝特领导的一个空军专门小组对苏联核试验的评估认为，苏联在核武器设计的某些方面可能已经赶上甚至超过了美国，在武器制造技术上取得了实质性进展，很可能能够制造出一种单位重量的爆炸力高于美国的核武器。虽然这并不能使苏联的军事优势有

---

[1] Adlai E. Stevenson, Memorandum for President Kennedy, October 12, 1961, USDDO/CK 2349351764; Dario Fazzi, "The Blame and the Shame: Kennedy's Choice to Resume Nuclear Test Tests in 1962," *Peace and Change*, Vol. 39, No. 1, 2014, p. 6.

[2] Glenn T. Seaborg, *Kennedy, Khrushchev and the Test Ban*, p. 87.

[3] Theodore C. Sorensen, *Kennedy*, p. 621.

明显提高，却会使其在政治和外交上处于有利地位，这是美国政府所不能接受的。① 在给参谋长联席会议的一份报告中，贝特不仅赞成恢复大规模核试验，包括一些大气层核试验，而且表示反对当时美国政府寻求达成核禁试协议的努力，认为核禁试协议从军事或技术上来说对美国是非常不利的。② 对核禁试谈判持反对立场的物理学家爱德华·特勒称，苏联一直在进行秘密核试验，并且已经取得了"决定性的优势"，美国应尽快恢复试验，并表示民众没必要对放射性尘埃问题过分担忧。1961 年 12 月初，他在致肯尼迪的一封长达 10 页的信中更进一步强调了恢复大气层核试验对美国的国家安全为何"至关重要"，并提出了自己的政策建议。③ 1962 年 2 月，特勒还发表文章称，核试验所产生的放射性尘埃可能对人不仅不会造成多大危害，甚至还可能有一点益处。④

美国军方不断向肯尼迪施加强大的压力，敦促其尽快恢复大气层核试验。1961 年 9 月底，参谋长联席会议要求立即开展准备恢复大气层核试验的相关工作。10 月初，军方又提出在 11 月恢复大气层核试验。11 月 17 日，参谋长联席会议再次提交报告，强调美国要想不断完善武器系统，评估核武器的效能，改善美国的战略态势，并探索原子能的和平利用，唯一的办法就是展开全面的核试验，因为诸如洲际导弹、反导导弹等项目的试验是不能通过地下试验来完成的，要求在内华达州进行地下核试验的同时，立即恢复大气层核试验，强调这对于大当量弹头来说是至关重要的，虽然有可能产生少量的放射性尘埃。⑤ 1962 年 2 月，参谋长联席会议在致肯尼迪的备忘录中明确表示，美国的安全在很大程度上取决于保持核优势以及有效使用核武器的能力，认为美国迫切需要加强包括大气层在内的各种环境下的核试验，研制出更为先进的核武器，进一步增进对核武器效能

① John W. Finney, "Soviet Test Gain Said to Imperil U. S. Atomic Lead," *New York Times*, December 8, 1961, p. 1.

② Memorandum from the President's Special Assistant for National Security Affairs (Bundy) to President Kennedy, January 17, 1962, FRUS, 1961 – 1963, Vol. 7, p. 306.

③ Letter to President Kennedy from Edward Teller, December 7, 1961, Box 299, Papers of President Kennedy, National Security Files, John F. Kennedy Library.

④ Ronald J. Terchek, *The Making of the Test Ban Treaty*, The Hague: Martinus Nijhoff, 1970, p. 71.

⑤ Willard S. Poole, *The Joint Chiefs of Staff and National Policy, 1961 – 1964*, Washington, DC: Office of Joint History, Office of the Chairman of the Joint Chiefs of Staff, 2011, p. 97.

的了解。①

尽管肯尼迪表示不会为了政治上的理由进行核试验，但在威斯纳看来，进行核试验基本上是一个政治问题，因为"这些试验的确会有助于增强我们的军事力量，即使对我们的总体军事地位来说并不是至关重要的，甚至也不是非常重要的"。他认为对美国最为重要的是维持一支极为有效的威慑力量，而美国无须进行大气层核试验就可以做到这一点。美国可以通过更广泛的外交手段来实现国家安全目标。他表示，如果不危及美国的军事安全，最好不要进行大气层核试验。②

美国大多数民众强烈反对大气层核试验。1961 年 11 月的民意测验表明，反对恢复大气层核试验的人数仍居多数。白宫一周之内收到 5000 封反对进行大气层核试验的信函。一些和平组织、学生组织、妇女组织和宗教团体多次举行示威活动，要求美国政府停止核试验。1961 年 11 月 1 日，"妇女和平进军"组织在美国 60 个城市开展了有 5 万多人参加的反核游行活动，呼吁美国永久停止核试验，以便使孩子们能够喝到没有受到放射性尘埃污染的纯牛奶。"美国科学家联盟"认为美国和苏联已经达成了"战略平衡"，双方都有足够的力量消灭对方，核武器的"进一步改进"不会改变这一局面，而美国的克制不仅表明其对裁军的承诺，限制放射性尘埃的排放，还将促使国际社会为建立一个稳定的世界做出更大努力，强调达成一项核禁试协议对美国而言"至关重要"。③ 诺贝尔化学奖与和平奖获得者莱纳斯·波林甚至把大气层核试验所带来的"道义上"的影响与纳粹毒气室相提并论。④

"理性核政策全国委员会"作为一个颇有影响的反核组织，已经吸引了越来越多的普通民众，成为美国一支重要的政治力量。该组织呼吁肯尼迪

① JCS Views on Resumption of Nuclear Testing, February 16, 1962, USDDO/CK2349175527.

② Memorandum from Wiesner to President Kennedy, December 19, 1961, Box 299, Papers of President Kennedy, National Security Files, John F. Kennedy Library.

③ Toshihiro Higuchi, *Political Fallout: Nuclear Weapons Testing and the Making of a Global Environmental Crisis*, Stanford: Stanford University Press, 2020, pp. 176 – 177; Lawrence S. Wittner, *Confronting the Bomb: A Short History of the World Nuclear Disarmament Movement*, Stanford: Stanford University Press, 2009, pp. 92 – 93.

④ Dario Fazzi, "The Blame and the Shame: Kennedy's Choice to Resume Nuclear Test Tests in 1962," p. 8.

用"和平竞赛"来取代军备竞赛，强调美苏合作将有助于缓和国际紧张局势。该组织通过选举、游说、舆论动员等方式向美国政府施加压力，影响美国的核禁试政策。1961 年冬天，该组织掀起大规模行动，采取刊登广告、向相关人员写信、创办杂志等方式向美国政府施加压力。《纽约时报》、《时代》和《新闻周刊》等数百家报纸、期刊刊发了该组织反对大气层核试验的广告，产生了广泛的影响。

美国原子能委员会为了减少人们对放射性尘埃的担心，拒不发表相关的研究报告。不仅如此，当一些民众对核辐射的危害感到担忧时，美国政府相关部门还采取种种措施迫使当地的医生和公共健康官员保持沉默。1962 年 1 月，肯尼迪在一次记者会上当众喝了一杯牛奶，并称牛奶并没有受到放射性尘埃的污染，同时指示白宫举行宴会时都要用牛奶招待。虽然如此，一些反核组织仍对牛奶是否受到放射性物质的污染表示怀疑。"妇女和平进军"组织呼吁，如果美国恢复大气层核试验，将发起抵制牛奶的运动。①

尽管面临国内外的强烈反对，但美国政府已迫不及待地准备恢复大气层核试验。当时美国政府官员普遍的心态是：美国在国际上正面临重大危机，"最大限度地利用任何核态势的政治威慑价值是极其重要的"；即使大气层核试验不会取得军事上的重大成果，但出于政治上的考虑，也亟须恢复试验。②

美国政府考虑了多种方式，以尽可能减少大气层核试验给美国造成的负面影响，包括在试验开始之前肯尼迪不要就此发表公开讲话；强调新的系列试验是此前试验的继续，并且试验要低调进行；核试验并不只是为了赶上苏联而是有序研制新武器所采取的必要行动；在进行核试验的同时还应表示希望结束一切核试验，继续采取强有力的裁军计划。鉴于普通民众对放射性尘埃所产生的危害颇为恐慌，肯尼迪的顾问强烈建议他尽可能少地谈及放射性尘埃问题，强调美国将对核试验的次数和当量进行严格控制。③ 1962

① Lawrence S. Wittner, *Resisting the Bomb: A History of the World Nuclear Disarmament Movement, 1954 – 1970*, Stanford: Stanford University Press, 1997, p.382.

② Memorandum by Robert W. Komer, January 18, 1962, Box 299, Papers of President Kennedy, National Security Files, John F. Kennedy Library.

③ Program to Explain U.S. Position on Testing in the Atmosphere, January 5, 1962, Box 332, Papers of President Kennedy, National Security Files, John F. Kennedy Library.

年 4 月 25 日，美国在太平洋上开始了系列大气层核试验。肯尼迪宣称，美国的最终目标"并不是为试验而试验"，"真正的目标在于使我们的试验成为不必要，防止他人进行试验，防止核军备竞赛发展到失控的地步"。

大气层核试验的恢复激起美国民众新一轮的抗议活动。"理性核政策全国委员会"发表声明，强调大气层核试验的恢复对美国来说是一场"政治和道义灾难"。该组织在纽约等地举行集会，谴责美国的行动，呼吁民众向美国政府施加压力，敦促其停止核试验，并努力与苏联就核禁试达成协议。该组织还出版《目前放射性尘埃对人类健康的危害》小册子，旨在使美国民众进一步认识大气层核试验所产生的放射性尘埃给人类健康和生态环境所造成的严重危害。[①] "妇女和平进军"组织则发起了抵制牛奶运动，并在各地展开抗议活动。[②]

## 三 美苏核禁试谈判达成协议

1962 年发生的古巴导弹危机是美苏之间的一次直接核对抗，这使美国决策者进一步深刻认识到核对抗的危险所在。在肯尼迪看来，一个各国彼此以核武器相威胁的世界不仅是"无理性的"，而且是"不能容忍和不可思议的"，整个人类在防止核战争方面有着共同的利益。麦克纳马拉力主推进核禁试谈判，表示宁愿接受一项"并不完美的核禁试协议"，认为美国在核技术方面享有明显优势，不论是全面核禁试还是部分核禁试，都不会对美国的战略和战术核力量产生多大影响，即使苏联对禁试条约采取了某些"规避"行动也不会严重危及美国的国家安全。相反，美苏达成核禁试条约不仅有助于防止核扩散，而且两国的合作对于"约束"其他国家的核试验树立了一个"样板"，开创了先例。[③] 肯尼迪还征求了国会多数党领导

① Milton S. Katz, *Ban the Bomb: A History of SANE, the Committee for a Sane Nuclear Policy, 1957 – 1985*, Westport: Greenwood Press, 1986, p. 76.

② Amy Swerdlow, *The Politics of Motherhood: The Case of Women Strike for Peace and the Test Ban Treaty*, Ph. D. Dissertation, Rutgers University, 1984, pp. 418 – 426.

③ Lawrence S. Kaplan, Ronald D. Landa and Edward J. Drea, *The McNamara Ascendancy, 1961 – 1965*, Washington, DC: Historical Office, Office of the Secretary of Defense, 2006, pp. 343 – 344.

人麦克·曼斯菲尔德的意见，并得到了赞成。①

1963 年 4 月 24 日，美、英驻莫斯科大使向赫鲁晓夫当面递交了肯尼迪和麦克米伦的联名信。在信中，肯尼迪、麦克米伦建议"用最实际的方法安排私下三方会谈"以打破僵局：三方在日内瓦的主要代表就有待解决的问题进行讨论，或者作为一种替代办法，或者作为一种补充，在适当时候美英两国将派出高级代表在莫斯科直接与苏联领导人会谈，一旦条件成熟，就举行首脑会晤，在核禁试问题上达成协议，从而开辟美苏关系新的篇章。②苏联领导人同样希望尽快解决核禁试问题，缓和与西方国家的紧张关系，以减少发生核冲突的可能性。赫鲁晓夫在回信中重申了苏联的立场，主张停止一切核试验。与此同时，他接受了美英苏举行三方会晤的建议，表示愿意在莫斯科接待美英代表，"探讨解决我们之间现有分歧的办法"，也欢迎举行首脑会晤。③

美国政府指派副国务卿埃夫里尔·哈里曼率团前往莫斯科进行谈判。哈里曼曾任美国驻苏大使，在第二次世界大战期间曾作为罗斯福总统的特使多次与苏联进行谈判，具有丰富的外交经验，也颇得苏联方面的信任。美国政府高层经过多次磋商，确定了哈里曼的主要使命。一方面，力争达成最全面的核禁试协议，核禁试符合美国的国家利益，是对实现停止军备竞赛并从而缓和国际紧张局势的目标具有重要意义的第一步。更为重要的是，这是实现限制核武器进一步扩散的目标不可或缺的第一步。因而，达成一项全面核禁试协议依然是美国的目标。另一方面，鉴于目前这一目标不大可能实现，所以应努力达成一项禁止在大气层、外层空间和水下这三种环境中试验的协议。④

美国国内支持核禁试的相关组织和团体积极行动起来。1963 年 5 月初，"妇女和平进军""争取和平与自由妇女国际联盟"对近一半的国会众议员和 79 名参议员进行游说工作，敦促其支持美苏谈判，以便达成核禁试协议。

---

① Paul Harper and Joann P. Krieg, eds., *John F. Kennedy: The Promise Revisited*, Westport: Greenwood Press, 1988, p. 39.

② Telegram from the Department of State to the Embassy in the Soviet Union, April 15, 1963, FRUS, 1961–1963, Vol. 7, pp. 676–678.

③ Letter from Chairman Khrushchev to President Kennedy, May 8, 1963, FRUS, 1961–1963, Vol. 7, pp. 693–699.

④ Glenn T. Seaborg, *Kennedy, Khrushchev and the Test Ban*, p. 229.

同时，反核组织和团体还通过请愿、写信、举行会议、发表演说等多种方式呼吁美国国会议员和民众支持核禁试谈判。[①]

美苏双方在核查次数以及方式等问题上依然争执不下。一些美国国会议员颇为担心肯尼迪为了达成协议而在核查次数问题上做出让步，从而使得条约难以实施，危及美国的国家安全。[②] 美国国会原子能事务联合委员会主席约翰·帕斯托向肯尼迪明确表示，尽管他本人赞成达成一项全面核禁试协议，并将尽力使其获得参议院的批准，但他根据与其他参议员的私下交谈，认为这一协议要想获得参议院的批准将会遇到"最大的困难"[③]。一些国会议员明确表示赞成签署一项部分核禁试协议。1963 年 5 月 27 日，多德、休伯特·汉弗莱以及其他 32 名参议员提交一项议案，敦促美国政府再次向苏联提出签署一项禁止在大气层进行核试验协议的建议，即使遭到拒绝，美国仍应大力促其实现，并寻求最广泛的国际支持，同时保证美国不再进行大气层或水下核试验，只要苏联也不进行此类试验。该议案同时表明，美国参议院很可能不会通过一项全面核禁试协议。[④]

1963 年 6 月 10 日，肯尼迪利用在美利坚大学发表讲话之机，呼吁美苏签署核禁试协议，要求美国人重新审视他们的冷战观念，重新审视对苏联的态度，寻求改善双边关系。这篇讲话为美苏关系未来的发展确定了基调。肯尼迪强调，在核时代爆发战争是不可想象的，在制止军备竞赛方面美苏有着共同的深切利益。他宣布，美、英、苏三国将在莫斯科举行三方会谈，以期早日达成关于全面核禁试的协议，并表示美国将不再进行大气层核试验，只要其他国家也不进行，而且美国将不首先恢复这种试验。这一讲话是肯尼迪的几位顾问精心准备的，受到了国际社会的广泛关注。[⑤] 赫鲁晓夫认为这一讲话给人以"良好的印象"，称之为自富兰克林·罗斯福以来"美

① Ronald J. Terchek, *The Making of the Test Ban Treaty*, p. 83.

② U. S. Congress, Senate, Committee on Armed Services, *Hearings: Military Aspects and Implications of Nuclear Test Ban Proposals and Related Matters*, 88th Congress, 1963, pp. 21 – 49.

③ Glenn T. Seaborg, *Kennedy, Khrushchev and the Test Ban*, p. 195.

④ John B. Harris, *The Domestic Politics of American Arms Control Policy, 1954 – 1979*, Ph. D. Dissertation, University of Minnesota, 1988, p. 360.

⑤ Arthur M. Schlesinger, *A Thousand Days: John F. Kennedy in the White House*, pp. 901 – 902; Glenn T. Seaborg, *Kennedy, Khrushchev and the Test Ban*, pp. 212 – 218.

国总统发表的最好的一篇演说"。① 他在随后发表的一次讲话中表示，苏联
希望的是一个没有规定现场核查次数的全面核禁试条约，由于西方国家仍
在阻挠达成一项全面停止核试验的协议，苏联政府准备就停止在大气层、
外层空间和水下的核试验达成一项协议，同时提议在这一协议达成后，为
缓和国际紧张局势和加强国家间的信任有必要采取的另一重大步骤就是在
北约和华约两大军事集团之间缔结一项互不侵犯条约。他强调，一项停止
核试验的协议，加上一项同时签署的两个国家集团之间的互不侵犯条约，
将创造出更加有利于解决包括裁军问题在内的当代世界最重要问题的国际
氛围。②

　　肯尼迪对这次会谈极为重视，将谈判的控制权牢牢掌握在自己手中。
他认为这是制止核试验和放射性尘埃扩散，并开始和苏联建立彼此信任关
系的极好机会。为确保安全，他指示美国代表团每天和他保持联系，通报
和讨论会谈情况，华盛顿发给美国代表团的所有电报都必须经过他的批准，
甚至对电报的收发要求都做了严格和详细的规定。③ 同时，他还要求代表团
应采取严格的保密措施，不要过早地把美国的立场泄露出去，以免节外生
枝，使谈判遭到破坏。他还改变了在所有相关部门中广泛传阅公文的惯例，
只安排白宫之外的国务卿迪安·腊斯克、麦克纳马拉等数位高层官员阅读
从莫斯科发回的电报，了解会谈进展，并制定每天的谈判方案。④ 1963 年 7
月 15 日，美、英、苏三国政府的代表在莫斯科就核禁试问题举行会谈。各
方在签署一项关于部分核禁试问题的协议上并无大的分歧，谈判进展较为
顺利。25 日，三国谈判代表草签了《禁止在大气层、外层空间和水下进行
核试验条约》，即《部分禁止核试验条约》。8 月 5 日，腊斯克、英国外交大
臣霍姆和苏联外长葛罗米柯正式签署了该条约。

---

① Theodore C. Sorensen, *Kennedy*, p. 733; Arthur M. Schlesinger, *A Thousand Days: John F. Kennedy in the White House*, p. 904.

② United States Arms Control and Disarmament Agency, *Documents on Disarmament*, 1963, Washington, D. C.: U. S. Government Printing Office, 1964, pp. 244 – 246; Glenn T. Seaborg, *Kennedy, Khrushchev and the Test Ban*, pp. 227 – 228.

③ Douglas Brinkley and Richard T. Griffiths, eds., *John F. Kennedy and Europe*, Baton Rouge: Louisiana State University Press, 1999, p. 83; Bernard J. Firestone, *The Quest for Nuclear Stability: John F. Kennedy and the Soviet Union*, Westport: Greenwood Press, 1982, p. 108.

④ Theodore C. Sorensen, *Kennedy*, pp. 734 – 735; Harold Karan Jacobson and Eric Stein, *Diplomats, Scientists, and Politicians*, pp. 452 – 453.

## 四　美国政府的广泛动员

肯尼迪认识到，美国军方的支持是部分禁止核试验条约在国会获得通过的关键。鉴于美国军方一直反对签署任何类型的核禁试条约，而且怀疑美苏态度，肯尼迪将参谋长联席会议完全排除在谈判之外。不仅美国代表团中没有一名军方代表，而且还指示国防部既不要征求参谋长联席会议的意见，也不要求其说明立场，并确保有关谈判进展的电报不会被军方收悉。①

肯尼迪在宣布停止大气层核试验的决定时，没有征询军方的意见，这令美国军方高层一直耿耿于怀。1963 年六七月，正当美国政府为莫斯科会谈加紧准备之时，参谋长联席会议多次要求对美国的核禁试政策进行重新审议。6 月 14 日，参谋长联席会议主席马克斯韦尔·泰勒在一次会议上明确表示，美国军方反对达成一项全面核禁试协议，担心这样的协议只能束缚美国的行动，对美国的安全造成危害，而苏联却很可能通过"秘密试验"在核技术方面赶上甚至超过美国。另外，美国军方也反对达成一项部分核禁试的协议，表示只对部分核试验进行限制在军事上对美国也是非常不利的，如果认为这一协议符合美国的利益，那是基于"压倒一切的非军事因素的考虑"②。同时，美国军方提出，如果行政部门同意继续进行地下核试验，继续为原子能研究提供人员和设施，确保武器试验室做好准备，一旦苏联或美国退出条约，可以重新进行核试验，不断提升美国监测违约的技术水平和能力，那么参谋长联席会议将对部分禁止核试验条约予以支持。③

肯尼迪很清楚，没有军方的支持，美国国会不可能批准部分核禁试条约。为说服军方，他同参谋长联席会议的每一位成员进行谈话，一方面要求他们从尽可能广的角度全面地看待核禁试条约，另一方面也满足了军方提出的各项要求，重申将继续进行地下核试验，不断提升美国发现违约的能力，并采取措施确保美国在核领域的优势地位；即使苏联秘密进行试验，

①　Robert Dallek, *An Unfinished Life: John F. Kennedy*, p. 622.

②　Willard S. Poole, *The Joint Chiefs of Staff and National Policy, 1961 - 1964*, p. 103.

③　U. S. Congress, Senate, Committee on Armed Services, *Hearings: Military Aspects and Implications of Nuclear Test Ban Proposals and Related Matters*, pp. 589 - 591.

也不会改变美苏之间的战略平衡。肯尼迪的这些承诺是美国军方最终对部分核禁试条约表示支持的关键。腊斯克、西博格以及中央情报局局长约翰·麦科恩等也都不断向军方领导人阐明该条约不会影响美国的核作战能力，敦促其支持这一条约。① 因而，尽管不免有些勉强，美国军方领导人并未公开对核禁试条约表示不满，承认这一条约有助于缓解国际紧张局势，防止核扩散。空军参谋长柯蒂斯·莱梅则在参议院外交委员会的听证会上明确表示，他没有意识到美国政府真的希望与苏联达成核禁试条约。如果不是因为已经草签了条约，即使肯尼迪同意了美国军方的要求，他也会对条约提出反对意见。②

部分核禁试条约遭到了美国战略空军司令托马斯·鲍尔以及前原子能委员会主席刘易斯·斯特劳斯、前参谋长联席会议主席阿瑟·雷德福、内森·特文宁等人的强烈反对，在他们看来，这一条约限制了美国核力量的发展，不符合美国的国家利益。

在美国科学界，应当说，除了物理学家爱德华·特勒等少数人外，部分核禁试条约得到了绝大多数科学家的支持和赞成。特勒一直对核禁试持强烈的反对态度，反对美国与苏联达成任何限制核军备控制的协议。在核禁试条约谈判期间以及签署后，他多次表示这一条约将危及美国的安全，宣称部分核禁试条约如果获得通过，将对美国和西方国家的安全造成严重后果，同时也使战争的危险进一步增加。他强调这一条约"不是走向和平的一步，而是离开安全的一步，可能是走向战争的一步"，是朝着"错误的方向"迈出的一步，并要求立即恢复必要的大气层核试验，以获得武器发展所必需的资料。在他看来，这一条约不仅不能阻止反而会使军备竞赛愈演愈烈。他警告参议员们如果批准了这一条约，那就是"出卖了"美国未来的安全。③

在西博格、威斯纳的建议下，美国"总统科学顾问委员会"的拉比组

---

① Michael Krepon and Dan Caldwell, eds., *The Politics of Arms Control Treaty Ratification*, New York: Palgrave Macmillan, 1991, p. 188; Andreas Wenger and Marcel Gerber, "John F. Kennedy and the Limited Test Ban Treaty," *Presidential Studies Quarterly*, Vol. 29, No. 2, 1999, p. 478.

② U. S. Senate, *Hearings: Nuclear Test Ban Treaty*, 88th Congress, 1st Session, August 1963, p. 372.

③ U. S. Senate, *Hearings: Nuclear Test Ban Treaty*, pp. 425 – 426, 430.

织了一场美国诺贝尔奖获得者声援条约的运动。在特勒做证反对条约的当日，拉比将一份有 35 人签名的赞成声明交给参议院外交委员会主席威廉·富布赖特。声明认为，这一条约是军备控制方面"微小但意义重大的第一步"，有助于增进美国的安全以及世界的和平。很快，这份名单的签名者增至 40 人。肯尼迪迅即致函拉比，对他的"辛勤工作"表示感谢。诺贝尔奖获得者的支持引起了美国民众的广泛关注。肯尼迪政府的"总统科学顾问委员会"还发表了一份报告，对特勒有关条约会妨碍反弹道导弹系统发展的论断进行反驳，指出弹道导弹的发展瓶颈在本质上与核弹头无关，美国的核力量使得人们完全可以带着"对我们持续安全的信心"接受这一条约。① 9 月中旬，正当参议院就部分核禁试条约进行辩论之时，包括 19 名诺贝尔奖获得者在内的 52 名科学家联名在《纽约先驱论坛报》和《华盛顿明星报》刊登声明，呼吁议员投票赞成条约。"美国科学家联盟"伯克利分会97% 的科学家、麻省理工学院的 150 名教授也都表示赞成核禁试条约。②

为了更有力地反驳特勒等人的观点，艾森豪威尔的科学顾问乔治·基斯佳科夫斯基、美国国防研究与工程局局长哈罗德·布朗等先后出席国会听证会。布朗特别强调，美国此前曾考虑研制大当量的核武器，但其效能很值得怀疑；没有确凿的证据表明，苏联由于进行大当量武器试验，因而对核武器效能的认识超过了美国，并在反导系统发展方面领先于美国，而且，无须进行核试验即可解决这一领域所面临的主要问题；虽然苏联有可能通过地下试验赶上美国，但与双方继续在大气层中进行试验相比，这类试验的成本更高，速度也更慢，部分核禁试条约实际上将延长美国的军事优势。③ 唐纳德·布伦南、弗里曼·戴森代表"美国科学家联盟"在国会听证会上也表达了同样的看法，强调部分核禁试条约是朝着核军备控制迈出的第一步。④

---

① Wang Zuoyue, *In Sputnik's Shadow: The President's Science Advisory Committee and Cold War America*, New Brunswick: Rutgers University Press, 2008, p. 229.

② Ronald J. Terchek, *The Making of the Test Ban Treaty*, p. 91; Mary Milling Lepper, *Foreign Policy Formulation: A Case Study of the Nuclear Test Ban Treaty of 1963*, Columbus: Charles E. Merrill Publishing Company, 1971, p. 60.

③ U. S. Congress, Senate, Committee on Armed Services, *Hearings: Military Aspects and Implications of Nuclear Test Ban Proposals and Related Matters*, pp. 856 – 858.

④ U. S. Senate, *Hearings: Nuclear Test Ban Treaty*, pp. 894 – 896.

肯尼迪表示要避免重蹈当初威尔逊总统的覆辙，必须尽可能广泛地争取民众的支持。为此，他呼吁美国民众积极行动起来，参与对核禁试条约的讨论，对条约给予广泛的支持，强调这是他们的"权利和责任"。在美国政府的支持下，美国社会各界知名人士和领导人成立了"支持核禁试条约公民委员会"。这是一个跨党派的私人组织，旨在通过开展多种宣传、游说活动，动员民众对条约给予支持。肯尼迪则对该组织的宣传活动进行了具体指导，包括如何说服那些对支持条约仍犹豫不决的参议员，如何接触一些企业界和其他各方面的领导人等，要求该组织与他保持紧密联系，定期向他汇报工作进展以及所遇到的问题，并表示如果有需要，该组织可以他的名义行事。同时，腊斯克、哈里曼以及白宫新闻秘书皮埃尔·塞林杰等也对该组织的宣传活动给予各方面的指导和帮助。[1] 该委员会雇用了一个广告公司来帮助准备各种宣传材料，努力创造一种有利于条约的谈判及日后获得批准的国内政治气氛。[2] 该组织还与"理性核政策全国委员会""妇女和平进军""汽车工人联合会""全国农场主联合会"等组织的领导人组建了一个临时委员会，定期举行会议，以便协调行动。这些组织采取多种方式，积极广泛动员，与对核禁试条约持支持态度的参议员保持联系，并帮助其草拟演说稿；给摇摆不定的议员写信，鼓励其支持条约；在地方报刊刊登广告等，并将工作重点放在了十几个关键州。在美苏代表莫斯科会谈前夕，赞成核禁试的组织将一份有3万人签名的请愿书递交给哈里曼，希望谈判能够达成协议。[3]

部分核禁试条约遭到了美国"反对核禁试全国委员会""空军协会""美国人争取国家安全协会"等少数几个组织的反对，认为这一条约包含着对美国和西方国家的安全"难以接受的危险"，但在美国政府和支持核禁试组织的共同努力下，美国民众对条约的支持率不断上升。1963年7月的哈里斯民意测验显示，47%的受访者对部分核禁试条约表示完全赞成，20%的受访者给予了有条件支持。至9月1日，对条约表示无条件支持的民众达到

① Theodore C. Sorensen, *Kennedy*, p. 833; Lawrence S. Wittner, *Resisting the Bomb: A History of the World Nuclear Disarmament Movement*, 1954 – 1970, p. 426.

② May Milling Lepper, *Foreign Policy Formulation: A Case Study of the Nuclear Test Ban Treaty of 1963*, p. 62.

③ Ronald J. Terchek, *The Making of the Test Ban Treaty*, p. 86; Bernard J. Firestone, *The Quest for Nuclear Stability: John F. Kennedy and the Soviet Union*, p. 127.

了 81%，只有 8% 的受访者表示反对。盖洛普民意测验也表明，63% 的民众认为参议院应当赞成条约。① 对核禁试条约持反对意见的民众大都来自美国南部和西部各州。在美国政府和国会收到的民众来信中，绝大多数是出于对放射性尘埃危害的担心而支持核禁试条约。不仅如此，一些妇女组织、劳工组织和宗教团体的领导人还出席了参议院外交委员会举行的听证会，支持美国国会通过该条约。美国参议院外交委员会举行听证会期间，有 19 个对核禁试条约持赞成立场的组织出席做证，或发表支持条约的声明，只有 3 个反对条约的组织出席做证或发表声明。② 应当说，肯尼迪政府的广泛动员、宣传对于美国民意的转变具有决定性作用。

## 五　美国国会与核禁试问题

肯尼迪政府面临的最大挑战来自国会。为了尽量减少在军备控制上的党派分歧，肯尼迪任命共和党人麦克罗伊为裁军顾问、威廉·福斯特为军备控制与裁军署署长、阿瑟·迪安为美苏在日内瓦进行核禁试谈判的首席代表。不仅如此，肯尼迪多次强调，核禁试也一直是艾森豪威尔政府所寻求的目标，而且他的政策与其前任是一脉相承的。美国国会中部分保守派一直对核禁试谈判持强烈的反对态度，并对美苏谈判能否达成协议持怀疑态度。虽然参议院中有 67 名民主党人，共和党人只有 33 人，但鉴于美国南部各州的参议员对肯尼迪的民权政策表示强烈不满，有可能会对核禁试条约投反对票，这使得肯尼迪对条约能否获得必要的参议院 2/3 多数通过感到忧心忡忡。

尽管这一条约只禁试部分核试验，但在美国国内仍引起了激烈的争论。包括参议院军事委员会主席拉塞尔在内的一些颇有影响力的议员对条约明确表示反对。当肯尼迪宣布美、英、苏三国代表将在莫斯科举行会谈时，共和党参议员埃弗里特·德克森就担心这是否是美国向苏联做出的又一让步，称会谈将以"美国的实际投降而结束"。当美苏就部分核禁试协议达成一致后，他拒绝前往莫斯科参加条约的签字仪式。有一名参议员甚至称，

---

① May Milling Lepper, *Foreign Policy Formulation: A Case Study of the Nuclear Test Ban Treaty of 1963*, p. 54.

② Michael Krepon and Dan Caldwell, eds., *The Politics of Arms Control Treaty Ratification*, p. 209.

达成协议"远比不达成协议更为可悲"①。美国国会原子能事务联合委员会甚至认为，这一条约甚至比军备竞赛给美国的国家安全带来的危害更大。还有一些国会议员和媒体指责肯尼迪政府以牺牲国家安全为代价，与苏联达成了一项"秘密协议"。②

肯尼迪认为，核禁试条约是他自就职以来所面临的一个最严重的并将在国会引起争议的问题。他希望以压倒多数的赞成票使条约获得通过，并表示即使失去1964年竞选机会也在所不惜。③在莫斯科谈判开始时，美国政府即开始采取行动，旨在说服国会议员和军方领导人支持政府的核禁试政策。腊斯克等人定期向参议院外交委员会、军事委员会以及国会原子能事务联合委员会通报会谈进展。1963年7月26日，即美苏草签部分核禁试条约的次日，肯尼迪向全国发表讲话，请求国会予以批准，并公开坦承这一协议不会解决所有冲突，也不会减少核武器的储存、制止核武器的生产或限制在战争中的使用，但这是迈向和平和理智的一步，避开战争的一步，强调任何条约都存在危险，但无限制的核军备竞赛给美国的安全带来的危害会更大。

为寻求尽可能广泛的支持，肯尼迪通过各种渠道和方式敦促国会批准条约。参议院就核禁试条约举行听证会之时，他致函参议院多数党领导人麦克·曼斯菲尔德和少数党领导人德克森，提出了美国政府的几项承诺，其中包括美国将大力开展地下核试验；将时刻准备恢复被禁止环境下的核试验，一旦发现苏联违约，将恢复大气层核试验；美国将不断完善监测核试验的设施，提升监测苏联核试验的能力；条约不会限制美国总统使用核武器以保卫美国及其盟友的安全；为了确保美国拥有强有力的战略力量，美国政府将支持武器试验室展开相关研究项目等，以减少参议员们的担心。④他还与持怀疑态度的议员分别进行交谈，提请这些议员注意进行军备竞赛、继续让大气层受到污染以及继续听任核扩散可能导致的危险。他向议员们保证，美苏之间没有任何秘密条件或附加协定；条约不经过参议院同意不能修改。参议员亨利·杰克逊和德克森原本是核禁试谈判的坚定反

①　Michael Krepon and Dan Caldwell, eds., *The Politics of Arms Control Treaty Ratification*, p. 182.

②　Theodore C. Sorensen, *Kennedy*, pp. 736 - 737; Paul Harper and Joann P. Krieg, eds., *John F. Kennedy: The Promise Revisited*, p. 40.

③　Arthur M. Schlesinger, *A Thousand Days: John F. Kennedy in the White House*, pp. 909 - 910.

④　Glenn T. Seaborg, *Kennedy, Khrushchev and the Test Ban*, p. 279.

对者，担心部分核禁试条约会危及美国的安全，但在获悉肯尼迪的这些保证和承诺后，转变了立场，宣布支持条约。①

腊斯克、麦克纳马拉和福斯特也分别向国会的主要委员会和国会议员介绍情况，请求他们的支持。腊斯克强调，条约的签署有助于缓和国际紧张局势，减少核扩散的风险，从而加强美国和西方国家的安全。麦克纳马拉在听证会上指出，只要美国维持武器实验室的活力以及在任何环境中进行试验的能力，条约的突然废除并不会对美国的国家安全构成严重威胁。他强调，核禁试条约所包含的风险很小，并且是可控的，而其价值即使仅仅就军事角度来看也是巨大的。② 应当说，这些证词对条约获得国会的通过起了重要作用。

不仅如此，肯尼迪政府还对出席国会做证的官员进行了谨慎的审查，对做证的次序也进行了精心安排，将对条约持怀疑态度的参谋长联席会议成员做证的时间推迟。同时，美国政府还建立了跨机构的小组，同持异议的议员保持密切联系，继续做好解释工作。

1963 年 8 月中旬，美国参议院外交委员会、参议院军事委员会和国会原子能事务联合委员会都相继举行了核禁试问题的听证会。约翰·斯坦尼斯领导的参议院军备小组委员会中的杰克逊、巴里·戈德华特以及斯特罗姆·瑟蒙德等人都对肯尼迪政府的核禁试政策表示反对。1962 年 9 月，该小组委员会即开始就各种禁试提案的军事和技术影响举行听证会。部分核禁试条约签署后，该小组委员会又举行了为期 11 天的听证会，有 24 名美国政府官员出席做证，包括参谋长联席会议以及国防部的代表。听证会结束后，军备小组委员会发表了一份特别报告，强调批准部分核禁试条约将会在军事和技术上使美国"处于严重的甚至可怕的不利地位"。斯坦尼斯确信，美国参谋长联席会议基于军事上的考虑反对核禁试条约，之所以改变立场乃是因为迫于行政部门的压力。③

汉弗莱等参议员力主美国国会通过部分核禁试条约。在 9 月 10 日的国

---

① Theodore C. Sorensen, *Kennedy*, p. 738; Paul Harper and Joann P. Krieg, eds., *John F. Kennedy: The Promise Revisited*, pp. 45 – 46.

② Lawrence S. Kaplan, Ronald D. Landa and Edward J. Drea, *The McNamara Ascendancy, 1961 – 1965*, p. 353; Willard S. Poole, *The Joint Chiefs of Staff and National Policy, 1961 – 1964*, p. 105.

③ Michael Krepon and Dan Caldwell, eds., *The Politics of Arms Control Treaty Ratification*, p. 184.

会辩论中，汉弗莱发挥了重要作用，发表了近三个半小时的讲话。他表示，对美国来说，部分核禁试条约的确包含着一些风险，但如果没有这一条约，美国所面对的危险则会更大。他强调，部分核禁试条约不仅会使放射性尘埃减少，而且也有助于防止核扩散，从而降低发生战争的概率。23 日，他再次发表讲话，逐一回击了反对核禁试条约的各种论调。部分核禁试条约赢得了大多数美国国会议员的赞成，参议院以 80 票对 19 票的压倒多数批准了该条约。

## 结 语

在核禁试问题上，肯尼迪政府一方面与苏联进行谈判，另一方面为谋求国内尽可能广泛的支持，与国内的各种反对核禁试的力量进行了艰难的较量。核禁试谈判并非单纯是美国对外政策的重要议题，与美国国内政治也有着极其复杂的关系，特别是在美国国会和军方中有相当一部分人对核禁试谈判一直持反对或怀疑态度。如果不能得到美国国会和民众的支持，美国政府为核禁试所付出的种种努力都将付诸东流。因而，美国政府与国会、军方之间的博弈同样是其核禁试政策的一个必不可少的组成部分，美国国内政治对美苏核禁试谈判的进程、内容以及核禁试条约的批准都起着至关重要的作用。正是因为美国军方、国会议员的反对，肯尼迪政府放弃了全面核禁试，转而寻求达成一项较为现实的部分核禁试的协议，并为获得美国国会、民众的广泛支持而展开了卓有成效的工作。应当说，肯尼迪政府为条约批准做出的所有努力无疑获得了成功，部分核禁试条约不仅得到了美国军方的赞成，而且更重要的是赢得了国会两党的支持，确保了条约在国会的顺利通过。尽管该条约还存在诸多问题，但这是美国政府在限制核军备竞赛方面迈出的具有实质性意义的一步，为日后美苏在该领域的进一步谈判并达成协议奠定了基础。

（作者简介：赵学功，南开大学世界近现代史研究中心教授；党程程，南开大学世界近现代史研究中心博士研究生）

# 二战前后日本社会的思想"转向"[*]

## ——"思想的科学研究会"编《转向》述论

### 杨栋梁

**内容提要：** 以鹤见俊辅为首的"思想的科学研究会"的合作研究成果《转向》（上卷，1959；中卷，1960；下卷，1962）由平凡社出版，在日本学术界引起强烈反响。该书赋予的"转向"定义为"在权力强制下发生的思想变化"，它在学术界公认的 1933 年共产主义者放弃反体制反战争立场而发生"古典式"思想转向基础上，提出以 1940 年、1945 年和 1952 年为巅峰的三次转向观点，形成独特的昭和时期"四次转向论"，进而，它又通过对激进主义、自由主义、保守主义、国家主义等不同思想流派转向者的案例分析，阐述了历次"转向"的性质、特征和影响。该书在转向理论建构上的创意，主要在于提示了以"权力强制"为前置条件的视角，其以 1940 年为巅峰的"翼赞转向"论，指出了自由民主主义者屈从于极权主义的本质特征，从而将日本 1931~1945 年公权强制下国民思想一再右转与不断扩大对外侵略战争有机地联系在一起，深化了思想史研究的内涵。《转向》一书的缺憾在于，在所谓的学术自由原则下，回避了对转向现象及转向者做出是非曲直的价值判断；将不同"向度"（向"右转"或向"左转"）的四次转向一并列为研究对象，看似体现了研究的系统性，实则有研究

---

[*] 本文为笔者主持的教育部人文社会科学重点研究基地重大项目"一战后日本的'转向'与对外战略误判研究"（编号：17JJD770010）阶段性成果。

泛化、冲淡研究重点之嫌；将法西斯体制主要设计者近卫文麿等视为"伪装转向者"的失当，表明研究者对转向理论认识还存在盲区；书写方面也存在内容重复、偏离主题、论述似是而非等现象。故此，《转向》可谓是锐意探索新问题的劳作，但却称不上是逻辑严谨的力作。

**关键词：** 转向　日本共产党　大政翼赞会　鹤见俊辅　藤田省三

1926 年，大正天皇殁，裕仁登基，日本进入动荡的昭和时期。

1931 年，为摆脱世界经济大危机的冲击，防止日本的所谓"满蒙特殊权益"在中国实现国家统一后受到损害，日本关东军悍然发动九一八事变，武力占领中国东北，揭开了 14 年对外侵略战争①的序幕。

九一八事变是导致近代中日关系发生根本性恶变的节点，也是近代日本国家发展战略整体发生重大调整的坐标。外交是内政的延长，对外关系终究是为实现内政目标服务的。"国家状况虽难望之，然若军部团结一致，制订战争计划大纲，依靠谋略创造机会，在军部主导下牵动国家也未必困难。"② 正如事变策划者、关东军高级参谋石原莞尔的预判，对华领土扩张的得手，迅速提升了军部的威望，扩大了军部的发言权，军部法西斯势力迅即由"昭和维新""国家改造"的主要推手，成为操控国家权力的中枢。与此同时，在举国赞美"皇国"、称颂"皇军"的声浪中，国民性思想"右转"成为最具时代特点的音符。1933 年 6 月 7 日，原日本共产党委员长佐野学和中央委员锅山贞亲在监狱中联名发表"转向声明"，宣布放弃既往的

---

① 在我国，2015 年 7 月 30 日，中共中央政治局以中国人民抗日战争的回顾和思考为题进行第 25 次集体学习时，习近平总书记强调："我们不仅要研究七七事变后全面抗战八年的历史，而且要注重研究九一八事变后十四年抗战的历史，十四年要贯通下来统一研究。"由此，我国政府、学界以及中学历史教科书开始正式采用"十四年抗日战争"的提法。在日本，1956 年著名学者鹤见俊辅在《中央公论》杂志上发表《知识分子的战争责任》《日本知识分子的美国观》等论文，首次提出"十五年战争"概念，立论的理由是："九一八事变、一·二八事变、七七事变、大东亚战争的消息，是零零散散地传过来的，因此主观上很容易认为这些是个别的战斗行为。""战败后才逐渐认识到，这些战争事实上互相联系"，因此"那种把太平洋战争或大东亚战争视为对美战争并认为这场战争笨蠢的战争观，不可能把握这场战争的结构"（鹤见俊辅：《战时日本精神史（1931～1945）》，岩波书店，1982，第 240～241 页）。这一观点得到日本进步学者的强力支持，现已成为日本学界普遍认可的观点。其"十五年"说是按照战争起讫的年份"虚算"的。

② 石原莞尔：《满蒙问题之我见》，稻叶正夫、小林龙夫等编《走向太平洋战争之路》（别卷资料编），东京：朝日新闻社，1963，第 101 页。

否定天皇制、反对对外战争的立场。这一"转向"，是日本共产党史乃至日本近代思想史上的重大事件，也是战后日本学界兴起转向思想史研究的原点。

迄今为止，在日本学界的相关研究中，"思想的科学研究会"的合作研究成果《转向》（上卷，1959；中卷，1960；下卷，1962）颇具影响。鉴于我国学界的相关研究尚未展开，本文在综述这一专题研究成果内容及特点的基础上，批判性地分析其学术研究方法及其理论贡献。

# 一 "思想的科学研究会"开展的"转向"问题研究

## （一）"转向"研究的经纬

"思想的科学研究会"的"转向"研究是在 1954 年 5 月启动的，当时京都和大阪的会员首先提出动议，随后组成"转向"研究课题组，围绕幕末、明治初期、昭和初期、战时及战后公职人员的"转向"问题开展研究，其相关研究成果陆续在研究会会刊《芽》第 5～8 期上发表。

同年 10 月，东京也成立了以鹤见俊辅为负责人的转向研究课题组，并在同月的《思想的科学会报》上发出倡议，欢迎其他学者自由参加课题组隔周一次的学术活动，同时特别申明这种学术活动"不是听报告的会议，而是讨论和研究工作的聚会"。后来，由于与会者积极参与，研讨会改为每周一次。11 月 5 日，首次东京"转向研究课题组"会议在鹤见任职的东京工业大学举行。会议确定转向研究的对象和目标：一是攻克幕末到明治维新、自由民权运动到甲午战争、九一八事变到太平洋战争、太平洋战争结束到目前的"四座山头"，阐明各个时期典型的集团"转向"和个人"转向"问题；二是在"与现代中国、欧洲、美国的'转向'相比较"的基础上，"站在庶民思想史的立场上，确定'转向'的概念"①。

11 月 21 日，由松本三之介、多田道太郎、上山村平等领导的关西地区转向研究会召开首次会议，鹤见俊辅特地从东京赶来赴会。为了集中研究资源，提高研究效率，会上就研究分工达成如下共识：关西课题组主攻幕

---

① 尾夏织：《思想的科学的转向研究》，《社学研论集》第 14 号，2009 年 9 月，第 181 页。

末到明治维新、自由民权运动到甲午战争这"两座山头"，东京课题组主攻九一八事变到太平洋战争、太平洋战争结束到目前这"两座山头"。

在鹤见俊辅的组织下，东京课题组围绕大正至昭和时期"转向"问题的研究很快步入正轨。定期研讨会的工作内容，起初是查阅旧报纸，找出有关"转向"的事例，编订"转向史"年表；接着是甄别具有"转向"倾向的团体及其"转向"路径，确定团体"转向"的研究对象；最后是分工到人，对各类转向团体的典型人物展开研究。在此期间，著名出版商平凡社承诺出版研究成果及知名学者藤田省三等人加入课题组，明显助推了研究的进程。

1952 年，《旧金山对日和平条约》（通称《旧金山和约》）生效，同盟国结束对日军事占领（冲绳除外），日本恢复"独立"。以此为契机，鹤见俊辅等学者组成东京转向研究课题组，以昭和时期的思想转向为主题展开研究，不仅显示了敏锐的学术眼光，而且表现了极大的魄力和勇气。1954 年成立课题组时有 12 名主要成员，其中年龄最大者 35 岁，最年轻者 21 岁。按照日本社会满 20 岁为成年人的认知习惯，可以推算，发生九一八事变时，课题组主要成员还均未成年，经历过 1931 年至 1945 年对外侵略战争的成年人只有 4 人。也就是说，在日本战败的 1945 年，课题组中约占半数的主要成员还未成年，其中课题组核心成员藤田省三 18 岁，后藤宏行、岛根清、鱼津郁夫、横山贞子 14 岁，松尾纪子 13 岁，山岭健二、高畠通敏 12 岁。其后，又有部分学者陆续加入，至 1962 年三卷本《转向》问世时，课题组成员已增至 21 人。不难想见，如此年轻的年龄结构使得课题组充满朝气，但多数成员知识积累及社会阅历的不足，势必会直接影响研究的深度。

在这种条件下，课题组负责人的学识及其组织领导作用尤为重要，而鹤见俊辅称得上是一位睿智的组织者。鹤见俊辅（1922 ~ 2015）生于东京，家世显赫。其父鹤见祐辅是资产阶级政党政治家，四次当选众议院议员。外祖父后藤新平更是名声显赫，历任日据时期台湾总督府民政厅长官、满铁首任总裁、内务大臣、外务大臣及东京市市长。鹤见俊辅 15 岁到美国留学，19 岁在哈佛大学哲学系毕业。1942 年，20 岁的鹤见回国后到军队中服役，1943 年在印尼爪哇岛担任敌军英语广播翻译，1944 年 12 月因患肺结核病退役回国。日本战败后，他在京都大学人文科学研究所任职。在东京组建转向研究课题组时，已转至东京工业大学任教。当时，鹤见俊辅和著名政治思想史学者丸山真男均为"思想的科学研究会"发起人，是研究会杂志《思想的科学会报》的编辑，皆堪称战后日本新生代学者的领军人物。①

作为战后著名的自由派进步思想史学者，鹤见俊辅在组织研究活动中贯彻了学术自由精神，主张多维度观察"转向"现象，避免以"是"或"非"的方式对事物做出简单化的价值判断。这一主张不只是为了给初出茅庐的青年学子以宽松的学术想象和发挥空间，更是出于增强研究张力的考虑。因为允许研究者学术观点或政治立场存在分歧，恰能避免转向研究中基于某一特定党派立场的非善即恶式的评价，而这正是"合作研究"的"优势"和必要性所在。鹤见等人带有理想色彩的想法是："在我们课题组的同事中，没有极端国家主义者或国粹主义者。如果有此类人物与我们一起研读资料，交换意见，肯定会取得更好的研究成果。我们的目标，是找到一条与以特定意识形态为指导、方法单一的转向研究及转向批评相区别的道路。"② 然而，如后所述，也许正是因为研究团队过于年轻化、研究理念自由化以及研究方法多元化等，《转向》出版后，虽然获得学界的普遍重视，但也可以听到尖锐的批评之声。

## （二）合作研究成果《转向》的概要

1959 年，平凡社出版"思想的科学研究会"编著的合作研究成果《转向》上卷，1960 年出版《转向》中卷，1962 年出版《转向》下卷。至此，从东京转向研究课题组成立到研究成果全部出版，历时 7 年多时间。

三卷本《转向》由序言和五篇构成，共 1400 余页，共近 200 万字，全书总目录如下。

### 上　卷

序　言："关于转向的合作研究"（鹤见俊辅）

---

① 鹤见俊辅是有良知的自由派进步学者和社会运动家，除了其卓越的学术造诣外，他参加了 20 世纪 60 年代日本国内的反对美国侵略越南的反战运动和 20 世纪 90 年代的支持"慰安妇"索赔运动。2004 年 9 月，与进步作家大江健三郎等人一起，成立了维护和平宪法的"九条会"。

② 思想的科学研究会编著《转向》下卷，平凡社，1962，第 446 页。

第二章　自由主义者

一、翼赞运动的设计者近卫文麿（鹤见俊辅）

二、翼赞运动创立期的有马赖宁（安田武）

三、翼赞运动理论家杉靖三郎、清水几太郎、大熊信行（鹤见俊辅）

四、生产力论者大河内一男、风早八十二（高畠通敏）

五、诚实主义文学家山本有三（安田武）

六、总体战理论的哲学家田边元、柳田谦十郎（后藤宏行）

七、以新教为主的基督教信徒（横山贞子）

八、劳农派与人民战线的山川均（判泽弘）

第三章　激进主义者

一、无政府主义者岩佐作太郎、萩原恭次郎（秋山清）

二、工人作家桥本英吉、德永直、山田清三郎（判泽弘）

## 下　卷

第三篇　战后

第一章　1945 年、1952 年前后的转向状况

一、战后的转向概念

二、1945 年的转向

三、1952 年的转向

第二章　国家主义者

一、右翼运动家津久井龙雄、穗积五一、石川准十郎（判泽弘）

二、教育家东井义雄的转向（原芳男、中内敏夫）

三、满洲国的建设者石原莞尔、浅原健三（仁科悟郎）

四、军人今村均、吉田满的转向（桥川文三）

第三章　保守主义者

一、柳田国男、白鸟义千代的转向

第四章　自由主义者

一、腊山正道等民主社会主义者的转向

第五章　激进主义者

一、学生运动的推进者大岛渚、大野明男（大野力）

二、伪装转向者神山茂夫（岛根清）

《转向》上卷的开篇为鹤见俊辅撰写的"序言"，阐述了转向研究的意义和研究的理论方法，明确提出了昭和时期存在四次转向的观点。根据这一研究框架，《转向》上卷探讨第一次"转向"，中卷探讨第二次"转向"，下卷探讨第三次和第四次"转向"。各卷的第一章相当于各卷的概论，均由藤田省三撰写，其他各章按照激进主义者、自由主义者、保守主义者、国家主义者等团体或思想派系分类设置，论述各类"转向"的典型人物。

基于典型人物案例的实证考察，《转向》编撰者还对不同时期"转向"的原因或特点做了导读性介绍。《转向》上卷的"概要"写道：1931～1937年的"转向"，以1933年6月佐野学和锅山贞亲在狱中发表的"转向声明"为标志。当时日本的权力运作，正如滨口内阁、犬养内阁、斋藤内阁、冈田内阁时期那样，是依托重臣进行，虽说越来越受到军部的掣肘，但还不至于脱离国家的规则行事。政府对异端势力的镇压采用了"大棒加糖果"的政策，一方面依据治安维持法和特高课，以共产党员为主要对象，对激进主义者实行逮捕和监禁；另一方面通过各种机构"关照"转向者，由此彰显日本天皇制的"温情"，促使转向者回归社会成为顺民。据此，可以将导致这一时期"转向"的因素归纳为：（1）日本民族传统的影响，如赤松克麿、宫崎龙介、佐野学、锅山贞亲、林房雄、龟井胜一、长谷川如是闲、保田与重郎；（2）理论与行动不一致的庶民激进前卫分子，如山田清三郎、德永直、太宰治、岛木健作；（3）希求加强知识分子与大众的关系，如岛木健作、高仓辉夫、水野成夫、河合悦三；（4）希求消除各种激进思想流派及团体的宗派主义，如妹尾义郎、山川均、青野季吉、大宅壮一、三木清；（5）鉴于集团运动的脆弱性，希求批判时下集团运动的主体，如埴谷雄高、荒正人、三好十郎、村山知义、椎名麟三等。①

《转向》中卷的"概要"写道：以1937年的七七事变为起点，昭和时期的第二次"转向"于1940年建立"近卫新体制"即大政翼赞体制到达顶点，于日本战败时结束。这一时期，政府通过大规模检举劳农派和人民阵线派、强令解散日本无产党全国总评议会、禁止五一大罢工、禁止自由主义者出版著作或发表文章等措施来加强统治。先是在1937年9月发起国民精神总动员运动，继而在1938年7月颁布国家总动员法，将劳务、物资、资产、设施、事业、物价、出版等统统纳入政府的统制之下。1940年10月推行"近卫新体制"，成立大政翼赞会，强化地方邻组制度。由此，日本成为高度中央集权的法西斯国家。在此期间，自由主义者或民主主义者被迫，或许也可以说是非常自觉地向集权体制靠拢，大众"转向"与知识阶层的"转向"同步进行，构成了此次"转向"的基本特征。因此，编撰者认为，从思想史的角度看，此时转向研究应予重点关注的问题是：（1）以天皇制神话为本源，能够多大程度地推进适用于全世界的政治运动，这可以通过分析天皇、近卫文麿、有马赖宁、藤原藤男、田边元、西田几多郎、柳田谦十郎、杉靖三郎、岩佐作太郎、萩原恭次郎的言行展开；（2）当时是否存在"伪装转向"，这可以通过考察尾崎秀实、清水几太郎、山川均、桥本英吉、德永直、山本有三的言行验证；（3）为保护组织而"转向"等其他的转向类型，如小崎弘道、大河内一男、凤早八十二、大熊信行、田边元等。②

《转向》下卷的"概要"写道：1945年8月15日，日本政府向盟国无条件投降。此后，占领军采取的强制性措施包括审判战犯、公职清洗、禁止使用军国主义内容的教科书，以及对广播、电影、报纸和杂志实行审查。再就是通过解散财阀和农地改革，使那些向国家主义运动提供财力支持的社会阶层失去能力，从而间接地促进"转向"。通过天皇发表"人间宣言"和颁布和平宪法，否定所有国家主义者所依据的敕语和钦定宪法，迫使国

---

① 思想的科学研究会编著《转向》上卷，平凡社，1959，第30页。
② 思想的科学研究会编著《转向》中卷，平凡社，1960，第2页。

家主义者"转向"。但是，随着冷战的发生和朝鲜战争的爆发，占领军开始改变对日占领政策，利用秘密警察机构，采取监禁、胁迫和武力手段，镇压共产主义者，清洗在公共机构和重要产业任职的左翼人士，以致发生1952年五一节流血事件。此后，在日本共产党内部斗争激化的同时，国民逐渐远离共产党，许多战后靠近共产党的青年开始反思左翼运动。编撰者认为，导致青年人告别左翼运动的原因，主要在于警察使用暴力，以及在政府和大企业中进行政治清洗，媒体的在太平盛世下享受家庭美好生活之类的宣传也起了很大作用。对于1945～1952年发生的两次"转向"，编撰者主要关注的问题是：（1）包括天皇神话在内，探讨在日本的传统思想中是否可以发掘和平思想，探寻非侵略的重新与亚洲和平合作的道路，相关人物有律久井龙雄、穗积五一、白鸟义千代、东井义雄、今村均；（2）只做理性分析、不做价值判断或政治上选边站队的案例分析，相关人物有林达夫、花田清辉、吉田满；（3）希望开展超越美苏两大阵营对立的合作与交流，其相关代表人物有战败之初的腊山正道，以及1952年后的井上光晴和大野明男；（4）对战前、战时和战败后左翼的孤立及其"转向"的教训进行反思，提出统一战线理论，其相关代表人物有神山茂夫、吉本隆明、大岛渚。①

此外，《转向》下卷第四篇的两次专题学术研讨会的发言记录，也具有一定学术价值。研讨会特邀外部专家与课题组成员一起自由发表意见，展开认真而热烈的讨论。其中，参加"日本思想史与转向"研讨会的外部专家是小田切秀雄、久野收、平野谦、本多秋五、松本三之介、吉本隆明，参加"现代世界与转向"的外部专家是荒正人、猪木正道、加藤周一、久野收、古在由重、竹内好、本多秋五、丸山真男、南博。仅从外部专家的强大阵容看，就不难看出学界对课题组合作研究成果《转向》的重视程度。换句话说，《转向》在学界产生的重大影响由此可见一斑。当然，这些外部学者对《转向》的评价并非都是肯定的。

## 二　《转向》的理论建构

在"思想的科学研究会"决定把昭和时期的"转向"作为研究课题时，

---

① 思想的科学研究会编著《转向》下卷，平凡社，1962，第2页。

学界对为何开展这一研究还不够重视，对于怎样开展这一研究也莫衷一是。有鉴于此，以鹤见俊辅为首的课题组带着强烈的建构转向研究系统理论意识，试图为转向研究的"立标"做出尝试。

## （一）关于"转向"研究的意义

在《转向》的"序言"中，鹤见俊辅从三个方面阐述了转向研究的意义。

第一，如何看待转向研究可能使人心里"不爽"的问题。鹤见指出，"转向"一词原本是由司法当局提出的，意为使当事者的思想倾向转变到当局所主张的方向上，因此从转向者的角度看，有一种屈从的感觉，会勾起不堪回首的痛苦回忆。再者，使用"转向"一词，意味着原封不动地使用了司法当局创造的概念，而原本的概念含有价值观，这就产生了如何避免不自觉地站在当权者立场研判转向者的问题。但是，除了"转向"外，又没有其他词语可以替代。例如，"思想变化""心境变化"等词语，是无法反映权力强制这一导致"转向"的核心前置条件的。"转向"是特定历史语境下产生的词语，蕴含了强制和自发两者错综复杂的关系，作为日本思想史研究的重要课题，不应从使人心情"爽"与"不爽"的角度考虑其研究的必要性。

第二，如何看待转向研究"难"的问题。鹤见指出，转向研究要靠史实说话，但实证资料的搜集相当困难，因为相关资料不能公开。即便到了战后，也存在当权者刻意隐瞒其镇压证据、屈从者不愿公开其屈从经过的问题。也就是说，与"转向"相关的资料，当事者双方均不公开。如此一来，"转向"案例的研究资料残缺不全，做出判断时就无法排除推测成分。研究的困难还在于，面对同样的"转向"资料，也可能有不同的解读，可以解释为确实是"转向"，也可以解释为"表面转向"但实际"未转向"的"伪装转向"，或解释为表面屈从，实际上反抗或对抗。对此，研究者必须慎之又慎，力求史实考证的准确性和人物评价的公正性。

第三，如何认识转向研究的价值。转向研究"难"，令人"不爽"；"转向研究会更深地伤害弱者，况且也研究不出什么"；"与其开展此类无聊的研究，不如研究现代日本思想史上的未转向者"。面对诸如此类的质疑，鹤见代表课题组表明的看法是：日本思想史研究存在一种偏向，以为思想史就是从正确走向更加正确的历史，每个时期都有个正确的高点，将各个时期的高点连接起来，就会获得唯一最高的连接脊线，从而形成不转向的思想体系。为了显示脊线的高度和连续性，便竭力抬高脊线，尽量使不连续的下凹处看上去也是连续的，但这种做法是在建构"伪善、华丽的日本思想史"①。鹤见指出：与明快、正确的思想史书写方式不同，转向研究是书写思想史中挫折、暗淡的一面，以转向研究为突破口，可以提出重大课题，开拓新的思想领域。"纯粹且完美的不转向思想，属于形式伦理学的支配范畴，而'转向'的思想要不断地被再定义，不断地更换命题，属于辩证法的领域。在'不转向'思想的世界里，形态完善的正确信念贯穿于整个思考过程；而在'转向'思想的世界里，错误和挫折不是最终形态，而是发展的契机。""思想的传承并非不转向直线上点与点的交接，而是通过在转向曲线的重复或交叉点上相互学习实现的。上代人迷失、受挫之处，正是下代人取得成果的思考出发点。想象并体验上代人所经历的'转向'经历，可以在这个国家思想传统的最深处汲取新的能量。"②

基于上述分析，转向研究课题组成员形成了以下共识：

（1）"转向"未必是坏事，因此不能简单地以善恶的观点评判；

（2）阐明"转向"的经纬，于公于私都有意义；

（3）本着学术自由原则，"转向"问题的研究、批评以及意见交换自由，求同存异，未达成一致的观点留待以后深入探讨。

昭和时期自1926年起，其中1931～1945年经历了15年对外侵略战争，1945～1952年经历了战败后盟军对日本长达7年的占领。在这过山车般大起大落的剧烈动荡时期，日本国民如何认识日本和世界，如何看待本国的内外政策，如何调整自己的认识和行动，其思想和立场如何变化等，无疑是具有重要现实意义和理论价值的研究课题。在《旧金山和约》刚刚生效、盟军基本结束对日军事占领、日本基本恢复独立之际，"思想的科学研究会"立刻把1931～1952年的思想转向问题列入专题研究对象，显示了敏锐的学术眼光，这种超前的学术研究引领意识和敢于攻关的勇气值得敬重。

## （二）关于"转向"概念的界定

关于"转向"的概念，学界的解释不尽相同，而不同的概念界定，又

① 思想的科学研究会编著《转向》上卷，平凡社，1959，第3页。
② 思想的科学研究会编著《转向》上卷，平凡社，1959，第4页。

将直接关系到转向研究的对象及其研究的范域等问题。根据维基百科，"转向"指迄今为止的方向、方针、路线、职业、爱好发生改变，更是指思想政治主张及立场的变更，特别是镇压导致的放弃共产主义或社会主义立场。这里，"转向"几乎是"改变""变更""变节"的同义词。其进一步的解释是，"转向"作为日本近现代思想史上的常见现象，不乏典型案例，如幕末高喊攘夷的倒幕派领导人掌握政权后，转而采取欧化政策；加藤弘之由启蒙主义的天赋人权论者，变成国家主义者和社会进化论者；德富苏峰在"三国干涉还辽事件"冲击下"变节"，由平民思想家变成衷心拥戴皇室的国家主义者；佐野学、锅山贞亲、赤松克麿等日本共产党领袖级人物本是天皇制的反对者和国际和平论者，九一八事变后变为天皇制拥戴者和对外扩张战争支持者。根据日本大百科全书，广义的"转向"是指某种思想、信仰向其他思想、信仰的变化；狭义的"转向"是指持有自由主义、民主主义立场的个人或集团，发生了抑制反体制立场、支持国家主义和军国主义反动体制的立场态度变化。最狭义的"转向"是指1933年前后日本的共产主义者在国家权力的强制下放弃思想信仰的行为。相对于维基百科的定义，这一将"转向"分为广义和狭义的解释，意思清晰，也比较容易理解。此外，一些学者也从不同角度出发，尝试定义"转向"一词。例如，古在由重认为："转向是九一八事变前后因强化镇压而大量出现屈从、赞同和协助以往曾经否定的天皇制及侵略战争的一种社会现象。"[1] 丸山真男则认为：不必把"转向"的解释复杂化，"转向就是思想变化"。[2]

那么，"思想的科学研究会"如何把握转向概念呢？在《转向》的序言中，鹤见俊辅为"转向"所下的定义是"在权力强制下发生的思想变化"[3]，因此在记述近现代日本的"转向"时，核心内容是关注国家权力强制下发生的思想变化。显然，在这个定义中，"权力"和"强制"是关键词。按照鹤见的解释，"权力"是支配人的力量，且有多种类型，其中国家权力是当今世界认可的最正统的权力，受法律保护，因此最重要。"强制"的含义是，权力要求服从，并为此诉诸各种具体的、特殊的手段，包括下狱、刑讯、判刑等露骨的暴力强制，也包括媒体宣传等间接性强制。一般

---

① 古在由重：《思想是什么》，岩波书店，1956，第128页。
② 思想的科学研究会编著《转向》下卷，平凡社，1962，第403页。
③ 思想的科学研究会编著《转向》上卷，平凡社，1959，第5页。

说来，没有权力，强制就没有思想变化。当然，若把自发的思想变化概念作为一个端点，把特定权力强制下发生的思想变化作为另一个端点时，又可以在两者之间的任意点上看到现实的思想，即在现实发生的转向事例中，通常具有自发和被强制两个侧面。由此可见，鹤见的转向概念，最突出的特征在于"权力强制"这一前置条件。也就是说，不存在这一外在压力的思想变化，不属于转向研究的范畴。这样的概念界定，超出了共产主义者转向的狭义原型论范畴，同时与几无边界的广义思想变化论明确地划出一条界线，从而体现了独特的见地和创意。不过，"权力"是个宽泛的概念，例如民主的权力、革命的权力、法西斯的权力，各自有不同的属性，而不同属性的权力强制所导致的思想"转向"，必定是不同的直至完全对立的角度。从这个意义上说，鹤见所下的"转向"定义，涵盖范域也是相当宽泛的。

### （三）关于昭和时期思想"转向"的分期及其特征

按照"转向"概念的界定，鹤见俊辅等认为，进入昭和时期以来，日本经历了思想史上的四次"转向"。1931～1937年的第一次"转向"，以1933年发生共产主义者集体"转向"为标志，主要是左翼激进主义者倒向国家主义的"转向"；1937～1945年的第二次"转向"，以1940年建立大政翼赞体制为标志，主要是自由主义者、民主主义者倒向国家主义、军国主义；以1945年8月15日日本战败投降为起点，发生第三次"转向"，主要是推行和平民主方针，逼迫国家主义者和军国主义者转变立场；以1952年五一节流血事件为标志，发生第四次"转向"，主要是随着冷战开始后国家层面的政治右转，左翼激进主义者再次"转向"。鹤见指出，战后的两次"转向"与战前的两次"转向"相互对应，时间上分别是1940年与1945年、1933年与1952年。

鹤见的战前两次"转向"与战后两次"转向"相互对应的观点具有启发意义。从1940年"转向"与1945年"转向"的关系看，1940年是实现翼赞体制、走向极权主义或曰法西斯体制、极端国家主义的转向，1945年是法西斯体制溃败、极权主义体制走向和平民主体制的转向，前者是向极右的方向"转"，后者是从极右方向的"回转"，"转向"的"方向"正好相反，只是前次"转向者"与后次"转向者"并非相对固定的特指群体。

从1933年"转向"与1952年"转向"的关系看，1933年是左翼激进分子从反对现行政治体制到支持现行体制的"转向"，1952年是左翼激进分子从认可战后体制到质疑体制的"逆路线转向"，前后两者转向的"方向"同样相反，但转向者群体相对固定。不过，在笔者看来，如果换个角度思考，如果把战前的两次"转向"看作向一个方向转变，即右转再右转，对于阐明战前日本何以对内走向极权主义体制、对外走向15年侵略战争，应该更具理论意义。同理，把战后的两次"转向"联系在一起探讨，对于阐明战后日本的形成，应该更具现实意义。

### （四）关于"转向"类型分析的方法

鹤见课题组转向研究的实证考察对象，是官方记录在册的有转向言行的公职人员。鉴于"转向"是在外部权力强制和个人思想的相互作用下发生的，因此转向研究既可以从掌权者行使权力强制的记述入手，也可以从转向者个人传记记述的心路历程探寻，无论从哪一侧面出发，都应注意把握事物的相互联系。在研究实践中，选取典型案例人物的方法是，先从有关转向的文献中找出人名，然后编制其在报纸和杂志上发表的文献目录，最后确定思想上有重要意义的人物。

以鹤见俊辅为首的课题组对转向类别的学理性归纳抱有浓厚兴趣，其列出的六种形态如下。

（1）"转向"用语的区分。其关联语包括：转向、不转向；转向、逆转向；转向、成长、发展、成熟；转向、准转向、不转向；转向、思想变化、心境变化、变心；转向、回心转意、改过自新；转向、适应。

（2）"转向"形态的区分。其中，按照次数的区分包括首次转向、再次转向、第三次转向、第四次转向，单次型、多次型、零散型。按照幅度的区分包括180度型、锐角型、钝角型。按照速度的区分包括即时型、短期型、长年累月型。按照过程的区分包括直线型、曲线型、Z字型、恢复型、回归原点型、螺旋型。

（3）"转向者"履历的区分。其中，按照年龄的区分包括青年前期型、青年后期型、中年型、老年型；按照性别的区分包括男性型、女性型；按照家庭的区分包括大家庭制、小家庭制，母亲单亲家庭、父亲单亲家庭、独生子女家庭、私生子等；按照性格的区分包括卡特尔基于因素分析提出的循环型气质和分裂型气质，荣格基于精神分析提出的内向型和外向型，谢尔登基于体型学理论提出的肥胖型、匀称型、瘦弱型；按照学历的区分包括小学毕业、中学或女子中学毕业、高中文科或理科毕业、大学中途退学、大学毕业、私立大学型、帝国大学型、海外留学型，还可以进一步区分为俄国留学型、德国留学型、法国留学型、英国留学型、美国留学型、东京大学型、东京大学法学科型等类型；按照职业的区分，关联度高低依次为工业、商业、特殊技能职业、无业、公职、农业、矿业、土木建筑业、交通运输业，医生、艺人、律师、教师等则属于特殊技能职业，此外还有学生型和失业者型；按照爱情的区分，涉及因恋爱对象是转向者而形成的恋爱型、同性恋型，也有与不转向者分手而直接导致的失恋型；按照思想经历的区分包括宗教上的佛教型、基督教型、伊斯兰教型、儒教型，意识形态上的共产主义型、社会主义型、自由主义型、资本主义型、民族主义型，进一步还可以细分为马克思主义型、托洛茨基主义型、斯大林主义型；按照兴趣的区分涉及运动、电影戏剧、徒步旅行、钓鱼、音乐鉴赏等对转向者的影响；按照所属社会团体的区分包括与出生地相关的农村型、渔村型、山村型、城市型，或称东北人型、东京人型、关西人型、殖民地型，与阶级出身相关的流浪者阶级、劳动阶级、小市民阶级、中产阶级、统治阶层等各种转向类型，与民族文化传统相关的斯拉夫型、苏联型、中国型、国民党型、中共型、日耳曼型、普鲁士型、纳粹党型、西德型、东德型、拉丁民族型、意大利型、法国型、西班牙型、盎格鲁—撒克逊型、英国型、美国型，从更大的范畴划分，也可以分为亚洲型和欧洲型。

（4）影响“转向”的主客观环境的区分。其中，按照内部主体位置的区分，包括特定个人“转向”、多人“转向”、小组“转向”，如小团体、大团体、思想流派、国家、民族、个人的“转向”；按照行为性格区分，包括代理人型、完全一致型、行动一致型、言论一致型、思想深沉型、非政治化型、反政治化型、自我破坏型、反动型、伪装转向型；按照意识区分，包括自觉型、半自觉型、不自觉型、理论型、非理论型；按照强制种类导致“转向”的区分，包括调查、拘捕、监禁、刑讯、起诉、徒刑、免职、剥夺特定利益、社会制裁、媒体宣传、情感压迫、社会同化；按照权力种类导致“转向”的区分，包括国家、资本、职务制度、地域团体、部落共同体、家；按照“转向”前与“转向”后两者比较的区分，包括激进—反动型、激进—保守型、激进—进步型，进步—反动型、进步—保守型、进步—激进型，保守—反动型、保守—激进型、保守—进步型，反动—保守型、反动—进步型、反动—激进型，以及进一步细分的共产党—翼赞运动家、翼赞—自由主义者等。这些区分，有助于把握"转向"的特征，捕捉现代日本的思想生态。

（5）按照"转向"时间的区分。其中，按照日本历史区分，包括幕末开化型、明治初期型（自由民权运动被镇压的挫折之后）、明治后期型（大逆事件的镇压之后）、大正大地震型、昭和初期非常时期型、翼赞体制型、大东亚战争型、终战型、逆路线型、中间文化型。按照世界史区分，包括史前、古代、中世、近代，原始共同体型、封建社会型、市民社会型、资本主义社会型、社会主义社会型、法西斯型。

（6）按照"转向"评价的区分。包括以何为价值标准评价转向的性质和程度，以马克思主义哲学为基础的转向研究，重点是转向的评价而非转向的记述，因此应用性较窄。基于天主教的神学、佛教、神道教、新兴宗教理论展开的转向讨论也在进行，且不乏出色的分析。①

"转向"形态的六种区分，展示了鹤见的细致入微的人文关怀，为分析转向者的特质及其"转向"的原因，提供了多维观察视角，具有学术参考价值。不过，值得注意的是，鹤见在进行转向形态的分析时，明显存在两个倾向性问题。一是与"权力强制"这一转向定义中强调的必备前置条件有所脱节，因为其论述的诸多客观的转向形态，未必与"权力强制"有密切的因果关系；二是转向形态似乎成了什么都可以放的杂货场，面面俱到的罗列，看似必要，实际上可能会淡化了重要因素的探寻。例如，其按照"转向者"履历区分的形态中，就列举了按年龄区分的青年前期型、青年后期型、中年型、老年型；按性别区分的男性型、女性型；按照家庭区分的大家庭制、小家庭制，母亲单亲家庭、父亲单亲家庭、独生子女家庭、私生子等。如此等等，不一而足。虽不能说这些因素对转向者毫无影响，但通常情况下不会构成决定性影响也是肯定的。因此，如果在研究实践中为此耗费精力，结果很可能是隔靴搔痒，不得要领。

① 思想的科学研究会编著《转向》上卷，平凡社，1959，第11～17页。

# 三　《转向》的"亮点"和缺憾

"思想的科学研究会"的合作研究成果《转向》（上中下卷）出版后，一时间读者趋之若鹜，以致平凡社在三年内加印了 5 次。那么，这部著述有哪些亮点引起学界关注，是否还存在不尽如人意的缺憾呢？

## （一）转向原型的研究深化

所谓转向原型，一般特指 1933 年以日本共产党领导人佐野学、锅山贞亲为代表的共产主义者在天皇制及其对外战争问题上从反对到拥护的立场转变。对于这一重要问题，《转向》上卷的相关论述有一定深度。

佐野学被捕入狱前是日共最高领导人，也是党内公认的理论家，为了粉饰"转向"行为，他挖空心思编造出一套理论，导致大批党员放弃了共产主义信仰，影响极其恶劣。对此，高畠通敏分析了佐野等人转向谬论的三个支撑点。

其一，在对待天皇制的态度上，放弃日共党纲规定的废除天皇制立场，转而拥护天皇制。佐野诡辩说，"打倒天皇制本来是资产阶级民主主义的思想"，但不是社会主义革命的目标。日本的天皇制不是帝政专制，不是剥削压迫的权力。皇室"是民族统一的表现"，"可弱化国内阶级对立的凶暴性，平衡社会生活，在社会变革之际缓和阶级冲突"，"推动历史车轮的进步"。因此，共产党提出打倒天皇制口号是"反人民""脱离了人民"。

其二，在殖民地及其独立的问题上，用民族优越论取代其原本提倡的民族平等论和民族自决论。佐野等人认为，民族"有领导民族和被领导民族"，日本民族"是能够缓和野蛮阶级对立的统一的民族"，不仅家族制度有"调和社会，抵制欧罗巴式个人主义入侵"，"适度地消解资本主义毒害的作用"，而且有一流资本主义的"卓越生产性"和"自主独立的历史"，属于优秀的领导型民族，因此中国台湾和满洲及朝鲜应该并入日本，接受日本的领导。

其三，改变原本反对对外战争的和平主义立场。佐野等人狡辩说，"无产阶级本来不反对战争"，共产国际也认为针对帝国主义的"国民革命战争""具有进步意义"。九一八事变后日本对中国发动的战争，是针对旨在维持旧秩序的国民党军阀，具有解放四亿中国人民大众的意义，是"日本民族向统治着显著落后于日本文化与秩序的国家的不可避免的发展膨胀"，是历史的进步。① 可以说，高畠的分析抓住了佐野转向论的要点，但却未能进一步展开深入的理论批判，或许其研究目的本来就是到此为止。

《转向》一书对转向原型的分析还上溯到了转向"前史"。藤田省三在上卷第一章中，以一定篇幅批判了"福本主义"对日本共产主义运动的消极影响。藤田指出，福本和夫在德国留学时成为马克思主义者，确信马克思主义是从世界人民的诸多经验中抽象出来的唯一正确理论，回国后俨然以正统的马克思主义者自居，通过批判山川均等日共领导人的右倾取消主义，取得了在党内的话语权。福本主义特别重视强调无产阶级政党的纯洁性，强调唯有不断加强理论学习，毫不留情地开展理论斗争，党的队伍才能纯化，才能成为无产阶级先锋队，才有战斗力。党要把目光放得长远，不能囿于下层民众的"狭窄生活"。藤田批判说：福本主义是脱离日本实际的本本主义，是"超越现实的存在"，福本希望党超越"狭窄生活"，但其本人就是脱离实际、夸夸其谈的"狭窄生活"者。福本主义是分裂主义，其所谓能动的分裂运动才是"真正"积极的统一运动的主张，给日本的革命运动带来危害。例如，在农民运动中，村子里好不容易成立了类似农会的组织，马克思主义者马上说那是农民自治，于是展开理论斗争，使其分裂。结果，很多农民自治组织逐渐被法西斯主义收编，"如果没有福本主义的分裂活动，如果是朝着支持农运的方向发展，那么农本主义的力量就很难与法西斯主义结合。从战后很多农本主义者向共产主义靠拢的现象看，后一条路线未必就完全行不通。如果这样，日本的法西斯主义也就不会像我们所经历的那样吸食国民的精神力量"。② 福本主义是一元论的教条主义，"福本的著作是清一色猛烈的一元论批判，不是针对不同对象采取不同方法，而是用一个标准严厉地剖析'所有形态'。是以这种方式来批评人，并且从不需要具体理由。他的日本经济史研究只是提出了问题而已，在经济史的实证考察上毫无建树。然而，福本并不认为这是问题，他的一贯立场是，批判最能展示具体的主张，方法比事实重要。福本主义是原论主义，

① 思想的科学研究会编著《转向》上卷，平凡社，1959，第166页。
② 思想的科学研究会编著《转向》上卷，平凡社，1959，第44页。

而非各论主义；是适用主义，而非以随机应变为原则的应用主义"。福本主义的缺陷，在于没有用多元理论来研究复杂事物的意识，不是综合思维，而"更大的问题则在于没有自知之明，根本看不到自身理论的缺陷"①。藤田对福本主义的这些批判，确有入木三分的力道。

通过栩栩如生的实证案例解析转向者的心理，也是《转向》上卷的一个亮点。在分析民族感情对转向者战争观的影响时，编撰者引用了转向者事后反思的自白。例如，杉山平助写道：日本以武力侵占中国东北时，"面对当时的情形，思想上苦恼、困惑、不知所措的莫过于正直而胆怯的知识分子。坦率地讲，我也一样。在我的本能中，日本人的强烈民族意识已经浸入骨髓。每天早晨摊开报纸，看着充满朝气的士兵，想着'这下完了'的时候，泪水已经啪嗒啪嗒地落下。日军大胜的战报像按摩一样使我全身放松，这是一种根本无法伪装的感情，而这与身为知识分子的我平素抱有的国际和平主义'理念'又怎能和睦相处呢？我在这里特别强调的和平主义'理念'，未必是不带丝毫意志与感情的纯理性的东西。我敢说，在我心中，无论是中国人、朝鲜人，还是美国人、德国人，他们都是我的同胞。然而我同时又必须承认，我心中的国际友爱本能终究是脆弱、苍白无力的，根本无法与我心中的民族自我保存本能正面较量"。②再如，保田与重郎也坦率地承认，九一八事变是"世界观的洗涤"，"震撼了心灵"，"不是以转向的形式，而是在不受任何政治影响的形式下，被新世界观的表现所触动"。③自不待言，这些案例的心理解析，提示了阶级矛盾和民族矛盾同时激化情形下以后者为先的值得深度思考的问题。

关于家庭亲情对转向者的影响，藤田省三对小林杜人的案例解析具有学术价值。小林生于长野县下层农民家庭，昭和初年参加共产主义运动，在日本政府镇压共产党的三一五事件中被捕入狱，在九一八事变爆发前的1929年思想上发生"清算和方向转换"，而导致其思想转向的主要原因是亲情的感化。"父母、兄弟等家人毫不介意他给家庭带来的精神和物质上的麻烦，对他不离不弃，倾注了爱，使他'充满歉意'，产生负罪感。"藤田指出，小林脱离革命阵营后，执政当局的革新官僚欣赏其重情重义的朴实性

---

① 思想的科学研究会编著《转向》上卷，平凡社，1959，第44页。
② 思想的科学研究会编著《转向》上卷，平凡社，1959，第46～47页。
③ 思想的科学研究会编著《转向》上卷，平凡社，1959，第47页。

格，认为这种"有思想有能力的真正的农民"很有利用价值，内相后藤文夫公开在议会上说，这种人才能承担产业合作经营的重任。农林省也认为，这种人才是"农民的表率"。小林自己也认为"共产主义的转向者最适合作为'农民组织者'来培养"。结果，小林由农民运动的组织者变成了政府农村对策的合作者。[①]

## （二）"翼赞转向"的论证

在日本全面侵华和进行太平洋战争的 1937～1945 年，随着战时统制不断强化，国民性思想转向也在继续。1937 年 8 月，近卫文麿内阁通过《国民精神总动员计划实施纲要》，在全国范围发起轰轰烈烈的国民精神总动员运动。同年 12 月，逮捕日本无产党、日本劳动组合全国评议会、《世界文化》杂志社以及劳农派的主要成员。1938 年 4 月颁布《国家总动员法》，将国民的政治、经济、文化活动全部置于法西斯管控之下。1940 年 10 月，启动近卫新体制运动，成立"举国一致"的大政翼赞会，在"一国一党"的方针下，政友会、民政党等政治团体自动解散，与大政翼赞会合流。1942 年，政府操控"翼赞选举"，组成"翼赞国会"，大日本产业报国会、农业报国联盟、商业报国会、日本海运报国会、大日本妇女会、大日本青少年团等六团体并入大政翼赞会，法西斯的极权统治已然登峰造极。将该时期视为昭和时期的第二次转向，并将其定性为自由主义者向国家主义的转向，展现了《转向》一书的新视野，从而把既往的"古典式"转向原型研究合理地向前延伸，抓住了日本"十五年战争"时期国民性思想一再右转的时代特征，从而也赋予战时转向思想史研究以更加深刻的理论意义。对此，藤田在中卷第一章中分析说：马克思主义是法西斯主义的最大敌人，但毕竟是按照一元原理构成的思想，对于法西斯主义而言，其思想在某种程度上可以理解，因此，在镇压马克思主义的同时，还可能在意识形态上模仿马克思主义，创造出伪社会主义。

总之，法西斯主义者很容易制定出对付马克思主义的战略战术。相比之下，法西斯主义对付自由主义更为困难。自由主义是法西斯主义称霸道路上最后的思想上的敌人。自由主义不是单一的原理，而是根据现状使用

---

① 思想的科学研究会编著《转向》上卷，平凡社，1959，第 52～53 页。

的多种原理，并且也不清楚其中哪种原理最重要。法西斯主义要求所有集团和个人必须是权力的驯服工具，自由主义则出于相反的目的，强调必须从各种价值观的束缚下解放出来，即"培养敌人"。因此，如果允许自由主义存在，那么不仅马克思主义会自由泛滥，能动的虚无主义者也将成为敌人并开展活动。所以，日本法西斯主义的原则是不能允许任何自由主义存在，法西斯的"权力强制"必须不断强化，直到非法西斯思想全都屈服和"转向"为止。事实上，为了适应总体战要求，执政当局已经不只是强制马克思主义者改变反体制立场，而是要求所有人都要无条件地"报国"，不得"无为""随性""妄想"，要从观念到行动改变旁观主义、自由主义。法西斯官僚把"转向"装饰成"国民普遍伦理"和时代"口号"，通过强迫全民参与"大政翼赞运动"，启动了国家体制全面法西斯化的按键。① 应该说，这些分析较为深刻，具有一定启发性。

### （三）战后转向论的探索

从理论到实证，战时两次转向的学理逻辑清晰。相对而言，所谓昭和时期以 1945 年和 1952 年为巅峰发生第三次和第四次转向的观点，并未在学界达成共识，因此相关论证极为必要。

藤田省三在《转向》下卷第一章中写道："比之于共产主义者屈服于国家权力而背叛的一义性转向，还可以从更加广阔的视野出发把握转向问题。如果基于后一种观点，我们则马上会看到第二次世界大战后天皇制国家及其'国民'的转向，以及直接掌管这一国家意识形态的'制度人'的'转向'。一个拥有物理的、社会权力的当事人，能够强制共产主义者和反军国主义者转向，但是当其本身失去权力而成为自由人的时候，将何去何从？面对新的胜利者的强迫，其作为没有权力的被统治者，又将何去何从？在此，我们可以在平等的条件下比较现代日本统治者和被统治者的思想。"②

按照这种思路，藤田对 1945 年转向问题的探讨，是从如下四个层面展开的。关于天皇（制）与转向，通过分析"终战诏书"，指出日本接受《波茨坦公告》时，天皇在战争性质和责任的问题上闪烁其词，认识上并无本

---

① 思想的科学研究会编著《转向》中卷，平凡社，1960，第 17 页。
② 思想的科学研究会编著《转向》下卷，平凡社，1962，第 31 页。

质性改变。关于美国对日占领当局与转向，指出占领初期美国对日推行和平民主方针，实施"强制自由"、压制"右翼"和"资本家"的"革命独裁"，是为了"防止日本再次发动侵略战争"，但从根本上说是"为了美国自身的利益"。① 关于天皇制政府与转向，通过对内务大臣山崎严和法务大臣岩田宇造的案例分析，认为"若以转向或非转向为标准审视战后日本统治者，则二者皆非"，因为"某些部分属于转向，其他部分又不属于转向。当时的部分选择与其说是遵循自主原理，不如说是节节抵抗的'维护国体'，是随机选择"。② 关于国民与转向，藤田以守屋典郎为例，分析了战前的左翼转向者在战后经过反思返回其转向前立场的现象，以文学家井上光晴、城山三郎笔下的主人公柿见和森为例，分析了战前的右翼分子在战后接受左翼思想的变化，指出了战后转向的复杂性。这些探讨初步搭建了一个战后转向的分析框架，为后续研究的展开提供了基础。

### （四）值得商榷的问题

从转向研究理论方法建构的尝试，到各类典型转向人物的案例分析，合作研究成果《转向》的开拓性探索值得肯定。但是，这部著述明显存在的问题也不可忽视。

关于研究宗旨及研究者所持的立场问题。"思想的科学研究会"宣称，转向问题的研究要坚持学术自由原则，不以善恶观点评价转向。这里，学术自由的原则没有问题，但不以善恶评论转向现象及转向者的观点却难说没有问题。事实上，"思想的科学研究会"采取这种态度本身就反映了一种价值取向，并且不同程度地影响了《转向》各个章节的撰写。对此，龟井胜一郎等严肃地指出，"思想的科学研究会"似乎"没有善恶判断，研究者完全是旁观者"。③ 本多秋五则尖锐地批评说："应该有转向前和转向后何者正确的观点。'正确'的说法可能不太科学，但是为了日本人、为了世界上的日本人、为了日本的大多数人，应该努力探究哪条路'行不通'，哪条路'正确'，否则转向研究还有多大意义？如果不把何为'正确'作为核心问

---

① 思想的科学研究会编著《转向》下卷，平凡社，1962，第38页。
② 思想的科学研究会编著《转向》下卷，平凡社，1962，第50页。
③ 龟井胜一郎、埴谷雄高、本多秋五：《权力、转向与人：思想的科学研究会的合作研究》，《周刊读书人》第259号，1959。

题探讨，那么多维度展开的各种转向研究又有什么价值？"① 确实，一般说来，人文社科领域的学术研究也好，专题性思想史研究也罢，都有个追求和光大共同价值的问题，有个去伪存真、抑恶扬善、穷理求道的终极使命。若絮絮叨叨，不切主题，研究的意义必然大打折扣。从这个角度说，既然《转向》的编撰者未把价值判断作为不可或缺的命题，那么《转向》的读者就要带着问题研读，以保持独立判断和冷静思考。

关于转向概念及其研究范域的理论界定。鹤见俊辅以"权力的强制"为标尺，设定了测度昭和时期四次转向的统一标准。这一理论界定不无创意，但将不同"向度"的四次转向一并列为研究对象探讨，看似体现了研究的系统性，实则有研究泛化、冲淡研究重点之嫌。对此，丸山真男指出：转向是"从脱离共产主义到脱离社会民主主义，再到脱离包括资产阶级自由主义在内的'近代欧美世界观'，最终回归到'冠绝世界的日本国体'和民族共同体的光辉历史中"②。显然，日本 15 年对外侵略战争期间的国民性思想右转，应是转向研究的重点，而战后的"转向"，不妨作为另类问题研究。

鹤见俊辅关于转向者类别的论述很有特点，其中的"伪装转向论"尤为引人关注。鹤见认为，九一八事变后佐野学、锅山贞亲、赤松克麿、林房雄、水野成夫等人的转向，是事实清晰的完全转向，而七七事变以及太平洋战争爆发后大宅壮一、麻生久、三木清等人的转向，则具有伪装转向的性质，"伪装转向"的研究应该从当权者和无权者两个侧面展开。③ 然而，将战时两度出任首相的翼赞运动发起者近卫文麿作为"伪装转向者"来研究，难免会引起巨大争议。大政翼赞运动是"近卫新体制"的产物，是战时法西斯体制的表现形态，近卫文麿是这一体制的设计者和组织实施者，尽管近卫与东条英机等军部强硬派有矛盾，但那只是法西斯集团内部的矛盾，并不存在根本性冲突，因此视其为"伪装转向者"，无论怎样解释都没有说服力。

理论建构上存在的盲点，势必对研究成果的书写产生影响。例如，由

---

① 思想的科学研究会编著《转向》下卷，平凡社，1962，第 365 页。
② 丸山真男：《从后卫的位置出发："现代政治的思想与行动"追补》，未来社，1982，第 111 页。
③ 思想的科学研究会编著《转向》中卷，平凡社，1960，第 53 页。

执政当局及其执行者构成的权力强制方是否应成为研究对象，便是值得商榷的重要问题，但《转向》的编撰者并未对此作出说明。从其研究的实践看，《转向》上卷的案例分析对象皆为左翼或自由派的转向者，并无权力强制者的案例。中卷的案例分析兼顾了权力强制方和被动转向方的二者平衡关系，但"伪装转向"论显然又淡化了权力强制方的责任，模糊了二者的对立关系。下卷的案例分析包括了各种政治势力及思想流派的代表人物，但从理论研究的收获看，论证粗浅，未成体系，特别是关于1952年转向的论述，只能说是提出了问题，并未展开系统研究。再者，由藤田省三撰写的各卷第一章，本应起到综合论述相应时期转向性质、特征及影响的作用，但实际效果却差强人意，特别是下卷第一章的写作，洋洋9万言，力气没少下，但重复论述的内容有之，偏离主题的话题不少，似是而非的议论也非鲜见，这就一定程度地影响了《转向》这部"劳作"的学术分量。

（作者简介：杨栋梁，南开大学世界近现代史研究中心教授）

史学史料

料史学史

# 世界近现代史研究馆藏查询例解*

## 姚百慧

**内容提要**：学会利用图书馆的文献是世界近现代史研究者必备的技能之一。文献是记录有知识的一切载体，可分为不同的类型。图书馆收藏、保管文献，这些文献可也供读者查询。图书馆通过中图法、主题标引、ISBN、ISSN 等方法，对其收藏文献进行管理。了解图书馆管理文献的方法，对解决查馆藏的两类问题，即定点检索和类的检索有重要作用。题目、索书号、ISBN、ISSN、作者、条形码等检索点可以实现定点检索，而分类号、主题词、关键词、丛编等，则可以实现类的检索。查阅本单位没有的文献，经常要用联合目录系统查询馆藏，并通过馆际互借或文献传递的方法借阅。

**关键词**：世界近现代史研究 文献 图书馆 史料学

对于世界近现代史研究者而言，学会利用图书馆资源，是必须掌握的基本技能之一。本文结合图书馆学知识，重点介绍如何查找图书馆的文献，侧重于图书馆的纸本馆藏，并通过一些实例予以说明。[1]

---

\* 本文为北京市社科基金重大项目"美国对华遏制政策相关档案整理与研究（1949～1970）"（202DA14）阶段性成果。本文的内容曾作为武汉大学"档案查找与利用课程"第一讲进行公开讲授，在此对武汉大学历史学院尤其是谢国荣教授的邀请表示诚挚感谢。

① 关于电子资源尤其是外文数据库资源的利用，可参考姚百慧《世界史研究外文数据库：基于国内馆藏的调研》，南开大学世界近现代史研究中心编《世界近现代史研究》（第 17 辑），社会科学文献出版社，2020，第 219～236 页；姚百慧编《世界史研究外文数据库指南》，世界知识出版社，2020。

# 一　文献及其分类

学术研究离不开与文献打交道。根据国家标准《文献著录总则》（GB/T 3792.1 - 1983），文献是指"记录有知识的一切载体"[①]。这一概念包含三个要素：知识、记录和载体。知识构成了文献的内容，是文献的本质特征。记录是指文献所用的技术手段，记录的形式可以是文字、符号、图像、音频、多媒体等。载体是文献的形态。文献的载体随着技术的进步不断演变，从中国古代的甲骨、青铜器、石碑、竹简、帛书等，世界古代的莎草纸、羊皮、棕榈树叶等，发展到了今天的纸张、计算机、微缩胶卷（或胶片）、移动存储设备等。

文献按照不同的标准可分为不同的类型。

按出版类型，可分为常见文献与特种文献。常见文献包括图书、报刊等，它们可通过正常的发行渠道获取。特种文献包括学位论文、会议论文、专利文献、标准文献、科技报告、政府出版物、技术档案、产品样本等，对它们的获取往往需要特殊的查询渠道。

作为常见文献之一的图书，按功能可分为阅读型和工具型两大类。阅读型包括教科书、专著、文集等。它们提供系统、完整的知识，有助于人们了解某一领域的历史与现状。工具型包括词典、百科全书、手册、年鉴等，它们提供经过验证、归纳和浓缩的知识，是事实与数据的来源。[②] 图书又可根据页码分类，除封面外，大于等于49页的为图书；小于49页的为小册子。

按文献的载体，可分为印刷型、缩微型、声像型和电子型。

按信息流的演变发展过程，可分为零次文献、一次文献、二次文献和三次文献。

零次文献是指著者直接通过观察、实验而获得的知识或数据，是具有第一手意义的文献信息，它具备原创性和未正式公开两个特征。这类文献或以通信形式或以口头交流的形式在本机构内部或小范围内流通。例如，

---

[①]　文献著录标准2009年曾有更新（GB/T 3792.1 - 2009），但新的标准中没有文献的定义。

[②]　花芳编《文献检索与利用》（第2版），清华大学出版社，2014，第7页。

私人的手稿、信件、日记等，机构内部的备忘录、报告、技术档案、实验记录、会议记录等。

零次文献或利用零次文献的研究发表在公开出版物上时，它们即成为一次文献。例如，学术专著、期刊论文、专利说明书等。

一次文献文种多样、数量繁多，难以掌握和利用。因此需要对这些文献进行有序化处理，使得读者能够方便地查找，也使得这类文献能够发挥集合的效用。有序化处理的方法是指将一次文献的内容特征和外部特征提炼（即著录）出来，作为一次文献的线索来"替代"一次文献。这些文献特征被整理、组织成工具类的检索文献，如书目、索引、题录、文摘等，这些被称为二次文献。

通过对一次文献和二次文献进行深度分析和综合，形成的文献称为三次文献。三次文献具有创新性、综合性、分析性、宏观性等特点。分为两种。一种是对一次文献和二次文献进行综合分析而形成的文献，如述评、综述、教科书、百科全书、字典、词典、年鉴、手册等。另一种是对二次文献再次进行有序化处理而形成的指南性文献，如"书目之书目""文献指南"等。①

虽然二次文献与三次文献都是对一次文献的加工，但侧重点不同。二次文献主要以"篇"或"本"为单位进行加工，它在提供检索的功能时，也使一次文献有序化。三次文献则是对一次文献的高度浓缩，它打破了"篇"或"本"的界限，浓缩了较多的一次文献，综合性强、信息量大，并能直接提供问题的答案。一次文献作为知识的首次固化，在对它进行不同层次的加工过程中，文献由分散到集中，由无序到有序，由博而约。各层次的文献对于人们的知识结构所起作用不同。一次文献是检索与利用的对象，二次文献是检索工具，三次文献的主要作用是帮助人们解疑释惑。②

以上分类主要借鉴了图书馆学的知识，而在不同学科，对文献的分类可能不同。如在历史学领域里，大家最熟悉的是按文献记载信息的原始程度进行分类，分为一手文献（资料）和二手文献（资料）。一手文献（或一手史料、原料）指的是档案、公文汇编、回忆录、口述访问、日记等未曾

---

① 罗晓宁主编《网络信息检索与利用》，同济大学出版社，2011，第 11 ~ 14 页。
② 花芳编《文献检索与利用》（第 2 版），第 72 页。

被加工过的文献；二手文献（或二手史料、次料）是对一手文献进行加工、研究的结果。如国际关系史研究常用的档案，在历史学中它们是一手文献，在图书馆学中可能对应不同的类型。按出版类型，未出版的档案是特种文献，已出版的是图书或报刊；按载体，印刷型、缩微型、声像型和电子型的档案均有；按信息流的演变发展过程，档案可以是零次文献（未流通时），也可以是一次文献（公开出版的档案集）。

## 二　图书馆与图书管理

"图书馆是社会记忆（通常表现为书面和其他形式的记录信息）的外存和选择传递机制。换句话说，图书馆是社会知识、信息、文化的记忆装置、扩散装置。"① 图书馆有两大功能，一是储存文献，二是扩散文献，即提供查阅服务。国际上把图书馆分为国家图书馆、高校图书馆、其他主要的非专门图书馆、学校图书馆（指中小学图书馆）、专业图书馆和公共图书馆六大类。实际上，按不同的分类标准，图书馆的划分结果也不一致。如按体制（隶属关系）划分，可分为文化系统（如中国国家图书馆）、教育系统（如高校图书馆）、科研系统（如中国社会科学院图书馆）、军事系统（如军队图书馆）、党委系统（如上海图书馆）等。通常认为，为市民服务的公共图书馆、科研图书馆和高校图书馆是我国图书馆事业的三大支柱。②

### （一）中图法与分类号、索书号

要想利用好图书馆的资源，首先要了解图书馆对文献的分类方法。新中国成立后，先后编制的分类法多达几十种，其中影响比较大的有三种：中图法、科图法、人大法。而在这三种里，中图法是我国图书馆使用最广泛的分类法。国外通行的图书分类法中，影响较大的有杜威分类法、国际十进位制法、美国国会图书馆分类法、冒号分类法、书目分类法等。③

① 吴慰慈、董焱编《图书馆学概论》（第4版），国家图书馆出版社，2019，第58页。
② 吴慰慈、董焱编《图书馆学概论》（第4版），第100~103页。
③ 关于这些分类法的基本情况，见廉慧《历史学文献检索与利用》，山东人民出版社，2015，第114~126页；更详细情况，见俞君立《文献分类学》（第2版），武汉大学出版社，2015，第6章、第9章、第11章。

　　中图法的工具书《中国图书馆分类法》自 1975 年初次出版，到 2010
年已发行第 5 版。[①] 该书依据毛泽东《整顿党的作风》一文所提，[②] 根据我
国国情，按学科把图书分五大部类，22 个基本大类（见表 1）。《中国图书
馆分类法》的主体结构为类目表，包括主表和复分表。主表包括 22 个基本
大类目表、大类目至三级类目的简表和大类目至五级类目的详表。

表 1　中图法五大部类与 22 个基本大类

| 基本部类 | 基本大类 |
| --- | --- |
| 马克思主义、列宁主义、毛泽东思想、邓小平理论 | A 马克思主义、列宁主义、毛泽东思想、邓小平理论 |
| 哲学、宗教 | B 哲学、宗教 |
| 社会科学 | C 社会科学总论 |
|  | D 政治、法律 |
|  | E 军事 |
|  | F 经济 |
|  | G 文化、科学、教育、体育 |
|  | H 语言、文字 |
|  | I 文学 |
|  | J 艺术 |
|  | K 历史、地理 |
| 自然科学 | N 自然科学总论 |
|  | O 数理科学和化学 |
|  | P 天文学、地球科学 |
|  | Q 生物科学 |
|  | R 医药、卫生 |
|  | S 农业科学 |
|  | T 工业技术 |

---

[①]　中国图书馆分类法编辑委员会编《中国图书馆分类法》（第 5 版），北京图书馆出版社，
　　2010。

[②]　毛泽东提出："什么是知识？自从有阶级的社会存在以来，世界上的知识只有两门，一门
　　叫做生产斗争知识，一门叫做阶级斗争知识。自然科学、社会科学，就是这两门知识的结
　　晶，哲学则是关于自然知识和社会知识的概括和总结。"参见《毛泽东选集》（第 3 卷），
　　人民出版社，1991，第 815～816 页。

续表

| 基本部类 | 基本大类 |
| --- | --- |
| 自然科学 | U 交通运输 |
| | V 航空、航天 |
| | X 环境科学、安全科学 |
| 综合性图书 | Z 综合性图书 |

中图法的分类标识称为分类号，由字母和数字组成。分类号越长，表示学科范围越窄，越专指。通常，在分类号的数字部分，从左至右每三位数后用圆点"."隔开。而如果用总论复分表进行复分，复分号由短横"-"和前面的数字构成，它与主表分类号共同构成文献的分类号。如历史、地理类图书用"K"表示，下面更具体分 K0 史学理论、K1 世界史、K2 中国史、K3 亚洲史、K4 非洲史、K5 欧洲史、K6 大洋洲史、K7 美洲史、K81 传记、K85 文物考古、K89 风俗习惯、K9 地理。下面的文献继续细分，如 K3 亚洲史再分为 K300 通史、K301 上古史、K302 古代史、K303 中世纪史、K304 近代史、K305 现代史、K308 民族史志、K31 东亚等。中图法分类号是非常重要的。除了查找文献，像学年论文、毕业论文及撰写的学术论文，常常要填论文分类号，这个分类号就是论文对应的中图法分类号。

图书经过分类，每种书就有了分类号。但由于同类书往往有多种，要把这些书进行区别，以便排架，还要为每一种书编制书次号。所谓书次号就是为了确定同类中各种书的排列次序而编制的号码，又称同类书区分号。书次号包括基本号码和辅助号码两个部分。基本号码指著者号、种次号等；辅助号码是指为了区分同类中同一著者不同著作与同一种书的不同版本、不同译本、不同注释本、不同卷册而编制的带有专门符号的号码。书次号按编制依据，可分为著者号、种次号、人物与事件名称号、图书内容所属年代号与会议届次号、图书固有序号、书名号、藏书登录号、图书出版年代号等。我国使用最多的是著者号与种次号。著者号是以图书的著者名称为依据而编制的书次号，一般需要使用某种著者号码表，其优点是可以集中同类中同一著者的各种著作。种次号是以图书的"种"为单位，依据同类书分编的先后顺序，依次给予 1、2、3……顺序号，其优点是方法简单、排架简便。①

　　分类号在前、书次号在后、中间用分号或空格隔开，就组成了索书号。使用中图法管理图书的图书馆，一般按索书号对图书进行排架，严格按字母及数字顺序排列。先比较一级类号，一级相同再比较二级类号，以此类推。数字的排列，按照小数制的排列方法。复分号中的"－"要排在数字0前。分类号相同时，则按书次号排列。如书次号为种次号，按阿拉伯数字顺序排列即可，著者号则需对位排列。② 去图书馆找一本书，如果是开架的话，就需要自己去找，知道索书号排架次序就很重要了。也可以在图书馆沿着某些架子一直走下去，浏览同一学科图书的标题，从而对图书馆该类藏书有个印象。每个图书馆一般也会设置一个新书区，该区对了解最新的学术动态是有帮助的，虽然比去市场买书要慢一些，毕竟图书馆的藏书是经过采购、编目才上架的，有一个过程。

　　如以"徐蓝"为检索词，以"著者"为检索点，在北京大学图书馆进行检索，得到的部分检索结果如表2。

表2　北京大学图书馆检索徐蓝论著（部分结果）

| 序号 | 图书信息 | 索书号 |
| --- | --- | --- |
| 1 | 《中国国际关系史研究述评》，世界知识出版社，2014 | D829/253 |
| 2 | 《英国与中日战争（1931～1941）》，北京师范学院出版社，1991 | D856.19/2 |
| 3 | 《英国与中日战争（1931～1941）》，首都师范大学出版社，2010 | D856.19/2.1 |
| 4 | 《近现代国际关系史研究》，人民出版社，2006 | D819/94，D819/94（2），D819/94（3）等 |
| 5 | 《行走在历史中 徐蓝自选集》，首都师范大学出版社，2015 | K107－53/21 |
| 6 | 《埋葬法西斯》，华夏出版社，1996 | E195/13 |

　　以上6条书目，索书号分别以D、K、E开头，分属政治、法律，历史、地理，军事等学科。索书号后半部分的书次号，估计都是种次号，另有辅助号码。如第2条和第3条书目，这些辅助号码是为了区别不同的版本；第

① 俞君立：《文献分类学》（第2版），第305、307～308页。
② 花芳编《文献检索与利用》（第2版），第86页。

4 条书目，因为该辑刊有辑次，（2）（3）等是为了区别不同的辑。另外，第 5 条书目用了中图法中的复分表，所以索书号 K107－53 中有短横。

### （二）主题标引

按中图法分类图书、按索书号排架图书，有它的优点，但能否解决所有的问题呢？

比如要检索与"朝鲜战争"相关的书目。可能首先想到朝鲜是个国家，按 K 类中地区国别史的分类，朝鲜为 K312，即亚洲史—东亚—朝鲜。其次，可以看时间，朝鲜战争发生在 1945 年以后，按照 K 类世界通史的划分，可以找到 K153，即世界史—现代史—第二次世界大战以后。再次，朝鲜战争也是"战争"，所以也可以从 E 军事类里查找，由此找到 E297.5，即军事史—社会主义革命和社会主义建设时期—1949 年 10 月至 1959 年 12 月。另外，除了 E297.5，军事中的后勤、兵种、战役、战略战术、军事器材、通信工程、通信、地形等方面也可能有涉及的内容。复次，朝鲜战争不仅有作战，还有谈判，尤其是 1951 年战争胶着之后，边打边谈的情况时有发生，所以外交方面也有涉及内容。而外交在 D 类政治、法律里。最后，朝鲜战争虽然是一场国外战争，但对于我国国内来说也是一场政治运动，因此政治的国内部分也可以找到，如 D651.3 政治运动、政治事件里就有抗美援朝部分。

以上检索可能仍不全面，还可以进一步搜索。这一例子说明，研究历史问题不能纯粹从 K 类出发寻找资料，还需要涉及其他学科。这个例子还说明，中图法虽然在管理图书上有重要的作用，但仅使用这一种管理方法还是不够的。这种管理方法是把图书按学科归类，但"朝鲜战争"并不是学科，而是一个主题或者研究问题，相关图书则会被分散到不同的学科里。如果没有更好的管理办法，就只能在能想到的类中一一去找，这无疑增大了检索的难度。为了解决这一难题，图书馆在文献管理上引入了另外一种途径——主题标引。

主题标引，即用词组来说明图书的内容特征。用于标引的主题词并不选自图书本身，而是选自主题词表。中文书、西文书，都有不同的主题词表工具书。因此，用于标引的主题词并不一定是书名中的词。通常每本图书所讨论的主题不止一个，此时会用多个主题词标引，主题词出现的先后顺序按与图书内容的相关程度排列。① 由于主题词需要靠编目人员选择，对于同一本书，主题词选哪些、如何排序就有可能不同。如徐蓝老师的《埋葬法西斯》，在北京大学图书馆编目中主题标引为"战争史—第二次世界大战（1937～1945）—普及读物"；在中国国家图书馆（以下简称"国图"）中的主题标引则为"第二次世界大战—史料"。再如徐蓝老师的《英国与中日战争（1931～1941）》1991年版在国图的主题标引为"抗日战争—绥靖政策—英国—1931～1941"，而2010年版的主题标引有两组，一组与1991年版相同，另一组为"国际关系史—中国—日本—英国—1931～1941"。主题词的标引在很大程度上因人而异，导致呈现结果在规范性上很难统一，给利用这种标引带来一定的困难。但无论如何，它还是为检索文献提供了一种新途径。

主题标引和中图法之间的差异，可以通过直观表现、本质特征等进行对比分析。如谢国荣老师的《民权运动的前奏——杜鲁门当政时期美国黑人民权问题研究》（人民出版社，2010）在国图的索书号之一为2010＼D771.25＼1，主题标引为"美国黑人—民权运动—研究"。从直观表现上来看，前者需要查工具书，才能知道其含义；后者能直接理解，知道该书是研究什么的。从本质特征来说，一个是从学科属性出发，揭示文献的族性特征；一个则着眼于特定的事物，揭示与之相关的问题，有利于特性检索（更详细的对比见表3）。在图书馆实体书排架分类中，一般是以前者为主，后者为辅。在电子版的馆藏目录系统中，已经可以按主题检索，把不同学科、同类主题的书集中呈现。

**表3　中图法与主题标引比较**

| 标引方法不同点 | 中图法 | 主题标引 |
| --- | --- | --- |
| 检索标识 | 分类号。人为给定的代码，不直观。检索时，需要事先知道与概念对应的分类号 | 有意义的词组，可直接检索 |
| 组织文献的方式不同 | 按学科等级体系组织文献，体系固定，难以增补新概念 | 按主题词顺序编排文献，不受体系制约，增补新词方便 |

---

① 花芳编《文献检索与利用》（第2版），第84～85页。

续表

| 标引方法不同点 | 中图法 | 主题标引 |
|---|---|---|
| 解释事物的角度不同 | 从学科体系出发，揭示事物属于什么学科，有利于族性检索 | 着眼于特定的事物，揭示与之相关的问题，有利于特性检索 |
| 文献集中与分散方式不同 | 同一学科集中但同一主题文献分散在不同学科中。突出问题是：由于学科发展而引起的相互渗透，有些文献很难放在一个学科内 | 同一主题的文献集中，却把同一学科的文献分散在不同主题词之下 |

资料来源：花芳编《文献检索与利用》（第 2 版），第 81 页。

## （三）书号与刊号

中图法和主题标引都是国内图书管理的方法。在国际上，对图书、期刊、录音、乐谱、音乐作品、视听资料等还有专门的管理规定。这里介绍常用的国际标准书号和国际标准连续出版物编号。

国际标准书号（International Standard Book Number，ISBN）是正式出版的图书唯一代码标识。原为 10 位，根据国际标准化组织（ISO）的决定，从 2007 年 1 月 1 日开始，上升到 13 位，分为五段，分别为：前缀（3 位）—组号（1 位）—出版者号（4 位）—书名号（4 位）—校验码（1 位）。前缀：由国际物品编码协会（EAN）提供；组号：代表国家、地区或语种，如 0，1 为英文，7 为中文；出版者号：由国家或地区的 ISBN 组织分配；书名号：出版者按出版顺序给每种图书的编号；校检码：用于校检前面 12 位数字在转录中有无错误。如吴于廑先生为《中国大百科全书》撰写的"世界历史"词条（也见于吴于廑、齐世荣主编的 6 卷《世界史》教材"总序"），中国大百科全书出版社 2014 年有单行本《世界历史》，其书号为：978 - 7 - 5000 - 9126 - 4。除了前缀和最后的校验码外，第二段的 7 代表中文或中国，第三段的 5000 代表中国大百科全书出版社，第四段的 9126 代表《世界历史》是该社第 9126 本书。

国际标准连续出版物编号（International Standard Serial Number，ISSN）是国际上给刊物的统一编码，其格式为：ISSN XXXX - XXXX，前 7 位为顺序号，第 8 位为校检码。在中国，每种刊物除了 ISSN，还有国内统一刊号（CN），其格式为：CN XX - XXXX/X，前两位为地区号，后四位为顺序号，最后是按中图法的分类。如《历史研究》的 ISSN 为 0459－1909，CN 为 11－1213/K；《首都师范大学学报》（社会科学版）的 ISSN 为 1004－9142，CN 为 11－3188/C。两个刊物 CN 中的 K 和 C，分别表明它们是历史学类和人文社会科学综合类的刊物。

虽然程度有所差异，但不管根据中图法生成的索书号，还是根据主题标引形成的主题词组，都存在因图书馆、因编目人员的差异，同一种文献可能呈现不同的索书号和主题词。而 ISBN、ISSN 则和书、刊之间，存在着唯一对应关系，因此标准性更强，成为检索文献的又一种路径。

# 三　如何查单一馆馆藏

使用图书馆时，常常需要了解它是否收藏了某本书或某本刊，这类问题称为查馆藏，其中用到的检索工具为馆藏目录系统。由于现在图书馆多是混合馆藏，所以其馆藏目录系统也往往有两个子系统，分别揭示该馆纸本的或电子的馆藏情况。有的图书馆会把这两个系统加以整合，通过一个统一的检索页面向读者提供服务。这里我们谈的主要是纸本馆藏。

馆藏目录系统通常提供多种检索途径（也称检索点），如揭示纸本馆藏子目录系统，常用的检索点有：题名、作者、出版者、关键词、主题、索书号及 ISBN 或 ISSN 等。此外，还有很多限制条件，如出版时间、语种、资料类型、馆藏地点等。当检索结果太多时，可设置限制条件缩小范围。

查馆藏的问题可以归纳为两类：图书馆是否收藏了某本书（刊），或某类书（刊）。针对这两类问题，如何选检索点？换句话说，哪些检索点可用于定点检索？哪些可用于类的检索？以下通过几个实例来说明。

例1：国图是否收藏了 2005 年广西师范大学出版社出版的《史学方法》？如果有，请提供馆藏地点及索取号。

思路分析：检索点提供了三个，时间、出版社、书名。考虑到辨识度，书名是最佳的检索点，可实现定点搜索；如同名书多，可以用高级检索，利用时间或出版社进行限制。

在国图的联机公共目录查询系统中，以"正题名"为检索点，以"史学方法"为检索词，可得 47 条检索结果（检索时间：2022 年 4 月

29 日）。国图默认是按出版时间由新到旧排列，按此向后翻查，可知国图藏有此书。也可以用高级检索中的"多字段检索"，同时用"正题名"和"出版者"两项（可得两条结果）或"题名"和"出版年"两项（得 1 条结果，即我们所要的）。索取号为：2006＼K06＼2，馆藏地点：中文基藏。

上述检索中还有几个提醒。一是国图的题名设有两个检索点，分别是正题名、其他题名。考虑到很多著作有正副标题，而正标题经常是虚词或概括语，副标题才是研究主题，如果在国图的检索中只用正题名检索，则会忽略不少图书。二是国图检索图书详情页面出现后，其馆藏地未必准确。以该书为例，其馆藏有中文基藏、书刊保存本库、北区中文图书区三处。但进一步查看会发现，除了中文基藏外，书刊保存本库和北区中文图书区都无法查看，前者提示"文献加工中"，后者则是"无法提供、敬请谅解"。所以去国图查阅前最好查清国图某一藏书的实际馆藏位置。三是国图的索书号（国图称为"索取号"）比一般的索书号多了时间，如本书前有 2006，这是该书进馆时间，表示国图什么时间购置了这本书。

例 2：请查南京大学图书馆对英国史图书的收藏情况。

思路分析：一般检索的思路是，在南京大学图书馆馆藏目录中选择"题名"作为检索点，以"英国史"作为检索词。但是，我们可以质疑这样的思路，难道英文撰写的英国史著作，不符合要求吗？法文的、俄文的、日文的、德文的等等，不也符合要求吗？由此可知，用"题名"作为检索点是存在问题的。如果用"主题词"作为检索点，同样没法解决各语种文献的问题。考虑到"英国史"一词明确限定了其属于历史类，根据学科属性可用中图法的分类号。"英国"的分类号为 K561。南京大学图书馆未设"分类号"检索点，可用"索书号"代替。

在南京大学图书馆馆藏目录系统中，以"索书号"为检索点，以"K561"为检索词，检索结果为 1622 条（检索时间：2021 年 9 月 22 日①），含英语 1221 条、汉语 347 条、日语 46 条、俄语 5 条、德语 2

---

① 南京大学图书馆现在查询目录需要 VPN 登录，故没有更新查询数据。

条、西班牙语 1 条。

这里还有一个问题：为什么要去南京大学图书馆检索英国史的图书呢？一般而言，除了用本单位图书馆外，我们还会用一些公共的图书馆，如国图、上海图书馆；关于人文社会科学方面的图书，可能会再检索下北京大学图书馆（非疫情时曾开放）、中国社会科学院图书馆。但除此之外还要考虑，哪些高校或科研机构在我们所研究的课题上实力比较雄厚，相应的这些地方相关的图书也会较多。南京大学的英国史研究是有传统的，馆藏英国史著作丰富，所以选择南京大学图书馆来进行检索。

例 3：查找武汉大学收藏的 2019 年以来出版的国际关系史中文图书情况。

思路分析：题目要查的是国际关系史论著，但有三个条件限制，一是时间（2019 年以来），二是语种（中文），三是资料类型（图书）。这肯定是类的检索，而不是点的检索。关键是如何检索出国际关系史的图书。如果用中图法，会发现外交史的书在 D 类。但是，某国的对外政策及双边交往，也可能分布在 K 类的通史、国别史中。所以这里用"分类号"作为检索点不妥。一个相对稳妥的办法（虽然也会有遗漏），是把"国际关系史"作为"主题词"进行检索。

在武汉大学图书馆的馆藏目录查询系统，以"主题词"为检索点，以"国际关系史"为检索词，语言选"中文"，资料类型选"图书"，年份限定在 2019 年后，得到检索结果为：2019 年 68 条，2020 年 48 条，2021 年 51 条，2022 年 2 条，合计 169 条（检索时间：2022 年 4 月 29 日）。①

例 4：北京大学出版社推出了一套"历史学研究入门丛书"，请查该套书在国图的收藏情况。

思路分析：这里仍然是类的检索，不过这个"类"有些特殊，它是"丛书"。丛书属于文献著录标准里应当著录的一项，即"丛编"。

---

① 武汉大学图书馆检索界面，虽然可以同时限定起、止时间进行检索，但不知何故，检索结果会为 0，因此以上检索只能分年进行。

国图有"丛编"检索点，可以利用。

在国图的联机公共目录查询系统中，以"丛编"为检索点，以"历史学研究入门丛书"为检索词，最终得到 12 条结果（检索时间：2022 年 4 月 29 日）：分别涉及希腊史、考古学、文艺复兴史（2009 年出版），拜占庭史、非洲史（2012 年出版），计量史学（2013 年出版），中国古代妇女史、罗马史（2014 年出版），犹太史（2017 年出版），公共史学、中国史学史（2019 年出版），艺术史（2020 年出版）。

这里并不能说这套书只出了 12 本，而只能说国图馆藏了这 12 本。如《希腊史研究入门》《罗马史研究入门》都出了第 2 版①，不过并未纳入这套丛书中而已。

以上四个例子展示了各个检索点在检索查馆藏不同问题时的作用。检索点的作用可分为两种，一种为定点检索，一种为类的检索。题目、索书号、ISBN、ISSN、作者、条形码可以实现定点检索，即只检索某一本书或者某一种刊。而通过分类号、主题词、关键词（与主题词类似，但没有主题词那么严格）、丛编等，则可以实现类的检索。

## 四 如何查联合馆藏

除了在本单位图书馆查阅图书，我们有时还要用到其他图书馆的馆藏。如查阅本单位没有的文献，经常要用联合目录系统查询馆藏，并通过馆际互借或文献传递的方法借阅。

联合目录系统提供了若干个图书馆的馆藏情况，其使用方法与单个馆的馆藏目录系统近似。联合目录系统的作用是把分散在各地、各图书馆的文献，从目录上连成一体，帮助研究人员同时查询多个机构的馆藏，选择最佳的图书资源。它也是用户开展馆际互借、实现资源贡献、获取本地缺藏文献的重要依据。

联合目录系统有很多。国内的如中国高等教育文献保障系统（CALIS）、中国科学院国家数字图书馆（CSDL）、北京地区高校图书馆文献资源保障体

---

① 黄洋、晏绍祥的《希腊史研究入门》（第 2 版），刘津瑜的《罗马史研究入门》（第 2 版）由北京大学出版社于 2021 年出版，被纳入了"西方古典学研究丛书"。

系（BALIS）等。国外的有 WorldCat，OhioLink Library Catalog，Union Catalogue of British and Irish Libraries，The European Library 等。① 以下对 CALIS 和 WorldCat 这两种国内、国际常用的系统略加介绍。

中国高等教育文献保障系统（China Academic Library & Information System），是经国务院批准的我国高等教育"211 工程""九五""十五"总体规划中三个公共服务体系之一。CALIS 的宗旨是，在教育部的领导下，把国家的投资、现代图书馆理念、先进的技术手段、高校丰富的文献资源和人力资源整合起来，建设以中国高等教育数字图书馆为核心的教育文献联合保障体系，实现资源共建、共知、共享，以发挥最大的社会效益和经济效益，为中国的高等教育服务。

CALIS 管理中心设在北京大学，下设了文理、工程、农学、医学四个全国文献信息服务中心，华东北、华东南、华中、华南、西北、西南、东北七个地区文献信息服务中心和一个东北地区国防文献信息服务中心，共 500 多个成员馆。

从 1998 年开始建设以来，CALIS 管理中心引进和共建了一系列国内外文献数据库，包括大量的二次文献库和全文数据库；采用独立开发与引用消化相结合的方法，主持开发了联机合作编目系统、文献传递与馆际互借系统、统一检索平台、资源注册与调度系统，形成了较为完整的 CALIS 文献信息服务网络。②

就检索文献而言，CALIS 主要有两个作用。一是利用"CALIS 联合公共目录检索系统"③，检索某一本书在 CALIS 成员馆的馆藏。二是利用"中国高等教育文献保障系统西文期刊目次数据库"（Current Contents of Western Jounal，CALIS，CCC）④，查询成员馆馆藏期刊（纸本和电子）的篇目信息。前一功能在互联网状态下均可使用，后一功能需要在成员馆的局域网内使用。

例如，想了解 Summer Welles，*Seven Decisions that Shaped History*（New

---

① 符绍宏等编《互联网信息资源检索与利用》（第 3 版），清华大学出版社，2012，第 166 页。

② http://www.calis.edu.cn/pages/list.html? id = 6e1b4169 − ddf5 − 4c3a − 841f − e74cea0579a0（最后访问日期：2022 年 4 月 29 日，本文所用网络资源均在此日登录验证有效，以下不再——注明）.

③ http://opac.calis.edu.cn/opac/simpleSearch.do.

④ 关于 CCC 简介及馆藏，参见姚百慧编《世界史研究外文数据库指南》，第 406 ~ 407 页。

York：Harper & Brothers Publishers，1951）这本书在国内的馆藏情况，就可以利用 CALIS 联合公共目录检索系统。根据该系统的查询，北京大学图书馆馆藏了此书。但如果只用 CALIS 系统检索"国内馆藏"，还是有局限的。因为 CALIS 系统主要下辖的是教育系统的图书馆，而像国图（文化系统）、中国社会科学院图书馆（科研系统）、上海图书馆（党委系统）等不在其中。所以如果我们想检索某本书在国内的馆藏，建议在利用 CALIS 后，再单独检索上述三家图书馆。不过，对于本段所举的图书而言，这三家图书馆并无馆藏。

全球图书馆联机联合目录数据库（WorldCat）是联机计算机图书馆中心"信息第一站"多学科数据库系统（OCLC – FirstSearch）[1] 的子库之一。联机计算机图书中心（Online Computer Library Center，Inc.，OCLC）创立于 1967 年，是世界上最大的图书馆合作会员制组织，总部设在美国俄亥俄州都柏林。世界各国众多一流大学图书馆、国家图书馆、研究图书馆和大型公共图书馆都是 OCLC 的会员。"信息第一站"（FirstSearch）是 OCLC 的大型综合性、多学科数据库系统，涉及广泛的主题范畴，包括 13 个子库：ArticleFirst，综合类期刊索引数据库；ClasePeriodica，拉丁美洲学术期刊文摘数据库；Ebooks，世界各地图书馆联机电子书目录数据库；Electronic Collection Online（ECO – Index），联机电子期刊索引数据库；ERIC，教育学文摘数据库；MEDLINE，医学期刊文摘数据库；OAIster，全球联合机构知识库；PapersFirst，国际会议论文索引数据库；ProceedingsFirst，国际会议录索引数据库；WorldCat，全球图书馆联机联合目录数据库；WorldCat Dissertations，硕博士学位论文数据库；SCIPIO，艺术品和珍本拍卖目录数据库；U. S. Government Printing Office，美国政府出版署书目数据库。[2]

WorldCat 是世界上最大的书目记录数据库，包含 OCLC 近两万家成员馆编目的书目记录和馆藏信息。从 1971 年建库到目前为止，共收录了 480 多种语言总计近 19 亿条的馆藏记录，超过 2.8 亿条书目记录，基本上反映了从公元前 1000 多年至今世界范围内的图书馆所拥有的文献情况。文献类型多种多样，包括图书、手稿、地图、网址与网络资源、乐谱、视频资料、

---

① OCLC – FirstSearch 在不同的图书馆，标识可能不同，有的标 OCLC，有的标 FirstSearch。
② 姚百慧编《世界史研究外文数据库指南》，第 403 页。

报刊以及档案资料等。①

例如，想了解刘绪贻、李世洞主编的《美国研究词典》（中国社会科学出版社，2002）在全球馆藏情况，就可以用 WorldCat。根据该系统的检索，该书的馆藏地包括中国大陆（代码 CN），如国图、浙江大学图书馆、武汉大学图书馆；中国香港（代码 HK），如香港中文大学图书馆、香港大学图书馆、香港浸会大学图书馆；美国（代码 US），如美国国会图书馆、斯坦福大学图书馆、普林斯顿大学图书馆；新加坡（代码 SG），如新加坡国家图书馆；等等。

利用 CALIS、WorldCat 等联合目录系统检索到某本书的馆藏不在本单位时，想查阅该文献就要利用馆际互借或文献传递。这两种服务略有区别。馆际互借是借阅整本原书，而文献传递往往提供图书的一部分或论文全文的复制或扫描服务。对于馆际互借或文献传递的具体流程，不同的图书馆有详细的规定，利用时可以参考。

如国图就设有专门的"文献提供"和"馆际互借"业务。文献提供中心以国图馆藏的资源和各类数据库为基础，以其他图书馆和各个情报机构为外延，由专业的图书馆员提供个性化的服务，服务形式包括文献资料的检索、复印、胶片还原、扫描、拍照、刻录光盘、打印、装订等，并通过邮寄、E－MAIL 等方法传递给用户。国图的国际互借中心已与世界 63 个国家 500 多个图书馆建立了业务联系，并努力以各国的图书馆为合作馆，逐步实现世界范围内的资源共享。图书服务对象涵盖各类图书馆，电子文献服务则面向所有文献需求者。②

（作者简介：姚百慧，首都师范大学历史学院教授）

---

① 姚百慧编《世界史研究外文数据库指南》，第 405～406 页。
② http：//www. nlc. cn/newkyck/kyfw/201011/t20101122_11696. htm.

# 博士生论坛

# 美国西北地区印第安战争的英国
# 因素探析（1783～1795）

刘永浩

**内容提要**：1783 年，英美签订《巴黎条约》后，英国为维护和巩固加拿大的安全与发展，企图借助印第安人的力量迫使脆弱的美国与印第安联盟缔结以俄亥俄河为界线的和平条约，继而建立一个英美两国都承认的独立且中立的印第安人缓冲国。为此，英国对印第安人采取了模棱两可的安抚政策来修复二者的盟友关系。西北印第安人在对美国的强硬态度做出应对时，英国的政策对他们具有严重的误导性，尤其是代理人的煽动与支持，让他们误以为在武力抵抗美国人的入侵时，英国会予以军事援助。这就促成印第安联盟坚定地以战争捍卫俄亥俄河西部地区。结果，印第安联盟因英国的再次抛弃而以失败告终。

**关键词**：英国 代理人 美国 西北地区 印第安战争

美国独立战争后的 1783 年 9 月 3 日，在无视印第安盟友利益的情况下，英国与美国正式签署了《巴黎条约》。这项条约引起了印第安盟友的严重不满，甚至有促使后者倒戈的危险，这令加拿大的官员、要塞指挥官非常恐惧。美国则以胜利者的姿态和复仇的心态，利用征服权利理论，强制没收印第安人的土地。这更是激怒了坚决捍卫俄亥俄河西部地区的西北印第安人。随后，美国对西北印第安人土地的侵占与掠夺以及英国为维持其在俄亥俄地区的影响和保障加拿大的安全调整了印第安人政策，促使西北印第安人试图依靠英国的力量，通过暴力的方式把美国人赶出俄亥俄河西部，继而引发了西北地区长达十余年的印第安战争。

美国独立战争结束后，为何西北地区的印第安人与美国人之间的冲突持续不断，且最终促使华盛顿政府对西北印第安人发动战争？这个问题长期以来受到研究美国早期史、军事史和印第安人史的学者的重视和研究。迄今为止，英文学术界对此做了诸多研究。从美国视角出发的主要有以下两种观点：一是强调美国人对印第安人土地的强烈欲望与掠夺导致战争；① 二是强调印第安人与边疆居民之间持续的和报复性的掠夺是西北地区暴力的根源。② 从英国视角出发的一些学者认为，英国政府的政策是希望和平，而不是煽动印第安人与美国战争，③ 这一观点完全撇清了英国扮演的角色，忽略了英国模糊政策对印第安人的误导性影响。另一些学者则对英国印第安部门及其代理人在支持和煽动印第安人方面有所论述。④ 本文在前人的基

---

① Randolph C. Downes, "Creek – American Relations, 1790 – 1795," *The Journal of Southern History*, Vol. 8, No. 3, 1942, pp. 350 – 373; Reginald Horsman, *Expansion and American Indian Policy, 1783 – 1812*, East Lansing: Michigan State University Press, 1967; Francis Paul Prucha, *The Great Father: The United States Government and American Indians*, Vol. 1, Lincoln & London: University of Nebraska Press, 1984; David Andrew Nichols, *Red Gentlemen and White Savages: Indians, Federalists, and the Search for Order on American Frontier*, Charlottesville: University of Virginia Press, 2008; Patrick Griffin, *American Leviathan: Empire, Nation, and Revolutionary Frontier*, New York: Hill and Wang, 2007; Wiley Sword, *President Washington's Indian War: The Struggle for the Old Northwest, 1790 – 1795*, Norman: University of Oklahoma Press, 1985; Colin G. Calloway, *The Victory with No Name: The Native American Defeat of the First American Army*, New York: Oxford University Press, 2015.

② Richard White, *The Middle Ground: Indians, Empires, and Republics in the Great Lakes Region, 1650 – 1815*, New York: Cambridge University Press, 2011; Sarah E. Miller, "An Ohio River Boundary? The Contested for Ohio Country, 1783 – 1795," Ph. D. Dissertation, University of Toledo, 2006; Eric Hinderaker, *Elusive Empires: Constructing Colonialism in the Ohio Valley, 1673 – 1800*, New York: Cambridge University Press, 1997; Susan Sleeper – Smith, *Indigenous Prosperity and American Conquest: Indian Women of the Ohio River Valley, 1690 – 1792*, Chapel Hill: University of North Carolina Press, 2018.

③ Charles R. Ritcheson, *Aftermath of Revolution: British Policy toward the United States, 1783 – 1795*, New York: The Norton Library, 1971; G. G. Hatheway, "The Neutral Indian Barrier State: A Project in British North American Policy, 1754 – 1815," Ph. D. Dissertation, University of Minnesota, 1957.

④ Colin G. Calloway, *Crown and Calumet: BritishIndian Relations, 1783 – 1815*, Norman: University of Oklahoma Press, 1987; "Suspicion and Self – Interest: The British Indian Alliance and the Peace of Paris," *The Historian*, Vol. 48, No. 1, 1985, pp. 41 – 60, Robert S. Allen, *His Majesty's Allies: British Indian Policy in the Defence of Canada, 1774 – 1815*, Toronto & （转下页注）

础上，试图从英国政府和印第安代理人的角度切入，旨在探讨英国模糊的印第安人政策和代理人的活动对西北印第安人走向战争的误导性和煽动性作用，并窥探其背后的动机。

## 一 《巴黎条约》签订前后英国对印第安人的安抚

美国独立战争时期，西北地区的印第安人卷入战争是为维护其"俄亥俄地区的家园而战斗"，与英国联盟是"希望得到保护，免受美国拓荒者的侵犯"。[①] 但战争的结果却令他们大失所望。1781 年 10 月 19 日，英军将领查尔斯·康华里（Charles Cornwallis）率 8000 余名将士在约克镇正式向美军投降，直接促使英国开始与美国进行和平谈判并采取防御政策。

不出意料，"和平提议的消息在印第安人盟友中间引起普遍的恐慌和不满"。[②] 1781 年 11 月，德拉瓦尔族的烟管上尉（Pipe Captain）就明显透露出印第安人对英国背信弃义的担忧。当时，他在底特律与英军指挥官阿伦特·斯凯勒·德·佩斯特（Arent Schuyler De Peyster）上校谈话时说："父亲！我们当中有谁会相信，你们会爱一个与你们肤色不同的民族，胜过那些与你们肤色相似的白人！……我能看见什么呢？我可能会看到我父亲与长刀握手言和。"[③] 一名怀恩多特族的代表更是希望英国能替印第安人争取合适的利益，他请求道，我们"不允许你的孩子们被他们的敌人压垮……父亲！如果要缔结一项和平条约，我们希望你的孩子们能在条约中被记住"[④]。

---

（接上页注④）Oxford：Dundurn Press，1993；Timothy D. Willig，*Restoring the Chain of Friend-ship: British Policy & the Indians of Great Lakes，1783 – 1815*，Lincoln & London：University of Nebraska Press，2008；Reginald Horsman，*Matthew Elliot, British Indian Agent*，Detroit：Wayne State University Press，1964；Larry L. Nelson，*A Man of Distinction among Them: Alexander McKee and the Ohio Country Frontier, 1754 – 1799*，Kent，Ohio，and London：The Kent State University Press，1999；Edward Butts，*Simon Girty: Wilderness Warrior*，Toronto：Dundurn Press，2011.

① Sarah E. Miller，"An Ohio River Boundary? The Contested for Ohio Country，1783 – 1795，" p. 20.

② Robert S. Allen，*His Majesty's Allies: British Indian Policy in the Defence of Canada, 1774 – 1815*，p. 55.

③ Colin Calloway，*The World Turned Upside Down: Indian Voices from Early America*，Boston：Bedford Books，1994，pp. 161 – 162.

④ Ethan A. Schmidt，*Native Americans in the American Revolution*，Santa Barbara，California：Praeger，2014，p. 155.

　　然而，英国却无视印第安盟友的利益。当他们得知正式条约中的边界线，即将五大湖区以南、密西西比河以东和佛罗里达以北的土地割让给美国时，英国背信弃义的行为让印第安人倍感失望、不安和愤慨，甚至对英国产生了怀疑和不信任。印第安人始终认为，他们是自由的民族，只是英国的盟友而非国王的臣民，没有义务承认和履行仅由英美两国签署的《巴黎条约》。1783 年 11 月，哈尔迪曼德总督提醒前首相诺斯勋爵说："这些人（People）对条约的性质和义务有着最文明国家所具有的开明思想，他们知道，如果没有他们的明确赞同和同意，任何违反 1768 年条约的行为都不可能对他们产生约束力。"① 何况，西北印第安人根本没有遭遇必须丧失土地的失败。②

　　事实上，英国人清楚印第安盟友会将他们的行为理解成背叛。北部各要塞的指挥官担心印第安人的不满和憎恨会招致庞蒂亚克起义的灾难在加拿大重演。1783 年 5 月 13 日，尼亚加拉堡的指挥官麦克莱恩（Maclean）告诉总督哈尔迪曼德，"如果他们（印第安人）在放弃这些要塞时犯下暴行，我绝不会感到惊讶"。他指出，"印第安人极度痛苦……担心印第安人会因为这次背叛而攻击英国人"。1783 年夏初，"西北要塞的指挥官们之间的相互通信，似乎加强了他们对印第安人血腥起义的共同恐惧"。③

　　于是，英国出于保障加拿大的安全、维持其在印第安人中的影响力，采取了一些安抚印第安人的措施。

　　首先，要塞军官阻止美国的和平代表与印第安人有过多的接触和对话的机会，以减少美国对印第安人的影响。例如，1783 年 6 月，美国派以法莲·道格拉斯少校（Major Ephraim Douglass）前往底特律和尼亚加拉执行和平使命，目的是让印第安人接受条约。6 月 7 日，道格拉斯离开皮特堡，前往桑达斯基（Sandusky），当时英国印第安人事务主管约翰·约翰逊爵士（Sir John Johnson）正在与印第安人举行一场大会。道格拉斯请求允许他在会上发言，约翰逊没有允准，并催促他前往底特律。随后，道格拉斯在底

---

① Colin G. Calloway, "Suspicion and SelfInterest: The BritainIndian Alliance and the Peace of Paris," p. 49.

② Robert S. Allen, *His Majesty's Allies: British Indian Policy in the Defence of Canada, 1774 – 1815*, pp. 54 – 55.

③ G. G. Hatheway, "The Neutral Indian Barrier State: A Project in British North American Policy, 1754 – 1815," pp. 320 – 321.

特律和尼亚加拉都遇到了同样的困难。① 道格拉斯的和平使命在要塞官员的多方阻挠下以失败告终。

其次，英国印第安事务部的官员向印第安人发表安抚演说，目的是要"让他们的盟友相信，国王并没有抛弃他们……将来国王会继续扮演他们的保护者的角色"②。1783 年 8 月底至 9 月初，约翰逊爵士和代理人麦克基（McKee）在桑达斯基召开了有 30 多个部落出席的大会。会上，约翰逊发表了"战斧演讲"（Tomahawk Speech）。他说："1768 年签订的条约中划分的边界线仍然被认为是将白人和印第安人分开的唯一真正的分界线。这可能是唯一正确的边界线，因为这是各部落一致同意的唯一的边界线。"在这一点上，约翰逊其实是在有意曲解欧美人所理解的国际条约所划定的边界线的含义，而意在让印第安人明白，他们依然享有俄亥俄河以西以北的土地权利，若不与印第安人直接谈判，美国无法将其主张强加于印第安人。他接着说："一如往常，在宣布和平之后，我从你们手中拿走了战斧，但并没有把它从你们的视线中移开。我小心翼翼地把它放在你们身边，让你们在美国人侵犯你们的土地或骚扰你们时使用。"③ 这话无疑是在告诉印第安人尽管现在必须停止战争，但若遭遇美国入侵可以拿起武器自卫或抗击。

麦克基的演讲传达的意思与约翰逊一致且更直白。他说："《巴黎条约》承认印第安人对俄亥俄河以北以西的土地拥有主权，美国不能凭借征服权利占有任何印第安人的领土。国王仍然认为，西部部落是'他忠实的盟友……并将继续通过他的保护促进你们的幸福'。"④ 他还说，国王仍然想要你们的贸易，并将提供"他权力范围内的所有其他好处"。这是一个强有力的暗示：如果与美国开战，英国仍将向战士们提供枪支、弹药和其他必

① Walter H. Mohr, *Federal Indian Relations 1774 - 1788*, Philadelphia: University of Pennsylvania Press, 1933, pp. 95 - 97.

② Timothy D. Willig, *Restoring the Chain of Friendship: British Policy & the Indians of Great Lakes, 1783 - 1815*, p. 13.

③ G. G. Hatheway, "The Neutral Indian Barrier State: A Project in British North American Policy, 1754 - 1815," pp. 323 - 325.

④ Larry L. Nelson, *A Man of Distinction among Them: Alexander McKee and the Ohio Country Frontier, 1754 - 1799*, pp. 131 - 132.

需品。① 约翰逊和麦克基均是印第安人中有重要影响力的人物，他们的演讲代表英国官方的声音，对印第安人无疑起到了很好的安抚作用，让他们暂时接受和平，但也为日后印第安人使用武力抵抗美国的入侵埋下了伏笔。

再次，英国印第安事务部积极支持印第安人组建泛印第安人联盟。在1783 年的桑达斯基会议上，英国发言人和印第安人一致确立的俄亥俄河边界线为印第安人联盟的形成奠定了基础。在组建联盟的过程中，莫霍克族的布兰特和肖尼族的蓝夹克（Blue Jacket）起到了重要的积极作用，他们号召"所有印第安人都加入保卫土地的行列中来"。很明显，联盟的目的是"共同应对《巴黎条约》对他们的土地构成的威胁"。联盟制定的两条一致原则——所有与美国人有关的和平与战争的决定都必须由印第安联盟一致作出，只有作为整体的印第安联盟才有权把印第安人的土地割让给美国——成为未来 12 年广泛开展印第安人合作的支柱。② 英国对联盟的支持，团结了印第安人的力量，提升了印第安人共同抵御美国的信心。

最后，英国政府决定保留西部要塞。哈尔迪曼德总督担心，印第安人的不满情绪可能会上升为针对英国人或美国人的公开战争。他认为，避免流血的最佳方法是守住这些西北要塞③。1784 年 6 月，哈尔迪曼德保留要塞的建议得到内政大臣西德尼勋爵（The Lord Sydney）的批准，"可以把要塞掌握在英国人手中，作为帮助印第安人与美国谈判条约的一种手段"。④ 实际上，英国的真实目的是想利用"美国邦联的松散，实行中立的印第安人缓冲国计划"。但是，"美国人将保留要塞看作英国的一场阴谋，而印第安人则把它看作战斗的继续"。⑤

---

① Edward Butts, *Simon Girty: Wilderness Warrior*, p. 174.

② Sami Lakomäki, *Gathering Together: The Shawnee People through Diaspora and Nationhood, 1600 – 1870*, New Haven & London: Yale University Press, 2014, pp. 116 – 117.

③ 要塞包括：米奇利麦基诺（Michilimackinac）、底特律、尼亚加拉、奥斯威戈、奥斯维加奇、普雷斯克艾尔。见王晓德《美国外交的奠基时代（1776 ~ 1860）》，中国社会科学出版社，2013，第 135 页。

④ 1783 年 11 月，哈尔迪曼德还向诺斯勋爵提到一项避免敌对的印第安人缓冲区的计划，即建议英国和美国共同向印第安人保证位于俄亥俄河西部和五大湖区南部的土地，不应开放给英国臣民或美国公民定居，而生活在那儿的印第安人也不应被视为英国或美国的国民。但该地区的贸易允许英国人和美国人自由进行。见 G. G. Hatheway, "The Neutral Indian Barrier State: A Project in British North American Policy, 1754 – 1815," pp. 326 – 328。

⑤ Alan Taylor, *The Divided Ground: Indians, Settlers, and The Northern Borderland of the American Revolution*, p. 114.

通过上述行动，英国与印第安人之间的盟友关系得以修复，同时，双方就俄亥俄河作为印第安人与美国的边界线达成共识。英印联盟的恢复、要塞的保留和印第安联盟的建立，这些举措无疑是英国企图借用印第安人的力量，以期迫使新生美国与印第安人谈判时做出妥协，承认俄亥俄河线。不过，美国却不会让英国的意图得逞。

## 二　英国代理人的煽动与西北印第安人抵抗美国运动的开展

独立战争结束后，英国在西北印第安人中最具影响力的代理人，分别是亚历山大·麦克基、马修·艾略特和西蒙·格蒂。他们三人具有代理人的很多共同特质。首先，他们都是宾夕法尼亚边区的爱尔兰移民，他们的父亲或自己是印第安人地区的毛皮商人（兼代理人）。因此，他们从小就生活在跨文化的复杂环境中，了解且适应印第安人的文化习俗和生活方式。其次，革命时期，他们共同叛逃到底特律，站在英国一边，成为印第安事务部的代理人或翻译员，与印第安人一起共同对抗殖民地的反叛者。由此，他们在印第安人中间建立了良好的声誉和声望。再次，麦克基和艾略特的妻子都是肖尼人，而格蒂则是完全印第安化的白人。因而，他们与印第安人之间有很强的亲属关系纽带，这进一步加深了他们对印第安人的同情，提升了他们在印第安人中的影响力。最后，他们的经济利益和个人地位取决于俄亥俄河以西的印第安人地区。此外，他们还是美国拓荒者最憎恶之人，国会甚至重金悬赏他们的人头。①

从某种程度上讲，上述代理人与西北印第安人是命运共同体，特别是印第安化的西蒙·格蒂，早已将自己视为印第安人的一员。② 因此，美国移民侵占印第安人土地或美国政府强迫印第安人割让俄亥俄河以西的土地时，上述代理人的经历和立场，决定了他们坚定地煽动乃至支持印第安人以武

---

① 参见 Larry L. Nelson, *A Man of Distinction among Them: Alexander McKee and the Ohio Country Frontier, 1754 - 1799*; Reginald Horsman, *Matthew Elliot, British Indian Agent*; Edward Butts, *Simon Girty: Wilderness Warrior*; John Wayne McKimmy Jr., "Simon Girty: A Native American Hero," Master Dissertation, Eastern Michigan University, 1997.

② John Wayne McKimmy Jr., "Simon Girty: A Native American Hero," pp. 42 - 43, 75 - 76.

力抵抗美国的入侵，把美国人赶出俄亥俄河的西部。

经英国的安抚后，印第安人非常期待新生的美国会承认他们的土地权利。但结果恰恰相反，美国在一段时期内以高傲的胜利者的姿态和渴望报仇的心态来对待印第安人。当时美国急需西北地区的土地作为国家财政收入的重要来源以偿还巨额债务和作为退伍军人的奖励金。另外，"美国根据宪章权利和作为英国王权继承者的权利，期望并声称拥有北美的内陆地区"。① 因此，美国根本无视印第安人的土地权利，并且利用征服权利理论没收印第安人的土地。国会在 1783 年 10 月 15 日制定的法令中，确立了美国对俄亥俄地区的所有权。法令的第三款宣布，"……如今，英国是战败者，那么作为英国盟友的印第安人也是战败者，本来战败者将丧失一切土地和权利……考虑到广阔的土地足够容纳我们所有人……在我们和他们之间确立一条边界线"。国会决议，边界线的"西端远至大迈阿密河"。② 这与英国和印第安人坚持的俄亥俄河边界线相去甚远。此外，美国采用与各个部落缔结条约的方式来瓦解印第安联盟，但条约专员不懂印第安人的外交礼仪，又施以威逼利诱的手段，强迫出席会议的少数印第安人签署条约。这必然招致西北印第安人的不满。

加拿大的英国官员和代理人，既要奉行来自英国政府鼓励西北印第安与美国和平的政策，又必须维持英国与印第安人的联盟关系。③ 这就导致他们对待印第安人的政策与行动之间无法保持一致。此外，代理人为了维护自身的利益和对印第安人的同情，他们不是积极推动和平，反而积极煽动和支持西北印第安人进行抵抗。

1785 年 1 月，俄亥俄的部分印第安人与美国缔结《麦金托什堡条约》，立即引起了该地区其他部落的强烈不满。3 月，麦克基在收到多位肖尼族首领催促他"指示俄亥俄的其他部落放弃该条约"的联名信后，积极响应，

---

① Colin G. Calloway, "Suspicion and SelfInterest: The BritainIndian Alliance and the Peace of Paris," p. 41.

② Worthington Chauncey Ford, ed., *Journals of Continental Congress, 1774 – 1789*, Vol. 25, Washington: Government Printing Office, 1922, pp. 681 – 695.

③ 英国在外交上的孤立，更加凸显北美印第安盟友在维护加拿大安全上的重要性。"1775 年美国革命爆发到 1815 年拿破仑战败的这 40 年，英国几乎没有军事盟友。"见 Timothy D. Willig, *Restoring the Chain of Friendship: British Policy & the Indians of Great Lakes, 1783 – 1815*, p. 2。

与俄亥俄各部落进行了协商，以争取支持反对该条约。① 与此同时，其他代理人也积极劝说印第安人，甚至怂恿他们袭击美国定居者。哈默尔（Harmar）在 6 月 1 日向美国陆军部长亨利·诺克斯（Henry Knox）报告："自条约签署以来，底特律的英国人不断地前往印第安人村镇发表演讲。据可靠情报，印第安人中间的一些贸易商，正在利用各种手段让他们对美国人产生不好的印象。"10 月 5 日，根据麦考密克先生（Mr. McCormick）的情报，艾略特在肖尼族的各村镇劝说印第安人，"你们最好能够像男人一样战斗，而不是放弃土地，像狗一样饿死"。格蒂和考德威尔（Caldwell）则在德拉瓦尔族和怀恩多特族的各村镇，劝说"印第安人不要前往大迈阿密河进行条约谈判"。在代理人的劝说和煽动之下，西北印第安各部落积极反对美国的条约，甚至有了敌对意图，"正在酝酿一场针对美国人的全面战争。"②

1786 年 2 月，《芬尼堡条约》的相关消息传到肖尼人的村落后，引起了肖尼人的极大不满，成为西北印第安人走向武力抵抗的导火索。4 月 29 日，肖尼族主要首领给底特律的英国人带去消息说，美国人"欺骗了我们，他们告诉我们国王已经把整片土地都割让给了美国，直到我们的朋友（马修·艾略特）向我们解释，我们才意识到自己犯了错误"。他们催促英国人向他们提供援助和给予他们建议，因为"我们被那些试图毁灭我们的美国人欺骗了"。③ 恰在此时，在印第安人中间具有重要影响力的代理人麦克基、艾略特和格蒂"正在各部落间行走，敦促他们抵抗美国人"④。因此，1786年春夏两季，肖尼人、明戈人、迈阿密人、波托瓦塔米人和切罗基人以越来越凶猛的势头向美国边疆发起袭击。

肖尼人对《芬尼堡条约》的违背和对美国边疆的袭击，给肯塔基人袭击他们找到了借口。1786 年秋，乔治·罗杰斯·克拉克（George Rogers

---

① Larry L. Nelson, *A Man of Distinction among Them: Alexander McKee and the Ohio Country Frontier, 1754 – 1799*, pp. 152 – 153.

② William Henry Smith, ed., *The St. Clair Papers*, Vol. 2, Cincinnati: Robert Clarke & CO, 1882, pp. 6, 10 – 12.

③ 麦克基还敦促肖尼人不要将土地割让给美国人，尽管他在加拿大的奥塔瓦人和切皮瓦人居住区拥有大片土地。见 William Heath, *William Wells and the Struggle for the Old Northwest*, Norman: University of Oklahoma Press, 2015, pp. 70, 415。

④ Edward Butts, *Simon Girty: Wilderness Warrior*, p. 184.

Clark）和本杰明·洛根（Benjamin Logan）领导的肯塔基民兵袭击大迈阿密河沿岸的肖尼村镇，"烧毁他们 7 座村镇，杀死 10 名酋长，以及给他们的庄稼和牛带来重大损失"。① 肯塔基人的袭击不但没有压垮肖尼人，反而"坚定了该部落反对美国人的决心，并加强了他们对英国的依附。……到了1787 年春，该部落增加了对俄亥俄河谷的袭击次数"②。

俄亥俄边疆暴力的升级令加拿大总督多切斯特勋爵（The Lord Dorchester）感到担忧。他在 12 月 11 日致西德尼勋爵的信中写道："美国人侵犯俄亥俄西部的肖尼人乡村，烧毁他们的一些村落，掳走一些作为俘虏的妇女和儿童。印第安人集会的小镇也被埋在灰烬之中……他们的惊恐日盛一日。"对此，英国政府为了让印第安人保持忠诚和提升信心，开始增加给予印第安部落的补给和礼物的数量。西德尼勋爵甚至建议，给印第安人发子弹和火药是明智的，这样可以更好地保护他们自己免受美国人的袭击。③ 英国的援助虽是防御性的，但在西北印第安人看来，英国支持他们对美国边疆的袭击。

为了更好地抵御美国的扩张，1786 年 12 月底，所有部落在底特律召开大会。在这次历史性的会议中，印第安联盟起草了一封给美国国会的信。信的主要内容是："印第安人希望美国重新考虑《斯坦威克斯堡条约》、《麦金托什堡条约》和《芬尼堡条约》，在缔结一项新的总条约之前，美国应停止侵占俄亥俄河谷印第安人的土地。"他们认为这些建议是合理的，如果美国拒绝，部落成员除了战斗，别无选择。④ 联盟的呼吁与英国的模糊政策，和代理人的鼓动密切相关，"按照官方说法，西蒙·格蒂是一名翻译，与麦克基和艾略特一起，他在那里鼓励酋长们信守他们对联盟的承诺，继续战斗"。⑤

---

① Randolph C. Downes, *Council Fires on the Upper Ohio: A Narrative of Indian Affairs in the Upper Ohio Valley until 1795*, p. 298.

② Larry L. Nelson, *A Man of Distinction among Them: Alexander McKee and the Ohio Country Frontier, 1754 – 1799*, p. 154.

③ Robert S. Allen, *His Majesty's Allies: British Indian Policy in The Defence of Canada, 1774 – 1815*, pp. 67 – 69.

④ Randolph C. Downes, *Council Fires on the Upper Ohio: A Narrative of Indian Affairs in the Upper Ohio Valley until 1795*, pp. 300 – 301.

⑤ Edward Butts, *Simon Girty: Wilderness Warrior*, pp. 187 – 188.

联盟给国会的信代表了印第安人对美国的最后通牒，也表明英国和代理人利用印第安联盟的力量，迫使美国与印第安联盟重新缔结一项承认以俄亥俄河为边界线的总条约，进而建立一个由英国控制的俄亥俄地区。然而，美国对西北土地的诉求和计划，在各项土地法令中已有明确的安排，当然不会在边界线上让步。

## 三　英国代理人对西北印第安人走向战争的支持

美国对印第安人提议缔结新的总条约的反应非常迟缓，迟迟未对美国与印第安联盟的会议做出安排。自1786年12月底至1788年7月，英国代理人和西北印第安人在漫长的等待中失去了耐心，因为在此期间越过俄亥俄河的移民数量至少1.5万人，其中还包括大量的猪马牛羊等。①

1788年6月以前，英国代理人麦克基还担心，"暴力的增加可能会中止计划中的谈判，"因此他全年都在努力控制西部印第安人外出袭击。之后，麦克基见美国人仍不愿安排与所有印第安人缔结一项总条约的会议，促使他改变了此前的策略。8月，他在罗奇·德·波特（Roche de Bout）举行了一次会议。会上，麦克基"奚落了与美国人会晤的提议，并告诉肖尼人不要去参加会议"。他声称："条约实现不了任何东西，因为即使部落能够与联邦政府谈判缔结一项条约，条约也很快就会被肯塔基的非正规军打破。"②在麦克基的鼓动之下，原本就倾向于暴力抵抗的西北印第安人更是强调"战争"而不是和平。当年7月12日，一群奥塔瓦人对驻守在马斯金格姆瀑布守卫条约用品的士兵发动了袭击，造成两死两伤。两周后，另一支队伍袭击了运送物资到文森尼斯的士兵和船夫，造成18人死亡或受伤。③

10月，在迈阿密为哈默尔堡条约会议做准备的会晤中，印第安联盟在讨论战与和的问题时出现了严重分歧。这导致印第安联盟分裂为以肖尼人

---

① 统计数字由笔者汇总。见 David W. Miller, *The Forced Removal of American Indians from the Northeast: A History of Territorial Cessions and Relocations, 1620 – 1854*, Jefferson, North Carolina: McFarland & Company, 2011, p. 124。

② Larry L. Nelson, *A Man of Distinction among Them: Alexander McKee and the Ohio Country Frontier, 1754 – 1799*, pp. 155 – 156.

③ David Andrew Nichols, *Red Gentlemen and White Savages: Indians, Federalists, and the Search for Order on American Frontier*, pp. 91 – 92.

和迈阿密人为主的强硬派和以易洛魁人和怀恩多特人为主的妥协派。11 月中旬，印第安联盟向圣克莱尔发出一份文件，内容包含由布兰特和东部部落提出的"以马斯金格姆河为边界线，且无须支付金钱和商品"。对此，圣克莱尔表示拒绝，并坚持《麦金托什堡条约》和《芬尼堡条约》中确立的边界线。这意味着印第安联盟希望与美国缔结一项以俄亥俄河为边界线的条约宣告失败。

尽管如此，圣克莱尔还是抓住印第安联盟分裂的契机，于 1789 年 1 月 9 日与一些部落单独缔结了重申原有边界线的《哈默尔堡条约》。不同的是，在这次会议上，美国提供了价值几千美元的礼物和物资。① 这表明联邦政府放弃了邦联时期的征服权利理论转而实行"购买政策"。实际上，《哈默尔堡条约》与之前的征服条约一样，明显缺少广泛代表性，"没有任何一个西部部落出席会议"，完全忽视了作为整体的印第安联盟，故无法阻止美国与印第安人之间的敌对行为。② 而此时，印第安联盟的权力转移到了西北地区强硬派的肖尼人和迈阿密人手中。

《哈默尔堡条约》后，西北印第安人成为英国维护加拿大安全最重要的盟友和建立中立的印第安人缓冲国最后的机会。因此，麦克基对 1789 年 6 月来到底特律的印第安代表团的援助请求给予了积极的响应。虽未接受"战争烟管"（War Pipe）③，但麦克基表示英国愿意继续向印第安人提供秘密支持。为进一步鼓舞印第安人的士气和信心，7 月 1 日，麦克基"鼓励印第安人联盟团结一致，并承诺印第安人英国的军事和经济援助是可以依靠的"④。不久，约翰·克利夫斯·辛姆斯（John Cleves Symmes）转述了美国间谍伊萨克·弗里曼（Isaac Freeman）的情报，英国正在为西北印第安人提供武器弹药，仅肖尼族酋长蓝夹克的房子里就有多达"500 磅的火药和足够

---

① *American State Papers: Indian Affairs*，*1789 – 1827*，Vol. 1，Washington，D. C：Published by Gales and Seaton，1832，pp. 57.

② Sarah E. Miller，"An Ohio River Boundary? The Contested for Ohio Country，1783 – 1795，" pp. 90 – 93.

③ "战争烟管"，是印第安人外交礼仪中的重要器具，是印第安人在战争时期或临战争时期向盟友寻求军事支持时的象征物。烟管分两种，即战争烟管和和平烟管，两者的区别在于颜色不同，前者为黑色，后者为红色。

④ Richard S. Grimes，*The Western Delaware Indian Nation，1730 – 1795: Warriors and Diplomats*，Bethlehem：Lehigh University Press，2017，pp. 249 – 250，266.

100 支毛瑟枪使用的铅"，此外，英国人还从底特律运送给村镇上的每一位酋长同样数量的弹药，麦克基还带来两门火炮。① 麦克基的鼓励和物资弹药补给的援助，让西北印第安人抱有这样一种希望：他们仍然在底特律和加拿大的英国"父亲"最终会"参加战争并援助他们"对付美国人。② 因此，他们对俄亥俄河谷和肯塔基的袭击也日渐频繁。

1789 年 4 月至 1790 年初，关于西北印第安人袭击肯塔基、俄亥俄河谷等边疆定居地的报告，陈述了印第安人的"劫掠"对定居地居民造成的生命财产损失和心理恐惧，并请求民兵为定居地提供保护。③ 对此，1789 年 9 月，圣克莱尔总督就"沃巴什印第安人和肯塔基人民之间因缺乏控制而暴力持续不断"一事，请示华盛顿总统如何行事。此时，华盛顿总统和诺克斯从国家利益出发，希望能够抓住最后的机会，避免一场印第安人战争。华盛顿指示圣克莱尔，尽快了解沃巴什和伊利诺伊斯印第安人和与战的倾向，并通告他们联邦政府的和解态度。倘若当前形势得不到扭转，可以发动一场"正义的战争"。华盛顿授权圣克莱尔，如有必要，可以总统的名义召集民兵，自行决定进攻或防御。④ 其实，持续的边疆暴力冲突早已使边疆的军官们对和平不抱希望。不过，圣克莱尔还是遵照指示行事。

圣克莱尔在争取和平上做了一定的努力，但显然毫无诚意。1790 年 1 月底，他向汉特拉姆克少校（Major Hamtramck）寄去一封给西北印第安人的和平信。汉特拉姆克于 3 月 16 日派皮埃尔·甘梅林（Piere Gamelin）去送信，其因人身受威胁止步于福米粮（Vermilion）。4 月 1 日，改派安东尼·甘梅林（Antoine Gamelin）去沃巴什河和迈阿密河流域送信。从甘梅林记述的日志中，我们可以了解到印第安人的态度和英国人对他们的重要影响：

> 要阻止年轻的战士袭击是不可能的，因为他们经常受到英国人的

---

① Sarah E. Miller, "An Ohio River Boundary? The Contested for Ohio Country, 1783 – 1795," pp. 101 – 102; John Sugden, *Blue Jacket: Warrior of the Shawnees*, Lincoln & London: University of Nebraska Press, 2000, p. 86.

② Richard S. Grimes, *The Western Delaware Indian Nation, 1730 – 1795: Warriors and Diplomats*, p. 250.

③ American State Papers: Indian Affairs, 1789 – 1827, Vol. 1, pp. 83 – 87.

④ 请示和指示，分别见 William Henry Smith, ed., *The St. Clair Papers*, Vol. 2, Cincinnati: Robert Clark & CO, 1882, pp. 123 – 124; *American State Papers: Indian Affairs, 1789 – 1827*, Vol. 1, p. 97。

怂恿……英国军官是他们的父亲……没有他们的同意，他们什么也做不了；不承认《哈默尔堡条约》。最后，蓝夹克向甘梅林透露……如果美国人不清除河北边的定居者，印第安人部落［肖尼］、易洛魁、怀恩多特，也许还有许多其他部落就不会与美国妥协。①

美方在派信使期间，麦克基正利用莫米河沿岸的两个要塞向参战的印第安人分发武器、弹药和补给品。1791 年，被带到这里的美国俘虏托马斯·雷亚（Thomas Rhea）注意到，要塞是一个巨大的建筑，里面有 11 个仓库，装满了武器、弹药、玉米、猪肉和豌豆。② 得到英国军事物资援助的西北印第安人，毫不迟疑地向俄亥俄河谷进发以捍卫属于他们的俄亥俄河西部地区。

1790 年春夏，关于印第安人袭击边疆的报告接踵而至。3 月中旬，哈里·英尼斯（Harry Innes）将 1790 年以来的情况告知约翰·布朗（John Brown）：共 25 人被杀，1 人失踪，3 人受伤，若干马匹被盗。3 月 24 日，哈默尔告知诺克斯，印第安人将会继续谋杀和劫掠居民，尤其是袭击俄亥俄河过往的船只，已导致十多人被杀，损失估计 4000 英镑。4 月 4 日，威廉·道威尔（William Dowell）告知约翰·布朗，印第安人潜伏在赛欧托河口，利用诱饵劫掠俄亥俄河上过往的许多船只并且杀害船员，损失严重，造成极大恐慌。③ 诸如此类的消息，从未间断。

到 5 月，甘梅林仍未收到回复时，西北印第安人已经走向战争。5 月 22 日，汉特拉姆克少校告知圣克莱尔，"所有的印第安人已经走向战争。来自米奇利麦基诺的一大群印第安人和一些波托瓦塔米人已经奔袭肯塔基，而迈阿密人还焚烧了一个美国俘虏"。④ 麦克基在 5 月初也告知约翰逊爵士："尽管切罗基人、肖尼人和迈阿密人参与了对俄亥俄河上的船只的袭击，但肖尼人却公开宣布自己与美国开战。"⑤

在此形势下，美国决定与敌对印第安人开战，以期征服或剿灭他们。

①　William Henry Smith, ed., *The St. Clair Papers*, Vol. 2, pp. 155 – 160.
②　Larry L. Nelson, *A Man of Distinction among Them: Alexander McKee and the Ohio Country Frontier, 1754 – 1799*, pp. 157 – 158.
③　*American State Papers: Indian Affairs, 1789 – 1827*, Vol. 1, pp. 86 – 91.
④　*American State Papers: Indian Affairs, 1789 – 1827*, Vol. 1, p. 87.
⑤　John Sugden, *Blue Jacket: Warrior of the Shawnees*, p. 87.

诺克斯向华盛顿总统概述了边疆形势。他指出："防御行动对俄亥俄西北地区的盗匪肖尼人、切罗基人和一些沃巴什印第安人是无效的，……铲除上述盗匪是重要且必要的，如果可以为此目的制定可行措施的话。"① 6月7日，根据华盛顿总统的命令，诺克斯指示哈默尔准将与圣克莱尔总督，相互商讨有效方法以"彻底铲除上述盗匪"②。这条指示标志着美国向西北印第安人宣战。

不幸的是，1790年秋美国由哈默尔将军领导的第一场征讨印第安人的战争失败了。但西北印第安人清楚美国为雪国耻很快会卷土重来。美国政府也明白，印第安人的胜利将大涨其士气，获得更多邻近部落及某些怀有恶意的白人的支持，不会与美国寻求和平。因此，此次战役"不仅没有缔造边疆的和平，反而导致一场更全面和更粗暴的战争"③。

## 四　英国建立印第安人缓冲国的图谋及其失败

凭借印第安人的胜利，英国和加拿大的官员试图开始在印美交战双方进行外交斡旋。在代理人的努力下，印第安联盟也愿意让出部分俄亥俄河以北的土地，以马斯金格姆河为边界线。然而，美国对调停并不感兴趣。当英国计划调停时，美国人又发起了一次军事远征。④ 不过，1791年11月，由圣克莱尔率领的军队对西北印第安人的征讨再次失利。须指出的是，与印第安人一起参战的白人志愿者有150名加拿大人和来自底特律的两名上尉，此外还有领导怀恩多特人一起战斗的西蒙·格蒂。⑤ 英国的援助⑥和白人志愿者的参与是西北印第安人能够走向战争并获胜的一个重要因素。

圣克莱尔的惨败对美国是一个巨大的打击。因此，美国只好派遣自己

---

① William Henry Smith, ed., *The St. Clair Papers*, Vol. 2, pp. 146 - 147.

② *American State Papers: Indian Affairs, 1789 - 1827*, Vol. 1, pp. 97 - 98; William Henry Smith, ed., *The St. Clair Papers*, Vol. 2, pp. 147 - 148.

③ Wiley Sword, *President Washington's Indian War: The Struggle for the Old Northwest, 1790 - 1795*, p. 130.

④ Reginald Horsman, *Matthew Elliot, British Indian Agent*, pp. 62 - 63, 66 - 67.

⑤ Colin G. Calloway, *The Victory with No Name: The Native American Defeat of the First American Army*, pp. 107, 112.

⑥ 见 Timothy D. Willig, *Restoring the Chain of Friendship: British Policy & the Indians of Great Lakes, 1783 - 1815*, p. 37; John Sugden, *Blue Jacket: Warrior of the Shawnees*, pp. 107 - 108.

的使者传达美国的善意与和平的愿望，邀请友好部落的印第安代表前往西部劝说和平，对西北印第安人发起一波韬光养晦的和平攻势。其意在为随后的安东尼·韦恩将军（General Anthony Wayne）招募和训练军队争取宝贵的时间，确保在下一次征讨西北印第安人时，美国能够绝对取胜。

对于英国和加拿大当局而言，这是通过外交渠道介入西北印第安人与美国谈判的好机会，试图把印第安人的诉求作为英美外交解决两国分歧的附带条件。当时英国首相小威廉·皮特（William Pitt 'the Younger'）正致力于建立一个边界线大致围绕密西西比河、俄亥俄河和五大湖的印第安人缓冲国（Neutral Indian Barrier State）：

> ……一个独立的国家（Country），对于该独立国家，英国和美国将撤回其所有的权利要求或财产，并将同意决不在该协议所规定的边界内建立任何要塞，并应彼此约束，不以购买或以其他方式从印第安人那儿获得上述边界内的任何土地或定居点。①

1792 年 3 月，英国外交大臣格伦维尔勋爵（The Lord Grenville）指示驻美大使乔治·哈蒙德（George Hammond），提议以 1791 年印第安人提出的马斯金格姆河边界线作为谈判解决方案的基础。哈蒙德与美方几经交涉后无果，因为只要英国仍占据着西部要塞，美国就不予考虑调解的问题。不久，英国当局便搁置了调解的提议。但上加拿大副总督约翰·G. 西姆科（John G. Simcoe）却不愿放弃。他希望利用麦克基等人在印第安人中的影响来呼吁印第安人支持缓冲国计划。

对印第安人而言，他们虽取得了胜利，但也暴露出他们高度依赖英国的弱点。只要美国拒绝承认他们在西北地区的主权，战争将会继续，英国对他们就越重要。因此，蓝夹克、小乌龟等重要首领倾向于将印第安人与英国的利益更紧密地交织在一起，他们更加信任英国，甚至"将麦克基看作他们的救命稻草"②。于是，10 月初，麦克基在格莱泽（Glaize）召开印第安联盟大会时，代表联盟发言的肖尼族酋长帕因特德·波列（Painted

---

① G. G. Hatheway, "The Neutral Indian Barrier State: A Project in British North American Policy, 1754 – 1815," p. 365.

② Timothy D. Willig, *Restoring the Chain of Friendship: British Policy & the Indians of Great Lakes, 1783 – 1815*, pp. 37 – 38.

Pole）说："我们希望……父亲会尽力为我们伸张正义，因为必须通过父亲的力量和调解，我们才能期望结束我们的麻烦。"① 这就为麦克基等人协助他们与美国人的和谈提供了机会。

然而，在印美双方的桑达斯基和谈开始之前，美国第三支远征军即由5000人组成的韦恩"军团"于5月初已抵达华盛顿堡，接着又沿迈阿密河谷进抵杰斐逊堡。这让印第安人和麦克基等人对美国和谈的诚意有所怀疑。因此，在双方会晤之前，为了统一思想和行动，麦克基在漠米河的拉皮兹召开了一次漫长的印第安人大会。与此同时，麦克基和艾略特为大会提供了大量补给品：

> 5月下旬的额外补给品一共是：20桶猪肉，20桶面粉，还有盐、大米和豌豆。6月19日离开底特律前往拉皮兹的船装载了5桶火药和1000磅炮弹等物资。到6月底7月初，几乎每天都有新的补给运往拉皮兹：24日，送来18头牛；25日，50袋印第安玉米和6桶猪肉；28日，40桶猪肉、40袋面粉、40袋豌豆和130袋玉米。②

这些补给品既为吸引更多西部印第安人前来，也为和谈失败后的战争做准备。在会上，布兰特提出以1791年的马斯金格姆河为边界线的妥协方案，但在麦克基的影响下印第安联盟最终赞成以俄亥俄河为界。而美国的条件是"重申18世纪80年代条约中所确立的边界线"③。可见，印美双方在边界线上的要求仍没有改变。结果可想而知，和平谈判于8月17日以失败告终。④ 这标志着英国或加拿大的官员梦想在俄亥俄地区建立一个中立且独立的印第安人缓冲国的计划破产。

和谈失败后，韦恩立即开始向北进军，但没有冒险发动秋季战役。1793年秋，军队深入到印第安人领地建造格林维尔堡（Fort Greenville）。12月，军队继续向北推进，停在圣克莱尔战败的地方，在那里建造了复兴堡（Fort Recovery）。就在这个冬季，局势发生了变化。英国严重干扰美国的海运引

---

① Timothy D. Willig, *Restoring the Chain of Friendship: British Policy & the Indians of Great Lakes, 1783 – 1815*, p. 40.

② Reginald Horsman, *Matthew Elliot, British Indian Agent*, pp. 77, 79.

③ *American State Papers: Indian Affairs, 1789 – 1827*, Vol. 1, pp. 340 – 342.

④ 和谈具体过程，见 Reginald Horsman, *Matthew Elliot, British Indian Agent*, pp. 82 – 91。

起了英美紧张气氛，导致加拿大总督多切斯特勋爵做出两个过激的行动：一是 1794 年 2 月 10 日，他向印第安人发表演说，公开预测英国将在不到一年的时间里再次与美国开战；二是一周后，他命令西姆科在漠米河边建造一座新要塞迈阿密堡，以保护底特律免受韦恩军队的攻击。① 这两个行动让西北印第安人欣喜地相信，他们可以指望得到英国的援助来对抗美国人。到 1794 年 6 月，大约有 1500 名②印第安战士集结在格莱泽，等待行动。此外，代理人格蒂和艾略特与 60 名加拿大民兵一起加入战斗。③

不过，印第安人由于后勤不足和内部存在矛盾，加上韦恩军队过于强大且有备而来，8 月 20 日，韦恩军队在"倒树之战"中将印第安人彻底击败。当印第安人撤退到迈阿密堡寻求援助时，英国军官威廉·坎贝尔少校（Major William Campbell）拒绝了印第安人的请求。再次遭遇英国背叛的印第安人深感绝望，除了逃窜他们别无选择。不久，无奈的印第安首领们便向韦恩投降。经过谈判，1795 年 8 月 13 日，西北印第安人与美国缔结割让俄亥俄大片领土的《格林维尔条约》（Treaty of Greenville）。至此，美国对西北印第安人取得彻底的胜利，结束十多年来边疆的暴力冲突，为西北地区赢得了一代人的和平。

## 结　语

1783 年，《巴黎条约》引起印第安盟友的不满后，英国立即对印第安人采取了安抚政策，以修复他们之间的盟友关系。其意图是维护加拿大的安全、毛皮贸易和限制美国向西向北扩张。然后，英国将自己定位为印美之间缔结和平的调解员，希望借助印第安人的力量和利用松散的美国邦联的弱点，迫使美国与印第安人缔结一项以俄亥俄河为边界的和约，进而大致在俄亥俄河以北、五大湖区以南和密西西比河以东建立一个中立的印第安人缓冲国。

---

① 〔美〕雷·艾伦·比林顿：《向西部扩张：美国边疆史》（上册），周小松等译，韩维纯校，商务印书馆，1991，第 303 ~ 304 页。
② 战士人数，见 Wiley Sword, *President Washington's Indian War: The Struggle for the Old Northwest, 1790 - 1795*, pp. 277 - 278。
③ Timothy D. Willig, *Restoring the Chain of Friendship: British Policy & the Indians of Great Lakes, 1783 - 1815*, p. 56.

　　然而，英国从一开始就打错了算盘。印第安人坚守的是 1768 年《斯坦威克斯堡条约》中的俄亥俄河边界线，英国的政策使印第安人更加坚信这条边界线，而新生的美国为了向西移民扩张和迫切需要大量的西北土地来解决邦联的财政危机，坚持必须以大迈阿密河为边界线。因此，美国虽以威逼利诱的手段强迫部分印第安人签订了"征服条约"，但英国模棱两可的印第安人政策、代理人的煽动与支持，令西北印第安人相信英国强大而美国弱小，相信倘若与美国发生战争，英国不但提供物资弹药，还会予以军队援助。在这种背景下，西北印第安人毅然决然地走上了以武力捍卫家园的道路，而美国为夺取印第安人土地和防止西部脱离联邦而出兵征讨。由此，印第安战争爆发。

　　因此，在分析美国边疆暴力冲突的原因时，许多军官和领导人都认为，英国人的怂恿与支持是边疆暴力的根源。汉特拉姆克少校认为，"只要英国继续占领北部要塞，与印第安人的和平就无从建立。因为他们确实每天都在我们和印第安人之间播下不和的种子"。[1] 在一次会议上，华盛顿总统的内阁官员一致同意，"若没有外国的干涉，印第安人在边疆的敌对行动将会停止，或者至少会减缓。驱逐英国人，被认为是缓解西北地区紧张局势的最有效方法"。[2] 华盛顿总统对英国的声讨可谓最为全面：

　　　　我们在与印第安人交往的过程中所遭遇的种种困难，他们的敌意，在我们的边境手无寸铁的妇女和无辜的儿童被谋杀，无一不是英国代理人挑唆的结果。英国政府听任其代理人逍遥法外……英国政府为所有印第安部落提供武器、弹药、被服，甚至粮草，这些事实不容抵赖……他们还会进一步派遣人员，乔装改扮后加入战斗。因此，英国政府否认下过允许上述行动的命令是徒劳的。[3]

　　必须说，美方的言论将战争的根源归于英国，确有掩饰其对印第安人土地的侵占而导致战争的实质，但也揭示了英国及其代理人在印第安人战

①　William Henry Smith, ed., *The St. Clair Papers*, Vol. 2, pp. 146 - 147.

②　Michael Darryl Carter, "Nation Building and the Military: The Life and Career of Secretary of War Henry Knox, 1750 - 1806," Ph. D. Dissertation, West Virginia University, 1997, p. 294.

③　John C. Fitzpatrick, ed., *The Writings of George Washington*, Vol. 33, Washington, D. C.: Government Printing Office, 1940, pp. 484 - 485.

争中扮演的重要角色。英国从背弃印第安盟友，到安抚，再到代理人的煽动与支持，无不带着维持英国与印第安人的联盟关系，进而维护加拿大的安全和毛皮利益的目的。正是英国的这些举措进一步加强了印第安人走向战争的决心。从这个意义上讲，英国模糊的印第安人政策和代理人的支持与煽动是西北地区印第安战争的重要外部因素。在某种程度上，也可说是促成印第安人战争的根源之一。

（作者简介：刘永浩，南开大学世界近现代史研究中心博士研究生）

# 墨西哥实证主义教育的确立
# 及其特点（1867～1876）<sup>*</sup>

王 译

**内容提要**：实证主义教育是以贝尼托·华雷斯为首的自由派为和平地进入自由主义社会所寻求的一种新方案。复兴共和国时期实证主义教育的确立主要表现在以实证主义为指导思想，颁布建立实证主义教育体系的法案，在课程设置、教学方法等方面的改革。实证主义教育具有反教权主义、重视自然学科与轻视人文学科、强调国家对教育的监管与指导、自由主义实质、关注女性和印第安人边缘群体的特点。虽然政治、经济等因素的限制使实证主义教育并未取得预期效果，但却开启了一个世俗教育的新纪元。

**关键词**：墨西哥 实证主义教育 贝尼托·华雷斯 塞巴斯蒂安·莱尔多 国立预科学校

墨西哥复兴共和国（República Restaurada）时期涵盖了贝尼托·华雷斯（Benito Juárez）统治后期（1867～1871）和塞巴斯蒂安·莱尔多·德·特哈达（Sebastián Lerdo de Tejada）统治时期（1872～1876），是墨西哥实证主义教育发展的确立时期。复兴共和国时期的实证主义教育是由以加比诺·巴雷达（Gabino Barreda）为首的实证主义教育家主导、孔德实证主义思想指导、针对不同等级教育的改革。它是自由派政府根据当时墨西哥政

* 本文为教育部人文社会科学重点研究基地重大课题"独立以来拉美主要国家的社会转型研究"（19JJD770007）的阶段性研究成果。

治需求和社会现实，以建立思想秩序、谋求社会发展为直接目的，以进入自由主义社会为根本目的的教育改革。本文试图从实证主义教育的确立背景、改革内容和特点三方面来论述墨西哥复兴共和国时期实证主义教育的发展情况，以期加深对该时期实证主义教育的认识和理解。

　　国外关于墨西哥实证主义教育的研究，或从宏观角度笼统地论述[①]，或就实证主义教育的某一方面展开详细论述[②]。国内学者暂无专门论述墨西哥实证主义教育的研究成果，但有些学者的作品涉及实证主义教育的相关内容。[③]

## 一　实证主义教育确立的背景

　　1867 年，以华雷斯为首的自由派战胜保守派并驱逐了法国侵略者后，

---

[①]　参见 Josefina Zoraida Vázquez（Coord.），*La Educación en la Historia de México*，México：El Colegio de México，1992；Dorothy Tanck de Estrada（Coord.），*Historia Mínima de la Educación en México*，México：El Colegio de México；Seminario de la Educación en México，2010；Francisco Larroyo，*Historia Comparada de la Educación en México*，México：Editorial Porrúa，1967；François‐Xavier Guerra，*México del Antiguo Régimen a la Revolución*，Vol. I，México：Fondo de Cultura Económica，1988；Josefina Vázquez de Knauth，*Nacionalismo Educación en México*，México：El Colegio de México，1970；Ernesto Meneses Morales，*Tendencias Educativas Oficiales en México，1821 – 1911*，México：Universidad Iberoamericana，1998。

[②]　关于墨西哥初等教育的改革，参见 Héctor Díaz Zermeño，"La Escuela Nacional Primaria en la Ciudad de México，1876 – 1910，" *Historia Mexicana*，No. 29，1979，pp. 59 – 90。关于墨西哥预科教育的改革，参见 Charles A. Hale，*The Transformation of Liberalism in Late Nineteenth‐Century Mexico*，New Jersey：Princeton University Press，1989；Guadalupe Muriel，"Reformas Educativas de Gabino Barreda，" *Historia Mexicana*，Vol. 13，No. 4，1964，pp. 551 – 577；María Mayte Cruz Pérez，Ana Rosa Angela González Estrada，"La influencia del Positivismo en la Escuela Nacional Preparatoria，" *Anuario Mexicano De Historia De La Educación*，Vol. 1，No. 1，2018，pp. 89 – 94。关于实证主义教育的整体研究，参见 Leopoldo Zea，*El Positivismo en México*，México：El Colegio de México，1953；Leopoldo Zea，*Del Liberalismo a la Revolución en la Educación Mexicana*，México：Secretaria de Educación Publica，1963；Leopoldo Zea，*Apogeo y Decadencia Del Positivismo En México*，México：El Colegio de México，1944；Karen Ramírez González，"La Educación Positivista en México：La Disputa por la Construcción de la Nación，" *Voces y Silencios：Revista Latinoamericana de Educación*，Vol. 8，No. 2，2018，pp. 153 – 171。

[③]　曾昭耀从高等师范教育的角度，简要论述了墨西哥从兰开斯特教育模式向实证主义教育模式的转变过程，参见曾昭耀《墨西哥高等师范教育的发展和改革》，《高等师范教育研究》1993 年第 25 期，第 70 ~ 76 页；曾昭耀《关于墨西哥师范教育发展史的政治思考》，《拉丁美洲研究》1990 年第 2 期，第 1 ~ 8 页。李超论述了波菲里奥·迪亚斯时期，传统自由派与天主教会抵制实证主义教育的相关内容，参见李超《波菲里奥时代墨西哥的天主教会与国家：隐秘的冲突》，《拉丁美洲研究》2022 年第 3 期。

旨在加强总统行政大权、建立稳定政治秩序的措施并未达到预期效果，同时，华雷斯也意识到激进的自由主义计划只会让墨西哥再次陷入混乱的境地。实证主义的传入和实证主义教育的提出让贝尼托·华雷斯看到实现民族真正统一，进入自由主义社会的新途径。但天主教会势力一直阻挠世俗教育的推广，随着实证主义教育的确立，也再次激起了天主教会对其强烈的抵制。

1. "政治统一神话"的确立

1867年，以贝尼托·华雷斯为首的自由派战胜了马克西米利亚诺·德·哈布斯堡（Maximiliano de Habsburgo）所建立的墨西哥第二帝国，"自由主义从一种与固有体制、社会制度和价值观作斗争的意识形态，转变为一种统一的政治神话"。① 华雷斯为稳固行政大权颁布《选举呼吁》（Convocatoria a Elecciones），改革国会，设立参议院以对抗众议院，取消对国会议员选区居住地的要求，扩大选民范围。对地方州长和军事将领实行务实的庇护主义政策，借助那些对其效忠的政治家与将军控制各州、打压政治反对派。华雷斯将瓜纳华托州州长莱昂·古斯曼（León Guzmán）和普埃布拉州州长胡安·N. 门德斯（Juan N. Méndez）免职，任命"志同道合"的政治盟友取代他们。通过裁撤、缩编军队，将军队的人数控制到2万人，委任波菲里奥·迪亚斯（Porfirio Díaz）、拉蒙·科罗纳（Ramón Corona）、胡安·阿尔瓦雷斯（Juan Álvarez）等将军领导。

尽管华雷斯通过一系列措施加强了自身的行政大权，但联邦政府对墨西哥地方的控制能力仍然有限。普埃布拉的历任州长都未能消灭山区的卡西克起义，格雷罗州州长也未能平息该州内部的派系斗争。波菲里奥·迪亚斯兄弟更是盘踞了华雷斯家乡瓦哈卡州并扶植武装势力。有"纳亚里特之虎"之称的曼努埃尔·洛萨达（Manuel Lozada）和部分农村信徒在墨西哥西北部为保护自己的土地权利拿起了武器。此外，对土地政策不满的印第安农民武装起义席卷了墨西哥中部地区。

有鉴于此，华雷斯很快意识到，要成功地实施自由主义的改革计划，必须以政治和平、秩序稳定为前提。然而，如果没有一种意识形态进行思

---

① Charles A. Hale, *The Transformation of Liberalism in Late Nineteenth - Century Mexico*, New Jersey: Princeton University Press, 1989, p. 3.

想上的指导和补充，这些旨在建立物质秩序的行动计划是远远不够的。正如莱奥波尔多·塞阿（Leopoldo Zea）所写的那样，"自由主义革命意识形态试图将自己转变为一种秩序意识形态，为了实现这一目标，华雷斯将借助加比诺·巴雷达所引进的实证主义"。①

2. 实证主义的引进和应用

引进欧洲的实证主义，是 19 世纪大多数拉美国家的共同做法。阿根廷的何塞·英格尼罗斯（José Ingenieros）、古巴的恩里克·何塞·瓦罗纳（Enrique José Varona）、智利的何塞·维克多里亚·拉斯塔里亚（José Victoriano Lastarria）、乌拉圭的何塞·恩里克·罗多（José Enrique Rodó）都是拉美早期实证主义的代表人物。实证主义是一种自 19 世纪初于法国和英国出现的认识论，倡导所有的哲学和科学活动都应该在经验验证的框架内进行，否认一切先验的知识，主张探求各种现象之间的关系或规律。法国的奥古斯特·孔德（Auguste Comte）、英国的约翰·斯图尔特·密尔（John Stuart Mill）与赫伯特·斯宾塞（Herbert Spencer）都是实证主义思想的代表人物。虽然上述三位思想家拥有共同的实证主义基本概念，但在各种问题上也有不同的观点。孔德倡导社会按照自然秩序组织起来的观念；密尔认为社会应该保持"有限民主"的状态；斯宾塞则持社会进化的理念。

墨西哥实证主义是由哲学家、政治家、医生加比诺·巴雷达引入的。1818 年，巴雷达出生于墨西哥普埃布拉市，青年时期求学于墨西哥城圣伊尔德丰索学院。求学期间，他表现出对科学、法律和医学知识的热爱。1846 年，美墨战争爆发，他积极参加了墨西哥城保卫战，并在莫利诺·德尔雷战役中被俘。战争结束后，他留学巴黎攻读医学，并结识了墨西哥第一位实证主义者佩德罗·孔特雷拉斯·埃利萨尔德（Pedro Contreras Elizalde），后者是奥古斯特·孔德的学生和信徒。巴雷达在孔特雷拉斯的建议下，参加了孔德组织的实证主义哲学课程并深受影响。1853 年，他将孔德的《实证哲学教程》六卷本带回墨西哥，并在国立医学院担任教职，教授医学哲学、自然史和普通病理学。后因墨西哥与法国的战争，他离开了首都，定居瓜纳华托。此间，他重新研读了孔德著作，并于 1863 年发表了墨西哥第

---

① Leopoldo Zea, *El Positivismo en México*, México: El Colegio de México, 1953, p. 74.

一篇实证主义文章——《道德教育》① （De La Educación Moral）。

1867 年 9 月 16 日，加比诺·巴雷达在瓜纳华托市的墨西哥独立纪念活动上发表了著名的《市政演说》（Oración Cívica）。巴雷达根据孔德神学阶段、形而上学阶段和实证阶段的论述，对墨西哥历史进行哲学上的解释：神学阶段代表由教会和军队统治的时期；形而上学阶段对应自由派和保守派的斗争时期；实证阶段则是自由派胜利以来的时期。"一个崛起的阶级打败了外国入侵者，却没有实现真正统一，它没有消灭考迪罗主义，没有为工业发展创造安全的条件，没有消除天主教的负面影响。继续实行激进的自由主义政策，势必会使墨西哥再次陷入危险的境地。实现进步的关键是加强秩序管理，如果墨西哥人民接受了以实证主义思想为指导的教育，自由、秩序和进步就会实现"，"通过充分的教育实现精神解放……这种教育将使墨西哥人摆脱旧思想的束缚，摆脱从殖民时期遗留下来的旧习惯"。② 这段演讲让华雷斯看到墨西哥进入未来自由主义社会的另一条道路，即实证主义教育。

3. 世俗教育的发展

教育一直是政府用来凝聚公民集体意识、唤醒民众对国家忠诚的工具。1821 年墨西哥独立后，为消除民众以西班牙国王和宗主国为中心的传统观念，政府试图利用世俗教育来培养符合政治秩序的新型公民。1823 年，共和国最高行政权力机构（Supremo Poder Ejecutivo）宣称："没有什么事业能比对公众启蒙和对青年价值观的正确引导更有助于国家繁荣。"③ 1829 年，维森特·拉蒙·格雷罗（Vicente Ramón Guerrero）不仅将教育与国家繁荣挂钩，还将其与自由、民主政府、理性统治联系在一起，"我深信教育将指引自由国家的出现……政府应给人民所需的艺术与科学提供动力，使他们走出屈辱的泥沼"。④ 1833 年，在总统圣安纳（Santa Anna）缺席的情况下，副总统瓦伦丁·戈麦斯·法里亚斯（Valentín Gómez Farías）实施了自由主

---

① 该文探讨了教育改革中政府的关键作用，参见 Gabino Barreda, "De La Educación Moral," *El Siglo XIX*, No. 839, el 3 de mayo, 1863。

② Gabino Barreda, Oración Cívica Pronunciada en Guanajuato, el 16 de septiembre, 1867.

③ Supremo Poder Ejecutivo, Manifiesto a la Nación, el 16 de mayo, 1823, en la Educación Pública, 1976, p. 3.

④ Vicente Guerrero, Manifiesto a los mexicanos, el 1 de abril, 1829, en la Educación Pública, 1976, p. 5.

义性质的教育改革。部分教会财产被没收；教会大学被废除，并被现代高等教育机构取而代之；成立公共教育总局，试图将世俗教育的控制权从教会手中夺走。该计划只持续了一年就因保守派和天主教会的反对破产了。1842 年 10 月 26 日，在圣安纳的授意下，墨西哥首次在立法中体现出初等教育的义务性特征，"父母或监护人有义务送 7～15 岁的学龄儿童上学，否则将被处以 5 雷亚尔的罚款或 5 天监禁"。

《1857 年宪法》第 3 条"教育自由"的原则更是冲击了天主教会在世俗教育上的垄断地位，宪法规定国家不再对任何教育形式进行干涉，只要不冒犯或诽谤教会，学校可以教授任何内容，宗教不再是一门必修课。1861 年，华雷斯政府颁布了一部教育法律，规定全国的初等教育应受联邦政府的监管；联邦政府将向兰开斯特慈善团体①和市政当局提供资金以维持地方学校运转；向各州提供教师以支持初等教育发展。法律还对初等教育的课程进行了规定，除道德、阅读、写作、语法、算术和声乐之外，还增设了国家基本法律和墨西哥史课程。这部反映政府控制公共教育的法律终因缺乏资金以及随之而来的法国入侵而终止。

墨西哥第二帝国（1863～1867）建立后，帝国政府于 1865 年 12 月 27 日颁布了一部法国特色的教育法，该部法律简化了初等教育的课程，规定非贫困儿童每月要交纳 1 比索的学费；仿照法国中学模式进行改革，规定修业年限为 7～8 年，开设西班牙语、拉丁语、希腊语、通史、地理、物理、数学、自然史、哲学、道德、法语、英语、文学、绘画、书法、速记和技术等课程。

自墨西哥独立后，政府一直试图从法律制度、课程内容和教学模式等方面为公共教育的世俗化做出努力，但政治局面混乱、公共财政不足、战

---

① 1822 年初，墨西哥城成立了促进贫困阶层初等教育发展的私立慈善团体，备受自由派政治家、知识分子和激进教士的推崇。兰开斯特教育于 1821 年由《太阳报》（*El Sol*）创始人曼努埃尔·科多尼乌（Manuel Codorniu）引入墨西哥，该教育模式是指教师优先向年龄较大或较优秀的学生教学，然后由这些"导生"在教师的指导下辅之以完善的奖惩制度与专业教具，向其余学生提供相同教学内容的教育模式，教授课程主要包括阅读、写作、算术和宗教等。兰开斯特教育具备一定的世俗化特征，但并未完全将宗教内容剔除；没有培养学生的思辨能力和问题意识，学生只会机械地重复记忆。参见 Dorothy Tanck de Estrada, "Las Escuelas Lancasterianas en la Ciudad de México, 1822 – 1842," en Josefina Zoraida Vázquez（Coord.）, *La Educación en la Historia de México*, México: El Colegio de México, 1992, pp. 49 – 50。

争频发都阻碍了世俗教育的发展，天主教会无疑是世俗教育发展的最大障碍。

4. 天主教会对世俗教育的抵制

1821 年墨西哥独立后，天主教被定为国教，殖民地时期天主教效忠国王和信奉上帝的教育理念转变为一种政治保守主义意识形态。《1824 年宪法》第 3 条再次确认天主教为墨西哥国教，禁止其他宗教在墨西哥境内活动，公共教育被天主教会所垄断。1833 年，戈麦斯·法里亚斯的自由主义教育措施激起了以天主教会势力为首的保守派的反对，翌年，教会财产的国有化措施被取消，教会大学重新开放，公共教育大权再次回归到天主教会的手中。《1857 年宪法》第 3 条"教育自由"的原则，激起了天主教势力的反抗，在一定程度上导致了改革战争的爆发。

1867 年，以贝尼托·华雷斯为代表的自由派不得不与天主教会达成协议，通过实行温和的改革计划以换得天主教会减少对国家政治事务和世俗教育的干涉。华雷斯宣布神职人员享有投票权，允许天主教会大主教佩拉吉奥·安东尼奥·德·拉巴斯蒂达（Pelagio Antonio de Labastida）返回墨西哥，天主教会在各地纷纷建立机构。1868 年 12 月 28 日，旨在维护天主教会利益、提供教会教育的墨西哥国家天主教协会成立，随后这一组织在全国建立了 60 多个分支机构，并开始关注女子教育。天主教协会甚至建立了一所教授拉丁语、形而上学、伦理学、逻辑学、哲学等课程的天主教预科学校以对抗国立预科学校。面对实证主义教育的入侵，天主教会并未坐以待毙，一直依靠遍布墨西哥教区的神学院和新设立的教会机构向传统天主教家庭提供不同等级的宗教教育。

结果，这一时期出现了新倡导的实证主义教育与天主教教育并存的二元教育格局。

## 二 实证主义教育的确立

为了确立实证主义教育，必须对旧的教育体系进行改革。复兴共和国时期实证主义教育的确立主要表现在树立实证主义的教育指导思想，颁布建立实证主义教育体系的法案，在课程设置、教学方法等方面实行改革。

1. 以实证主义为指导思想

墨西哥复兴时期的教育改革，深受孔德实证主义的影响。孔德并未发表过专门论述教育的文章，但其在阐述实证主义思想时强调了教育的重要性，"基本的有机学说、适当的教育和卓越的集体精神"是实现社会秩序井然、避免革命的三大关键因素。孔德将人类思维发展分为三个阶段。第一阶段是神学阶段，该阶段强调对人类行为或现象的超自然或宗教解释；第二阶段是形而上学阶段，该阶段用"抽象实体"解释一切事物，即人类相信有抽象的力量控制着人类的行为；第三阶段是实证阶段，该阶段注重对事实的观察，发现支配自然的规律。[①] 从这一思想出发，孔德构建了一个教育体系并将其分为两个阶段。第一阶段是非正式和非系统的学习阶段，该阶段是儿童从对世界的盲目崇拜逐渐上升到多神论和一神论的时期，课程主要包括语言、文学、音乐、绘画和外语等科目。第二阶段是科学的正式学习阶段，该阶段中的青少年逐渐从形而上学的状态进入实证主义状态，课程包括形而上学、天文学、物理学、化学、生物学、社会学、美学、希腊语、拉丁语和道德等科目。加比诺·巴雷达根据孔德的理论也构建了一个教育体系，即不同等级教育对应着不同思维发展阶段，国立预科学校对应着实证主义的最高阶段——实证阶段。

孔德"科学的分类"思想也启发了巴雷达对国立预科学校课程体系的设置。"科学的分类"是指人类知识发展的逻辑顺序是按照数学、天文学、物理学、化学、生物学、社会学排列，即从最抽象的科学逐渐过渡到最具体、最复杂的社会学。孔德还提倡研究社会具体现象应采用与自然科学类似的研究方法，国立预科学校注重教授自然科学的特点是受这一思想的启发。

墨西哥的实证主义并不是教条式地完全照搬孔德的实证主义，而是结合墨西哥实际情况进行了改造。例如，孔德主张的教育是不受国家监管的自由教育，而巴雷达主张的教育则是一种由国家指导和控制的教育；孔德认为自由主义是一种消极力量，而巴雷达则认为自由主义代表了实证的精神。

---

① David R. Maciel, "Cultura, Ideologia y Politica en México, 1867 – 1876," *Relaciones* (COL-MICH, Zamora), Vol. 5, No. 19, 1984, pp. 115 – 116.

2. 通过立法建立实证主义教育体系

（1）华雷斯时期的教育法律制度（1867～1871）

1867 年，华雷斯任命加比诺·巴雷达为国家教育改革委员会①负责人，负责起草《联邦区公共教育组织法》，该法于 1867 年 12 月 2 日颁布，法律主要包括初等、中等、预科、师范和职业教育等方面的内容。

初等教育方面，联邦政府出资，按照学生比例设立学校，针对男女学生设置不同课程。除给男女学生开设阅读、写作、西班牙语语法、数学、历史、地理、美术等共同课程外，对女性学生还开设了卫生健康、手工艺等方面的课程，男性学生的课程则侧重教授历史和地理知识。规定对穷人实行义务教育，相关公职人员若不能保障学龄儿童（5～14 岁）上学，就会受到停薪的惩罚。

中等教育方面，专门设置了针对女性的中学课程，课程内容主要包括现代国家女性的权利与义务、母亲在家庭和国家中的职责等。

预科教育方面，创立国立预科学校（Escuela Nacional Preparatoria），设置西班牙语、拉丁语、希腊语、法语、英语、德语、意大利语、算术、代数、几何、直角三角函数、球面三角学、解析几何、描述性几何、微积分、机械、物理、化学、自然史要素、编年学、通史、墨西哥史、宇宙学、地理、观念学、语法、逻辑学、形而上学、道德、文学、诗歌、绘画、速记、古文书学、会计学等课程。

此外，规定师范学校用不同的教学方法培养学生；联邦政府应对法学、医学、工程学、美术、农业、兽医等职业学校进行监管与指导。

虽然该法律面向的区域仅限于墨西哥联邦区，但这部法律具有极高的创新性。首先，它构建了一个纵向的初等、中等、预科、师范和职业教育体系，课程设置广泛而又全面；其次，它突出强调对自然科学和实用性课程的学习，这尤为体现在国立预科学校的课程设置上；再次，它明确了国家在公共教育问题上的责任和主导地位，削弱了天主教会对公共教育的控制；最后，初等教育世俗和义务的特性被突出强调。

1869 年 5 月 15 日，华雷斯政府在 1867 年《联邦区公共教育组织法》

① 该委员会由加比诺·巴雷达、何塞·迪亚斯·科瓦鲁比亚斯（José Díaz Covarrubias）、佩德罗·孔特雷拉斯·埃利萨尔德和伊格纳西奥·阿尔瓦拉多（Ignacio Alvarado）等实证主义分子组成。

的基础上颁布了《修改法案》，该法律仍仅适用于联邦区。初等教育的义务和世俗特点被再次强调；联邦区应根据学龄儿童人数建立足够的学校，以满足学龄男童和女童的教育需求；建立女子中学，并为女性学生增设了师范课程；进一步修订了国立预科学校的实证主义课程；建立成人夜校。

1867 年《联邦区公共教育组织法》及 1869 年《修改法案》的颁布，对整个共和国的影响是决定性的，各个州都以此为模板颁布教育法案。例如，1868 年 3 月 25 日，哈利斯科州以 1867 年《联邦区公共教育组织法》为标准颁布教育新法，将道德取代宗教、公民权利与义务等内容写入州法。

（2）莱尔多时期的教育法律制度（1872～1876）

塞巴斯蒂安·莱尔多统治期间对华雷斯时期颁布的教育法案进一步完善，且面向和实施范围逐步扩大至全国。1873 年 4 月 4 日，时任司法部部长的何塞·迪亚斯·科瓦鲁比亚斯（司法部负责管理公共教育）颁布了一部关于初等义务教育的法案，该法案大致延续了 1869 年《修改法案》的内容，再次重申了初等教育的义务性，责令各州监督并落实法案的实施；阅读、写作、算术、礼仪和道德课程成为初等教育的必修课；规定 5～13 岁的学龄男童和 5～11 岁的学龄女童每月在校学习时间不能低于 20 天，否则会对父母或监护人进行处罚。[①]

1874 年 12 月 14 日，莱尔多政府颁布了一部反教权主义色彩的改革法令，其中第 3 条规定"禁止联邦区、州、市的所有机构进行带有任何形式的宗教教育与宗教崇拜。在那些因其机构性质而允许宗教教育的地方，应进行世俗道德教育。违者将被处以 25～200 比索的罚款"[②]。

1875 年 11 月 25 日，国家教育改革委员会提出一项法案，强调了初等教育对共和国的所有居民的义务性，再次确认初等教育的课程内容，并督促各州州长落实教育法律规范。[③]

莱尔多时期的教育法律制度延续了华雷斯时期的法律特点，初等教育的义务、世俗的原则被多次强调，法律的适用范围逐步扩大，多次明确了

---

① Ernesto Meneses Morales, *Tendencias Educativas Oficiales en México, 1821 – 1911*, México: Universidad Iberoamericana, 1998, p. 272.

② 1874 Sobre leyes de Reforma, Decreto del Congreso, Artículo 3, Sección Primera, https://www.memoriapoliticademexico.org/Textos/5RepDictadura/1874LRD.html.

③ Ernesto Meneses Morales, *Tendencias Educativas Oficiales en México, 1821 – 1911*, México: Universidad Iberoamericana, 1998, p. 275.

政府对公共教育的指导权和监管权。此阶段对教育立法的过度渴望转变为不断发布重复的法律，可见，法律落实情况并不理想。

3. 在课程设置中贯彻实证科学方法

加比诺·巴雷达认为，代表实证主义最高阶段的国立预科学校是开展实证主义教育的最佳试验田。小学、中学的课程内容与知识难度是相对初级的，预科学校的要求则更高，更有利于培养未来的实证主义人才。因此，对预科教育课程和方法的考察，则更具代表性。

1868 年 2 月，旨在教授"用最恰当、最可靠和最行之有效方法寻找真理的"、建立"共同真理基础的"国立预科学校正式建立。加比诺·巴雷达在设置预科教育课程时强调，只有观察到的事实才是知识的对象；唯一不容置疑的知识是通过严密观察、按照精确方法所获得的知识。[①] 预科学校课程力求传播"有用、扎实和实证的知识"，尤为注重对自然科学的教授，课程设置顺序以数学开始，到逻辑学结束，中间穿插宇宙学、物理学、化学、植物学、动物学。五年学制的预科教育构成了一个严密的学科知识体系，前面的学科知识为随后知识学习奠定基础，相互关联又互为补充，这种课程的设计顺序有一个内在逻辑，即从最抽象、最简单的科目逐渐过渡到最具体、最复杂的科目，力求从理论和实践两方面对自然界中由简至繁的现象作出分析和解释。

一、二年级的主修课程为数学，因为数学遵循简单的演绎方法，是建立在简单知识概括上的基础自然学科。数学课程内容包括算术、代数、几何、微积分和理性力学。巴雷达引用约翰·斯图尔特·密尔的话，学习数学的价值不在于其理论的适用性，而在于其方法的适用性。

三年级的主修课程是宇宙学与物理学。宇宙学要求学生在掌握数学理论知识的基础上，通过特定的观察和归纳方法揭开自然界的真相，"在所有科学中，宇宙学是继力学之后，研究自然界最简单现象的科学"。物理学则要求学生具备一定的推理能力之后，运用观察、实验、归纳、演绎的方法，发现自然界的真理。

四年级的主修课程是化学，化学要求学生掌握并了解物质的组成及其

① María Mayte Cruz Pérez, Ana Rosa Angela González Estrada, "La influencia del Positivismo en la Escuela Nacional Preparatoria," *Anuario Mexicano De Historia De La Educación*, Vol. 1, No. 1, 2018, p. 91.

物质间的相互作用。学生经过不断的观察和实验，加深了对自然的认识，使思想在复杂的知识与方法中逐渐升华并获得完整的发展。

五年级的主修课程是植物学和动物学，这两门学科主要涉及自然界与有机体之间的关系。学生通过观察、实验和比较的方法把具有相似特征的动、植物分组，并按等级划分群体。同时，逻辑学也是五年级学生的必修课程。巴雷达一改先前逻辑学"入门地位"的传统设定，将它移至所有课程的最后，该课程要求学生运用演绎和归纳的方法，总结出各学科普遍适用的原则和方法。

此外，为了促进知识的获取和思想的传播，预科学校还增加了其他人文课程，例如法语、英语、德语、西班牙语、希腊语、拉丁语、历史、地理和文学等，但人文学科是为自然学科服务的学科，并不受重视。

通过一系列课程的学习，学生不仅获得了完整的科学理论与知识，还掌握了观察、实验、演绎、归纳和比较等科学方法，这一系列实证科学方法将指导未来的实证主义人才认识自然和社会。

国立预科学校着重教授学生基于观察和实验的自然科学，这无疑对认识和分析自然现象间的关系、了解社会本质规律有很大帮助。自然科学的精确性，能使人的思维变得条理清晰、秩序井然，培养了学生的理解力和感官意识，统一了学生的思想，弱化了对宗教教义的盲从，孕育了一批能够进行逻辑分析和理性思考，以实证科学方法解决社会、政治和经济问题的人。

4. 强调直观教学方法

直观教学方法的提出和应用，是复兴共和国时期实证主义教育的一大特色。直观教学方法的前期代表人物是加比诺·巴雷达。巴雷达认为，直观教学方法是"新时代公共教育的曙光"，各级学校都应该使用。在 1870 年巴雷达写给墨西哥州州长马里亚诺·里瓦·帕拉西奥（Mariano Riva Pala-cio）的信件中表示，"仅教授简单的抽象概念，往往让学生难以理解，应将一切事物呈现在学生面前，通过实验或观察才能让学生做到活学活用"。[①] 不幸的是，直观教学方法并未被合理地应用。实施教育改革的官员和教师错误地认为直观教学是一门学科，而不是适用于所有学科的教学方法。教

---

① Gabino Barreda, Carta dirigida al Mariano Riva Palacio, el 10 de octubre, 1870.

育部门以"直观教学"的名义设置了一门课程，并为每所学校安排了一名教授"直观教学"课程的教师。这种错误应用在小学中表现得尤为明显，由于以科学内容为主的直观教学课程对于小学生来说过于深奥，直观教学课最终成为逃学、旷课学生的惩罚课。

直观教学方法的后期代表人物是曼努埃尔·弗洛雷斯（Manuel Flores）。受巴雷达直观教学法思想影响的弗洛雷斯扭转了直观教学方法应用的错误局面。他认为，真正的教学必须是具体的和直观的，必须建立在观察基础之上。在其《教育学初论》的论述中，直观教学方法提供了一个完善的、经验主义的和实证主义的基础，感官教育、智力教育、道德和性格教育都应在直观教学方法的指导下进行。波菲里奥·迪亚斯统治初期，政府出台相关法律，保证了直观教学方法正确应用。时任司法部部长的普罗塔西奥·塔格莱（Protasio Tagle）制定并颁布了1878年《国立女子中小学条例》和1879年《国立男子小学条例》两项法令。两项法令规定女子中小学和男子小学必须使用直观教学方法，即"学生个体通过感官接受外部世界信息，并将此感觉转化为构建概念或思想和一般图像的方式"①。

从教育方法的理论层面来看，直观教学法将抽象的概念具体化，培养了学生的感官能力，促进了学生的思维发展。从教育方法的应用层面来看，由于改革人员的不专业性和对改革精神领悟不到位，很长一段时间内直观教学方法被错误地使用，可以说，实证主义教育在执行过程中存在一定的失误。

## 三 实证主义教育的特点

美国历史学家查尔斯·A. 黑尔从课程设置、世俗教育观、国家等角度总结了实证主义教育理论的一般性特征②，笔者在其观点的基础上将复兴共

---

① Irma Leticia Moreno Gutiérrez, "Albores de la Enseñanza Objetiva en México: 1870 – 1889," *Memoria*, *Conocimiento y Utopía*, Publicación Semestral de la Sociedad Mexicana de Historia de la Educación, No. 3, México: Plaza y Valdés Editores, 2007, p. 56.

② 实证主义教育理论的特征：1. 强调秩序井然、等级分明的百科全书式课程；2. 侧重与人文学科相对立的科学和实用学科；3. 坚持宗教教育与世俗教育分离、国家对教育干预的原则。参见〔英〕莱斯利·贝瑟尔主编《剑桥拉丁美洲史》第4卷，当代世界出版社，1990，第384页。

和国时期实证主义教育的特点归纳如下。

1. 公共教育领域的反教权主义与个人思想领域的天主教信仰

加比诺·巴雷达将意识形态分为公共教育领域和个人思想领域。实证主义教育是在公共教育领域范围内的教育改革，改革将初等、中等和预科教育课程中的宗教教义剔除，打破了宗教禁锢，压制了天主教在教育领域的影响力，奠定了世俗国家和社会秩序的思想基础，具有明显的反教权主义（anticlericalism）特征。巴雷达在给马里亚诺·里瓦·帕拉西奥的信中强调，"教育的目的应该是培养智力和感官，而不是维护宗教教条或捍卫某种权威……教育意味着改造集体思想，抛弃蒙昧主义，放弃墨西哥直到那个时候还存留的宗教概念，在这些前提的基础上建构世俗主义，瓦解天主教会的精神力量"。[1]

值得注意的是，对实证主义教育的推广并不意味着让反教权主义思想进入个人思想领域，换言之，新教育计划并不是要求墨西哥人民放弃天主教信仰，只要不破坏社会秩序和阻碍公共教育领域的世俗化进程，个体可以自由地选择自己的宗教信仰。当然，个人思想领域的宗教自由并不是完全的自由，当政治秩序受到威胁时，国家对个人思想领域的干涉则是有效的，即社会利益先于个人自由，秩序永远高于自由。

墨西哥实证主义教育具有反教权主义的特征，但不能将其定义为反宗教的（antirreligioso）。[2] 这是华雷斯和巴雷达为推动实证主义教育计划所做出的平衡，"政府应在公共教育领域行使其管辖权，而个人思想领域属于个人，新的教育计划不会干扰后者"。[3] 正如奥雷利亚诺·奥尔特加·艾斯基维尔所评价的那样，实证主义教育打算实现（公共教育领域）的精神解放，同时让墨西哥人不忘自己是一个天主教徒。[4]

2. 重视自然学科，轻视人文学科

从国立预科学校的课程设置来看，该学校尤其注重数学、宇宙学、物

① Gabino Barreda, Carta dirigida al Mariano Riva Palacio, el 10 de octubre, 1870.

② Roderic A. Camp, Charles A. Hale, Josefina Zoraida Vázquez, *Los Intelectuales y el Poder en México: Intellectuals and Power in Mexico*, México: El Colegio de México, 1991, p. 130.

③ Karl M. Schmitt, "The Mexican Positivists and the Church – State Question, 1876 – 1911," *Journal of Church and State*, Vol. 8, No. 2, 1966, p. 202.

④ Aureliano Ortega Esquivel, "Gabino Barreda, el Positivismo y la Filosofía en la Historia Mexicana," *Revista de Hispanismo Filosófico*, No. 15, 2010, p. 121.

理、化学等自然学科，缺乏对历史、哲学、文学、艺术和语言等人文学科的教授。一方面，预科学校过分强调对自然学科知识的学习、提倡对科学知识的崇拜是因为自然学科知识能够滋养理性和逻辑思维，培养理解和感官能力，让学生掌握认识自然社会的科学方法，进而用科学方法解决社会问题。另一方面，这与孔德实证主义思想有很大的关联，孔德认为，教育的情感、艺术和人文主义的一面是"自发的"而不是"系统学习的"，人文学科更适合处于儿童阶段的学生在母亲的指导下进行学习。深受孔德思想影响的巴雷达也将历史、哲学和文学等人文学科排除在主流课程之外，这种失衡的、封闭的课程设置，使国立预科学校培养出一批固化思维严重、缺乏道德感与共情能力的实证科学人才。波菲里奥·迪亚斯时期实证主义教育的代表人物胡斯托·谢拉（Justo Sierra）一语道破了巴雷达实证主义教育的弊端："原来的课程是相当封闭的，严密的科学教育会培养出具有机械和固化思维的学生。"[1]

3. 国家对教育的监管与指导

在实证主义教育确立之前，墨西哥联邦政府推动公共教育的世俗化发展在很大程度上依赖私立性质的兰开斯特慈善教育团体，联邦政府对兰开斯特教育的管理与控制是间接的，后者对墨西哥初等教育的管理与运营是相对独立的。1842 年，联邦政府将整个共和国初等教育的指挥权交给了兰开斯特团体，由后者在各州首府联络专员监督、管理和运营，至 1890 年兰开斯特教育模式终结前，联邦政府每年都会为其提供一定数额的资金。1869年，兰开斯特团体仍然能够从华雷斯政府获得 5 万比索的预算。1861 年华雷斯政府实施了一项国家控制公共教育的世俗教育改革，指导思想的不明确，教育法律、课程设置和教学方法的不完善都说明国家并未在教育改革中发挥主导作用。与之相比，实证主义教育的国家监管与指导作用更为明确。从实证主义教育指导思想、教育立法、课程设置、教学方法等方面来看，国家一直是新教育计划的推动者。不同等级的学校、教育行政管理机构和教学计划都是由联邦政府建立、监管、指导和制定的。在联邦政府的推动下，地方各州逐渐开始接受实证主义教育模式。实证主义教育是一次

---

① Enrique Pérez Morales, "Positivismo e Instrucción Pública en México a Finales del Siglo XIX: Las Ideas Educativas de Gabino Barreda y Justo Sierra," *Fuentes Humanísticas*, No. 62, 2021, p. 133.

对墨西哥公共教育系统的彻底重组，它开启了国家对教育监管与指导的新阶段。

### 4. 实证主义教育改革的实质仍然是自由主义的

英国历史学家艾伦·奈特在分析 19 世纪墨西哥自由主义时认为，墨西哥的实证主义从本质上讲是一种发展型自由主义（liberalismo desarrollista）。发展型自由主义旨在通过建立一个强大的政府，甚至是独裁政府，释放国家资源，进而实现发展的目标。发展型自由主义违背了宪法精神、牺牲了公民权利和自由，以换取社会稳定和经济发展。大多数学者强调这种趋势始于波菲里奥·迪亚斯（1876～1911）统治时期，实际上这种势头应始于1867 年华雷斯再次就任墨西哥总统，再次胜利的自由主义者构建了一个政治上的"机器"，即赋予总统更大的权力，允许连选连任；行政机关控制立法机关；中央政府控制地方各州。① 政治上强调"秩序"的转向与以"爱、秩序、进步"为箴言的实证主义不谋而合，实证主义开始成为自由派政府推崇的思想，但这并不代表华雷斯、巴雷达等人放弃了进入自由主义社会的理想。墨西哥自由主义与实证主义的目的都是进入自由主义社会，区别在于进入自由主义社会的方式。实证主义教育提供了一个进入自由主义社会的新方案，它比 19 世纪五六十年代的激进自由主义方案更为保守，减少了以天主教会为首的保守派的反对与抵制，更不易引发社会冲突。实证主义教育的目的是孕育出思想有序的、秉承"自由服从秩序"理念的新型公民，进而实现秩序稳定和社会进步，为实施自由主义改革计划奠定思想和物质基础。实证主义教育只是进入自由主义社会的媒介和权宜之计，自由主义民主和平等愿望一直被隐藏在实证主义教育面具的背后，因此，实证主义教育从本质上来讲是一项具有自由主义性质的教育改革。

### 5. 关注边缘群体

按照实证主义教育的最初设想，它会将曾经忽视的边缘群体（女性和印第安人）纳入教育系统，摘掉他们懒惰、好斗、嗜酒、卖淫和赌博等不良标签，打造成勤劳、拥有储蓄习惯、具备学习与创造能力的新型公民。②

① Alan Knight, "El Liberalismo Mexicano desde la Reforma hasta la Revolución," *Historia Mexicana*, Vol. 35, No. 1, 1985, p. 59.
② Josefina Vázquez de Knauth, *Nacionalismo Educación en México*, México: El Colegio de México, 1970, p. 86.

尽管实证主义教育更为强调对男性的教育，但复兴共和国时期的女子教育也有所发展。新型的女子小学、女子中学相继建立，针对女性的现代化课程取代了原本学校所教授的天主教女性道德与家庭伦理，解放了女性的思想。巴雷达和迪亚斯·科瓦鲁比亚斯都认为初等教育应该平等地供男女使用。① 伊格纳西奥·拉米雷斯（Ignacio Ramírez）认为，没有接受过教育的妇女只拥有"宗教和公民人格"，只有接受教育才能获得"政治人格"，实证主义教育不仅维护了她们自身的权利，而且还对未来共和国的新生代树立了榜样。复兴共和国时期的教育家当然也意识到教育对印第安人的重要性，但此时对印第安人的关注更多的是停留在理论阶段。伊格纳西奥·拉米雷斯还评论道，"除了掌握阅读、写作、算术、代数、几何、绘画、声乐等基础知识之外，印第安人还必须了解自己，对周围一切有确切的概念，以一个受过良好教育的公民身份为自己的行为负责"。② 实证主义教育从理论和实践上试图将曾经被忽视的边缘群体从"教会的魔掌"中解放出来，作为受传统思想和迷信影响最大的两个群体，实证主义教育为他们融入共和国的生活、获得公民权利、解放思想提供了渠道。

6. 推广范围有限，效果不显著

从教育法律层面来看，虽然莱尔多统治末期的法律适用范围已经扩大至全国，但各州对实证主义教育法律的执行标准各不相同，实证主义教育仍未成为一个官方教育模式③。1875年，墨西哥半数州没有实行义务教育，而在另一半地区，法律也未生效。④ 究其原因，主要是联邦政府对各州的控制能力不足，国家财政也不足以支持一个耗资巨大的新教育模式。伊格纳西奥·拉米雷斯认为，实证主义教育的确解放了墨西哥人的思想，但教育

① Francisco Cosmes, *Historia General de México*, México: Ed. Ramón de S. M. Araluca, 1901, p. 268.

② Escuelas Laicas, *Textos y Documentos*, Mexico: Empresas Editoriales, 1948, pp. 142, 149; en Josefina Zoraida Vázquez（Coord.）, *La Educación en la Historia de México*, México: El Colegio de México, 1992, p. 101.

③ 实证主义教育成为一个全国统一模式的标志是1889年第一届全国公共教育大会与1890年第二届全国公共教育大会的召开，以及1891年《初等义务教育法》与《基础教育条例》的颁布。两次会议与两部法令不仅对初等、中等、预科和职业教育进行了总体全面的规划，还为联邦政府指导、监管全国教育奠定了法律基础。

④ Dorothy Tanck de Estrada（Coord.）, *Historia Mínima de la Educación en México*, México: El Colegio de México; Seminario de la Educación en México, 2010, p. 124.

计划的制定并不符合当时的经济发展水平。较低教学成本的兰开斯特教育依然受到地方市政当局的青睐，耶稣会学校依然是中等教育的主流。实证主义教育仅在联邦区范围内取得了有限的预期效果。据统计，在联邦区的 4 万名学龄儿童中，只有一半多一点的儿童接受了小学义务教育。小学学校数量从 1869 年的 292 个增加到 1874 年的 354 个，但学生的数量却没有以同样的比例增长，仅从 1869 年的 18482 人增至 1874 年的 22000 人。[①]

　　除了经济因素之外，教育的普及既受到部分上层政治家的反对，部分下层民众也对其缺乏兴趣。来自政府内部的自由派以《1857 年宪法》第 3 条"教育自由"原则为论据，反对官方以单一、封闭的实证主义思想推行教育改革，反对过分注重与实证主义相关的自然科学，反对浪费国家财政资源的延长学制。曾经作为华雷斯政权中坚力量的曼努埃尔·杜布兰（Manuel Dublán）和吉列尔莫·普列托（Guillermo Prieto）于 1872 年提交了一份反对国立预科学校的提案。1878 年，加比诺·巴雷达被解除了国立预科学校校长的职务，出任墨西哥驻德国大使，从此远离墨西哥实证主义教育改革战场。巴雷达的离职，使得自由派势力开始反扑，试图推翻在墨西哥已经建立的实证主义教育体系。此外，部分下层民众对实证主义教育也缺乏兴趣，历史学家阿尔弗雷多·查韦罗（Alfredo Chavero）任职比斯开纳斯学院（Colegio de las Vizcaínas）校长时，经过实地调研得出学生出勤率低的两个主要原因：母亲的工作与学生的饥饿。农村学生只能季节性地去上学，因为他们的父母认为自己孩子可以为家庭收入做出更切实际的贡献。

# 结　语

　　墨西哥复兴共和国时期的实证主义教育是墨西哥教育史上里程碑式的教育改革，也是实证主义教育的确立阶段，其重要性和意义不在于教育所取得的成果，而在于开启了一个世俗教育新时代。这一时期的实证主义教育减少了神学、形而上学的臆测，削弱了天主教保守主义的影响；确立了国家在公共教育领域的领导地位，将女性和印第安人边缘群体纳入国家的

---

① Héctor Díaz Zermeño, "La Escuela Nacional Primaria en la Ciudad de México, 1876 - 1910," *Historia Mexicana*, No. 29, 1979, pp. 61 - 62.

教育系统，明确了公民的权利和义务，增强了墨西哥人的民族认同感和凝聚力，形成了民族良知；培养了一批拥有理性和逻辑思维、掌握实证科学方法的实证主义人才。同时，被赋予自由主义内涵的实证主义教育，在一定程度上将自由、民主、平等的理念传递给墨西哥人，解放了人民的思想。不置可否，实证主义教育并未完全根除殖民主义遗留下来的思考方式和行为习惯，政治和经济因素也限制了教育的普及，教育培养出的实证主义人才仍存在一定的缺陷。随着波菲里奥·迪亚斯独裁政权的建立，实证主义教育逐渐成为全国的主流教育模式，但这一教育模式被迪亚斯政权利用，并与科学政治的需求相结合，最终成为统治人民思想、控制民众行为的工具。

（作者简介：王译，南开大学世界近现代史研究中心和拉丁美洲研究中心博士研究生）

书 评

# 1910 年革命前夜的墨西哥

## ——读安德烈斯·莫里纳·恩里克斯《国家重大问题》

宋 媛

墨西哥著名思想家安德烈斯·莫里纳·恩里克斯（Andrés Molina Enríquez，1868 – 1940）的代表作《国家重大问题》（*Los grandes problemas nacionales*）一书，出版于 1909 年。书中详细分析了当时墨西哥的经济、社会和政治情况，其中，作者对土地问题和民族问题的看法影响尤其深远。这本著作是研究 19 世纪末 20 世纪初墨西哥社会最重要的文献材料之一，也是墨西哥革命的一大思想基础。目前该书尚无英文或中文译本，为方便更多读者和相关研究者了解墨西哥人笔下的这段历史，本文试对该书内容做一简介和评析。

莫里纳是迪亚斯时期的"秩序与进步"的亲历者，他的生活经历是《国家重大问题》的主要灵感和材料来源。他出生于距离墨西哥城不远的吉洛特佩克（Jilotepec，今属于墨西哥州），这一地区交通闭塞，生活着大量奥托米（Otomí）印第安人，大地产问题十分突出。莫里纳的父亲就是吉洛特佩克的一位土地公证人。少年时期，莫里纳进入托卢卡接受教育，后来又去了墨西哥城做律师，见识了城市生活的繁荣。然而，父亲重病使莫里纳不得不回到家乡接任土地公证的工作。作为法律行业从业人员，活跃于墨西哥乡村第一线的亲身经历让他深刻认识到了大地产问题的严重性。19世纪末，莫里纳开始在报纸上发表文章，剖析社会、法律问题，参与到思想界的公开论战和政治评论之中，在这一过程中逐渐形成了自己的思想体系。

20 世纪初，莫里纳定居墨西哥城，与路易斯·卡夫雷拉（Luis Cabrera）合伙开办律师所。莫里纳与墨西哥城的多家报社都有合作，他发表在《时代报》（*El Tiempo*）专栏中的系列文章《墨西哥社会学研究》（Estudios de sociología mexicana）正是该书的前身。1907 年，莫里纳成为墨西哥国家博物馆的研究员。在这个时期，莫里纳凭借个人作品累积的名声和与卡夫雷拉的友谊，进入了墨西哥城的政治圈子，结识了反对连选连任运动的许多主要成员，包括后来当上总统的弗朗西斯科·马德罗（Francisco Madero）。

写作之时，作者的期望是创作一本治国理政的参考手册，书中关于土地改革的意见的确在《1917 年宪法》第二十七条中有所体现。不仅如此，其文字中的革命精神也为墨西哥革命者所继承。这一著作对于墨西哥革命，乃至于墨西哥国家的历史，都具有非常重要的意义。

《国家重大问题》一书分为两大部分，共十章。

第一部分有五章，作者从墨西哥国家的地理、早期历史和当代历史三个角度，介绍了墨西哥的基本信息，为后文的分析奠定必要基础。其中，对于当代墨西哥的探讨最为详尽，共有三个章节，分别围绕着社会人口、改革法（Leyes de Reforma）和波菲里奥的统治三个主题展开。

第一章"我们土地的基本信息"，介绍了墨西哥的气候、水文、地势和地形等自然地理的信息。墨西哥主要位于北半球热带地区，地形变化丰富，沿海有平原，内陆有高原，东西两岸各有一条山脉，形成崎岖的山地。内陆的高原以两大山脉的支脉为天然屏障，分为南部、中部和北部三个部分。在此基础上，莫里纳提出了"关键粮区"（zona fundamental de los cereales）的概念。作者认为，墨西哥海拔最高的中部高原加上南部高原的部分地区，从气候、人口分布和区位优势上讲，是最适宜玉米、小麦和豆类等粮食作物生产和储存的地区，也是全国人口主要的食物来源地。这一关键区域在后文有关土地的讨论中占据独特的地位。

第二章"我们遥远历史的信息"，将当时墨西哥土地所有权问题的起源上溯至殖民时期，乃至殖民之前的历史时期。从人们过半定居或游牧生活的时期开始，作者将土地所有制的发展过程分成以下五个阶段：无土地所有权的概念（falta absoluta de toda noción de derecho territorial）、土地占用（noción de la ocupación, pero no la de posesión）、土地占有（noción de la posesión, pero no la de propiedad）、土地所有（noción de la propiedad）、脱离土地实际占有或使用的土地所有权（derechos de propiedad territorial, desligados de la posesión territorial misma）。[①] 在最后一个阶段，土地所有权的概念已经成熟，人们不单单拥有土地本身，还可以进行土地抵押、土地信用的交易。作者认为，西班牙殖民者到来之时，生活在墨西哥的土著部落普遍没有发展出土地所有权这个概念，这与殖民者对土地的认知相比是远远落后的。这种认知上的差异，在很大程度上造成了后来土地分配不平等的乱象（第 51 页）。另外，在这一章中，作者从教皇授予西、葡两国国王新发现土地并为新土地划界的敕令开始，梳理了独立之前墨西哥土地产权的情况，以层级列表的形式共列出 16 种不同的产权，除了四种属于没有地契、印第安人实际使用或无主的土地以外，其他都是以各种形式赏赐、授予的有书面契约的土地（第 60～61 页）。实际生活中这十几种不同的土地产权互有交叉重合，书面文件有时早已佚失，有时互相矛盾，这是国家土地状况混乱不堪的又一大原因。

　　第三章"我们当代历史的信息"，主要关注以人种为标志的各个社会阶层的变动。作者按照时间顺序梳理了各个人种的主要动态。殖民地时期，国家处在不平等但稳定的状态。独立运动打破了这种稳定，开启了"解体时期"（periodo de la desintegración，第 78 页）。独立后，社会的变动仍未结束，主要统治阶级中教俗斗争不断，又经历了美墨战争的洗礼，疲态尽显，使得混血人口有机会通过《阿尤特拉计划》[②] 抢夺上层位置。接着进入"过渡时期"（periodo de transición，第 86 页），这一时期自由派克里奥尔人充当了半岛西班牙人和混血人口之间的桥梁，混血人口的社会地位有所上升。华雷斯（Juárez）上台后，颁布《国有化法》（Leyes de Nacionalización），有四个主要影响：其一，土著人独善其身，远离了革命；其二，教会失去了能够影响革命的财产；其三，混血人口获得了部分利益，精神受到鼓舞；

---

[①] Andrés Molina Enríquez, *Los grandes problemas nacionales*, Secretaría de Cultura, Instituto Nacional de Estudios Históricos de las Revoluciones de México, 2016, p. 50. 下文引用该书内容时只在文中标注页码。

[②] 1854 年墨西哥自由派军人起义反对洛佩兹·德·圣安纳（López de Santa Anna）独裁政权的行动计划。因发表于格雷罗州（Estado de Guerrero）的阿尤特拉（Ayutla），故名。主要内容包括推翻圣安纳独裁统治，建立共和政府，选举共和国临时总统委员会；召开特别大会起草新宪法，实行自由主义性质的社会改革。计划发表后国内各阶层纷纷响应，起义席卷全国。翌年，圣安纳政权被推翻。

其四，自由派克里奥尔人下定决心，与混血人口联合，追逐更多的收益（第84～85页）。而从华雷斯继任者莱尔多·德·特哈达（Lerdo de Tejada）总统任期末开始，直到作者所处的20世纪初，墨西哥已进入了"整合时期"（periodo integral），是时候重整河山、顿纲振纪，解决立国以来屡次立法所衍生出的许多"国家重大问题"了（第86页）。

第四章"改革法对所有制的影响"中，作者分析了19世纪墨西哥一系列以促进土地流转、剥夺教产为主要目标的立法对墨西哥土地产权的影响，认为这一系列的法律并没有达到预期效果。比如《莱尔多法》（Ley Lerdo）及后续法令，禁止教俗团体拥有地产，限期强制将地皮所有权转给承租人，逾期则他人可告发、购买。这一立法，不仅把印第安村社列入不得拥有地产的范围，直接导致了大量印第安人失去土地、村社支离破碎、国家社会动荡，更是在实际上让"他人"伺机购买土地，"受益的不是承租人，而是告发者"（第90页）。后来的《国有法》在一定程度上改善了情况，至少切实剥夺了教产，然而还是"没能填补殖民地遗留的超大地产（la propiedad muy grande de origen colonial）和《莱尔多法》造成的微小私人地产（la propiedad muy pequeña que formaron las Leyes de Desamortización）两个极端之间的深渊"（第105页）。这一系列的改革"不完全且极有缺陷"，但这一过程中，催生了自由派克里奥尔人和混血人两个新的有产阶级。尤其混血人口逐渐建立起了优势，作者认为这对墨西哥民族的建构具有重大意义（第106页）。

第五章"波菲里奥和平的秘密"一章，作者以史无前例的笔法，一针见血地剖析了迪亚斯稳固统治的秘诀：打着"爱国救国"之名，借"私人友谊"的人情网络，以类似总督制的组织结构建立集权政治；"其最根本的秘密，就是权力的集中"（第110页）。迪亚斯的统治尊重宪法，但这种尊重流于表面，总统的权力凌驾于国家选举、立法、司法之上，内阁也只是他附庸。迪亚斯并不单单空谈爱国大义，他与所有人都论交情，而且凭借其出色的政治才华，对不同阶层分别施以不同的对待。他给混血兄弟政治上升的渠道，给自由派克里奥尔人获取财富的便利，给老派克里奥尔人荣誉和地位的保证，给印第安人和平与忽视（第115～120页）。这是建立在他混血身份和鲜明的个人形象基础上的一种政治上的整合和凝聚。

在该书的第二部分，作者在介绍前述背景的基础上，对当时墨西哥的几个重大问题一一给出了分析和解决的建议，这些问题分别围绕土地所有权、土地信用、灌溉、人口和政治等主题展开，章节也以此命名。

第一章是对土地产权的研究。作者主要关注的是大地产这一墨西哥特有的土地现象，从土地和生产两个方面展开论述。长期以来的土地垄断阻碍了土地的流转。地产主的土地越多，市场上待售的土地就越少，因此价格就越高，导致拥有土地的大地产主不愿意出售，其他人也无法购买。拥有大地产附带的社会地位和安全感，使地产主对生产本身缺乏进取心，此种投资与其说是做生意，不如说是"做面子"（imposición de vanidad，第140 页）。因此，大庄园的生产效率非常低，而且往往不对作物或生产设施进行改良，大量土地得不到充分利用。在莫里纳看来，墨西哥真正的粮食生产者是以发展朗楚①经济的混血人为代表的中小生产者，大庄园却侵占了他们的生存空间，迫使他们不得不耕作劣等土地，这限制了国家粮食的产量，甚至有碍国家人口增长（第 162～165 页）。此外，大庄园的低效生产浪费了大量劳动力，其存在本身还时常妨碍地区的交通。作者认为，关键粮区内的大地产亟待解决，且需要政府立法强制分割土地，由官方机构重新进行土地测算。这一章中，作者也论及了《莱尔多法》导致的诸多微小地产和印第安人村社土地的问题，认为这些地产的存在不利于国家土地流转和农业生产，同样需要因地制宜、实事求是地进行改革。

第二章进一步关注土地信用的问题。墨西哥很多土地没有明确的产权，即便有产权的土地，其边界和所有者的各项权利也很模糊。在第一部分，作者列举过独立前墨西哥土地产权的 16 个分类，涉及不同种族、不同获取方式和不同继承方式，这一复杂的状况仍有遗存。很多时候同一个地产对应多个地契，教会、封赐、租借，种种情况混乱交杂。而这每一类所有权，都有各自适用的法律。对于混血的中小庄园主，想要通过合法程序取得完整产权，几乎是不可能做到的事情（第 219 页）。在这种情况下，土地很难满足作为抵押物的基本条件，土地信用很低，贷款的状况也就十分糟糕（第 230 页）。就如何保障土地产权的信用，改变当时混乱的局面，作者也提出了很详细的方案。首先，各州政府需要取得分配公共财产、保障私人财产的权限，将出售的地产全部都纳入国家产权的系统。其次，需要简化

---

① 朗楚为西语"rancho"的音译，这一时期指小农场、家庭农场等。朗楚经济更具有商业性，与封建大庄园经济之间存在利害冲突。见林宁《墨西哥革命前夕土地关系的演变》，《拉丁美洲丛刊》1983 年第 2 期，第 40～45 页。

产权获取的程序，设置统一的机构，出具统一的书面证明。

第三章谈到灌溉和水资源利用的问题。作者认为，灌溉是农业产量的重要保证，这既涉及当地居民的利益，也涉及国家利益，因此两方都应承担责任。然而，水资源的所有权问题又成了阻碍。水资源跟土地的所有权在很大程度上有所重合，但又不完全是后者的附属。很多共有共用的水资源难以确定利用的范围，如领海、标志疆界或常年流动的大河等重要水资源一般由联邦所有，那么就需要联邦政府至州政府再到下辖行政单位进行授权分配（第277页）。联邦政府此前对水资源分配有过立法尝试，但没有取得多少成果。如何将整个国家水资源容纳到同一个系统里，也是国家需要解决的问题。另外，水利设施修建的过程中曾出现诸多问题，有时工程设置和生产需求不符，有时侵犯到政府或他人权利。作者认为灌溉工程的确需要多方力量的合作才能实现，但其中的主力不应该是公权力的一方，政府可以给出补贴，但受益方应在一定限期内偿还（第293页）。

第四章从地理分布、社会结构和种族三个角度探讨墨西哥人口的问题。首先在地理上，关键粮区内粮食充足，生活成本低，天然有利于人口增长。与此同时，充足的劳动力和较低的生活成本，也限制了关键粮区内的工资水平。人口流动是人们追求更好的生活条件的产物，因此政府应尽可能保证劳动力的自由流通。其次，作者对墨西哥社会结构的分析更具代表性。他认为当时居于墨西哥社会顶端的是未融入本地的美国人和欧洲人（第341页），然后是克里奥尔人。前者受国家法律特别保护，后者享有事实上的优待，都是上等或特权阶级。在这之下是混血人和土著人，这两类人中只有部分人社会地位较高，比如混血军官、混血公务员和土著教职人员，其余大多都是劳工或下等士兵。这种社会结构的产生在于国家没有稳定的中产阶级，有限的社会底层人员供养各路特权人士，不仅无法达成社会平衡，还会使财富极端集中（第350～351页）。这种情况下，国民消费能力有限，无法形成国内市场，又进一步使国家的工业发展从一开始就注定走向失败的结局（第358～360页）。最后，作者从人类学的角度提出混血人具有人种上的优越性，并对当时很多人推崇的通过外来移民改善国家状况的说法进行了批评（第374页）。

第五章也是该书的最后一章，作者从内外两个方面分析了国家的政治问题。莫里纳认为墨西哥内政的基础是混血人种的主导地位（第422页）。

通过对比国内三大人口要素（土著人、克里奥尔人和混血人），作者提出混血人具备独特的内在统一力量。让混血人保持统治地位，有利于墨西哥民族性的形成和国家的长治久安。但克里奥尔人不会不战而降，斗争可能会迫使国家选择独裁形式的政府，独裁者本身必须经过特殊的训练、具备特殊的品质，并且他要坚定站在混血人一方，保证混血人的胜利（第 539页）。从这一角度，作者肯定了威权政府的合理性。对于国家的对外政策，作者充分认识到了美墨关系的重要性。相比美国，墨西哥处在弱势地位，不仅要与之保持友好关系，支持门罗主义，还需采取"过分默许的微妙至极的政策"（第 555 页）。想要国家有尊严，得靠自身的强大，墨西哥需要一场改革。作者认为，美国对墨西哥的改革可能不会赞成，但并不会进行直接的干涉。比起北面邻居尚无定论的态度，更重要的是推进上文所述的各项改革："我们务须避免将我们政治存在的延续全然托付给［他人］随心的恩惠……若我们一定要灭亡，不如让它早些到来。"（第 538 页）

《国家重大问题》一书，成书于墨西哥历史重要的转折时期，对革命前的墨西哥社会进行了较为深刻的分析。纵观全书，仅对以下几个特点进行评析。

第一，沿用传统理论，推出革新思想。19 世纪末 20 世纪初，墨西哥思想界的主流力量仍是亲迪亚斯政府的老派实证主义者，这些人身有国家赋予的"科学"的光环，认为迪亚斯统治背后是"无可置疑"的科学道理。在莫里纳之前的或与他同时代的其他反对派著作大多局限于意识形态和政治层面，往往只对社会不公正进行批判，流于表面。该书却恰恰利用思想界主流的"无可置疑"的科学道理——实证主义，推理出了完全相反的观点，为革命派提供了重要的思想武器。作者沿用实证主义，将墨西哥社会类比成有机体，认为国家社会的发展与动物演化一样遵循进化论的原则，都在与自然环境的适应性竞争中，从低级向高级演变。这一"科学"理论是该书诸多观点的内核，其中最浓墨重彩的土地革命思想也是以此为基础阐发的。莫里纳认为人类社会进化的关键在于有效利用土地，有效利用土地的关键则在于扩大粮食生产（第 24～26 页）。他以粮食生产在地理上的不平衡解释人口和财富的流动，尤其强调在关键粮区内取缔大地产的重要性（第 166 页）。正因为关键粮区内的大地产阻碍了国家粮食生产，莫里纳才将之列为动摇墨西哥国本的重大问题。20 世纪初的墨西哥仍是一个农业国家，农业和土地就是国家的根本，作者这样的思想无疑符合当时社会现实的需要，甚至在之后的几十年中都保持了相当的生命力。莫里纳的民族观也部分地受到实证主义的影响，他用实证主义的分析模式，得出了与前代实证主义者相反的结论，坚定地站在反对引进欧洲移民"改良"人种的一方。作者认为墨西哥的国族"在自然选择的竞争生存下养成了自己的独特个性"，并且直言"把引进外国移民当作国家存在的必需品才真是荒谬"（第 374～375 页）。可以肯定的是，莫里纳以"旧瓶装新酒"的方式，为墨西哥提供了一种"新实证主义"，并在此基础上给出了国家的改革重点和方向。

第二，厘清历史脉络，深析国家现状。莫里纳对历史遗留因素给予了足够的重视，该书第一部分用了两章的篇幅对墨西哥历史由远及近进行梳理。莫里纳认为，一个健康完整的社会有机体的判断标准在于社会多数人口是否拥有土地，因此他对土地产权问题格外挂心（第 13 页）。对于墨西哥的土地状况，莫里纳追本溯源，以殖民前的原初状态为起点，接着按照时间顺序分述征服、殖民、独立后的改革对土地产权的影响，建立了一条较为完整合理的发展线索。从新旧世界的碰撞开始，墨西哥产权问题经过了多次失败或半失败的调整和改革，及至莫里纳身处的 20 世纪初，实在已是繁难之上又加繁难，盘根错节，极为复杂。明确的时间线索为莫里纳在土地问题上的分析提供了无可替代的逻辑支撑。土著人民在土地分配上遭遇的不公正，始于征服时期对土地所有权认知的落后；大地产问题则要追溯到西班牙国王对征服者的封赐，以及殖民地时期国王多次部分剥夺封赐土地权限，却从来不够彻底甚至法令公布后并未实施。在划分墨西哥历史的阶段时，莫里纳认为始于《阿尤特拉计划》的"过渡时期"的历史任务是使混血人社会地位稳固，这个阶段本应在第二帝国倒台时自然结束，却经历了一段"人工延长"（prolongación artificial），直到莱尔多·德特哈达总统任期结束才迟迟进入"整合时期"（第 86 页）。他对这段延长期的改革单独辟出一章进行分析，在土地产权问题上，他认为这段时间的立法，尤其《莱尔多法》，不仅没有成功解决问题，甚至带来了"灾难般的后果"（第 97 页）。通过这一系列的分析，莫里纳得出了三个结论：其一，土地产权的总趋势还延续殖民地时期，也就是大地产超然凌驾于其他产权之上的格局（第 134 页）；其二，大地产的保守性质来源于殖民地时期，甚至还带有一定的封建特性，于国无利（第 140 页）；其三，私人小型地产（pequeña propiedad individual）和公有地产始终处于劣势地位，这是产权认证体制和资本两方面长期向大地产倾斜的结果（第 150～153 页）。莫里纳将墨西哥社会有机体病弱的元凶定为大地产，是建立在深刻的历史分析之上的结论。

第三，洞悉社会变动，直言民族理想。如果说莫里纳的土地改革思想是该书论证最充足的"明线"，那么他的民族观就是隐含在前者之中，却又贯穿全书的一条"暗线"。莫里纳民族观的核心观点是只有混血人能肩负墨西哥国家建构的重任。他痛斥大地产阻碍国家发展，呼吁政府进行干预时，清楚地知道这一政策的最终受益者正是墨西哥广大混血农民。为论述混血人的特殊性，作者对墨西哥社会有机体的三大组成元素进行了横向和纵向两个方向的对比。首先，横向比较。作者认为，克里奥尔人和外国移民始终是墨西哥有机体的"异物"，"从精神上来说，墨西哥并非他们的祖国"（第 462 页），他们忠于各自母国的文化，构成封闭的小利益集团，以自身利益为行动准则。印第安人总是被动地接受有机体的安排，是"消极"成分，而且他们是出于无奈被迫划分的一个群体，内部实际上各有差异，但是"不会偏向外国"，"印第安人绝不会为了外国的利益而主动背叛祖国"（第 460～461 页）。混血人是墨西哥有机体的天然组成部分，更重要的是，混血人在语言、风俗、宗教等各方面都是统一的，这使他们具有内部凝聚力，并且心怀"坚定、热烈、刚毅的爱国之情"（第 479 页）。其次，纵向比较。莫里纳提出的墨西哥历史阶段论就是按照混血人在社会有机体内地位的变动来划分的。与克里奥尔人和印第安人相比，在墨西哥建国以来的历史上，只有混血人这一阶级呈现一种进取向上的总趋势。然而，混血人虽然承载着国家光明的未来，却并没有实现这一未来的必备条件——经济实力和政治权力。第二部分第四章论述国家人口相关问题时，莫里纳直言"我们是改善国家财富分配的首倡者"，他认为如果不改变现状，后果已经注定，"社会下层的激愤""惩罚和清算的日子"将会到来（第 351 页）。他理想的墨西哥政府，是在宪法和法律指导下运行的混血人的威权政府。因为国家的"整合"尚未完成，混血人还没有取得领导地位，所以统治者"应该有一些独裁的权力"，但"我们不能脱离现有的立法体制"，而且这些独裁的权力"指的是在行动上的权限，而不是统治者个人权力的延续"（第 539～540 页）。

当然，任何写作都无法突破时代和作者个人视野的局限。该书成书至今已百年有余，虽然其中许多观点和论述如今读来仍觉振聋发聩，却也难免有一些不足之处。

首先，受制于社会达尔文主义思潮，作者在进行种族相关的分析时，也难逃将生物学理论生搬硬套到社会文化领域的老路子。这在当时是无可指摘的，笔者无意以后世之智评断前人，但这一做法在该书中造成了概念上的混乱。莫里纳在谈论墨西哥的种族（raza）问题时，这个词有时与我们一般意义上的"种族"或"人种"含义相近，指的是外形特征一致的一群人，完全在体质上进行区分；有时用来界定某个普遍有共同特性的人群，相当于通常所说的"民族"概念，更多地注重精神文明的差异；有时这个词可以直接与"阶级"或"利益集团"画等号，直接跨到了社会地位、社会财富的层面上。书中没有出现过"种族"一词的具体解释，上述三种情况在文中往往交叉混用，读者只能自行根据上下文来判断，很容易出现理解上的困难。

其次，莫里纳对国家工业的发展并不重视，基本上只将其作为农业生产的附属产业。在他的思想体系中，社会有机体就是农业有机体（organismos agrarios），国家的根本部门就是农业生产部门，其中最重要的是谷物生产，尤其是国家主要人口食用的粮食的生产——对于墨西哥就是指玉米的生产。其他的，如工业、商业、金融、通信甚至文化等，都是农业的衍生产物（derivados）。[①] 对于墨西哥工业的落后，作者其实也给出了两点原因：其一，大地产主导下国家财富分配不均导致的国内市场狭小；其二，国家工业和土地一样，实际控制在克里奥尔人和外国人手中（第370~371页）。莫里纳断言墨西哥许多新生工业"注定灭亡"，处在"慢性工业危机"状态（第371~372页），但是相比于国家的农业土地问题，作者在工业等其他方面的分析明显不足。

最后，该书提及的事例和数据都没有写明来源。从莫里纳的个人经历我们不难推测，该书中许多事例很可能来自作者自己的见闻，但出于种种原因，书中并未点明出处。另外，该书出版后就因全书没有引用任何欧洲

---

① Arnaldo Córdova, "El pensamiento social y político de Andrés Molina Enríquez," en Andrés Molina Enríquez, *Los grandes problemas nacionales*, Ediciones Era, 1978, p. 30.

思想家的著作而遭到诟病，这在当时的墨西哥也是非常少见的做法。

还须指出的是，莫里纳的《国家重大问题》具备很高的研究价值。一位美国学者认为，该书之于墨西哥革命，就如同卢梭的《社会契约论》之于法国大革命。[①] 该书资料丰富、论证有力，很多观点具有一定的代表性，不仅是一部值得阅读的历史读物，更是一座值得深挖的墨西哥革命史和思想史的宝库。

（作者简介：宋媛，南开大学拉丁美洲研究中心硕士研究生）

---

① Anita Brenner, George R. Leighton, *The Wind that Swept Mexico, The History of the Mexican Revolution, 1910 – 1942*, Texas：University of Texas Press, 1971, p. 41.

# 殖民地遗产、寻求独立与新殖民主义
## ——读本杰明·吉恩、凯斯·海恩斯的《拉丁美洲史》

### 邹 扬

2013 年东方出版中心出版了由本杰明·吉恩（Benjamin Keen）教授和凯斯·海恩斯（Keith Haynes）教授合著，孙洪波、王晓红、郑新广翻译，张家哲译校的《拉丁美洲史》（*A History of Latin America*）。本杰明·吉恩 1941 年于耶鲁大学获得博士学位，1959～1981 年执教于北伊利诺伊大学，主要研究领域是拉丁美洲殖民地时期的历史和前哥伦布时期的美洲历史，主要著作有《美洲文明读物》（*Readings in American Civilization*）、《古代墨西哥的生活和劳动》（*Life and Labor in Old Mexico*）、《历史上的巴托洛梅·德·拉斯·卡萨斯》（*Bartolomé de las Casas in History*），2002 年底逝世。凯斯·海恩斯毕业于北伊利诺伊大学，现为纽约奥尔巴尼圣罗斯学院的历史学教授，从事拉丁美洲史和美国外交史教学已逾 20 年之久。《拉丁美洲史》包括前言、导言、正文、索引，以时间序列划分为"拉丁美洲的殖民时代遗产"和"19 世纪的拉丁美洲"两大部分（编），共十一章。

为了方便读者更好地理解拉丁美洲的历史，笔者试图将该书的内容划分为四部分并在此基础上对该书做一简要评述。

第一部分包括第一章"古代美洲"、第二章"西班牙背景"和第三章"美洲的征服"。作者在第一章介绍了拉丁美洲的地理特征——山脉众多、水系发达、气候多样、资源富足。紧接着作者对征服前美洲地区的社会组织、社会分期、古代文明发展的情况以及妇女的地位进行了介绍。作者认为"居住在美洲大陆上的巨大人群在西班牙征服前可以根据他们的生存基础和社会组织的复杂性分成三个级别或者范畴：部落、酋邦和城邦"（第10页）。在社会分期的问题上作者认为"以技术、社会和政治组织、宗教以及特定时期的艺术为基础"可以划分为"古代阶段、形成或前古典阶段、古典阶段以及后古典阶段"（第17页）。随后作者介绍了奥尔梅克文明、玛雅文明、阿兹特克和印加文明，对各文明的政治、经济、宗教、文化和社会均有涉及。作者认为"奥尔梅克文明的发现及其艺术方式广泛辐射……似乎奥尔梅克文明才是中美洲文明的鼻祖"。此外，作者还对玛雅的农业人口分布、城市化程度、社会组织等几个在学术界有争议的问题给出了自己的看法。在述及阿兹特克文明时，作者针对其帝国体系的层次（第36页）、大量食人的原因争议（第34页）列举了学术界的一些看法。随后作者还谈及印加文明中"性别平行"现象（第47～48页）。印加帝国虽然在西班牙的征服中消失了，但是印加文明并没有消亡。"对于许多秘鲁人而言，正是印加人高超的技术成就和社会管理确保了所有人都拥有适度的财富，这也给他们自己拥有的固有能力提供了证据，证明当今贫穷充斥、分崩离析的秘鲁也许仍然会有的美好前景。"（第52页）

第二章作者主要介绍了伊比利亚半岛上的政治、经济、社会发展状况。作者认为"殖民时期的决定特征是西班牙背景"（第4页），而"征服就是伊比利亚半岛（Iberian Peninsula）历史的一个主要内容"（第53页）。作者介绍了"再征服运动"的背景以及"再征服运动"对伊比利亚的经济、社会和政治结构产生的重要影响。这个过程塑造了卡斯蒂利亚王国的经济特征，产生了一大批鄙视体力劳动的武士—贵族阶层，贵族势力的发展逐步走向王权的对立面，"随着穆斯林势力的衰落，大贵族们从与异教徒的战斗转向和国王、城镇以及彼此之间的斗争"（第60页）。随后作者介绍卡斯蒂利亚和阿拉贡王国的联合，西班牙正是在这种联合下进入了一个对外扩张的时期。这个时期的主导人物是费迪南德和伊莎贝拉，在进行一系列诸如恢复秩序、宗教和经济改革、调整外交政策之后，他们"在追求共同目标的过程中组建了封建的基督教王国"（第67页）。但是王室的偏倚贵族政策（第67页）、反犹政策（第68～69页）造成了一些负面的影响，"君主奠定的伟大帝国的基础只是暂时的，而且他要为它过早的衰退承担更大的责任"（第71页）。随后作者开始介绍哈布斯堡时代的胜利与衰败。

紧接着作者开始介绍第三章"美洲的征服"。发现美洲对于欧洲人来说是一件意外的事，他们的本意是要找出一条通向东方的新航线。克里斯托弗·哥伦布于 1492 年 10 月 12 日"在今巴哈马的一个岛上登陆，哥伦布将其命名为圣萨尔瓦多（San Salvador）"（第 86 页）；佩德罗·阿尔瓦雷斯·卡布拉尔"于 1500 年初在巴西海岸登陆，并派了一艘船在继续向印度航行之前返回里斯本报告他的发现"（第 83 页）。西班牙和葡萄牙先后发现了美洲，并且这一发现的过程很快就向征服的过程转变。关于哥伦布成就之说，作者从"被征服者的视界"给出了自己的看法（第 90~94 页）。随后作者介绍了科尔特斯对于墨西哥的征服和皮萨罗对于秘鲁的征服并且分析了少数西班牙人赢得两个帝国的原因。此外，作者还介绍了西班牙人在北美的失败和在南美的挫折。

第二部分包括第四章"殖民地生活的经济基础"、第五章"国家、教会与社会"、第六章"殖民地巴西"和第七章"波旁王朝改革和西属美洲"。这一部分介绍了拉丁美洲地区主要的殖民区域——西属美洲和葡属巴西的经济基础、政治制度、社会结构、宗教文化等方面的内容。

西班牙在西属美洲殖民地的经济制度经历了从委托监护制和奴隶制向劳役摊派制（米塔制）、理论上的自由劳动或债务劳役制的转变。转变是在国王、教会和殖民者关于争夺劳动力和贡品的斗争中完成的，"国王、教会和殖民者是这场斗争的主要角色"（第 121 页）。值得注意的是，经济制度的转变并非一个"你方唱罢我登台"的过程，几种经济制度在存续的时间上是有重合的，在地域上是有差别的。"在一定时期和特定地区，哪种劳动制度居于主导地位取决于以下这些因素：比如，该地区的自然资源、欧洲人的数量和他们经济活动的特征、当地人口规模和文化水平以及王室的经济和政治利益等。"（第 132 页）此外关于殖民者的形象问题，作者认为"把大家熟悉的征服者仅仅描绘成投身于战争和掠夺的纯粹封建主义形象，而鄙视所有的贸易和工业，是多么具有误导性"（第 134 页）。随后作者介绍了西属美洲大庄园、农业、工业、矿业和商业及走私的情况，还介绍了学者们关于 17 世纪是西班牙美洲殖民地的危机和萧条时期的看法（第 140~141页）。作者认为在殖民地的经济框架中，既有资本主义的因素，也有封建主义甚至更古老的因素（第 147 页）。

"西班牙帝国在美洲的政治组织是集权、专制的，它本身对国内的统治也是如此。"（第 149 页）王室对西属美洲的统治是通过其设立的一系列代理人和代理机构实现的，包括总督、都督和检审庭，由他（它）们因地制宜地执行西印度委员会制定的法律和指示。实际上从"国王运用大量的规章制度确保殖民地官员能够很好和诚实地履行职责"（第 153 页）可以看出王室与这些代理人之间并没有建立信任关系。"远离王室和下级官员本性懦弱、腐败，都放大了总督的权力"，"总督们的一个行事准则是：我服从，但不执行"（第 151 页）。市政会作为地方自治的唯一政治机构，"由于受到省长或督办的严密监督，市政会早期就很快失去了自治权"，但它在"很大程度上代表了克里奥尔人的利益，注定在即将到来的 19 世纪独立战争中起到重要作用"（第 155 页）。随后作者介绍了教会在拉丁美洲的发展。教会对美洲的精神征服巩固了西班牙对美洲的殖民统治，但是教会的行为要受到国王的制约，"王室对西印度和西班牙教会事务的控制是牢固地建立对其资助的基础之上的"（第 157 页）。教会对于王室的开疆扩土做出自己的贡献，还"垄断了殖民地不同层次的教育权"（第 167 页）。在社会组织方面作者主要介绍了殖民地的种族制度，从上而下给读者描绘了一个金字塔结构的社会。值得注意的是，作者介绍了殖民地的女性地位，认为"殖民地女性比人们想象的要享有更多的经济独立"，"尽管有西班牙家长式社会关系的破坏性影响，土著人妇女并没有成为消极的牺牲品"（第 188～189 页）。

波旁王朝统治时期对西属美洲的政治制度、经济制度等方面进行了改革。政治上划分了总督辖区、增加了都督辖区的数量，在殖民地用监政官代替原来的督办和市长；军事上加强防御，建立殖民地军队；经济上进行商业改革。波旁王朝改革对殖民地的经济、土著社会结构、种族情况产生了重要的影响。加的斯贸易商会的垄断地位被改革所撼动，"在这一时期，加的斯贸易商会的垄断贸易慢慢消失了"（第 216 页）。然而殖民地发展的利好被转移到母国，"波旁时期增长的经济活动并没有带来殖民地经济重大的质变"（第 221 页），殖民地经济的增长是"没有发展的增长"（第 221 页）。殖民地劳动者的处境依然没有得到太大的改善，依附色彩依然浓厚，但是随着人口流动性的增加，种族的分类却变得越来越模糊——"一个独立的种族，慢慢趋向于不是被肤色所定义，而是被职业、服饰、言谈和自我自觉这样的特征定义"（第 236 页）。西属美洲的受剥削者并非"被动的西班牙殖民化的受害者"（第 238 页），他们不断地对残酷剥削进行反抗，秘鲁的图帕克·阿马鲁起义、新格拉纳达的社员起义以及各地的逃奴堡都为受苦受难人们的反抗史添上了浓墨重彩的一笔。克里奥尔阶层民族主义也逐渐萌芽，其萌芽是"建立在其他基础上，而不是欧洲的启蒙运动"——对"共同祖国的意识以及像墨西哥瓜达卢佩圣母这样的全民崇拜拥有的集体凝聚力"（第 232~235 页）。

至于葡属巴西殖民地，葡萄牙一开始对这一地区的重视程度不够，因为其"有限的资源全都投入到对非洲和远东的财富剥夺"（第 192 页）。在巴西最开始实行的是都督辖区制度（captaincy system），"把对巴西殖民化的主要责任分配给了私人个体"（第 192 页）。葡属巴西政府与西属殖民地"在精神、结构和缺陷上具有广泛的相似性"，"在巴西运行的监管和制衡行政系统是通过政府职能的重复设置和官员们的相互监督来实现的，这个制度正反映了母国政府对于其代理人的不信任"（第 202~203 页）。市政议会（Senado da Camara）是殖民地最重要的政府机构。巴西的经济发展经历了从红木经济、蔗糖经济、矿业经济再到咖啡业、畜牧业的兴起，"养牛业对巴西的边疆扩大和南部地区的重要性作出了贡献"（第 200 页）。蓬巴尔的经济改革虽然"为葡萄牙收复了巴西市场"（第 201~202 页），但最终还是没有逃出日不落帝国的手心，贸易垄断权最后还是落到了英国手里。葡属巴西殖民地社会结构划分的主要依据为种族、社会和经济地位。葡萄牙鄙视劳动的特点被带到了巴西，"把劳动力等同于奴隶的倾向极大地限制了葡萄牙人或其他混血人进入社会能接受的大量职业"（第 206 页）。

第三部分即第八章"拉丁美洲的独立"。这一部分作者介绍了拉丁美洲独立战争爆发的背景，述及了克里奥尔人与半岛人之间的敌对关系以及启蒙思想、美国革命、法国大革命的影响。拉美地区的独立斗争有四个中心——委内瑞拉、阿根廷、巴西和墨西哥。作者以玻利瓦尔和圣马丁的活动为主线来介绍前两个中心的斗争状况，并对瓜亚基尔会晤后圣马丁退隐的原因给出了自己的看法："圣马丁一定已经理解玻利瓦尔只想整合所需的军事、政治和心理资产，用来清理秘鲁宗派系统的老巢，并最终获得战胜西班牙在山地地区军队力量的最终胜利。鉴于利马的形势，圣马丁的出现只能抑制那些任务的完成。"（第 266 页）巴西的独立经历是一个"相对没有流血的转变过程"（第 267 页），唐·佩德罗（Dom Pedro）发出"伊皮兰加呼声"后，在 1822 年 12 月正式宣布自己为巴西的立宪皇帝，巴西获得独立。随后作者介绍了墨西哥独立斗争中的"边缘精英"，从伊达尔戈、莫雷洛斯再到伊图尔维德的称帝和被推翻。伊达尔戈的诸多改革尽管中规中矩，"但是它们使墨西哥斗争带有一个民众特征，而这个特征在南美洲独立运动中一直是缺失的"（第273页）。独立运动虽然为多数拉美国家带来了政治上的独立，但是却"留下了完好无损的现有经济和社会结构"，"革命没有在拉丁美洲扩大土地所有制的基础，实际上却缩小了基础"，"贵族价值观还是继续统治着拉丁美洲社会"（第279页）。

第四部分包括第九章"非殖民化进程和寻求国家身份（1821~1870）"、第十章"种族、国家和自由的含义（1821~1888）"以及第十一章"新殖民主义和自由国家的胜利（1870~1900）"。作者在这一部分首先着重介绍了拉丁美洲地区在独立后所进行的非殖民化努力以及寻求国家身份过程中所面临的阻碍。独立后的拉美国家普遍面临废除奴隶制问题，在自由主义者和保守主义者的冲突中，作者认为"种族因素可以解释构建公民和国家之间的制度关系，并对19世纪甚至以后的这些新国家作出了界定"（第333页）。在由保守派和自由派主导的斗争中，土著居民、黑人和混血人的利益是被忽视的，如华雷斯的农业政策中，"促进农村地区资本主义的发展，这是以牺牲土著人利益而不是庄园主利益为代价的"（第313页），"但普遍反对奴隶制、渴望自由的诉求决定性地塑造着这一进程"（第331页）。随后作者对拉美地区奴隶制发展比较重要的几个国家进行了论述并提出自己的观点，如作者认为在巴西，"事实上，黑奴制度的废除是通过革命实现的，而非改良"（第345页）。奴隶制的废除与奴隶寻求自己的国家身份是相关联的，如起义中的古巴黑人认为"古巴国民身份（Cubanidad）超越种族；身为古巴人，就意味着平等与自由"（第355页）。拉美地区正是在反奴隶制的斗争中一步一步寻求自己的国家身份。

随后作者介绍了拉丁美洲1870~1900年的发展情况。这一时期新殖民主义对拉美产生了重要影响。英国和美国取代了西班牙和葡萄牙在拉美地区的主导地位，拉丁美洲被纳入了由英美主导的新的经济体系之中。作者以日本的发展为例，指出新殖民主义的胜利在拉丁美洲并非不可阻挡，但是新生拉美国家的精英们在自治和依赖之间选择了风险更小的依赖路径。拉美各国政府所推行的是自由主义性质的改革，走的是一条出口导向型的经济发展道路。这条道路在为拉丁美洲带来经济增长的同时也加强了拉美各国对新经济体系的依赖。自由主义在拉美得到迅速扩张，加之实证主义思想的推波助澜，推崇自由主义的国家似乎取得了较为普遍的胜利。但是墨西哥、阿根廷、危地马拉、委内瑞拉、智利等拉美国家的这种自由主义的依附发展也给各国的后续发展造成了负面影响，如发展的片面性和对国际市场的依赖性——"阿根廷和乌拉圭依赖小麦和肉类；巴西依赖咖啡、糖，也短暂依赖过橡胶；智利依赖铜和硝酸盐；洪都拉斯依赖香蕉；古巴依赖糖"（第369页）——以及现代出口部门的孤立性等等。此外，作者还以巴拉圭和智利为例简单介绍了19世纪拉丁美洲为打破依赖局面所做的努力。作者最后认为自由派独裁者"所遗留下来的是社会的不稳定和政治上的不满，还经常伴随着由于社会改革而产生的暴力运动"（第414页）。

通观全书，笔者认为该书具有以下几个鲜明的特点。

1. 在内容安排上，中心思想鲜明

首先，作者旨在依附理论的框架内展开叙述。在第一部分（编）"拉丁美洲的殖民时代遗产"中，作者从殖民主义的视角对整个拉美地区殖民时代展开叙事，向读者展现了一个在政治、经济、社会、思想等方面均依附西班牙和葡萄牙的拉丁美洲，乃至拉美各国在取得独立之后的发展中仍受西葡两国殖民遗产的影响；在第二部分（编）"19世纪的拉丁美洲"中，作者从新殖民主义视角向读者讲述了一个从依附西葡宗主国发展到依附英美发展的拉丁美洲。同时，作者在依附论的框架中吸纳了女权主义理论，借用女权主义者克莉丝汀·波瑟（Christine Bose）和埃德娜·阿科斯塔·贝伦（Edna Acosta Belén）的观点，认为女性具有结构附属性和依赖性，被定义为"最后的殖民地"（"前言"，第3页），作者在书中突出了拉丁美洲女性角色的转变。此外，作者克服了依附理论机械的外因决定论，"强调塑造拉丁美洲求发展的历史斗争的内部和外部因素"。

其次，《拉丁美洲史》是一本关于20世纪前拉美文明史的书，主要介绍了这一地区不同历史时期的生活方式。目前，国内通用的两本拉美通史教材是李春辉的《拉丁美洲史稿》，林被甸、董经胜合著的《拉丁美洲史》。从写作视角上看，《拉丁美洲史稿》有较强烈的革命史观色彩，阶级斗争在整个宏大叙事中占有重要地位，再者，它对于拉丁美洲古代文明史的叙述较少。林被甸、董经胜合著的《拉丁美洲史》强调的则是现代化史观，着重于从现代化的视角考察拉丁美洲国家的历史进程。而吉恩和海恩斯的这本书除了上述依附论视角外，还着重阐述了"内部阶层、宗教、性别、种族、利益集团斗争等不同力量在该地区发展中的重要作用"（"前言"，第3页），更倾向于从拉美社会历史发展中的性别、种族、阶层和阶级、宗教等角度着手，向读者展示一个拉美国家走向文明的历史，同时，该书对美洲古代文明史有较为精彩且详细的叙述。吉恩和海恩斯的书为拉丁美洲通史教材补充了新的视角。

2. 从编写体例上看，适合大学课程讲授

首先，《拉丁美洲史》英文版有单卷本和双卷本之分。单卷本分为三个部分（编），即"拉丁美洲的殖民时代遗产""19世纪的拉丁美洲""1900年以来的拉丁美洲"，总共22章。为了适应大学不同教学方式的需要，作者又将单卷本分为上下两卷。上卷即《拉丁美洲史》（1900年以前），是单卷本中的前两个部分（编），共十一章，主要内容如上文所述。下卷是单卷本中的第三部分（编），是讲1900年以后拉丁美洲地区和国家的历史，内容也是十一章。作为一本拉美通史类教材，作者这样分卷有利于大学讲授拉美史的灵活安排，单卷本可以安排在一个学期讲完，双卷本可以安排在两个学期讲完。目前的中译本是双卷本中的上卷，可惜的是，东方出版中心未能将下卷也给予翻译出版。

其次，《拉丁美洲史》英文版一书自出版以来不断地与时俱进，更新资料，增添内容。该书是根据《拉丁美洲史》英文版的第八版翻译的，据笔者所知，目前《拉丁美洲史》英文版已经更新至第九版，可谓历久弥新。如在第八版中，作者"对涉及19世纪拉丁美洲的有关章节主题进行了更加详尽的概述，同时还增加了新的一章讨论奴隶制及其解放对后殖民地寻求独立的国家身份的影响"（"前言"，第5页）。书中不仅对相应章节配有精美插图，而且在相关地区的叙述中还配有详细的地图，在《拉丁美洲史》的英文原版中，文中三大部分开篇均列有历史年表，分别在英文原版的第2、178、274页。此外，作者在前言中还向教师和学生提供了与第八版《拉丁美洲史》同步的网络资源，可以通过键入主题、关键字的方式在包括主要资源、图像、地图、视频在内的数以千计的历史资源中搜索想要的内容。

再次，作者采用综合解释与典型案例结合的方法来叙述1900年以前的拉丁美洲历史。作者在每一个大部分（编）的开始，都对这一部分进行一个概述。如第一大部分（编）"拉丁美洲的殖民时代遗产"，作者用了4页进行概述（第3~6页）；在第二大部分（编）"19世纪的拉丁美洲"，作者

用了 15 页进行概述（第 283~297 页）。此外，在叙述章节内容时也是先从
一般再到案例研究，如第九章"非殖民化进程和寻求国家身份"，作者先对
拉美地区的"独立成果""经济停滞""政治：保守派和自由派的方案"等
内容进行一个综合性的叙述，然后再以墨西哥、阿根廷、巴拉圭、乌拉圭、
上秘鲁和中美洲联合省的案例加以分析说明。尤其值得注意和称赞的是，
作者对各章内容都有画龙点睛的提炼，在每一章的开头以思考题的方式提
出来，引起读者的兴趣和思考，帮助读者更好地理解每一章的主旨，这一
点无论是对于老师还是学生都是大有裨益的。

　3. 介绍学术争论，提出新的见解

　该书关注拉美史学界的学术动态，能够介绍拉美史中重要问题的学术
争论，并给出一些新的见解。如在阐述"1492 年的人口"时，作者梳理了
20 世纪的不同时期里各知名学者对于 1492 年拉丁美洲人口的估计，20 世纪
20 年代美国考古学家 H. J. 斯宾德（H. J. Spinden）和德国考古学家卡尔·
萨帕尔（Karl Sapper）提出新世界的总人口是 4000 万至 5000 万，美国考古
学家 A. L. 克罗伯（A. L. Kroeber）估计拉丁美洲人口是 840 万，阿根廷学
者安吉尔·罗森布拉特（Angel Rosenblat）提出的数字则是 1338.5 万，20
世纪 40 年代初伍德罗·博拉（Woodrow Borah）、谢尔本·库克（Sherburne
Cook）和莱斯利·B. 辛普森（Lesley B. Simpson）认为墨西哥中部在征服前
夕人口数量为 2500 万，库克和博拉认为伊斯帕尼奥拉岛在 1492~1520 年人
口达到 700 万~800 万，亨利·多宾（Henry Dobyns）估计墨西哥中部和秘
鲁在前征服时期的人口各有 3000 万，威廉·T. 德内文（William
T. Denevan）断言美洲的"人口总数是 5730 万"（第 14~15 页）。在作者看
来，在印第安人与疾病问题上，认为印第安人与世隔绝的环境使其免于疾
病是有问题的，阿尔弗雷德·克罗斯比（Alfred Crosby）在《生态帝国主
义》（Ecological Imperialism）中论述印第安人与疾病时认为美洲印第安人至
少患有肝炎、脑炎、脊髓灰质炎、一些结核病和肠道寄生虫病，但他们似
乎没有患过旧世界的疾病如天花、麻疹等等。[1] 而作者认为，"从长远来看，
即使他们不和欧洲人接触，或许这些疾病也已经发生了"（第 16 页）。作者
认为，玛雅人几乎只依赖火耕（轮歇）农业体系以及其农业人口是分散居

---

　[1]　Alfred W. Crosby, Ecological Imperialism, London: Cambridge University Press, 2004, pp. 197-198.

住的传统观点是有误的。"详细的地区地图显示，环绕着蒂卡尔仪式中心的郊区人口稠密，并且已经从中心之外扩展到几英里远"，"同样高密度集中的住宅群也在其他主要甚至次要古典时期的中心出现"，"古典玛雅的规模和居民密度之间的关系迫使人们对支持他们经济体系作重新评估"，"目前清楚的是，玛雅人除了火耕农业外，还使用了精细且长久的农业"（第24页）。再如关于伊斯帕尼奥拉岛20年内的人口下降问题，作者认为"人口下降不是因为流行病，因为1518年前安的列斯群岛没有任何流行病的记录"（第122页）。在基督教传教制度问题上，作者认为"应被更准确描述成'神权资本主义'，而不是'基督教社会主义'"（第165页）。再如关于相比其他地区奴隶制，巴西的奴隶制较为温和的观点，作者指出这种观点的代表人物巴西社会学家吉尔伯特·弗雷雷（Gilberto Freyre）所描述的奴隶通常是室内奴隶，并不能代表大多数种植园奴隶的处境，种植园奴隶的命运并不比其他殖民地奴隶要好，从成本与产出计算，一个奴隶两三年内的产糖量就可以抵偿成本，"一个奴隶只要活五六年，大庄园主的投资就翻倍了，就可以购买一个新的精力充沛的替代品"。因此，奴隶主没有改善奴隶工作条件的动力（第207页）。在巴西的废奴问题上，作者认为"事实上，黑奴制度的废除是通过革命实现的，而非改良"（第345页）。再如作者认为"新殖民主义在拉丁美洲的胜利并非不可阻挡，从殖民或半殖民地经济或社会到自治的资本主义体系的跳跃虽然困难但并非不可能"。但拉丁美洲地区独立后的新生国家在自治和依赖之间选择了后者，"大部分拉美精英选择了继续保持依赖这条更为轻松的道路，开始是大不列颠帝国，而后是美国分别取代西班牙成为他们依赖的对象"（第370页）。

该书在突出亮点的同时也存在些许不足之处，就笔者浅见，有如下几点。

首先，作者站在依附理论的视角来观察拉美各国与外国之间的关系，对于拉美地区在该书所涵盖的时期内的追求现代化发展缺乏客观的评价。作者认为对核心资本主义国家依附性的增强和民众对本国政治上的不满与社会层面的暴动是其主要方面——"他们所遗留下来的是社会的不稳定和政治上的不满，还经常伴随着由于社会改革而产生的暴力运动"（第414页），却忽视了拉美地区在19世纪后半期早期工业化和城市化所取得的成果，并削弱了其对各国后续发展产生的重要影响。

其次，作者对于 1849～1875 年被运到秘鲁的华工的数量估计过少。作者认为这期间有 9 万名中国苦力被运送到秘鲁开采鸟粪和建设铁路（第 372 页）。李春辉在《拉丁美洲史稿》中论述在秘华工情况时指出"真正有计划的招募华工，还始于十九世纪中叶。1848 年，秘鲁从厦门运走了七十五名华工"，"根据 1861 年的统计，到达秘鲁的华工已达八万五千人"，以后秘鲁在华招工有增无已，"据粤海关税务司统计，在 1872 以前，运往秘鲁的华工总数达十余万人"。① 从数据上来看，1848～1872 年，运往秘鲁的华工就已经突破 10 万人了，笔者认为作者给出的 9 万人数据是需要斟酌的。

最后，该书在翻译上存在不少问题。比如对于 Balboa 的翻译，文中并没有做到全文统一，在第 94 页和 103 页译作"巴波亚"，而在第 95 页译作"巴尔博亚"。对"阿塔瓦尔帕"（Atahualpa）的翻译，在第 105 页同时被翻译成"阿塔华尔帕"。对"债务劳役制"的翻译，130 页是"债务劳役制"，到第 223 页又被翻译成了"劳役偿债制"。对"quilombos"的翻译也出现了类似的问题，在第 208 页先是译为"茅屋"，后在第 337 页又音译作"哥伦波"。对 Antonio Lopez de Santa Anna 的人名翻译更是出现了三种不同的译法，如第 306 页译作安东尼奥·洛佩斯·德·圣塔·安纳，第 307 页译作桑塔·安纳，第 309 页又译作桑塔·安娜，等等。此外，"captaincy system"在文中被翻译为"都督辖区制度"（第 192 页），都督或省长一词在西语里对应的是"Gobernador"，在寿进文翻译的艾·巴·托马斯的《拉丁美洲史》中，这一制度（capitanias）被翻译成"将军辖区制度"，② 国内拉美史学界长期以来接受了这样的一种译法，该书译者将英语的"captaincy system"译为"都督辖区制"未尝不可，但以笔者浅见，此处为避免歧义最好做一简短说明。

（作者简介：邹扬，南开大学拉丁美洲研究中心硕士研究生）

---

① 李春辉：《拉丁美洲史稿》，商务印书馆，1983，第 342 页。
② 〔美〕艾·巴·托马斯：《拉丁美洲史》（第一册），寿进文译，商务印书馆，1973，第 168 页。

# Abstracts

## Fabian Socialism and the Making of Charles Beard's Economic Interpretation of History

*Song Xiaodong*

**Abstract:** Charles A. Beard was one of the most famous and important historians in 20th America. As a representative of progressive historiography, his economic interpretation of history not only has profound influence on American historiography, but also has exerted great impact on American society and the Progressive Movement at that time. Beard's historic viewpoints sprouted when he was studying in Britain, where he was deeply influenced by the popular socialism thoughts then then . It contributed to forming his distinctive conception of history and academic ideas.

**Keywords:** Charles Beard; Economic Interpretation of History; Fabian Socialism; Historical Materialism

# "The Orthodox Debates between the Southern and Northern Dynasties" and the "Emperor – centered Historiography" in Modern Japan

*Qu Liang*

**Abstract:** The problem of orthodox attribution caused by the overlapping of the emperors in Japan's North and South dynasties has transcended the category of traditional historiography in modern times, and it was in agreement with the legitimacy of the Meiji Restoration and the rationality of "Revere the Emperor and overthrow the shogunate". Through the revision of textbooks, the re – creation of the images of loyal officials and traitors, and the debates in the academic, educational, and political circles, the "Southern Orthodox Theory" became the mainstream. The "Southern Orthodox Theory" that violated positivism and objectivity is bound to the ideology of the Mikado system, which not only hindered the progress of modern Japanese historiography, but also had a far – reaching influence on the weakening of party politics and the strengthening the concept of the emperor – centered historiography.

**Keywords:** Modern Japan; "The Orthodox Debates between the Southern and Northern Dynasties"; Emperor – centered Historiography; The Mikado System

# A Japanese Female Teacher in a Women's School in the Late – Qing Dynasty
## —Focus on Shigeko Hattori

*Yin Yue*

**Abstract:** After defeated by Japan in the Sino – Japanese War of 1894 –

1895, China began to develop women's education. In order to solve the problem of the shortage of female teachers, China began to hire Japanese female teachers. In 1902, Shigeko Hattori, a Japanese female educator, came to China and founded the first girls' school in Beijing, Yujiao Girls'school, together with Chinese people of insight. She served as the female manager of the school and was responsible for teaching and management of the school. Shigeko Hattori practiced the good wife and good mother doctrine in education and integrated Japanese experience into Chinese women's education. She promoted the development of women's education in late – Qing Dynasty. The activities of Japanese female teachers represented by Shigeko Hattori in China was an important part of the educational exchanges between China and Japan and the international women's movement. But in essence, its fundamental purpose was to expand Japan's influence in China and reduce China's exclusivism, which was expansionary.

**Keywords:** Late – Qing Dynasty; Women's Education; Shigeko Hattori; Yujiao Girls'school; Good Wife and Good Mother Doctrine

## Japanese Army's Investigation Activities in China in the 1920s

*Guo Xunchun*

**Abstract:** In the 1920s, the Japanese government pursued a foreign policy of "non – intervention in China", which made it impossible for the Japanese Army to act directly against China as it did in the 1910s or 1930s. Therefore, investigation as military preparations replaced actual activities towards China, to realize its strategic ambition for China. On the other hand, influenced by the"overall war"strategic thinking, the Japanese Army regards China's resources as a huge source of power for its overall war in the future, thus strengthening its investigation of resources in China. The corresponding investigations strengthened the Japanese Army's understanding of China's political, economic, social, and resource conditions, and also enhanced its ambition to invade China, boosting Japan's war of aggression against China.

**Keywords:** Japanese Army; Investigation on China; Resource Investigation; Sino – Japanese Relations

# Interaction of China, Japan and France on the *SiKuQuanShu* in the 1920s from the Perspective of Transnational History

*Liu Zhaoxuan*

**Abstract:** In 1920s, the Beiyang government tried to promote Sino – French diplomatic relations by establishing the China Institute at the University of Paris and photocopying the *SiKuQuanshu*, thereby providing cultural solidarity and support for international public opinions and diplomatic activities However, this cultural exchange event on the *SiKuQuanshu* was distorted by some Japanese newspapers and magazines as "selling *SiKuQuanshu*", making the Beiyang government and the French government rather *awkward* diplomatically. Although the Beiyang government decided to photocopy the *Siku Quanshu* with the support of France, due to various intricate domestic and foreign factors, this effort was ultimately unsuccessful. This article analyses this history epoch from the aspects of the Chinese Academy in the Paris University, "selling" of the *SiKuQuanshu* incident, and the public interactions between China and Japan around the *SiKuQuanshu*, in order to restore the truth and draw some lessons Keywords: *SiKuQuanshu*; Institut des Hautes Etudes Chinoisesde Paris; China, Japan and France

**Keywords:** *SiKuQuanShu*; The China Institute at the University of Paris; Interaction of China, Japan and France

# Initial Interpretation and Justification of the Iberians in the Conquest of the American Space in the 16th Century

( Venezuela) *Carlos Alfonso Franco Gil, translated by Jiang Yuyan*

**Abstract:** The conquest of America during the 16th century was one of the primordial keys to historically understand the construction of the state, society and culture that would emerge after the collision of European and native civilizations, which were progressively transformed to consolidate the idea of the American in its various views in the colonial stage that would have its splendor in the areas of the continent administered by the Spanish and Portuguese in the 17th century. It is for this reason that this this article, based on the theoretical and methodological tools derived from Cultural History, analyzes the process of rupture of the pre – American i-maginary through documentary and historiographic resources, both of the European – I-berian and pre – Columbian societies that would later be known as America, under-standing that the very justification of the conquest process arose from a medieval European imaginary and philosophy, which was forced to change gradually in view of being confronted with human and natural realities unknown to the Iberian – Christians of the western sixteenth century, which overturned settled ideas and fos-tered forms that would allow understanding the new scenarios that were to be con-stituted during the period indicated.

**Keywords:** History of America; Conquest of America; Cultural History; Alterity

# The Pre – Columbian Past and the Colonial Legacy in the National History of Mexico

( Mexico) *Paula López Caballero, translated by Liu Hao*

**Abstract:** How was the colonial legacy managed by the regime that emerged from the Mexican revolution( 1910 – 1917) ? Through the historical and ethnographic analysis of two foundation narratives written at an interval of 200 years in the Nahuatl village of Milpa Alta( DF) , this article examines the State's attempt to establish a monopoly on the legitimate past by' eclipsing' the colonial past in favour of the pre – Hispanic one, which became the national heritage in Mexico.

**Keywords:** Nation Building; Aztecs; Primordial Titles; Indigenismo; Indigenous

# Capitalists and Statesmen: Sonoran Leaders in the Mexican Revoluion

( America) *Jürgen Buchenau, translated by Wang Pan*

**Abstract:** This article analyses political corruption in the Mexican Revolution, with special emphasis on the period 1920 – 1934, when a faction from the northwestern state of Sonora controlled the state in a period in which the country was recovering from a decade of civil war. With specific references to the private fortunes of Generals Alvaro Obregón, Plutarco Elías Calles, and Abelardo L. Rodríguez, the study demonstrates that the Sonorenses engaged in corrupt capital accumulation, but with relatively limited effect. The new governing elite entered power already economically advantaged, and their accumulation of wealth shows a general failure of the revolution to promote economic justice. Given the state's need to address the agrarian question, the acquisition of land proved particularly difficult. In the 1920s and 1930s, the Sonorenses could not simply seize the land of their enemies for their own benefit without significant repercussions.

**Keywords:** Corruption; Revolution; Spoils System; Clientelism; Mexico

# Ernesto Che Guevara, a Character Searching for His Biography

( Mexico) *Carlos Antonio Aguirre Rojas, translated by Liu Hao*

**Abstract:** This article proposes that, until today, we have not yet a true and integral biography of Ernesto Che Guevera, and tries to explain the complex reasons of this strange situation. One of the reasons is that the very long time had passed before the publication of many of the main writings of Che Guevara himself. A second one, is that many of the testimonies coming from the people who worked directly with Ernesto Guevara, in his ambitious project of the Latinoamerican revolution, was given only in the last two decades. Same situation about the serious studies, really documented and made by professional historians, of the different armed movements that, all over Latin America, was linked and supporting, in different ways and degrees, this guevarian project of the creation, in Latin America, a "second Vietnam".

**Keywords:** Che Guevara; Integral Biography; Revolution in Latin America; Second Vietnam; Cuban Revolution

# Debate on Marx's Evaluation of Bolívar in Latin American Academic Circles

*Han Qi　Liu Hao*

**Abstract:** Bolivar was one of the outstanding leaders of the Latin American independence movement and enjoyed a high reputation in Latin America. In 1857 Marx was invited by the American editor Charles Anderson Dana to write the article "Bolivar y Ponte", which was included in volume 3 of *The New American Cyclopaedia* and published in 1858. When the article was translated into Spanish and published in the Argentinean journal *Dialéctica* in 1936, it became the subject of a long – standing debate among Latin American scholars. This was because in this article Marx gave a more negative description and evaluation of Bolivar, which was quite different from the mainstream evaluation of his contemporaries. Latin American scholars have tried to find a reasonable explanation for Marx's approach, and their views fall into three categories: first, they believe that Marx was limited and misled by his sources; second, they believe that Marx made the mistake of"Eurocentrism"; third, they believe that this was a deeper reflection on the construction of the Latin American nation – state. Owing to Latin American model of nation – state construction did not conform to Marx's view of the state, he was forced to evaluate Bolivar from a negative standpoint. This paper composes this historiographical debate and draws some new understanding and enlightenment about Bolivar and Latin American history.

**Keywords:** Marx; Bolívar; Latin American Independence Movement; Eurocentrism; Nation – State Building

## The Kennedy Administration, Domestic Politics in the U. S. and
## Nuclear Test Ban

*ZhaoXuegong DangChengcheng*

**Abstract:** In the early 1960s, there was a debate in the United States about whether to resume nuclear testing. The Kennedy Administration decided to resume underground and atmospheric nuclear testing out of political consideration. However, under the strong pressure of public opinion at home and abroad, the United States, Britain and the Soviet Union continued to nuclear test ban talks and signed the Limited Test Ban Treaty in August 1963, which was a substantive step in limiting the nuclear arms race and laid a foundation for further negotiations. The Kennedy administration worked hard to seek the support of the US Congress and the people for the treaty. The domestic politics of the United States had always been a crucial factor during the test ban talks and ratification process of the treaty.

**Keywords:** The Kennedy Administration; Nuclear Test Ban; Congress; Limited Test Ban Treaty; Cold War

## The Ideological "Conversion" of Japanese Society
## before and after World War II
## —Review of *Conversion* Edited by "Scientific
## Research Society of Thought"

*Yang Dongliang*

**Abstract:** The collaborative research result of the "Scientific Research Society of Thought" headed by Shunsuke Tsurumi *Conversion* ( Volume 1, 1959; Volume 2,

1960; Volume 3, 1962) was published by Hebonsha, which aroused strong repercussions in Japanese academic circles. The book defines "conversion" as "a change of thought that occurs under the coercion of power". On the basis of the "classical" ideological conversion that occurred in 1933 when the communists gave up their anti – system and anti – war stance recognized by the academic circles, they put forward the viewpoint of three conversions with the peaks in 1940, 1945 and 1952, forming a unique the Four Conversions theory of "Showa period". The book expounds the nature, characteristics, and influence of each "Conversion" through case analysis of different schools of thought, such as radicalism, liberalism, conservatism, and nationalism. The book's originality mainly lies in the perspective that takes "power coercion" as a preconditionfor theoretical construction. It believes that 1940 is the peak of the "Yokusan conversions" theory, and points out the essential characteristics of liberal democrats'subservience to totalitarianism, and therefore, it links "Japan's continual rightward turn of national thought during 1931 – 1945" and "Japan's expanding war of foreign aggression", which deepens the connotation of intellectual history research. The shortcomings of *Conversion* are as follows, based on the so – called academic freedom principle; it avoids making value judgments on the phenomenon of turning and those who have turned. It is suspected of generalizing the research and diluting the focus of the research; it is inappropriate to regard the main designers of the fascist system such as Fumimaro Konoe as "disguised a convert"; there are also duplication of content, deviation from the theme, and plausible arguments in writing. Therefore, *Conversion*can be described as a work of exploring new issues, but it cannot be regarded as a masterpiece of rigorous logic.

**Keywords:** Conversion; The Communist Party of Japan; The Taisei – Yokusankai; Shunsuke Tsurumi; Shozo Fujita

# Examples for Library Catalog Search on Modern World History Research

*Yao Baihui*

**Abstract:** Learning to use the library literature is a basic skill for beginners of modern world history research. The literature is everything in which knowledge was recorded, and can be divided into various types. The library not only collects and preserves the literature but also provides access to it. The library manages its collections through methods of Chinese Library Classification, subject indexing, ISBN, and ISSN, etc...Knowing how the library manages its literature is helpful for a bettersearch. Those access point, such as title, call number, ISBN, ISSN, author, can help the fixed point search. Classification Codes, subject terms, key words, and series can help the type search. If we want access to the literature which is not reserved in our library, we often make use of UNICAT to figure out the holding place of the literature, and borrow it by Interlibrary Loan Service or Document Delivery Service.

**Keywords:** Modern World History Research; The Literature; The Library; Science of Historical Materials

# An Analysis of British Factors in the Indian War in the Northwest of the United States, 1783 – 1795

*Liu Yonghao*

**Abstract:** After the signing of the Treaty of Paris in 1783 between Britain and the United States, in order to maintain and consolidate the security and development of Canada, Britain attempted to use the strength of the Indians to force the fragile

United States and the Indian confederacy to conclude a peace treaty with the Ohio River as the boundary, and then establish an independent and neutral Indian Buffer State recognized by both Britain and the United States. Therefore, the British adopted an ambiguous conciliatory policy towards the Indians to repair their alliance, which seriously misled the Northwest Indians in their response to American tough attitude. In particular, the incitement and support of agents led them to believe that Britain would provide military aid in the event of armed resistance to the American invasion, which led the Indian confederacy to defend the Ohio River west area in a determined war. As a result, the Indian confederacy failed when the British abandoned it once again.

**Keywords:** Britain; Agents; America; Northwest; Indian War

# The Establishment and Characteristics of Positivist Education in Mexico( 1867 – 1876)

*Wang Yi*

**Abstract:** Positivist education in Mexico led by Benito Juárez was a new program sought by the liberals for a peaceful entry into a liberal society. The establishment of positivist education during the Restored Republic was mainly manifested in the adoption of positivism as a guiding philosophy, the enactment of legislation to establish a positivist educational system, and reforms in curriculum and teaching methods. Positivist education was characterized by anticlericalism, emphasis on natural disciplines and disregard for the humanities, emphasis on state regulation and guidance of education. With a liberal essence, it concerns for the marginalized groups of women and Indian. Although political and economic constraints prevented positivist education from achieving the desired results, it opened a new era of secular education.

**Keywords:** Mexico; Positivist Education; Benito Juárez; Sebastián Lerdo; National Preparatory High School

# 《世界近现代史研究》稿约

　　《世界近现代史研究》是南开大学世界近现代史研究中心主办的学术集刊，面向国内高校和研究机构，为促进和推动国内世界近现代史研究而提供的一个学术交流的园地。

　　《世界近现代史研究》提倡科学严谨的学风，坚持百家争鸣的方针，遵循相互尊重、自由讨论、文责自负的原则，注重扶持和培养新人。

　　《世界近现代史研究》辟有史学理论研究、全球史研究、国际关系史、地区国别史、博士生论坛、争鸣、书评、史学资料、研究综述等栏目，欢迎国内广大世界近现代史学者赐稿。来稿请用 E - mail 邮箱。所有来稿一律采用脚注。注释中所引书目、篇名，第一次出现时务请注明作者、书名（论文题目）、出版地、出版社、出版时间等，论文则需注明所载刊物名称和期数。外文著作和论文需要外文原文的作者、书名（论文题目）、出版地、出版社、出版时间等信息。学术论文请提供300字左右的中文提要和关键词，以及论文标题、内容提要和关键词的英文译文。

　　《世界近现代史研究》每年一辑，4月底截稿，年底出版。来稿以1.5万字为宜，对青年学者有思想深度、有创新观点的论文尤为欢迎。文章刊发即付稿费，请勿一稿两投。

　　来稿请寄 aqihan2005@ aliyun. com 或南开大学世界近现代史研究中心 邮编 300071

图书在版编目（CIP）数据

世界近现代史研究. 第十九辑 / 南开大学世界近现
代史研究中心编. -- 北京：社会科学文献出版社，
2023.3
ISBN 978 - 7 - 5228 - 1466 - 7

Ⅰ.①世… Ⅱ.①南… Ⅲ.①世界史 - 近代史 - 研究
②世界史 - 现代史 - 研究 Ⅳ.①K14②K15

中国国家版本馆 CIP 数据核字（2023）第 032079 号

## 世界近现代史研究（第十九辑）

编 者 / 南开大学世界近现代史研究中心

出 版 人 / 王利民
责任编辑 / 郭白歆
文稿编辑 / 顾 萌
责任印制 / 王京美

出 版 / 社会科学文献出版社·国别区域分社（010）59367078
地址：北京市北三环中路甲 29 号院华龙大厦 邮编：100029
网址：www. ssap. com. cn
发 行 / 社会科学文献出版社（010）59367028
印 装 / 三河市尚艺印装有限公司

规 格 / 开 本：787mm × 1092mm 1/16
印 张：23 字 数：368 千字
版 次 / 2023 年 3 月第 1 版 2023 年 3 月第 1 次印刷
书 号 / ISBN 978 - 7 - 5228 - 1466 - 7
定 价 / 98.00 元

读者服务电话：4008918866